JN305222

明義進行集

影印・翻刻

大谷大学文学史研究会 編

法藏館

緒　言

『明義進行集』は、鎌倉時代に成立した法然房源空門流の言行集である。多くの分野において貴重資料とされながら、現在まで影印の出版がなかった。ここに翻刻を付して刊行する所以である。本書の影印は、伝存する唯一の古写本、河内長野市天野山金剛寺所蔵本のものである。

本書の翻刻は、前項河内金剛寺本を底本とし、大谷大学図書館所蔵の大正十年影写本を参照したが、翻刻にあたっては、十分な調査をもとに、正確な本文の提供につとめた。

天野山金剛寺には、所蔵本の閲覧・撮影から影印・翻刻の出版許可に至るまで、破格の御好意を賜わった。特に銘記して篤く御礼申し上げる。出版許可は平成十二年十一月二十一日付である。

大阪大学の後藤昭雄教授には、格別の御配慮と御教示を賜った。ここに記して厚く御礼申し上げる。

索引作成に、西端幸雄氏の全面的な御協力を得たことを深謝する。

目次

緒言……1
影印篇……7
翻刻篇……101
凡例……102
本文……103
補註……197
解題……中嶌容子……221
あとがき……沙加戸弘……239
索引……1

影印篇

明義進行集（表紙）

（表紙見返）明義進行集

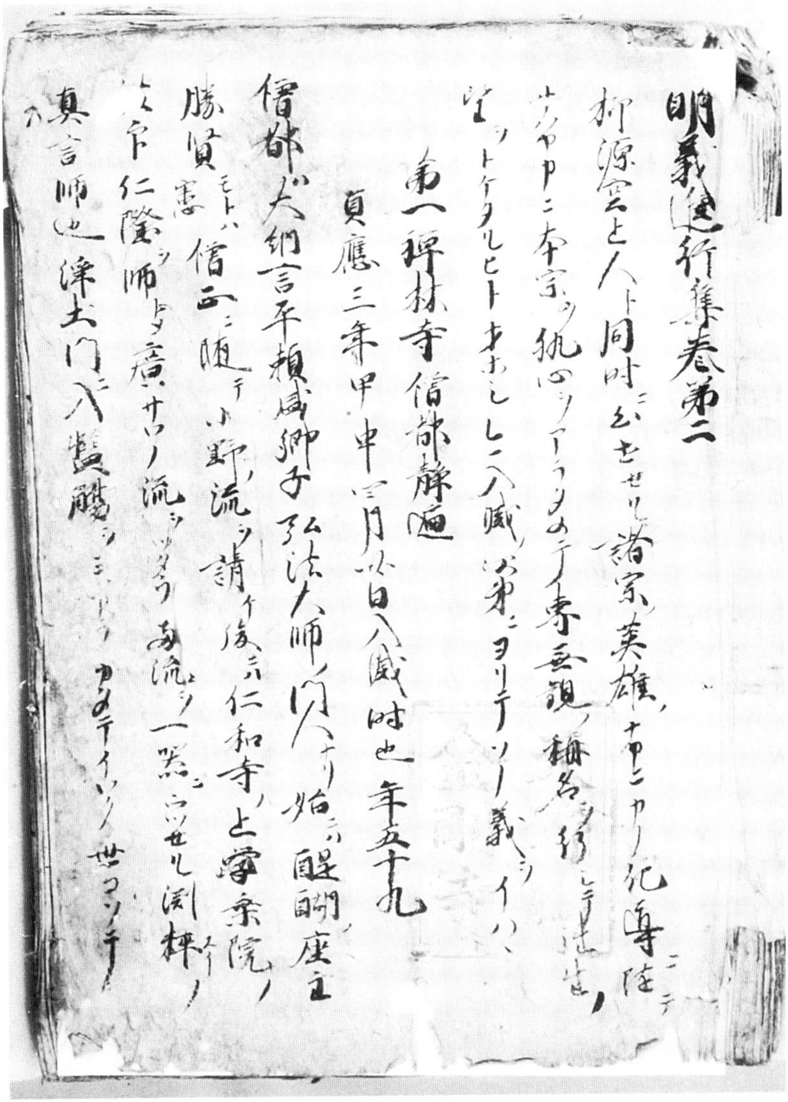

明義進行集巻第二
抑源空上人ト同時ニ出世セシ諸宗ノ英雄ナホニカノ紀傳等ニテ
サノヤ中ニ本宗ヲ執心シアヘラシメテノ專要題ノ輯名ヲ引レテ造出ノ
望ヲトゲタルヒトナホヽシヽニ八箇ハ第ニヨリテソノ義ヲイハヽ
第一禅林寺僧都静遍
貞應三年甲申四月廿日入滅時也年五十九
僧都ハ大納言平頼盛卿子弘法大師ノ門人ナリ始ニハ醍醐座主
勝賢モトハ僧正ニ随テ小野流ヲ請ケ後ニハ仁和寺ノ上覚院ノ
以下仁隆師ヲ師トシ廣沢ノ流ヲツタヘ両流ヨシノ一器ニウツセシ瀉瓶ノ
真言師也浄土門ニ入テ醍醐シミヲカメテイツソノ世ヲソテナ

(1ウ)明義進行集

撰擇集ヲ披讀シテ念佛ニ擬亡者ハ、吾モノニアラキ、テ
妖婚ノ心ヲオコシテ選擇集ヲ破リ、念佛ヲ誹謗セシ
モミテ破却カラム年新罸アテラメテ久シク選擇集ヲ
ニ三ヒ四ト二日來ノ睡蓮ニ相通シテヤガテ念佛ニ擬シテ
死シテハ六ノ苦ニアフナリト見フセラレテ末代濁世ノ凡夫扨離生
選擇集ヲ賓觀スルニ日來嫉妬ノ心ヲオコシテ破セムトヲモミ
コシ吾ガ大ナルヒガコトシ、選擇集ヲ頂戴シテホリテ
債謀ニアラテスナハチ悔謝ソイタシテムシヒ日ヨリハクシ
師トシ念佛ヲ行ナハントシ聖霊照説シテ先止ルエルシテ
信ノ先リキニ赴トリ入リテ高佳リ崇拜ヲステ
四目モトナッテムシ百ニ念佛ヲ行ズナリト、サテ靜ニ
過ノ念佛論要ニコツ先ヤノハトテ一偈ニラノマニロシ結ス

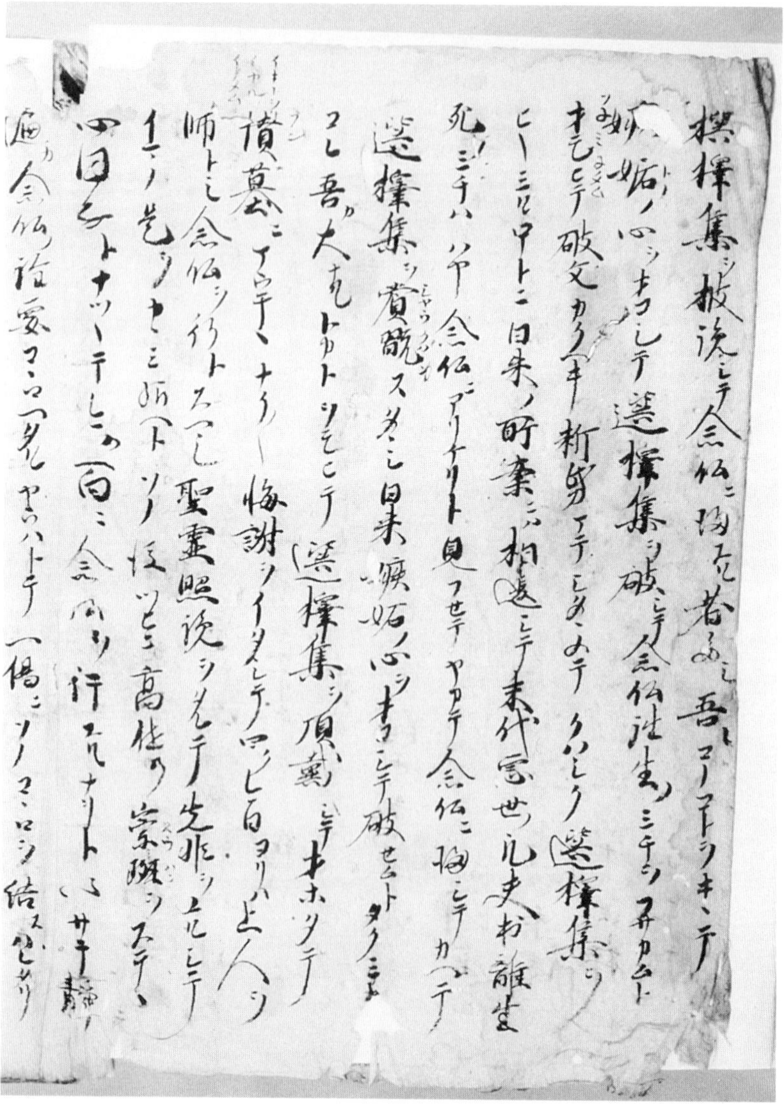

四日ヨトナツテシニケル百日ニ念仏ヲ行ズルナリトゾ　サテ静
遍カ念仏ノ肝要コヽロヘタルヤウハトテ一偈ニソノコヽロヲ結スルナリ
所謂一期所案極　永捨世道理　唯称阿弥陀　語黙常持念ト
ソノカミニ世ノ道理ヲステツトイフハ世人念仏ニ付テ安直ニ義ヲイフ
トモニ道理ナシニアラス　シカレトモワレハ只称シテ学ニハスレシレト
カリノ法照禅師ノ五会法事讃ヲ(?)　彼仏因中立弘誓　聞名
念我總来迎等ノ七言八句ノ文ヲ誦シテコレヲ浄土宗ノ肝心念仏
者ノ日用ヨトノ学ニハアラ弁シケリ

第二高野ノ僧都明遍

貞應三年六月十六日入滅　時ニ年八十三

僧都ハ少納言入道通憲ノ朝臣ノ第十四ノ子　澄憲法印ノ弟ナリ
所[illegible]上人ノ弟子ナリ東大寺ニ住シテ敏覚法印ニ師事シテ

本鈴家ニ学ス敏覚ハ長円ノオトニテニタカヽシノツトミノ子
越前巳諸珠海ノ面桜口炎ヲせラレ三會ノ講師トケ
法勝寺ノ訴訟ヲツトメ東大寺元興寺ヲ別当セラルヽテ
雲ノ砂入者リ右近ノ八道アリテ平太相國ノ拝ノ云
折衝ニヲツナカシケレ時遺言トテタリクフノ無消百廷洼家
ニ名ニ遮々軍ケリトニ敏覚々四宅リ
ヽツリ云ヲ已報ノヽサ白分ガ池ノサハニテ伯唇虫ニ
ノヽ一實ヲ遺立シテえ左ケ丰リトノ イヨタク
木俊ノ観音等をシチ千両九ニ二等ス九
妙楽シトノヽテ池生海ラ照スニニ慇経ニ念ニシテ
往生シトケまヽトホヽ々クタテリ其地ノ云ニ膀之完タリ
観音寺ヨホキハリワハ々トナリ申セ遣してヨリニヨシタリ室

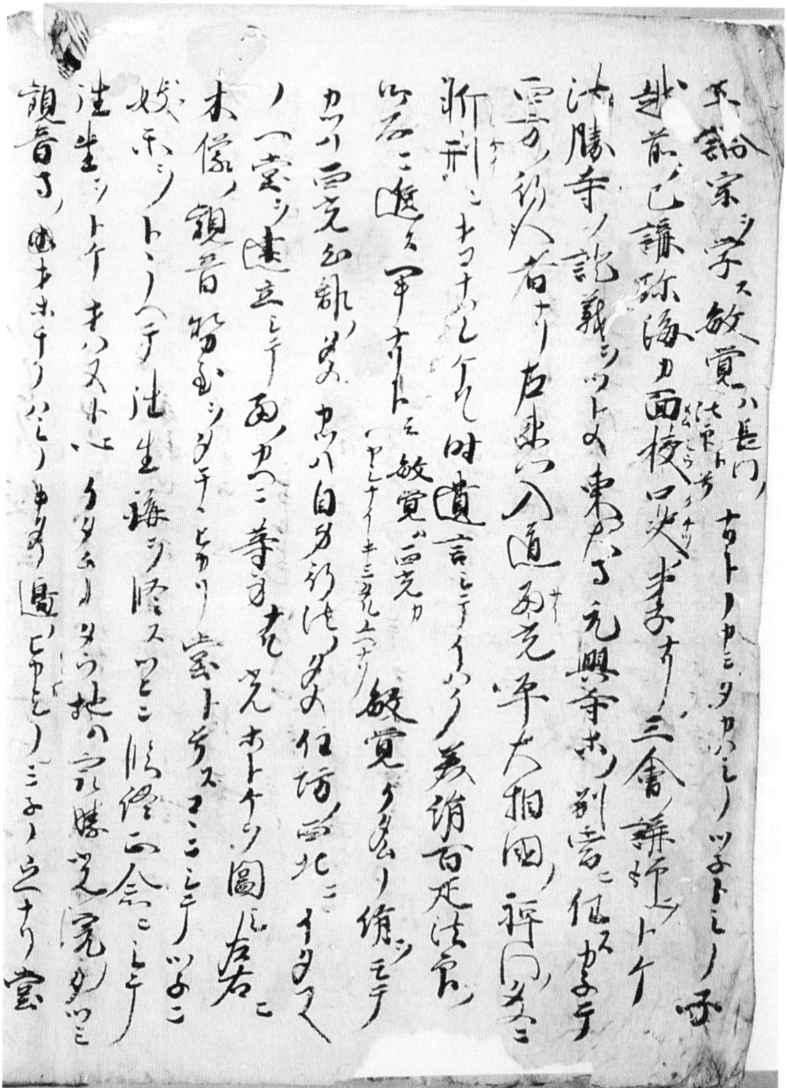

観音ニ三十七日コモリ僧形ニ成テ室
舎坊ニ三十七日コモリ僧形ニ成テ房ニ
智忍苹倫ナリシカテ才名諸新マリシャトモ律新シ時出テ十日
余コモリソウ通リシテ本寺ッカシテ死出山ニ籠居モシ
又又請ニ上タクハムトモ思ヒカハスラレヤノカイトリコウラノ生東シ
仕佐寺坊ニ師親父ニヒヨキリナシ了請ツハノハトミウシヤリカワノ
ヒトノナリツトハト云コトニキタリマラツトキヒトテ
律新シ辞シニシカワリ高野山ニ籠居トヒトミナイヘハ
明通ハ右ナリ花ニ学ビシーニ三昇道ノキシテ龍居
本シアヒヒケハニ二會ニヨリテハハサテ高野
寺ナキアヒテリツチノスカハテモリ辞迪ニアレヒテ善
マカセラルソニニシテ源實上人ノコトツトシ
人シモテ見案ハナハモトシノモノハ

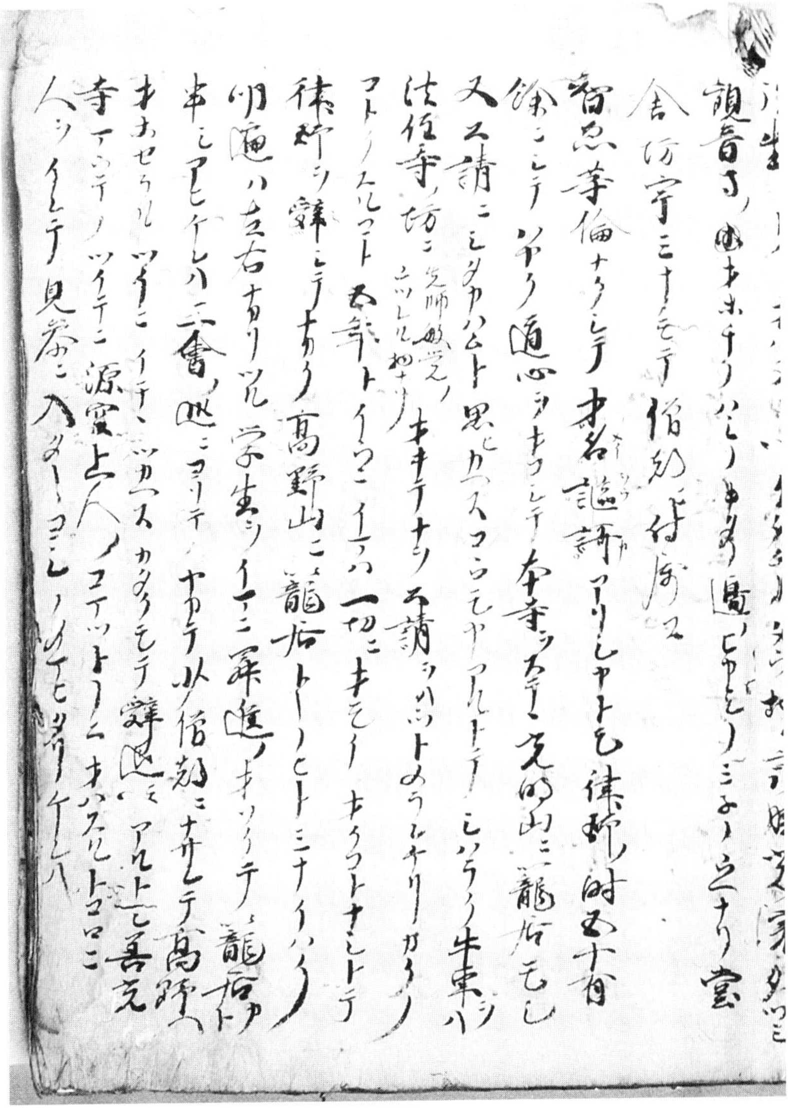

上人ノ進申ニ先モヘタリシハイラセ給ヘト申ニサフラフイ
アヒタルヒトハコノコトシノ春ヨリイカナル甚深ノ法門カ問答
アラムスラムトテヨロコヒアヘルコトカキリナシ上人サキサキニ
客殿ニ居テラテテアチ方ノトコロニ僧都来臨シテアカリ障子ヲ
ヒキアケテ少ヒニ面シテミアハセテイナタイチヲノタオトニテ左
右ナシノコトハヲノクタシテ問テ云ク末代悪世ノハレコノ様ナル
罪濁ノ凡夫イカニシテカ生死ヲ離ルヘキト上人答テ云ク南
無阿弥陀仏ト申シテ極楽ヲ期スヘキハカリコソヽレツ申コトハ
存シテ候ヘト僧都ノタマフハソノソレハカリノ様ニサタ申カトハ
存シテ候其ニシテハ決定ノ往生ニ申シ候ハント僧都又問テ
云クソレニシテ念仏ハ申ナカラ心ノ散乱ヲハイカヽシ候ハム乱ル
ト上人答テ云クソレモ極楽ニ力ヲ及ハスト僧都又問云ク
サテソレヲハイカヽシ候ハム乱ルト上人ノタマハクサタイワクノチカラトモ

ト上人答テノソレシハ起雲モカクルスノヽ十僧都兄同ヘラ
サテソレシハイマトシノハ名ヨリト上人イハサマニナクヽチトヽ
狄ノ稀ヲハ他カト衆ヒテ隨生スルニラトコリコニラノヽ失驚
マラリニ念佗シ生スルナヽヽマツキナリト僧都イハイ
セウシノコレシラクトヒハリニアリリレハ即南廣ニ卿モ世ツ
礼儀ノ上ハナキリトヤリテ退ヨ人倫ハ宜女ナトナキリ
對面ノ時ニ先世菩礼儀ノコトノクヲレ次ニ前名ノヽ僧部
チリテセイサタトセシヨリソノ僧都ハ對面ノヘ二
礼儀モリコトハナクサツセリリ法門ノコト井俗ニ混セヌ様
僧部ニ退ケリスノ十字言慶ハニヽラ聖リタリニモアヘラ
ノコトニナキ敬事ノ七ニセシ尼ニナ三十敬ニアヘヽ
タモハ入イクニクコセモセノ自與アレクコトニ欲ニラ
スマシ陛生モセホノクリ軽ミ申リシヤラクハ欲ニアラ
真實ノ道理者ナリコツ

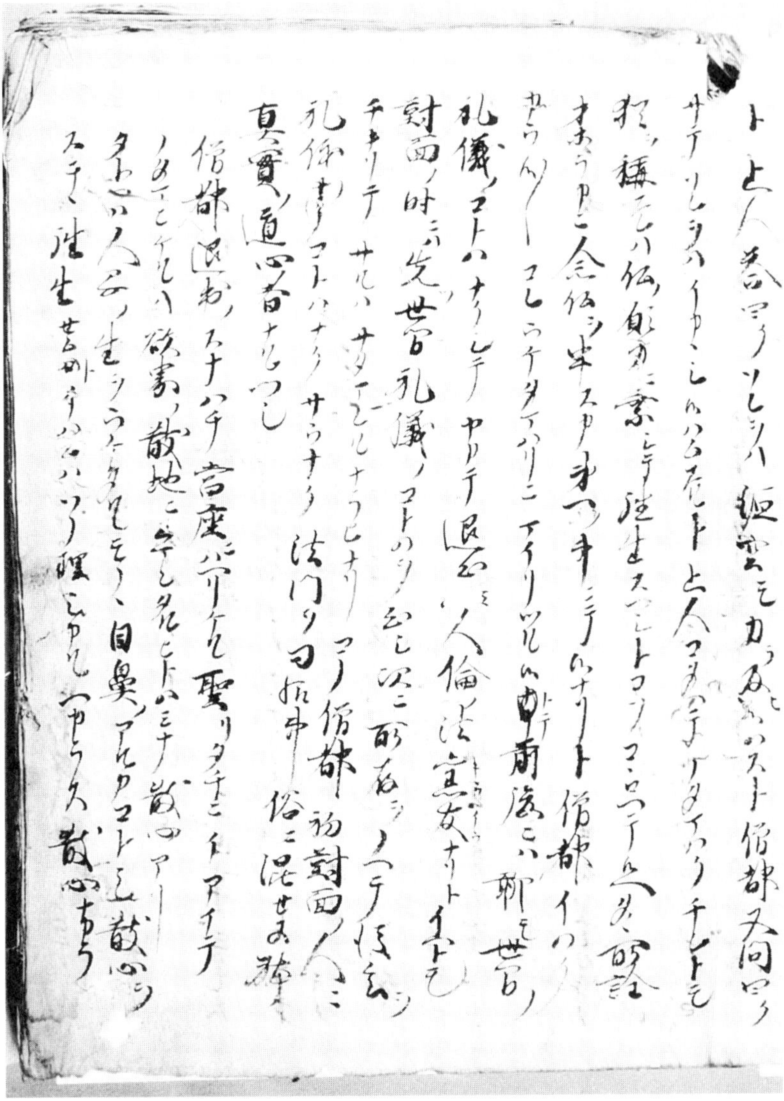

(4ウ)明義進行集

念仏申スモノハ往生ヲシヲハリノ日本タル本願ニテ
アレハノ俗勿人念仏ハ申セヨトモコノヨノコトヲ
ト称名念セヨシツヽコノイノチヲオハラハ
ロフモ高野ニ住ニテ卅餘年跡ヲ聚落ニクラス万世事ニシタシス
長唐鞍打智者通心エモウハコヽニナリ人念仏ノイトナミキ
ニテ停法シツヽコヽノコヽロマテモ寸カデ不ノフトラアリソ和
注生ッ要ヲ同ツ付ノヘカラソ寸カテヨリ道俗タツノヘ
ソモリヲ寸ヘシ略シテノ論要ッシハシハ人同エノ富時勘業念仏
ニモリヲ云ヘシト真言ナトヲヒトリニテノ自餘ノ紛ノハイカニニテハキナモトヤ
外ニカケテモネセシェトコレニテノ往生ノ業成就ナリ
牛ニアリヲシテ呑ヤク念仏ノ紛ラ紛タ庄生ノ内ハ悲地ハ土方浄
ウス真言ナトヲレテ而処地ニ所方師仏中ニ所ハ悲地ハ土方浄
出ニイ卜ハ書地ハ院濯堀ニニテルシヤニヲ下ル悲地ノコヽロハ
コトハアルヘカラスト共域人同志念仏心生ハ歎定ッシャト荅ヤウ
其條ハコトツアラウニモシ空門諸宿仏カ嘯輸相恒ニ取セハ
　　　　　　　　　　カトリテハ

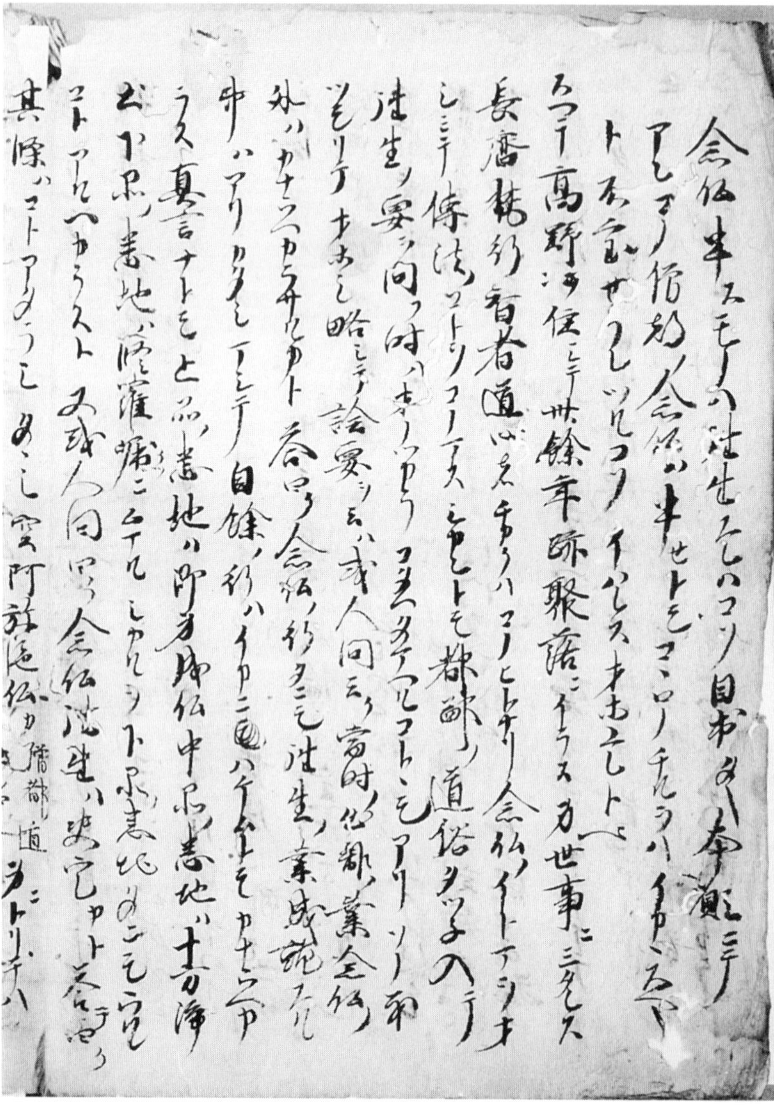

コトアルヘカラスト　又或人ノ云、聞ク念仏往生ハ決定セリ若シ
其條ハコトアタラシメシ　雲阿弥陀仏カ（隨欲シ値世名ニ）弟ニトリテハ
ナテテカ往生ノサタナトナムスヘキナリ　未智恵ナル学セシ
三論法門ナリ　念仏往生ニ於テハ無智ノ三ノハコノ法ニツヒテ
トナツハカナラスムカヘタテマツルト信ナルサカヒニノミ心サナク
テホシノト申シ井タラムハ一定コヘスヘキコトナリ　サレハ雲
阿弥陀仏カヒトツノ願ヲオコシタマヘル様ハモシ順次ニ往生ヲトケム
又人ノ事ツ生シ定テ一文不通ナルカ本願ニアツヒトナリテ仏法トハ
トテハ只念仏ノ法許ツシヒリ　十宗トテハ学セスモノハ往生
スヘトハカリシリテ念仏シテ往生セムトシモラナリ
又或人ノ問云タメトシ念仏ヲ修シテ浄土ニムカヘラルトモカナラ
ス大寒ハ実ノ智ヲシ此モ若シカラスハホトケコレ外道ノ見ニ同シ
モヒカヲニヒカナラス仏法ニ出来ヲシシルツシ　ソノウヘ所求解行
實ニ有ノ心ニアタスツレト　ツノ願ヲアヤム

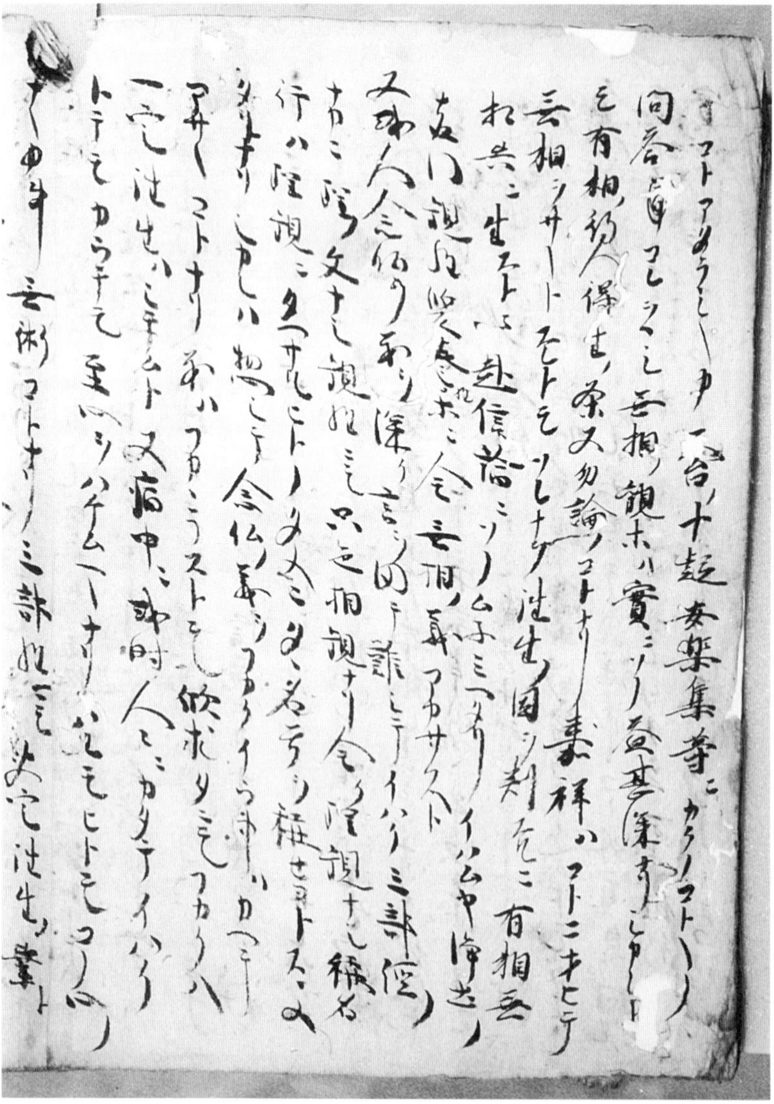

トモカラ子テ至ニミハ(ム)ニナリヌモヒトヲヽノ心ノ
ゆ斗三例コトナリ三部ハ云メタヲヒトモ初ノ筆ト
ヘ(一大切変三三十至ル)ト(イフコトハアリ)ノ浮テ(イ)タ
リ夕マツカリノ大切ナリト久病中ノ時カリテイタ
経文ミシ論安八稲名シミ人メうヘリ辻モ想別
後想ナトイフメニシナツ十ヒニカ(ナ)シリ・ホトナモ本
タスケメテコトナニテ相俊不動ノ種名共ニカラス
久病中ニ或時カリテイハラ十サカハヨウノ陀調カラウ(カラス仏自意
ヤ云相陀調ククニシテオモヒヨウスリロニイフタナリ
苦三昧ノ過去帳ニ書トモニ或人ハトフライハノ理
スセサセ攻ヤト吾四陀調ニ書トモミニム壼ニハシ壼シモヲ
スミ・又様名カリナリ十ニ恵ヒ先帳ストーニウテ我ヲカラハ
シャト・セスアニテオモツモラカナラテヒリユス我ヲカラ乙
シャト

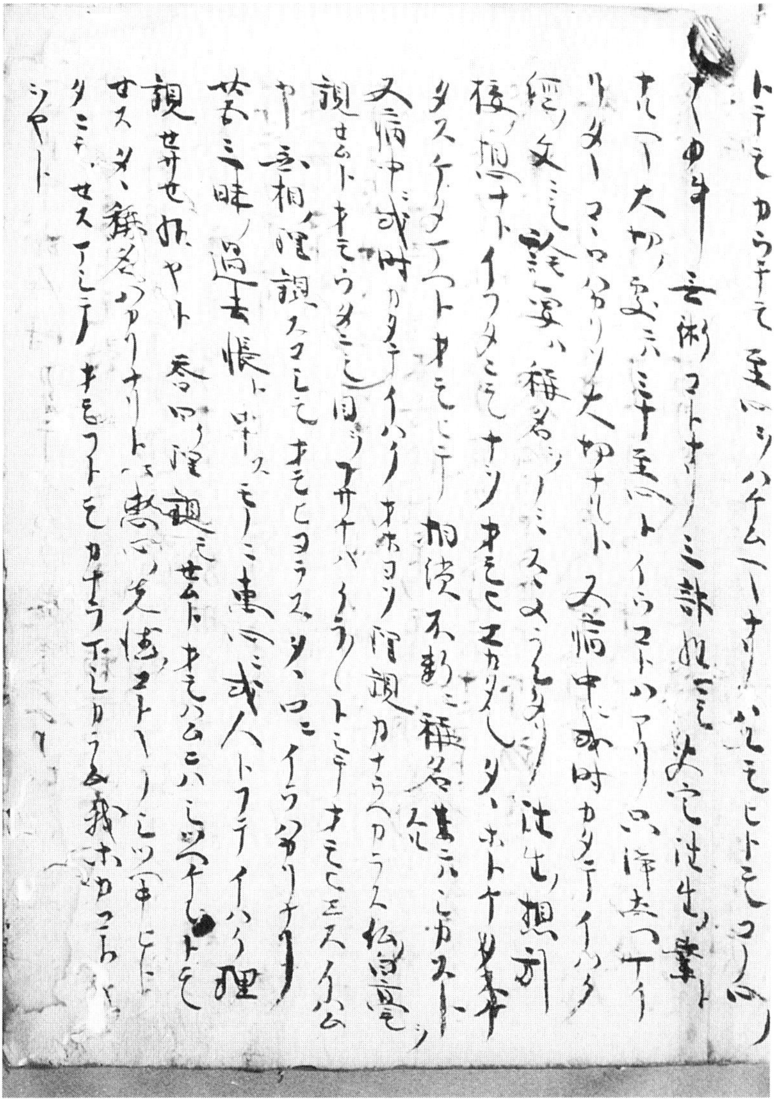

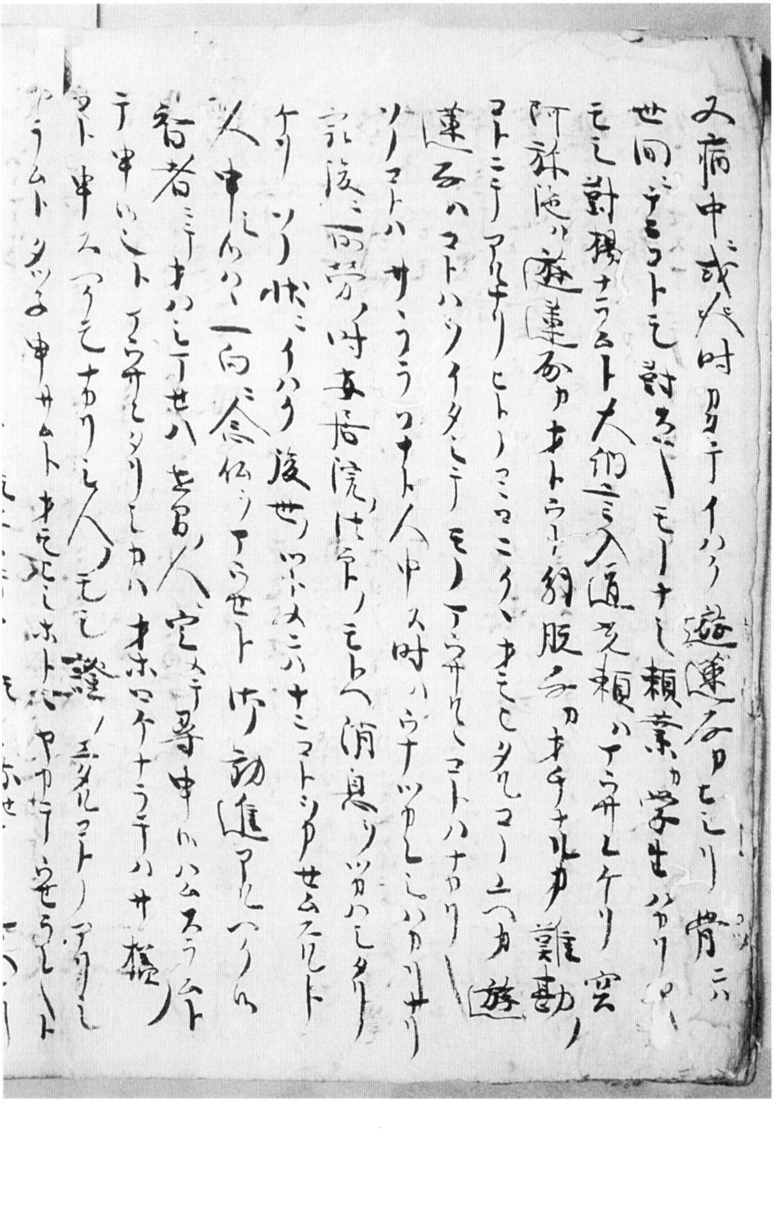
又病中或人時問テイハク遊蓮房ヲヒシリ背ニハ
世間ニ云コトモ討ルヘシモナシ頼業カ学生カリハ
モシ對揚ナラムトス人物ニ云入道ハ頼ハアラサリケリ實
阿弥陀仏ノ遊蓮房カオトラヌ納服ニカキタルカ難勤ノ
コトニテアルナリヒトノコヽロニクヽオモヒタルコソイヘカ遊
蓮房ハコトハツイタシテモノアラサルコトハナカリシ
ソノコトハサヽラウコナトノ人中ニ久時ハウナツカシヒハカリナリ
最後ニ病労ノ時安居院ノ法印ノモトヘ消息ツカハシタリ
ケリソノ状ニイハク後世ノツトメニハナニコトカセムスルト
人申シハ一向ニ念仏ツアラセトソ勤進アルヘクハ
智者ニテオハシテ世ハ上智ノ人ノ定メテ尋申ハムスラムト
テ申シヽトアラサリシカハオホツカナクテハサ様ノ
コトモ申スヘクモナカリシ人ノモシ證ノモアタルコトノアリシ
カラムトシメツヽ申サムトオモヒシホトニヤカテモアラレヽト

明義進行集（7オ）

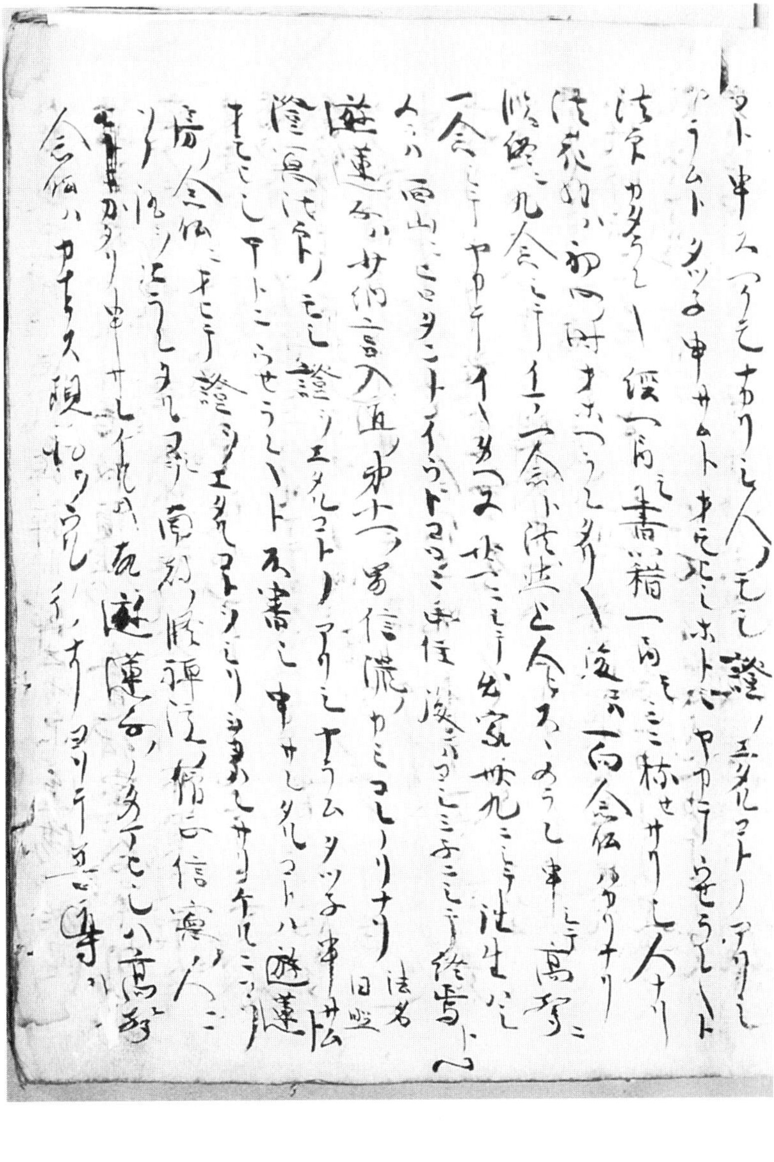

(7ウ)明義進行集

貞観中ニ見ニ同州ノ緯禅師ト云出九原ノ医傷シテ房里
蒿敷精舎ニ入テ若救須雄シテ毎ニ見仏堂ニ絵ノ垚朝莇
一人仏ス中カノ諸ノ不休ニ誰モ寒水ナレハ赤須流汗スニ
来至誠ニ出ノ鯨鏑ヲテ裡師ノアトシヲモテニ三寸六分
香シモリテソノ香ノキヒツクリテ合室ニテ毎日三世高孝ニ
ソノ弥相シハハカリシカコテ霊弌シテ九千宮ニ
仏ヲルコト中八十ノ合室ニ味ニ中ヒテ一門シ詑シ庵
ニナリソモ卜遊蓮会ニカ末シ也ヒシメ方カハ…
カトニ甲斐十九年シ愛咲第一ニコシテシカシモニ
アリ〈ミ〉コモ一倡牢ニ極楽ノ芳道罪シトニカケテリヤスミニ
シニコリケトモ氏々コハ入ナリニカテモリテニシ
カミ極楽ノ時ノ焼ノ生ニ時シ方アツ惺シ方盛リ

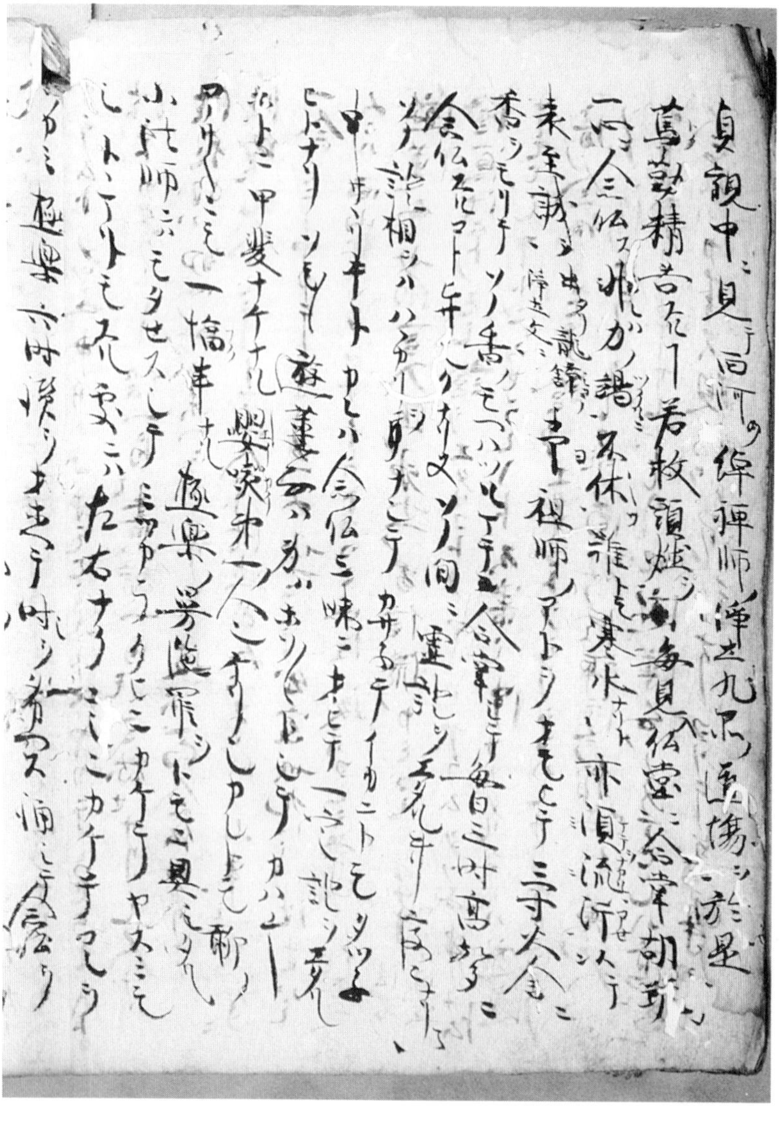

シトハアリモスル事ニテ左右ナクコヽニカケテヲモヒシヲ
ノカミ極楽六時讃ヲ書テ時々着衣ニ用ヒテ侍リ
キサレケリ。タヽ小納言入道ノ一族コソソノ遊宴ニアミ
タトムキ仏ノ弟子ナルコト、キミニ同シコトミテハ千ノ道
ホ聖円ニ実証精進ニシテチリハカリモ俗ニ混セサルニテアリ

第三長楽寺律師隆寛

安貞元年ヒノトノヰ十二月十三日入滅。時ニ年八十。

律師ハアハタノ関白五代ノ孫、少納言資隆朝臣ノ子、叡山
ヲカハノ戒心ノ弟子。知見博ク、信仰ナリ。伯父〈父先ニ〉皇円阿闍梨ヲ
師トシテ台教ヲナラヒ、イマ幸ナル律師ハ法然上人ノ弟子ニ天台
宗ニ同法ナリシモニ白毫円ニ傳受ナルカコヽニ浄土宗ニ入シナリ
但ニ依附セシカニコソ聖道浄土一轍ナルコトハナヲトモニ累劫
宿善ナリシコトハシカアレトモ訓シウヘチソノリムム門弟ホノカニ伝ヘ侍
来コノ書ヲ見シラヌクヒノミナモトノトシタツトテ

（8ウ）明義進行集

随喜スベシ皇国ノ女ハ能源氏ヲヨム
ノコトヲツヽシマヾリヤガテ家塵ヲウケテモトヨリ詩歌ヲモ
ナリ吾根紙説ヲキヽヤクモテ登四ニナリ撰五ケ所
タチ亦ノ浄土ノ快楽ヲチカラ信諸同宿普ニ三行シツ丶
カクテカヲタトヒヲコノハ隆寛發句ニシヽハ三行シタリ
阿弥陀ノチミニテ廿七日ヨリ廿八月ヨリシカハ大便ノ
廿ケ為ニ證芳死鎮和向程便ノ付モサレ行人モヒトノ荒コトモクサシ
レシニ地テヨムコトシハニルサシシタテマツリタリ八ハニ任
ヤ八許画ニ至ナツリニ任左中将談シ中ニ極楽ナコトニハ
会仏ノ外ニ阿弥陀シン毎日三内讀ス一向ハ君一向ハ果ツヽ
一向ニ読セテモシレヌコヽコト住ニ詮寛トロヨ会仏リ申セヌ
コフトカシテ丘ハシヽカ一向会仏ノ申セス
ト隆寛ヌ十八チマコロウヽヤカテ阿弥陀ルシサシウ
新念仏三万五千遍リ申セモハ菩ニ参ルヽ八ムヤツ

24

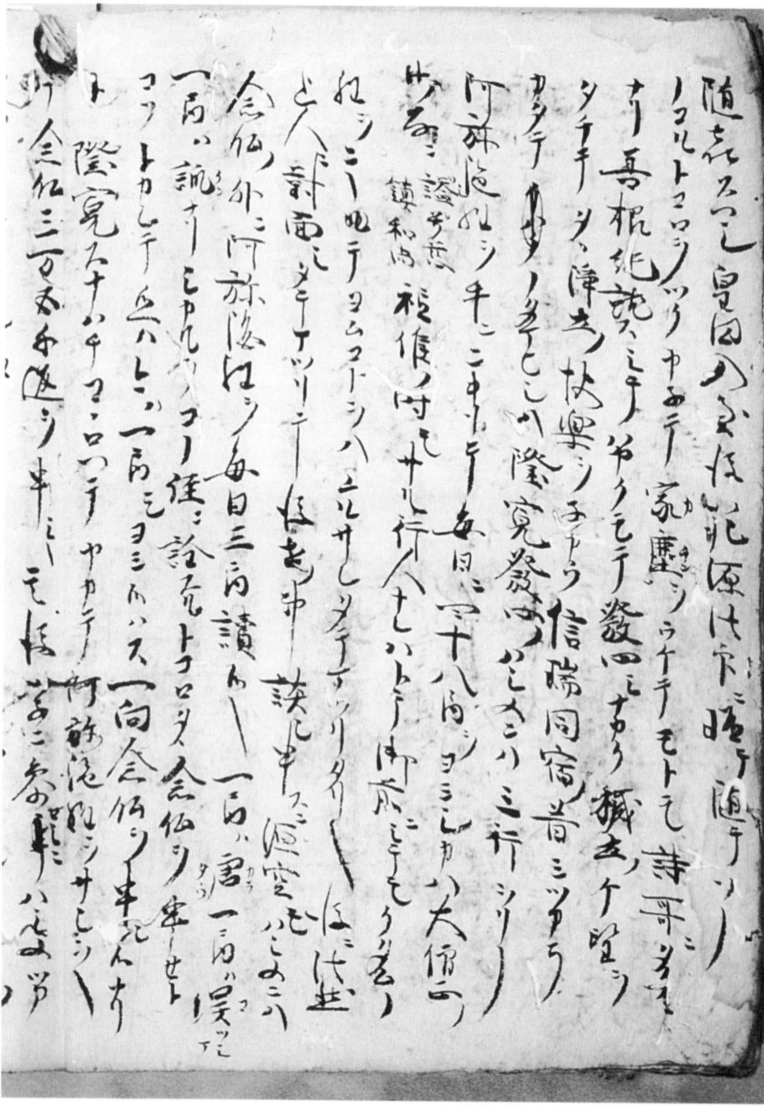

ト隆寛五十八才コロニテヤカテ阿弥陀仏ヲサシテヘ
計念仏三万五千遍ツヽ申シモ極楽ニ参ル事ハ必定
タカヒコロシ乱極ニテイトヽチトケ給ハサリシカ往生ノ
コシタリヨシ心中ニ落居極楽シク申シヽカハ上人オトロイテ
聖道門ニテケウアス偕西ノ僧正ニ供祖僧ノ正法ミノコレホトニ往生ノ
所志ノフカクノ征ケルコトノカタメシテナサヨト随喜シテ浄土法門ヲ
大恩トテノタテヒシハ大唐ノ善導ノ浄土宗ヲタテ候ツ事ハ三祖
一論ヲ正依トシ曇鸞道綽ヲ祖師トス　予サシクハ凡夫ノ内ニシ
カタツテハ聖人ノ名ニシテ行ハタヽ称名期所只八来迎ヒ上ニ
顔カシタルニテ自力カシカルコトナシ　他宗ニ対シテ勝劣ヲ判セス
余教ニ耐シテ浅深ヲ論セテトニトエ　懇勤ヲ誘訓ヲ蒙ル
コト数十度ナリ　ヤウヤクニスヽミテ数遍六万反ニオヨフ然
間元久元年三月十四日コナツトノヽ所望ヲウシロニシテ
上人ノトコロヨリ選択集ヲ計布シテヒソカニサツケ

様ノコトヲモチヰスワカ書ニノスル處ノ要文等ハ善導和尚ノ
浄土宗ヲタテタマヘル肝心ナリ弟子ノ書寫シテ披読シツヘシ
モシ不審アラハタツネトヒタヽシ源空カ存生ノ間ハ披
露アルヘカラス死後ノ流行ハナムノコトカアラムトコレヲ
モチカヘリテ隆寛ミツカラフテヲソメテイソキ切ツシオヘムカタメニ
三ツニヒトツハチテ尊性昇蓮ニ助業セサセテヲナシク一昔ニ
書寫シヲハリテ本ヲハ返上シテノチヒソカニ披読セシニ不審アレハ
カナフスヒトノ許ヘ参シテヒラキ秘シカハ并ニノ選擇集ヲ
付屬セラレシタヒヒトノハ隆寛ナリトキヽ天台大人ニハ行ハスシテ遁世シ
納受ト（スベ）ナリタマヘルコトノ仏道修行ノ要ノ用心ニオホエコレアリタ毎日ノ
所作ニ六時礼讃念仏八万四千返ヲサタメテ懈怠ナクシテ久ノ
オリハヨリ八万四千返ハナニコトカ表スル八萬四千ノ光明ノ数ニ
ヒトシカルナリトミ又浄土法門ノ至極詮要トテノ
コノタマヒシハ若我成佛十方衆生稱我名号下至十聲

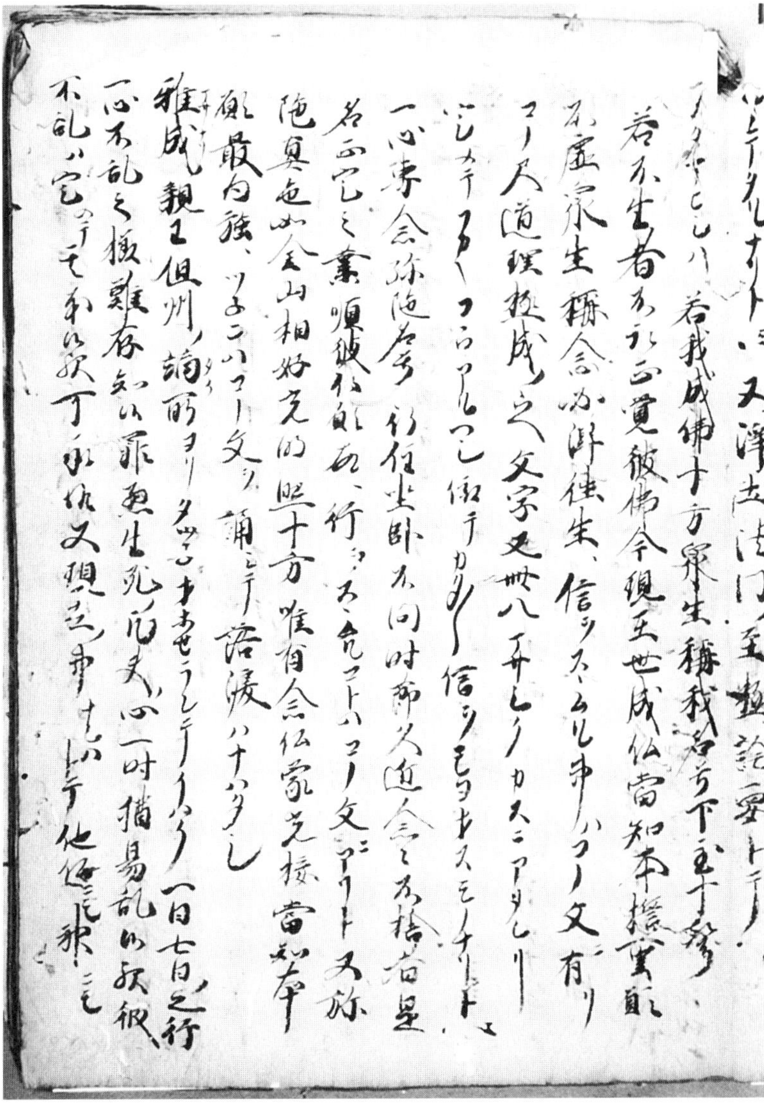
ハシテクルナリト云々 又浄土法門ノ至極論要ト云ハ
ナクサミシハ、若我成仏十方衆生称我名号下至十声、
若不生者不取正覚彼仏今現在世成仏当知本誓重願
不虚衆生称念必得往生、信ジスヽムル事ハコノ文ニ有リ
コノ人道理極成ノ之ヘ文字ハ世八ナレトモノカズニアマレリ
ヨシナキコトヲカヽルヲヨシ依テカヽシ信ジモヨホスモノナリト云々
一心専念弥陀名号行住坐臥不問時節久近念々不捨者是
名正定之業順彼仏願故、行ジスヽムルコトハコノ文ニアリト 又弥
陀身色如金山相好光明照十方唯有念仏蒙光摂当知本
願最為強、ツネニハコノ文ヲ誦シテ落涙ハナハダシ
雅成親王但州ノ謫所ヨリタヅネオホセラレテイハク一日七日之行
一心不乱之機難存知以罪悪生死凡夫心一時猶易乱以彼
不乱ハ定ノテモ不叶歟又現世ノ事ナトヽテ他念ニモ

祈ヲ勤ムルハ久ハ雜行封ゼラレ追生ヲトラントニモ成ミツルノ釋
又頭ヲ巾ニ當ノ耶キ好セ生ヲ勤スル念佛ハ只十九八五一宿苦ニ
中説毎日一疲討作ルヲ證ス

俤師ハ云
　　　　　　　八月十日　左衛則
　請文云
　一日誦一心不亂ハ
　リ軎ニカヽテノ北方佛元南方渾乙東方寳刺ノソミヨ
　ケ四シハ九コトナキ一四ニテ不亂トハ申ル一マシルガ一八
禪ヲ学ニ論キ心不亂トハ丼見ヒ長念日ニ
付ニ一心ナ八目ヲ見不亂九コトナリヤ
無則他ガ李節ニ餘心ニウツサヌルモ不亂
カノ量寡法師ガ一心者念元草木ニ風テ麥ニ心

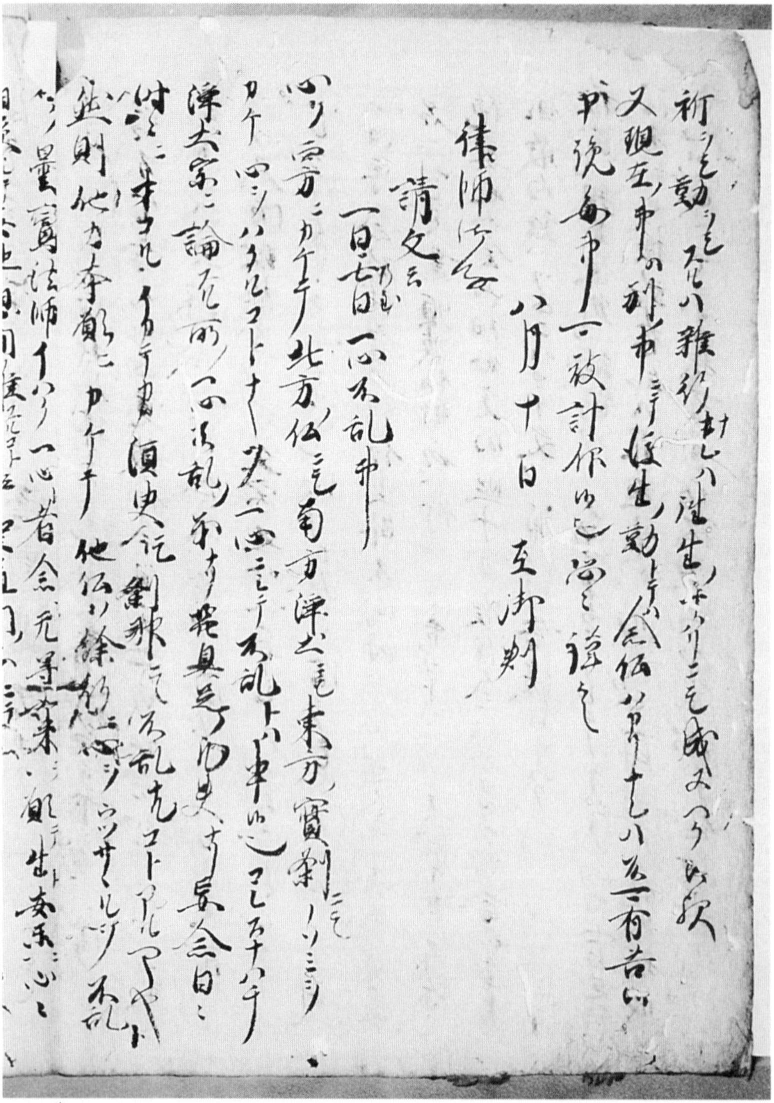

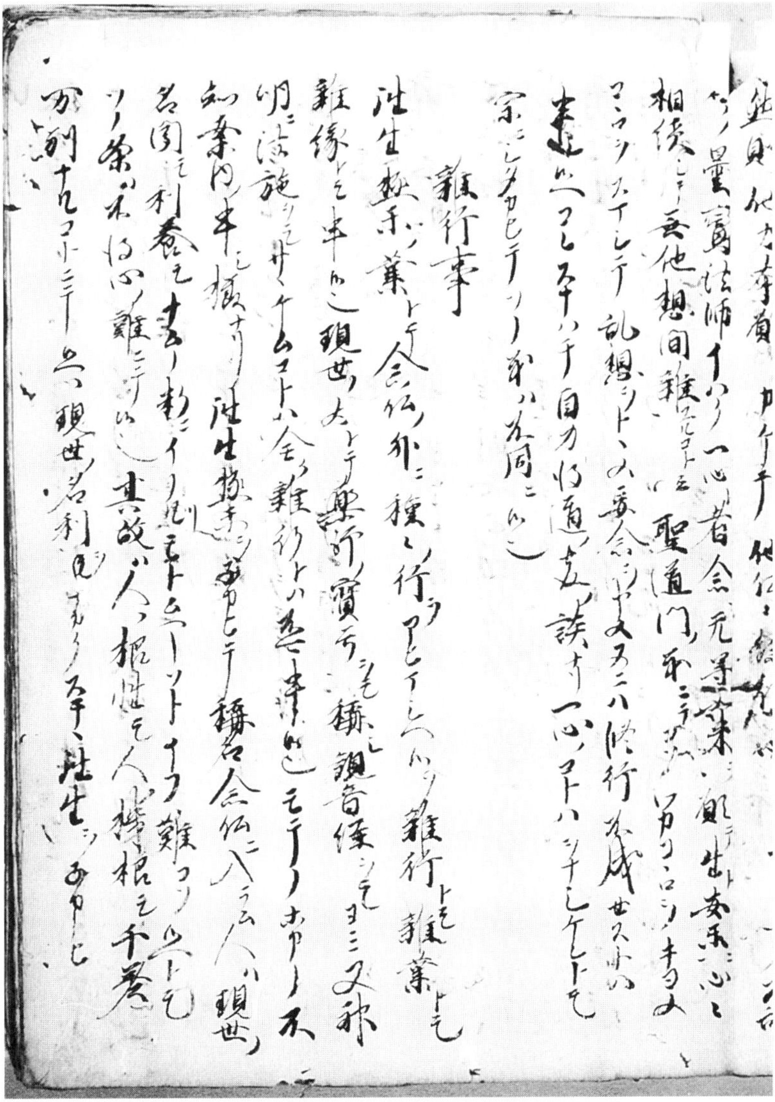

然則仏ヲ本尊トカケテ仏ニ向ヒ奉リ
サレハ曇鸞法師ナトノ一心ニ専念シテ无量寿ヲ願シテ生ト安楽ニ心ト
相続シテ無他想間雑スルコトモ無シ 聖道門ニテモハリコロシノ方ヲ
マコトニカクレテ乱想シテトヘハ妄念ニシテ又スニハ修行成セスハ
遂ニハコレヲステハテ自力修道ノ支ヲ誤ナリ 一心ノコトハシナシケレトモ
宗ニシタカヒテソノ義ハ各同ニハ

雑行事

往生極楽ノ業トテ念仏ノ外ニ種々ノ行ヲアヒナラフルハ雑行トモ雑業トモ
雑縁トモ申ナリ 現世ノ大事トテ所求ノ寳ヲモ求メ 観音経ヲモヨミ又秘
明ニ流布セサセケムコトハ全ク雑行トハ思ヒ寄ラヌモテノホカノ不
知案内ノ事也 往生極楽ノ為トモテ称名念仏ニ入ラム人ハ現世ノ
名聞モ利養モ共ニ物ニイタリモトムルソトナクテ難コソ少トモ
ソノ祭ハ不信心ノ難ニテハ 其故ハ人ハ根性モ人ハ機根モ千差
万別ナルコトニテ 然ハ現世ノ名利ヲ求メスシテ往生ヲ求メ

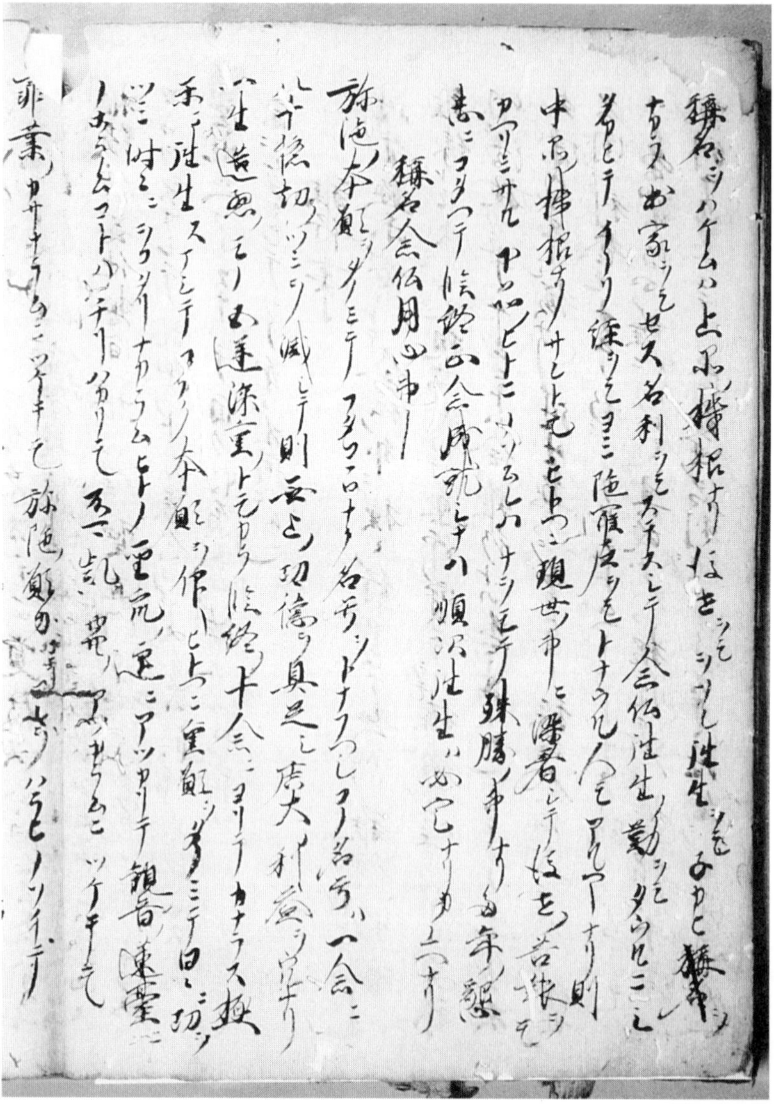

明義進行集（12オ）

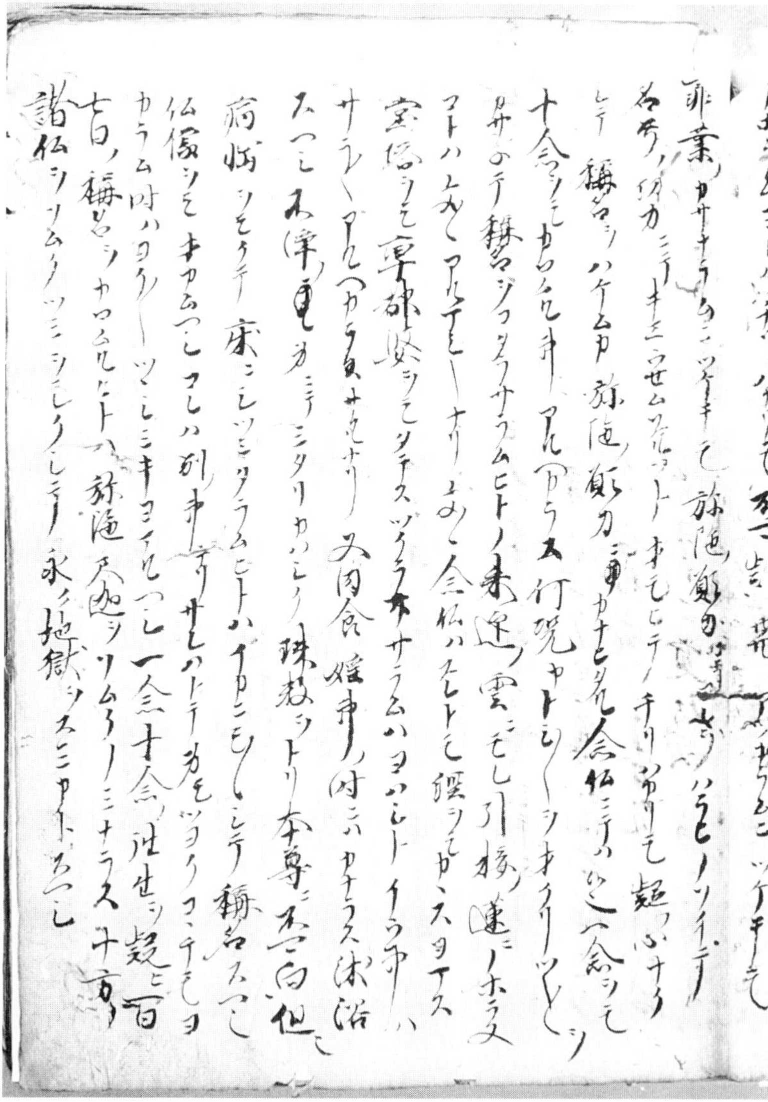

ノカラムコトハハナリハカリテ不可説罪ノアソハサラムニツケテモ
罪業ノカサナラムニツケテモ弥陀願力ヲタノミタテマツラハ罪モノツイテ
名号ノ何カニテ中ヘヲセムアルコトノ中モヒテノチリノチリモ疑フヘナラ
シテ称名シハケムカ弥陀願力ニ申カナヒ名ル人念仏ニテハ然ル人一念ニシテモ
十念ニシテモカムナル井アル（カラス）行悦ヤトヒシシオクリツクシシ
名号ヲ称念シツツタフサフムヒトノ来迎ノ雲ニモシ乃様ノ蓮ニノホラス
コトハ不定アルナモノナリ一念仏ハヌレトモ脱シテカヘスヨナス
宝塔ヲモ卒都婆ヲモタテスツクラスサラムハヨノツネノヒトハ
サテヘアル（カラス）ナルナリ又肉食婬事ノ時ニハカナラス沐浴
スヘシ不浄ノ身モカニテミタリカハシクノ珠数ヲトリ本尊ニ不向但シ
病悩ノ時モヤテ床ニシツミタフラムヒトハナカニモシヒテ称名スヘシ
仏像ヲモ本カムヘシコレハ別ノ事ニテサレハトテ尤モツヨクコヽヲモシヨ
カラム時ハヨクノツヽミコヽヲキヨメテヘシ一念十念ノ往生ヲ疑ヒ百
日ノ称名シカヲムルヒトハ弥陀本願ニシタカムノニナラス千万
諸仏ニシタカムノツミニシテシレテ永ク地獄ニシスミニヤトスヘシ

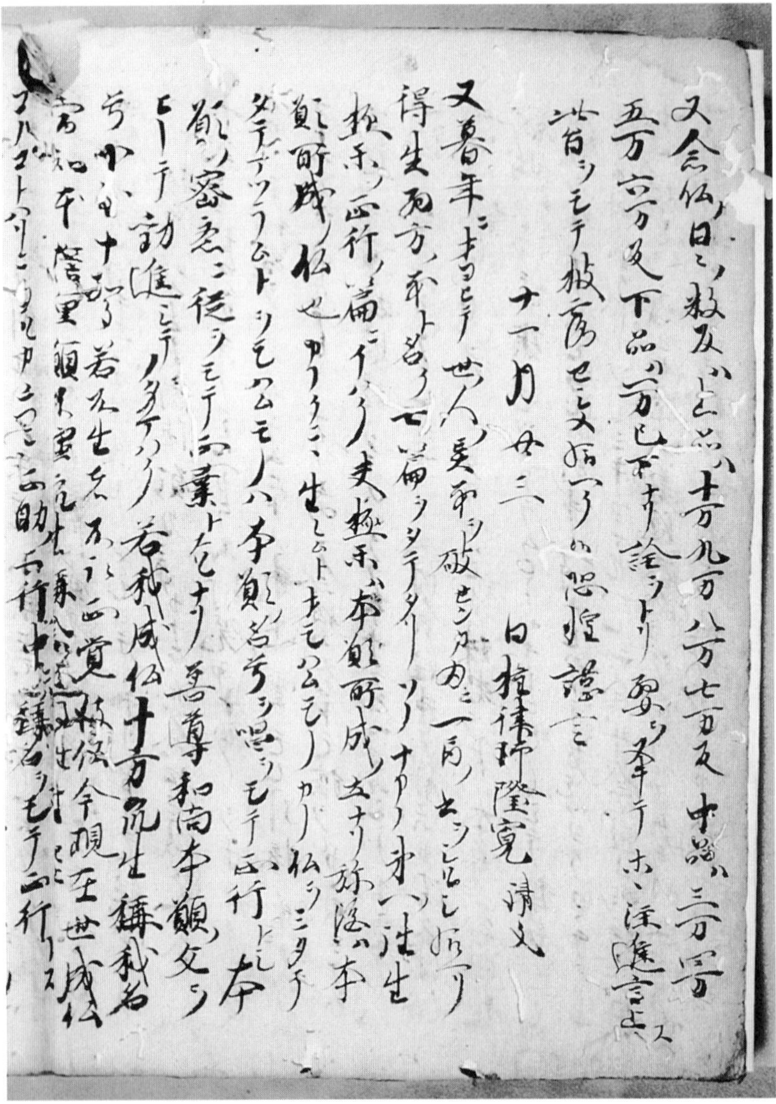

又念仏ノ日ニハ救及ハ上品ハ十方九万八万七万又中品ハ三万二万
五万六万又下品ハ一万已下ナリ諸ヲトリ望ヲ牟テホヽ深進言上ス
皆シモテ被房セヽ文殖ヘリハ恐惶謹言
十一月廿二日　徳律師隆寛　請文
又暮年ニオヨヒテ世人ノ是非シ破センカ為ニ一冊ノ書シヲシロシ給ヘリ
得生西方ノ要ナル七篇シタテタリソノナカノ第八ハ往生
極楽ノ正行ノ篇ニイヘリ夫極楽ハ本願所成ノ土ナリ弥陀ハ本
願所成ノ仏也カクノ如クニ生レムトオモハムモノカリ仏シミタテ
タテマツラムトシモハムモノハ本願名号シ唱シモテ正行トシ本
願ノ深意ニ従シモテ正業トセナリ善導和尚本願文シ
ヒイテ勧進シテノタマハク若我成仏十方衆生称我名
号下至十声若不生者不取正覚彼仏今現在世成仏
当知本誓重願不虚衆生称念必得往生ト云々正助二行中ニ称名シモテ正行トス

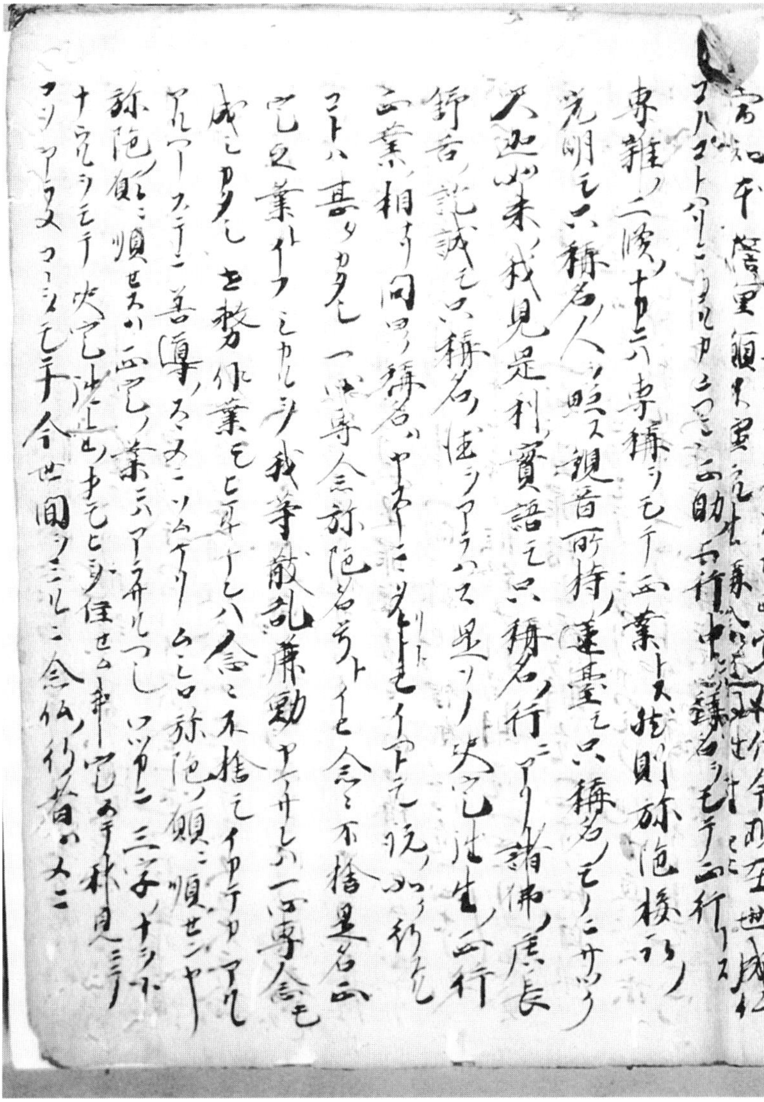
[illegible]
[illegible]助正行中ニ[illegible]
専雑ノ二修ノ中ニハ専称ヲモテ正業トス 往ニ則弥陀様ノ
光明モ只称名ノ人ヲ照ス 観音所持ノ蓮臺モ只称名ノモノニサヅク
大迦如来ノ我見是利實語モ只称名ノ行ニアリ 諸仏ノ廣長
舒舌ノ証誠モ只称名ノ法ヲアラハス 是ソノ決定往生ノ正行
正業相ナリ 同ク称名ハ[illegible]
コトハ甚タカタシ 一向専念弥陀名号トイヒ念々不捨是名正
定之業トイフモ[illegible]我等散乱麁動ナルヲサレハ一向専念モ
成シカタシ[illegible]念々不捨モイカテカアル
[illegible]善導[illegible]弥陀ノ願ニ順センヤ
弥陀ノ願ニ順セスハ正定ノ業ニハアラザル[illegible]
[illegible]決定往生[illegible]
コソアラメ コレニヨモテ今世間ヲミルニ念仏ノ行者ハ大ニ

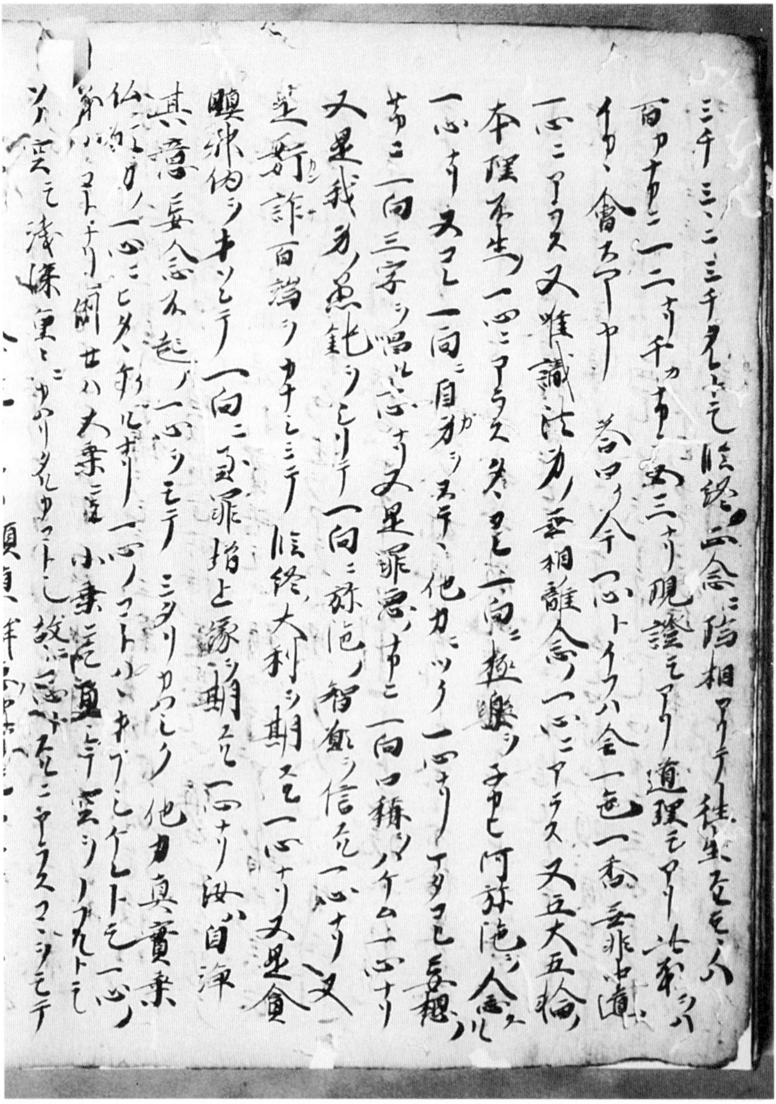
三千三ニ三千ヲ見ルモ臨終ニ正念ニ瑞相アリテ往生スヘキ人
百カ中ニ一二ナリ千カ中ニ五三ナリ現證モアリ道理モアリ然ニ我等ハ
イカヽ會スヘキヤ　答曰今ノ一心トイフハ会一色一香無非中道ノ
一心ニアラス又唯識法界ノ無相離念ノ一心ニアラス又五大五輪ノ
本理不生ノ一心ニアラス只タヽ一向ニ極楽ヲ願ヒ阿弥陀ヲ念スル
一心ナリ又コレ一向ニ自力ヲステヽ他力ニツク一心ナリ又コレ無想ノ
南ニ一向三字ヲ唱ル心ナリ又是罪悪ノ南ニ一向口稱ハナム一心ナリ
又是我身ノ愚鈍ヲシヒリテ一向ニ弥陀ノ智慧ヲ信スル一心ナリ又
並ニ奸詐百端ヲカナヒニテ臨終大利ヲ期スル一心ナリ又是貪
瞋邪偽ヲキラヒテ一向ニ無罪指上縁ヲ期スル一心ナリ設ハ自浄
其意妄念不起ノ一心ヲモテ　ミタリカハシク他力真実乗
仏ニカナノ一心ニヒタヽ称ルオリノ一心ノコトハホフヒイレトモ一心ノ
第ハコトナリ　開廿ハ大乗三道小乗三道ニテ云ヲノアルトモ
ソノ云モ浅深東ニカワリ見ルカワトシ故ニ返ナリスヘニアラスコニシテ

〔…〕仏トモ一心
ノ義ハコトナリ所謂世ハ大乗ニ在小乗ニ在道ニテ云ソノフルトモ
ソノ云モ浅深異ヒニカハリタルカコトシ故ニ遍ナルニアラスマヽシテモテ
名題ノ相カラシ念スルコヽロハ懶堕懈怠中世ナルナヲ井ルニツケ
テモイツレモフカク味返ノ益ヲナモフコヽロハ煩悩妄念ノツクサルニ
ツケテモイヨイヨ切ナリ是ヲ名ケテ一心専念トイフ又不捨ト名ナツク
ヒナリ自力修行ノ道理ノモテ他力難思ノ法ヲ疑フ事智恵ニテ智
恵ニアラス道理ニテ道理ニアラス念仏ヲ行スル人ハヒトヘニホトケニ
トモ往生スルモノスクナキコトハアニコノユヘニアラスヤ
カナシムヘシ導綽ノ安楽集ニイハクモシ衆生アテ一生悪ヲ造レ
トモ命終ノ時ニノソミテ十念アヒツヽケテ我名字ヲ称セムニ
ムマレスハ正覚ヲトラシト又云クモシ悪ヲツクリツミヲツクルコトヲ
論セハ何ソアラソヒ風トヽアメノコトナラム中ニシカモテ諸仏大悲
スヽメテ浄土ニ帰セシメタマフ設ヒ一形ノホトアクヲツクルトモ只
ヨク心ヲモハラニシテ専精ニツ子ニヨク念仏スレハ一切ノモロモロノ

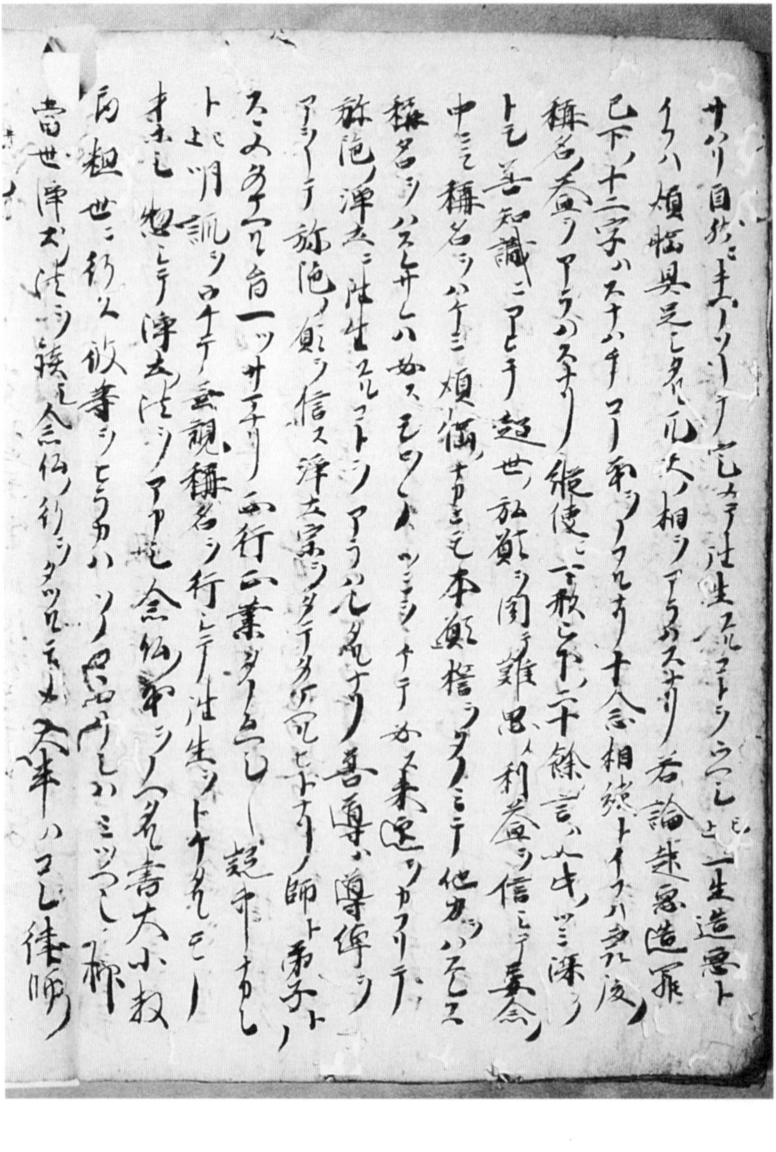
サハリ自然ニキエソシテ定テ往生スルコトヲウルヽ上ニ一生造悪ト
イフハ煩悩具足シタル凡夫ノ相ヲアラハスナリ若論衆悪造罪
已下ノ十二字ハスナハチコノ義ヲノフルナリ十念相続トイフハ多九度ノ
称名ノ益ヲアラハスナリ縦使ニ一形悪ニ下ル二十余言ハツキノ言ニ深ク
トモ善知識ニアヒテ超世ノ弘願ヲ聞テ難思ノ利益ヲ信シテ専念ノ
中ニモ称名シハテニ煩悩カキモ本願ノ誓ヲタノミテ他力ヲハアヒス
称名シハスヽムレハ如スモシ人ツヒニシナテ如来来迎ヲカフリテ
弥陀ノ浄土ニ往生スルコトヲアラハセルナリ善導ハ導師ヲ
アラシテ弥陀ノ願ヲ信ス浄土宗ヲタテタテマツル也ヒトナリ師ト弟子トノ
スヽメタテマツル台一ツサテナリ正行正業タノムトモ超中ナカレ
ト上ニ明讃ノヲナテテ無観称名ヲ行シテ往生シトナヘモノ
末ニモ抛シテ浄土ノ法ヲアヤモ念仏者ノ人ノ名モ書大小教
而ルニ世ニ行スル彼等ヲヒラカハソノ思ヒシハミツヽ称
当世浄土ノ法ヲ得ヘシ念仏ノ行ヲタツヘキ如大本ハ是ニ律師ノ

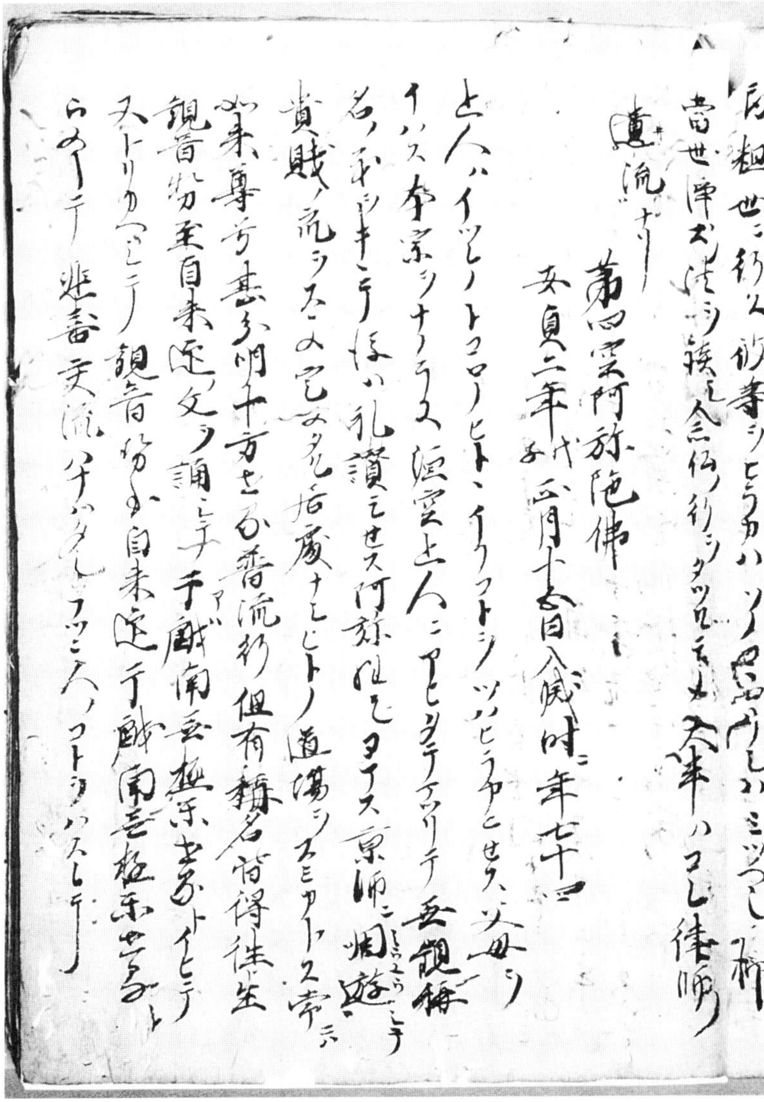
尚粗世ニ行ハル彼等ヲヒラカハソノ罪ワレラニツクシ、称
當世浄土ノ法ヲ様シ念仏ノ行ヲタツヘキモノ大半ハコレ律師ノ
遺流ナリ
第四空阿弥陀仏
安貞二年戊子正月十五日入滅時ニ年七十四
上人ハイツレノトコロノヒトヽイフコトヲシツハヒラカニセス、父母ヲ
イハス本宗ヲナノラス、法然上人ニアヒタテマツリテ無観称
名ノ行ヲキヽテ日ハ礼讃ヲヽセス阿弥陀経ヲヨマス京師ニ周遊シテ
貴賤ノ志ヲスヽメ堂ヲタテ房ナシヒトノ道場ヲスヽメカトヲ常ニ云
如来尊号甚分明十方世界普流行但有称名皆得往生
観音勢至自来迎ノ文ヲ誦シテ千阿弥陀南無極楽世界トイヒテ
又トリカヘシテ観音勢至自来迎千阿弥陀南無極楽世界ト
ヒタヽテ悲喜交流ハナハタシフツニ人ノコトヲハスレテノ

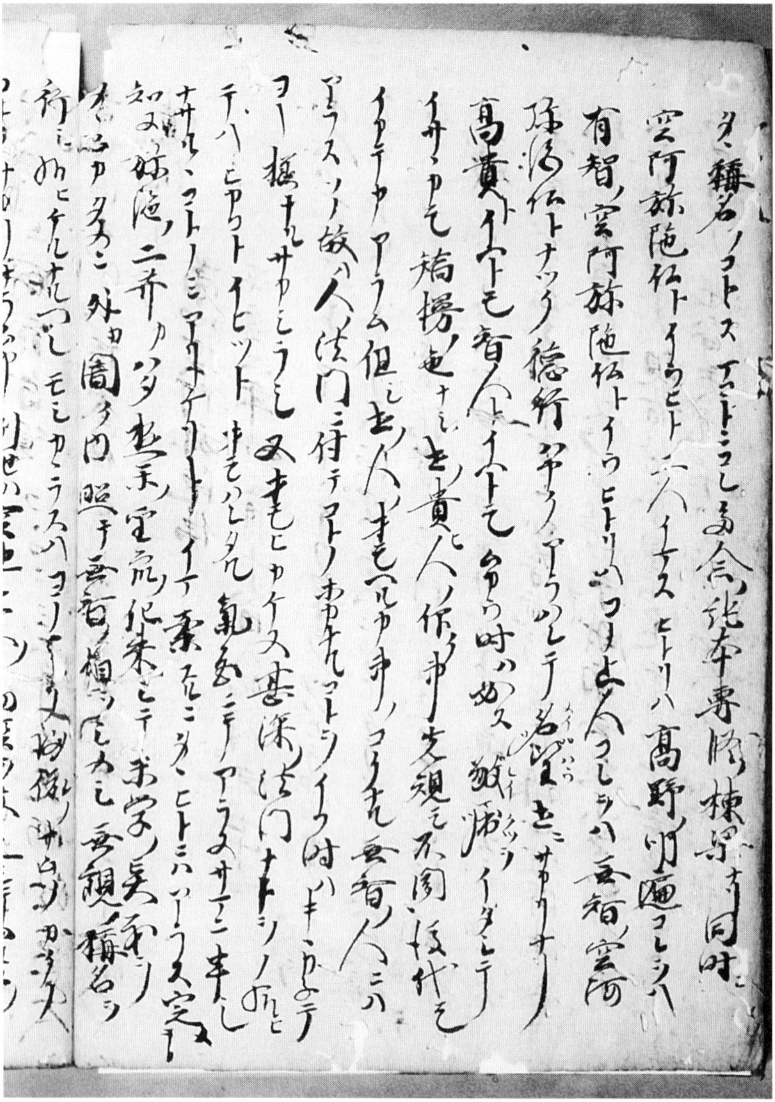
タヽ稱名ノコトヽス　アミトミコレ多念ノ能本専修ノ棟梁ナリ同時ニ
空阿弥陀仏トイフヒト二人イマス　ヒトリハ高野明遍コレナリ
有智ノ空阿弥陀仏トイフヒトリハコノ上人コレナリ無智ノ空阿
弥陀仏トナツク徳行ヲ年ヲツミアラハレテ名誉世ニサカリナリ
高貴ノ人トイフトモ有智ノ人トイフトモ皆カノ時ハ如ク　敬屈イタシテ
イササカモ矯揚ノ気ナシ　主ノ貴人ノ作タル支願モ不同ノ様代モ
イカテカアラム　但シ主ノ人ノ言モヘルカ弁ノコトクモ無智ノ人ニハ
アラスソノ故ハ人ノ法門ニ付テアトノホカナルコトシノイフ時ハキニカナテ
ヨク極ナルサカニラシ　又言モヒカケス甚深ノ法門ナトシノ所ヒ
テハヒカラトイヒツト　言モハヒタル気色ニテアラスサテニ来リシ
ナサル、コトノミアリナケリト　イテ乗スルニタヽヒトニハハラフス定ヌ
知ヌ弥陀ノ二弁ノハタ極楽ノ宝池ノ化米ニテ求学ノ吴ノ
[illegible]カタヌニ外ヲ圖タ内照シテ無智ノ相ヲ[illegible]無観ノ稱名ヲ
[illegible]

明義進行集（16オ）

信ノ力タル二外田園ノ門照于無苦ノ御方ニナシ無顕ノ稱名ヲ
行ニセルニモカカラスハコヨリ又稱揚セサルカ故人
コトヲサハキラムヤ例セハ一切ノ諸ノ仏ノ説キノ法ハ
深弘ノ道蓮上妙ニテナリトモ処也トハヒ切ル久々信ルハ仏ノ
吾吾相シテムルコトハ只稱名ヲ行セルカナルコトヒシ信雲ヨリ入ヘシ
多ノ雲ニ諸法仏者ヲ三ト吾香ノ人トマヒトヒコトシイキニ八
化ナリトヘ又一宅稀者ノアラテヒトニアリテ入ヲルコトヲアリ毋伏
関申ナキ一人会テハ混合セヒ念仏
ハ給タリコト二世タニの信ノ来ラハテ信踏アルノアリ
及又化花逆の諸逸稱仏ツトムシハ澤大蓮入
生スキ一生常ニセサレハ一シカリテ返ス一生勘務順
ホト流弁シナクテ久前遍匠千方を
シコミニコトナカシ

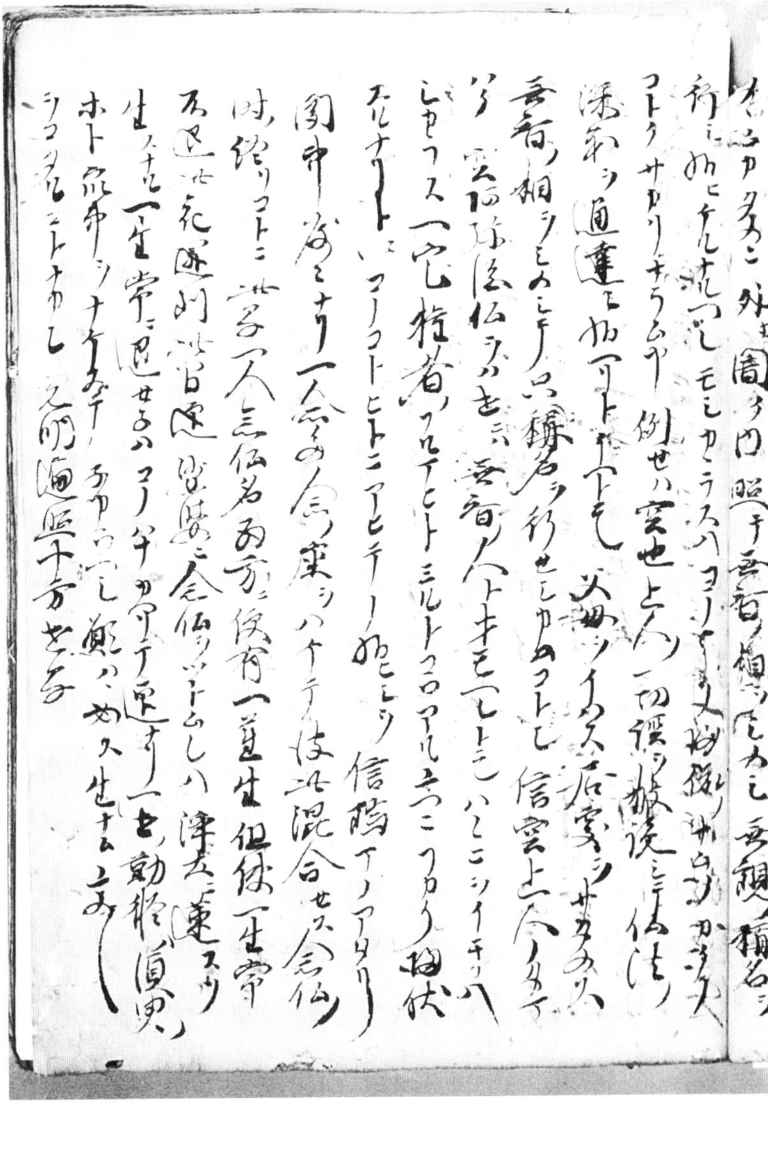

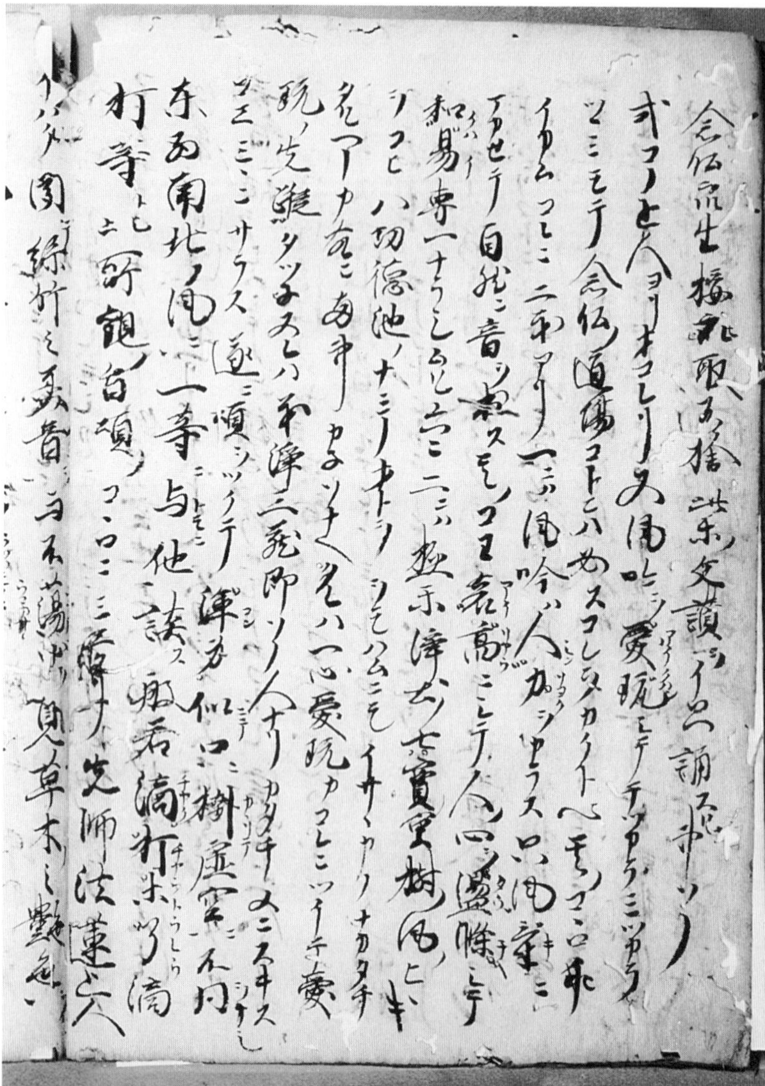

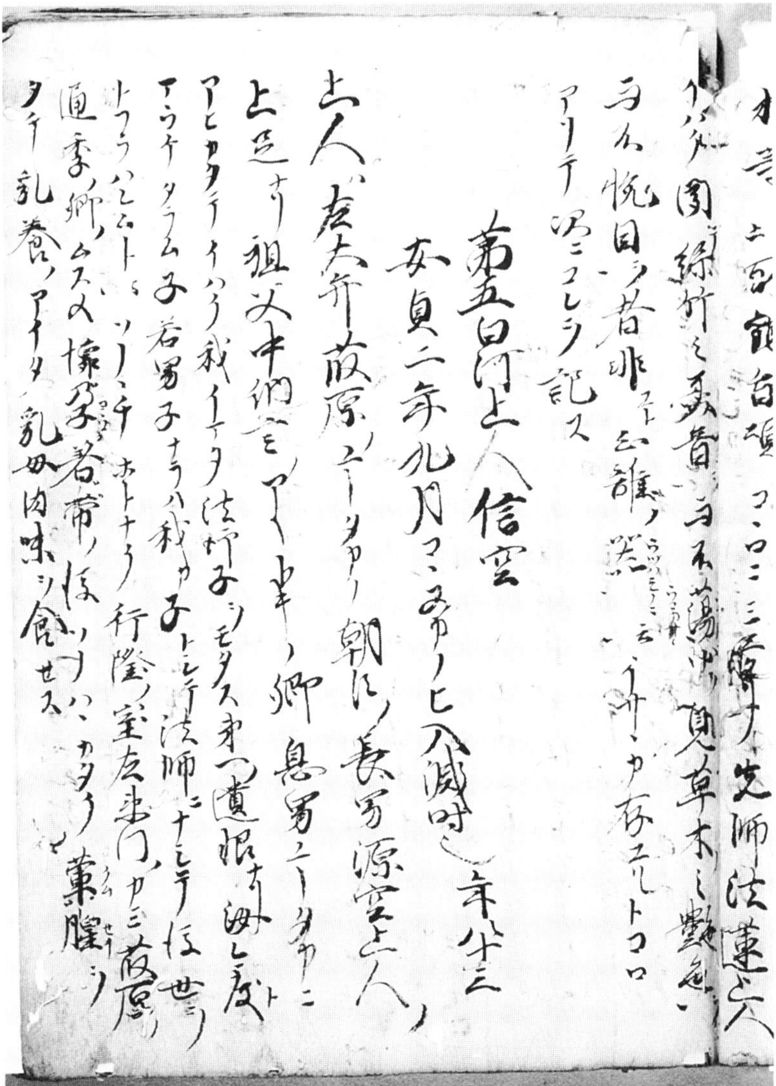

ガ弟ニ面テ叡台嶺ニコヽロニ三ノ宿ナノ先師法蓮上人
ハ先ノ閑緑竹ヽ頭倍ニ日ノ不落陽ザリ見ノ草木ヽ数色ニ
ヨルノ悦目ヲ昔非ストイ誰ノ咲ニ、今カ存ユルトコロ
アリテ涙ニコレヲ記ス

第五 白河上人信空

安貞二年九月コヽノカノヒ入滅時ニ年八十三

上人ハ左大弁藤原ノユキタカノ朝臣ノ長男源空上人ノ
上足ナリ祖父中納言アキトキノ卿息男ニシカニ助レ度ト
アヒカタライイハク我イマタ法師子ヲモタス其ノ遺恨ナリ
アラケタラム子若男子ナラハ我カ子トシテ法師ニナシテ伝セシ
トノタマヒキソノヽチホトナク行隆ノ室左衛門カミ藤原
通季卿ノムスメ懐孕イマヽ帝ノ時ハカタリナリト菓腱ヲ
タチ乳養ノアイタ乳母肉味ヲ食セス

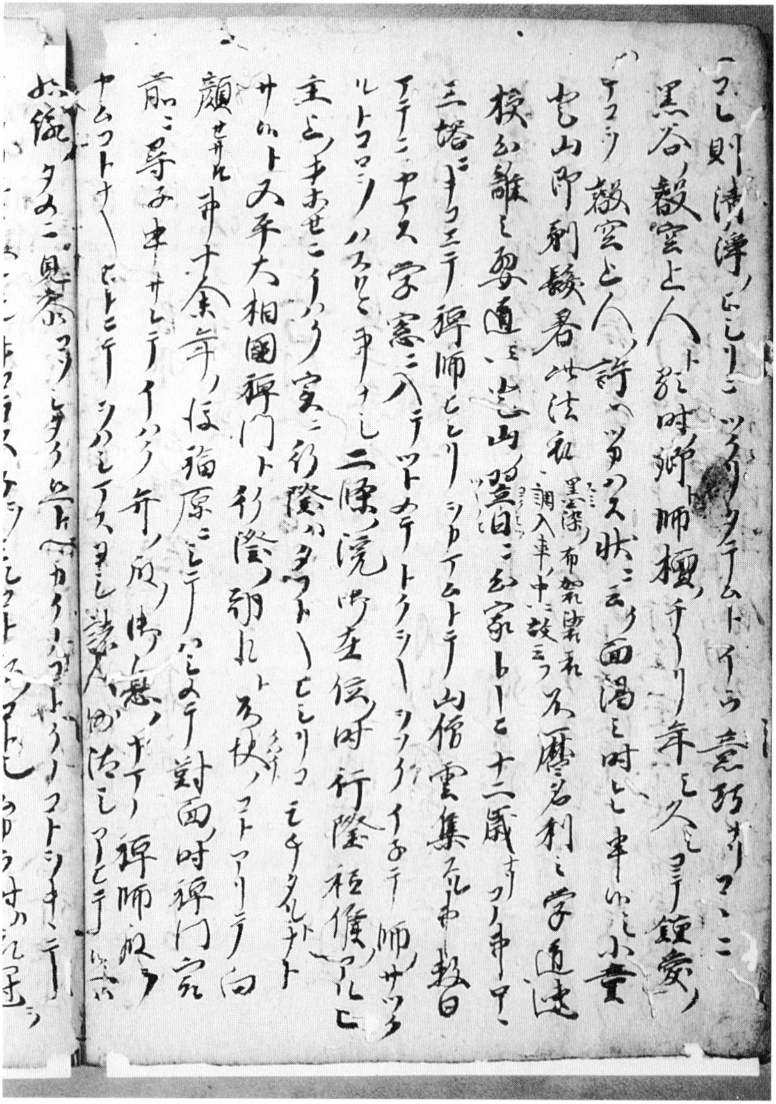

明義進行集（18オ）

ナムアミダ仏ト、トナヘシハ、ヲシヘシ人コソ法然上人ニテ
オハシマセトモ、カタシケナク、念仏ノミニテ往生スルコトヲ、テ
ラシアラハシ玉フハ、ミタノ本願ヲフカクシンシテ、
タヽ念佛ノ一行ヲイタスナリ、ヲシユルコトシルベシ、
タヽ一字スラシラヌ信空上人ハ、源空上人ノ御弟子
ニシテ、源空上人ノ御ハキミ二門ニテ候ヘハ、
ミナラワレタルモノニテ、源空上人ハ、毎度コレヲ礼拝シ
コトクヲモヒテ、相使ヒ給ヘリ、抑又アルトキハ本寺ヘ参玉フニ、
コレニヨツテ、アル人ヲカタラヒテ、法蓮上人ニ戒師ヲ人ニ相伴セラレシ、
深空門法門ヲトラクト、コレヨリタマフシト人ニ一期ノ戒師ヲ人儀悟ヲ
共ニ、信空ハ七十二歳五十余年ノ宿善ニテ、一道ノ学生文ヲ人ハ
モ戸佛室セリ、イカニ浄土宗ノ吾祖ノシテ、信空ノ浄土法門ノ
法文、ミヤコニテモ、チニシツ、コトハ信空ノ浄土、法ヲ知コト
イフハ云コト也、テハ九十一五三十ニテハナクアラレタリ、
ラ法門モタスカリコハンジタリタルモノハ学ハ多ナキ言コトハ

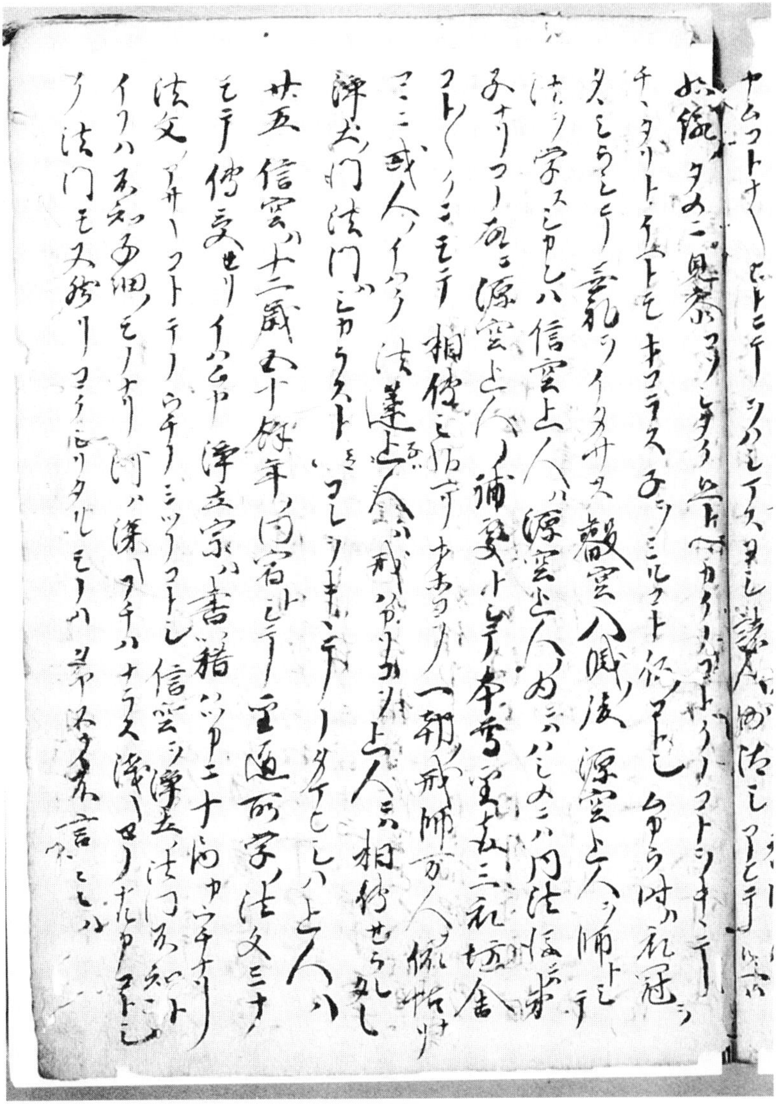

ノチナリ不知モノハセヌノフトモトニ雅成親王明禅法下ノ
モトヘ万漿時ノ稱名申シクヤウニ用恋スニトノ俠号
アリシニ力禅ツヒニ計万萩末申トヘニノトハ相似ニテ申サ
ルニ 御文ニアラウ不漿ノ時稱名申洗礼浴尹トニ 歳道場モ
別時ニ係ル作宗係ニ稱三昧ハ唯繁念ノレ丁カ先ト仗 頻平垂左
不漿ニ勤行ノ等付漁陰トニ由存会ニハ仏ニハ 宗行金気
右計中ニ候負ニハ召 稱陰亂ハノ百相尋信雲ト人ハ
 ハ仏トハ御文ニモ有リ内ニ相鵡ノ刻
化申ネ吳ノ万切セニ進人ニハヒト人ロ外傳道猪
行色候一戸三仏 宗ニ先達下訶傍若無人ニテ状ハむ一内
龕鏡ニ仗
切セ被進人状ハ不存不ニ会文タ覚ハ經唯除食
稱ト山善華ハ作不除食附除購ハニハ万論行生ニ

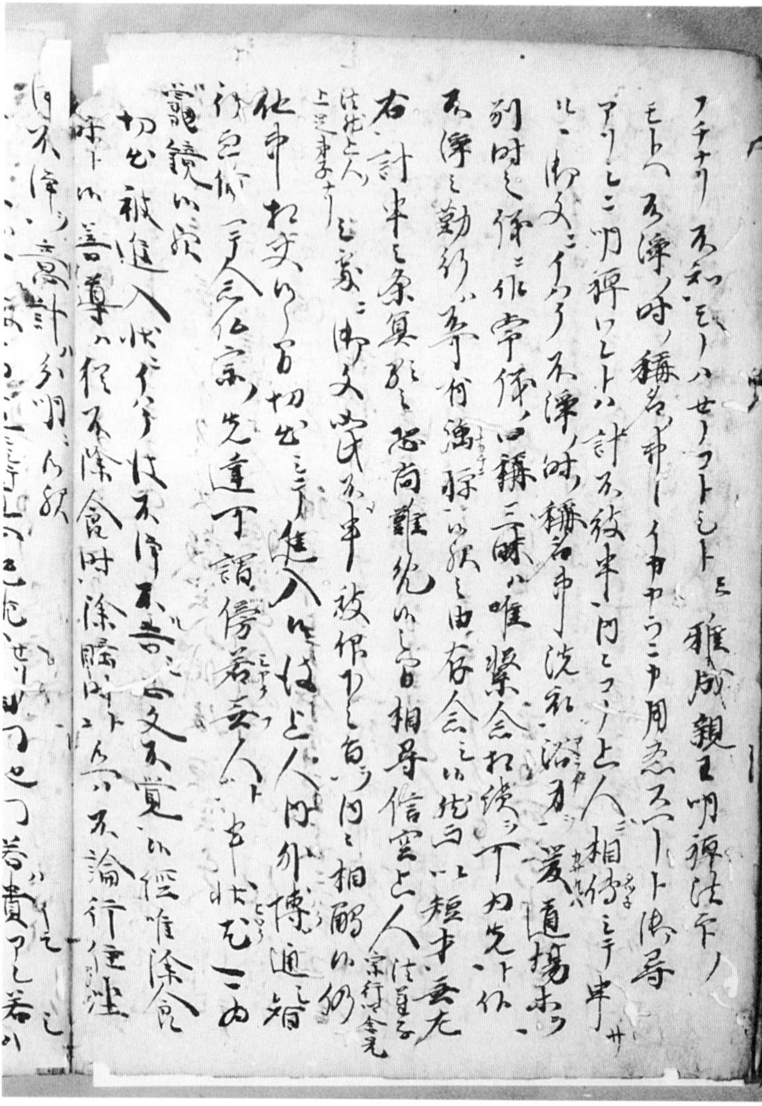

十二行[illegible]
呼ト也、善導ハ但除食時除睡時ト云ハ不論行住坐
臥不簡時處計ハ分明ニ存ス
文、明禅ハ智徳高遠ニシテ道心絶誠セリ、自門他門若ハ貴キモ若ハ
賤モ、イマタ一言ノソシリヲイタサス、然ルヲツイニ上人ニ向シテ讃嘆
アルハ希ノコトシ、清蓮房ハ戒カリコソ相傳セラレタレ、浄土法門ハ
イマタヲシヘラレスト云人、如此ヲ見テ御今人セム上人還化ノ
後四百七十日ノ中間ニ貴賤善悪、言師読師、法師ニ仏事ヲ修シテ法衣
禅ハ
従ヲ供養花香ヲアリ、導師ハ明禅ナリ、業炳ハ后来説法ノ
詞ニテンク、明禅ハカタノコトクノ仏前ニシテ中子ヲ相承者ドモ指訓ニシテ
年今庵ニ又一時ニ六角ノ中ヲ入道敎念等ヲモテ一寸十九何某念仏ヲ
モテメテアソリテ、アノ題頭ニ来リテコトサラニ開眼ニシテト被
申ソレニソ叶アレト日〻夜ニテ申ソヘニ人隠ソ從テ返ヲ被申ケレ
ヤトテ仏前ニシテ啓白セシム、金ヲ柱テ云ハイカニモ申ナラテモ一日モ
申ニソヘニカハサラハ、此ノ仏ヲ御前ニテ柱ナイタカムト被申シニカハ

ソレハシムマコロモテコソ人ハ又サレハトテノイマシメ懺悔シハ
ヤフルヘシトオモヘトモ不及カミテ伴ノ仏ハ行捨テ被ルキ
サレハ昨日遂リナリヌ又母モ亡ノ懺悔シテ久シトモ
マノ聖霊ノ所存ハ他ニマコトニハソノ二ツカ事ハ修ニシトシ
ナリ法然ノ石實ヲ乗リテ信シトリ給ヒシ極ハ年来アツヘ
タテアツリテハシ百行ヲ申テ給シトモソノ聖霊所存ヲシハ
辞セシトオモフマコロサヘ深ノ人ニ二ツニ松ヲ見シトテ
万事ノ沙汰シテノアヒシツカナルトテ祇候ノヒシカトモ又大
略三ヶ日ハカリナリソノ庭ニツラナリシ人ハミナヒトシク同感
嘆セストイフ事ナシ　信瑞幸ニ中陰ニハアリテアマタアリ
ヲアマトツ同行明禅ホトノ人ノカクハカリ信シ給シハ
タヽコトニハアラストオモヒテ随喜感悦シテ涙ヲ押ヘカタカ
リシコトニ今モミテシカリ　又信瑞同宿ノ語ニ
上人往生ノ間ノ事ヲ尋申ニ答給ヒシハ本願ノコトクハ

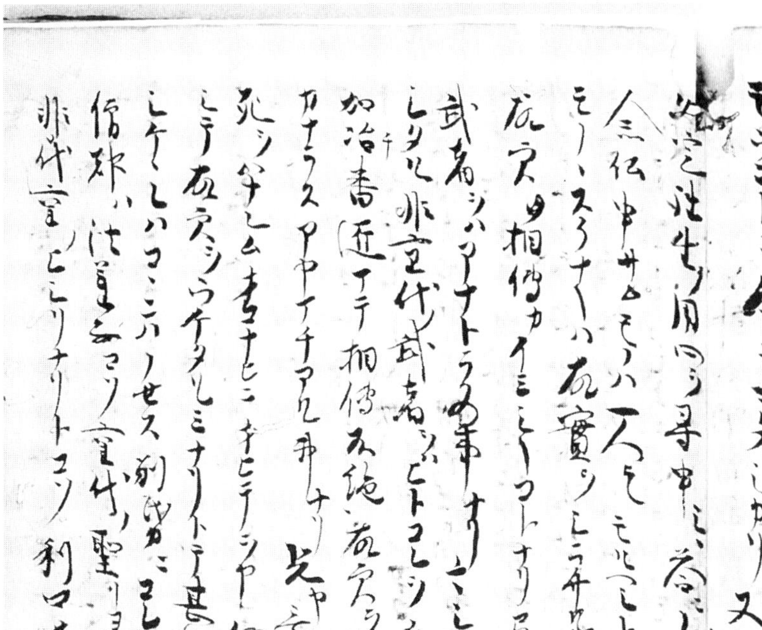

念仏宗ノ末ハ又ノ流有ツヽ論晏ラハ、下野寺原朝ニテ
メモシ貞應三年ノ夏氏ニヨリ合ヒ念仏等ノコトニツキ
ヲモ力ヲモサタメテ、イトウト等申気及ヒテ念仏ニツキ
ヤラウサタメテ候モ、ナニコトニヨトコトモ一人ノ人
ミコトヘラハ申モカタキコトモ、付タニ自圣之仏ニタメアリ
仏モ吏昔同生ミテノシハシヲ、付モ捨ツヽカウコ、一切
テシニ乂シコト、信シテコトモラレテ候モ、泣おヒトイフモ
テシハフシテコトハ、無観ノ類ヲ書コトモヘ丹ヲ不候
リ又、イハヽ設我得仏十方衆生至心信樂欲生我国
リキ十念、若不生者不叉正覚ト付二ノ文ラナコアラハ
ミエキ仏ノ候ラムコトハ、他力ノ仏ニモラムモノト十八願
ヨリ七十ト三セス、ナスラムモ東サラス
トシ一ナヒト三名ニテモ十比下ヒニミニシ十度七南無阿弥陀

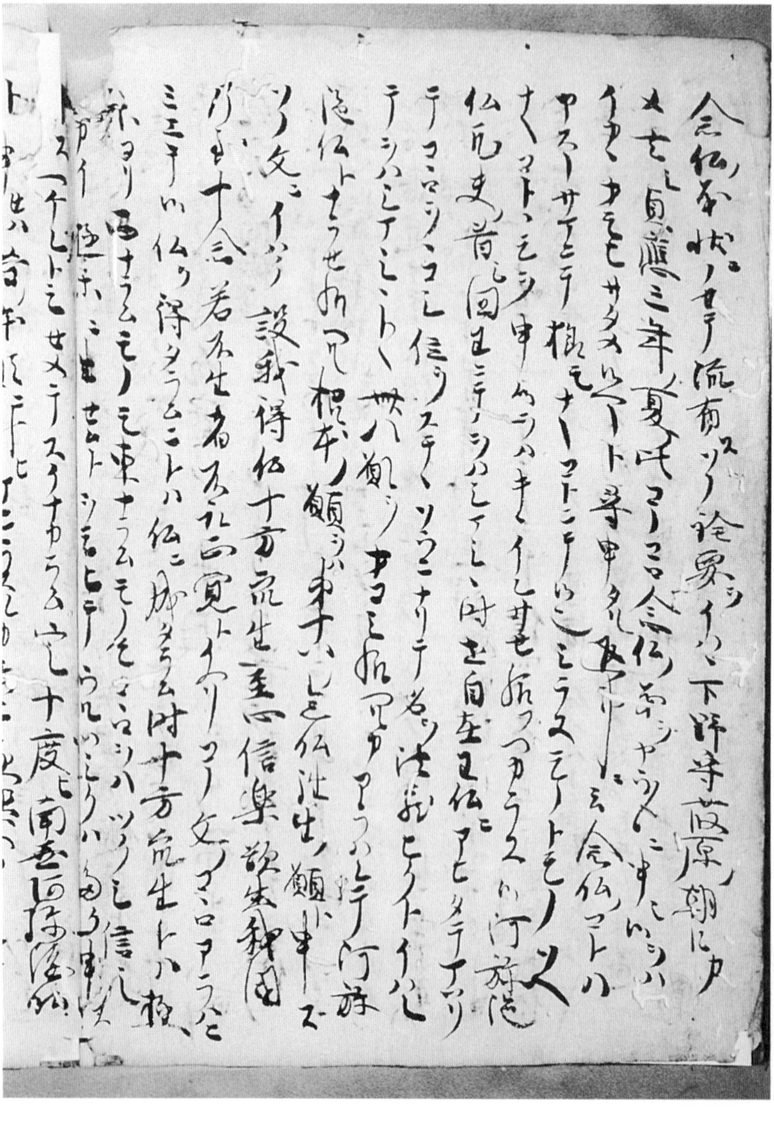

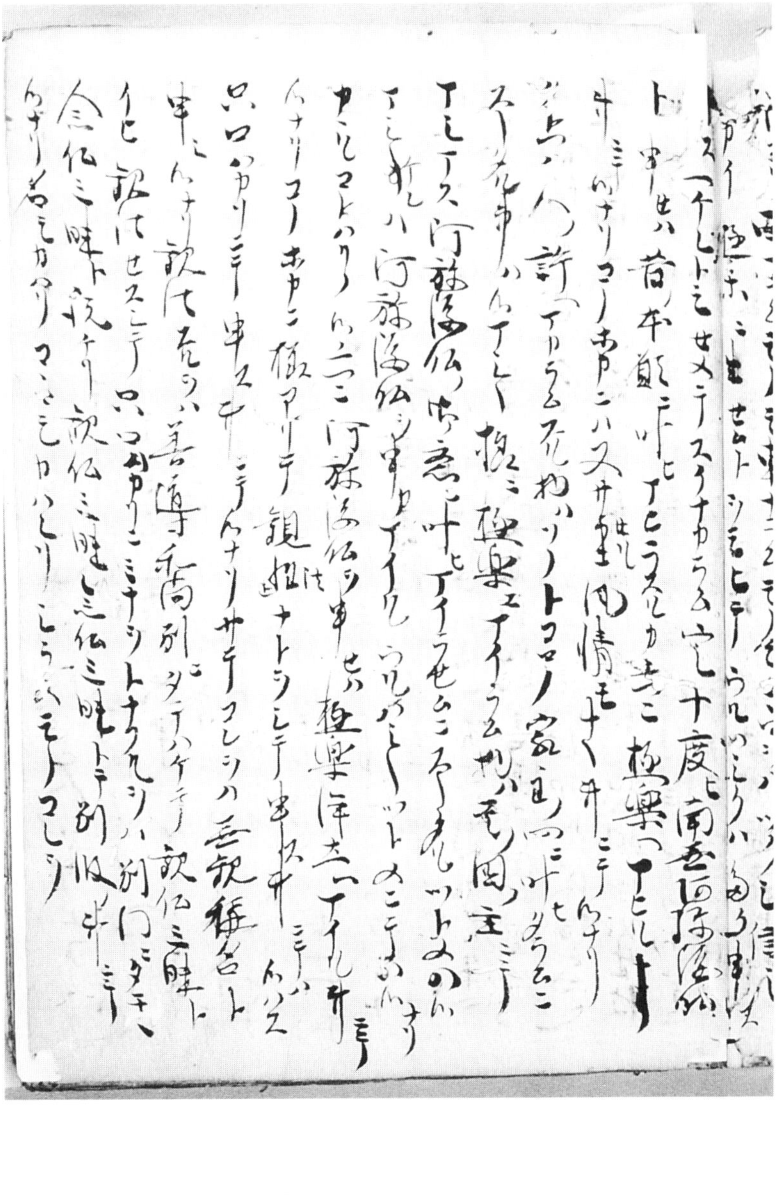

(縦書き・右から左)

ヒトナキノトリタルヲツカラス、先師ニ逢ヒ上人ニノ玉ヘラ
ヒトニ、ヒトヲタノシムコトナケレハ諸仏ハ念佛ニ極
極楽ニ詣ヘキトシリテコノマゝシテ只申セハアイニクトナリ
モノシウヤメウタコ逼四エ去ノイタツラニツキ〳〵トアリ
サレハムコニソケ逼佛ヲ一念モ十念許ヲナスヘキトモ申ケリ
又深ク理南無宗ト忠邦ノ去泰暦祝二年秋コレ水害人間
全シトシテ等号半名一ニ三百ラハインカノロ一ツワノアト
イ兄同ラ答テラ訳言金寿那ニタタラ若有流生衆生
國者教三種心即便伯七何ホノ三一者至誠心二春深信
三者廻發願心具三ニ音必生彼國ロ言導和南ソ門便疏ニ
云ウ前頃真実三ノ意ニ名諸善根ノ信心細ヲ発生ハ
三者廻向發願心者ハ自他所修善根ノ信心細ヲ願生伎
國故名廻向發願心ナリ 私云 父ニ音ヘラハヨリアラハミ必ス
如此流文如クサフニ別キ十二ノヽリノ三ニノシリス三ニノ任キ玉

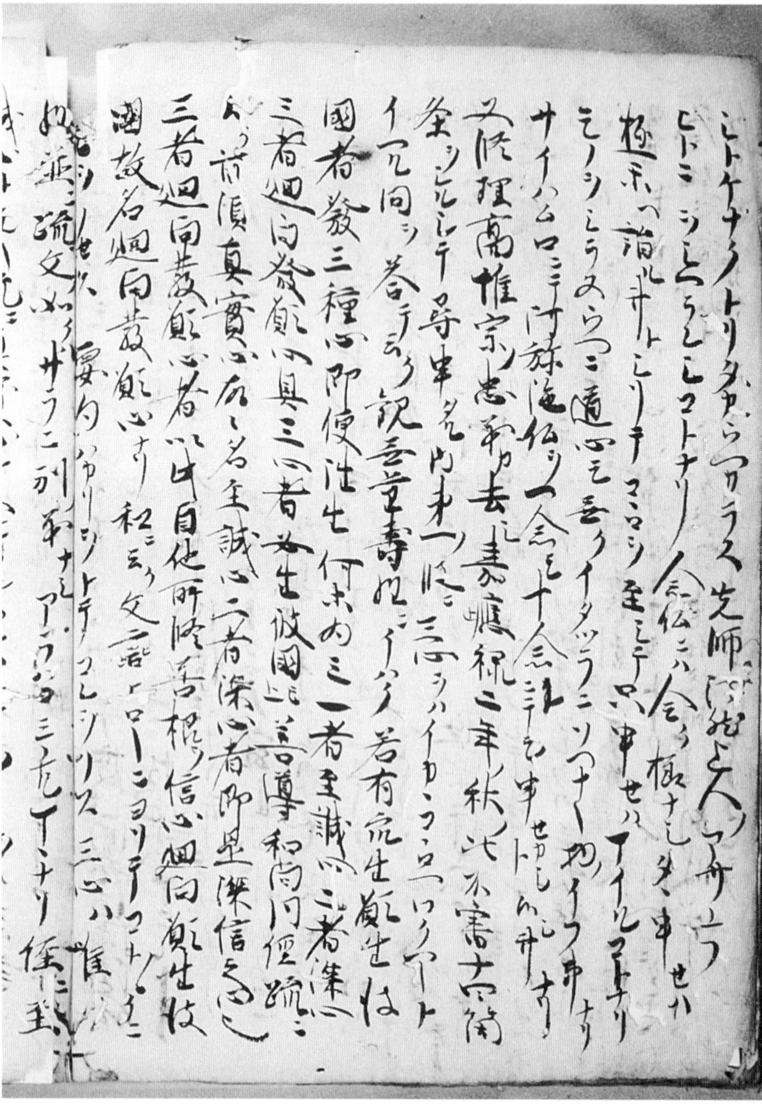

[illegible]名曰[illegible]釈[illegible]
[illegible]要句ヲカリテトテコレヲツヽメリ三心ハ唯
如並ニ疏文ノ如クサラニ別事ナシ アラハス三心ノ才ナリ往生ヲ
至誠心ト云ハ流ニ真実心ト云ハせうとあまへハ往生サスナシトナリ
スナヲニキリカニシメテアマトニクネモフコヽロナリ 二ニ深心ト
イフハ深ク信心ト云ヘセラレタリ信ニ付テ二ツノコトアリ 一ニハ我身ハ是レ
罪悪生死ノ凡夫ナリ曠劫ヨリ以来苦ヲウケテ出離ソノ期ナシト
カナラス未来無窮ノ生死流転無極ト信ス思ヒハ有ルヘシ
ナキナレハ 信心ニモオヨハスナスレ 二ニハカヽルミナレトモ弥陀願力ニ
乗シヌレハ生死ヲハナレ浄土ニ往生ス不信ナルコノ信ヲカタトトス
コレモ学生ノ我カナラヒ名法ノ相ニシカヒ名カ為ニシハミトヽコホル
コトコソアレ モノニヲシヘ人トノタメニコソシレヲニアイタノム
ハ信ニヤスシコトナシ ハカニシコロシニハイヨヽフス仏ノ願力ハツヨシニ
ヒカレテ浄土ハアヒカタシト一念モ疑フ心ナクオモヘトナリ
三ニ廻向発願心トイハ我過去現在ノ所修ノ善根及ヒ他人

功徳ヲ随喜シ若ハ善根ナクシテ極楽ニ廻向シテ浄土ニ往生セムト
願スルヲ廻向発願心トナツク三心ハ必ス念ヲ思情ナル
コトナリ　セシトコロセリノ様ニ申ナサムハソノ口中ニナリ候ニモ
ナクソノイハレモナカラフコトヲ云ハイタツラコトナリココロアラ
ム人タレカ耳ニキヽイルヽ善導和尚ノ仰テハ若少
一心即不得生トハ往生ノ業ニハ三心トテツカイタルニソロヘ
行者ノ中ニハ一心欠ケタルトモナシ往生ス三心ヲハ三ツナカラ
具スヘキナリ然ニ唐朝ニ及ヒ日本ノ往生伝ノ中ニ載ル所
有ル者字ヲタニモ知ラス一文不通ノ物トモ皆往生セリ
ヨレヲ案スルニソノイハレアリ其往生スルホトノモノニナリスレハ
サルコトアリトシラネトモ三心ヲ具スソレニ具スルナリ已上文
マコトニ我身アラコトミテ往生セムナリモロコシハ至誠心ナリ
念仏シテハ往生スヘシト信スルコヽロハ即深心ナリコノ
許ハ極楽ヘアヒラムトおもふはやかて廻向発願心ナリ

念仏シテハ往生スヘシト信ズルココロハ明ニ深心ナリコノ三心ニ於テ
誓願ヲ憑ミテアヒラムトオモフハヤガテ回向発願心ナリ
財ノホカニ別ニ三心ナシコノ二ツ欠テニ具ナハ往生疑ヒナシ散
文サラニ多カハサルモノナリ
問戒品ヲ破ニ在家ハ往生シガタシムカツヲ云ハ當時形ヲ
テノアルナハ殺害生アルイハ婬事アルイハ酒肉ナド五辛ヲ
戒ハ名聞ノ為ナリ不審ニ候トイフ問ヲ答テイハク在家人ハ
仏道ヲ行スルニコトニフレテ多クリアリ在家人ハ常ニ
シイテサヘリオホケレトモ并ニ二種アリイハユル在家并
在家ノ并之トモニ并ハ名ナリ同ジク仏道ヲ成ル又仏ノ弟子
アリイハユル比丘比丘尼優婆塞優婆夷ナリイツレモ仏ノ弟
テ往死シハナル昔仏弟子トナツシナル大事ナル事ヲ
起シ并ニイカル咒ヤ往生ニオイテシヤ但シコノコロノ僧
俗トモニ戒行無ハ實ノ弟子ニハアラス

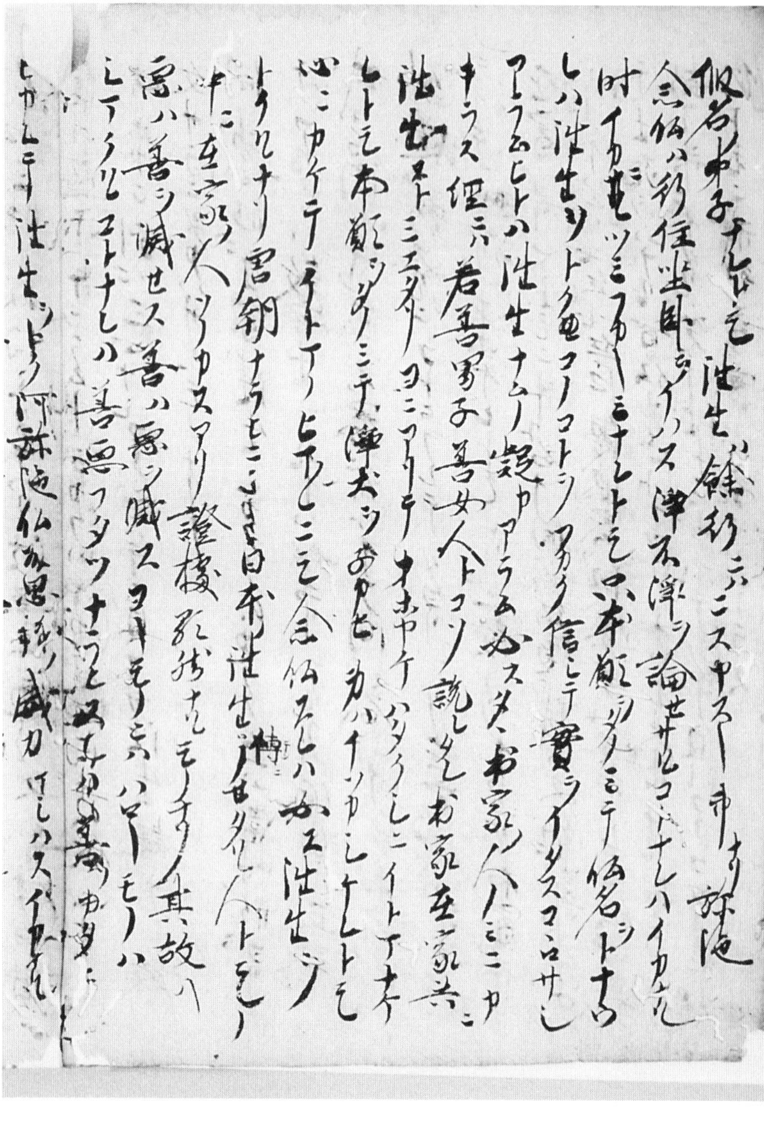
假名ノ字ナルモ往生ハ餘行ニハニスヘカラス本ナリ弥陀
念仏ハ行住坐臥ヲイハス浄不浄ヲ論セサルコトナレハイカナル
時イカ程ニモツミフカキミナレトモ口ニ本願ヲタノミテ仮名ヲトナフ
レハ往生ヲトクル也コノコトヲフカク信シテ實ヲイタスコヽロサシ
アラムヒトハ往生ナムノ疑カアラム也ススメテ在家ノ人ニカ
キラス経ニハ若善男子善女人トコソ説レタレ在家出家共ニ
往生ストミエタリ世ニアリテオホヤケハンタクシニイトマナキ
ヒトモ本願ヲタノミテ浄土ヲネカヒカハイツカシケレトモ
心ニカケテイトマノヒマヒマニハ念仏スレハ必ス往生ヲ
トクルナリ富朝ナラモニ白衣ノ往生ヲ傳ニ如クタシ人トモノ
中ニ在家ノ人ソノカスアリ證據殊勝ナルモノナリ其故ハ
悪ハ善ヲ滅セス善ハ悪ヲ滅スヨキモノニハアシキモノハ
シテアクシコトナレハ善悪ノフタツナラヒテ生死ノ業ヲ由多ニ
シカルニテ往生ヲトクノ阿弥陀仏本願摂取ノ威力ナレハスイカナル

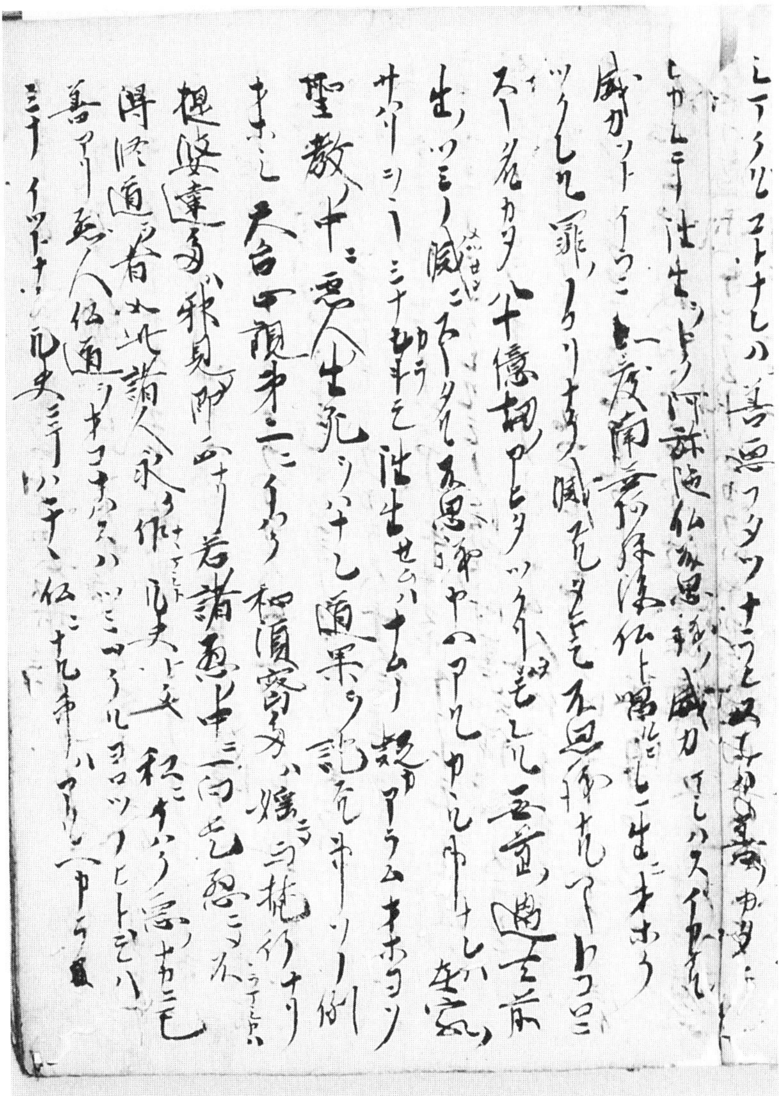
ニテノソミ[illegible]トナレハ善悪フタツナラヒヌ又[illegible]
ヒカムテ往生ハ[illegible]阿弥陀仏ノ本願ノ威力ナレハスイカテカ
威カツトイフコト[illegible]一度南無阿弥陀仏ト唱ルヒト一生ニオホウ
ツクレル罪ノカスリオホシ[illegible]トコロニ
スヘテ[illegible]カタ八十億劫ノツミヲ[illegible]ノ前
生ノツミノ[illegible]ヤハアルカ[illegible]ナレハ[illegible]
サハリヲイフ三十劫ヲ往生セムハナムノ疑カアラムオホヨソ
聖教ノ中ニ悪人ノ生死ヲハナレ道果ヲ証スルオホシソノ例
オホシ天台[illegible]和[illegible]ハ[illegible]行ナリ
提婆達多ハ邪見[illegible]ナリ若諸悪[illegible]
得[illegible]道ヲ有此諸人[illegible]凡夫ト[illegible]ナカニモ
善アリ悪人仏道ヲオコナフハ[illegible]ヨロツノヒトモハ
ミナイツトナク凡夫ニテハ[illegible]仏ニナル事ハ[illegible]

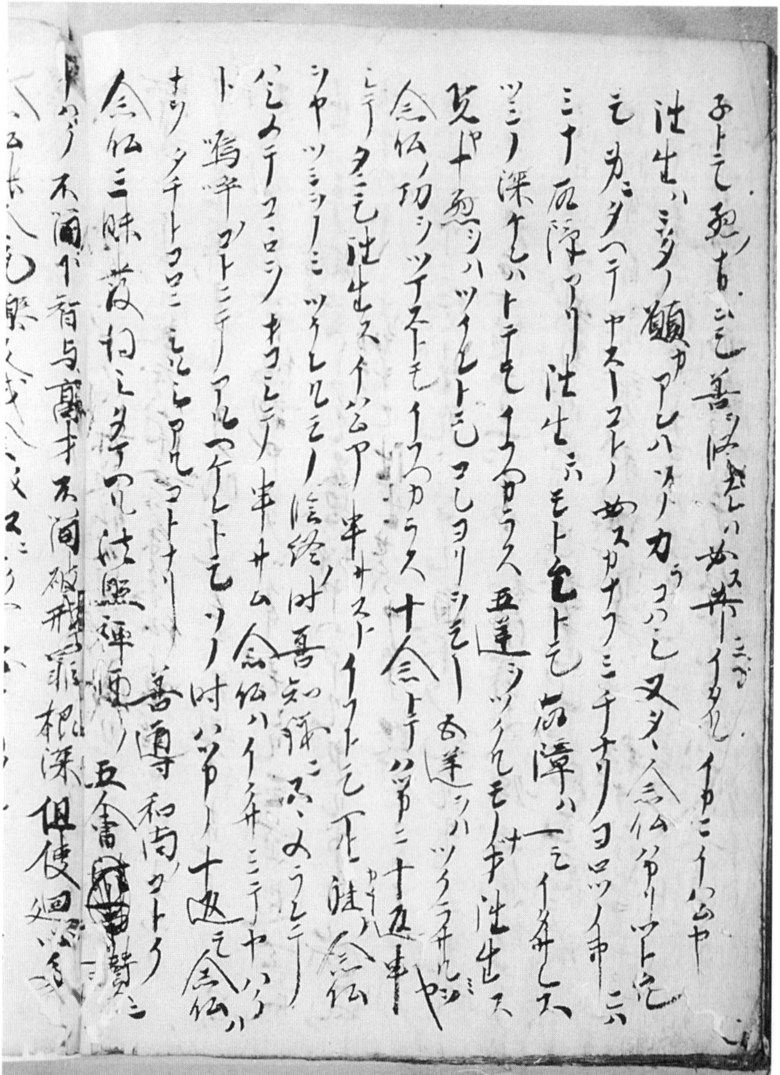

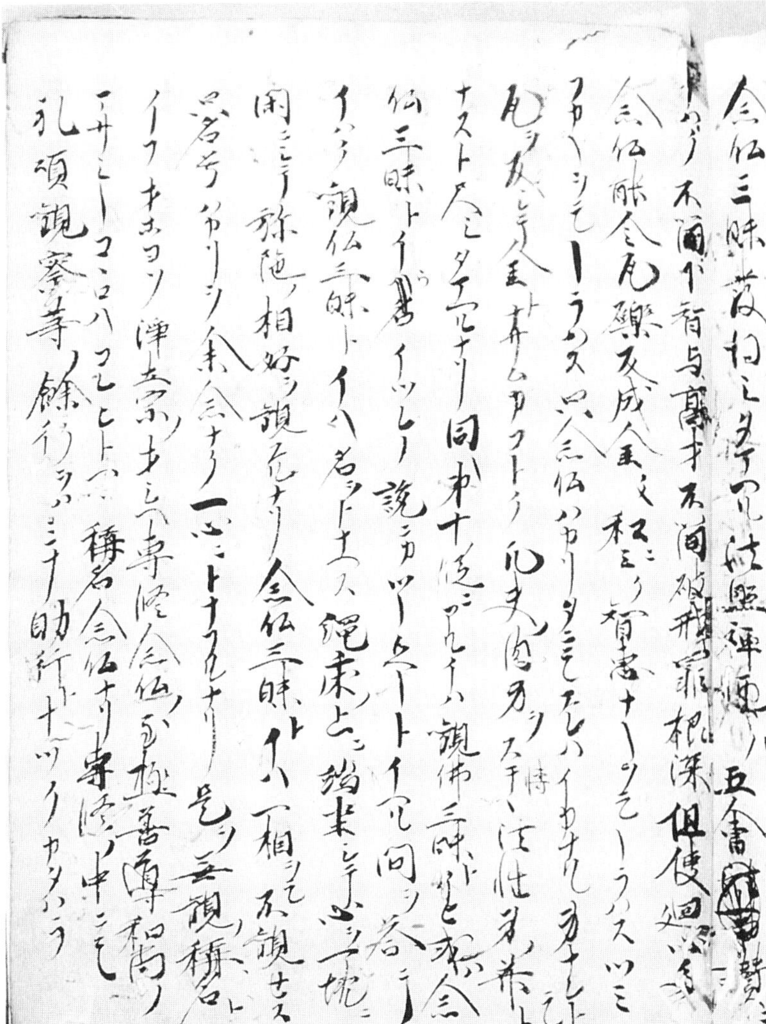
念仏三昧發得ノ人ナレハ法照禅師ハ五會讃ニ
トカケリ不簡下智与高才不簡破戒罪根深但使廻心多
念仏能令瓦礫変成金文　私云ク有智ナレハトテモヨシラハスヘシ
カヘシテ一ラウスヘシ只念仏ハカリタニモモタレハイカナルカナレトモ
瓦ヲ変シテ金トナサムカコトク凡夫ノ肉身ヲステ法性ノ楽ト
ナストイヘルナリ同第十後ニアルイハ観佛三昧トモ称念
仏三昧トモイフ書イツレノ説ニカツイートイヘル問ヲ答ニ
イハク観仏三昧トイハ名ヲトナヘス縄床ニ端坐シテ心ヲ一境ニ
閑ニシテ弥陀ノ相好ヲ観スルナリ念仏三昧トイハ一相ヲモ不観セス
只名号ハカリヲ称念スル一心ニトナフルナリ是ヲ無観称名ト
イフ世コソ浄土宗方ニハ専修念仏ノ極善最尊ノ称ノ
マサニココロハコレヒトヘニ称名念仏ナリ専修ノ中ニモ
礼頌観察等ノ余行ヲハミナ助行トナツクルカタメナリ

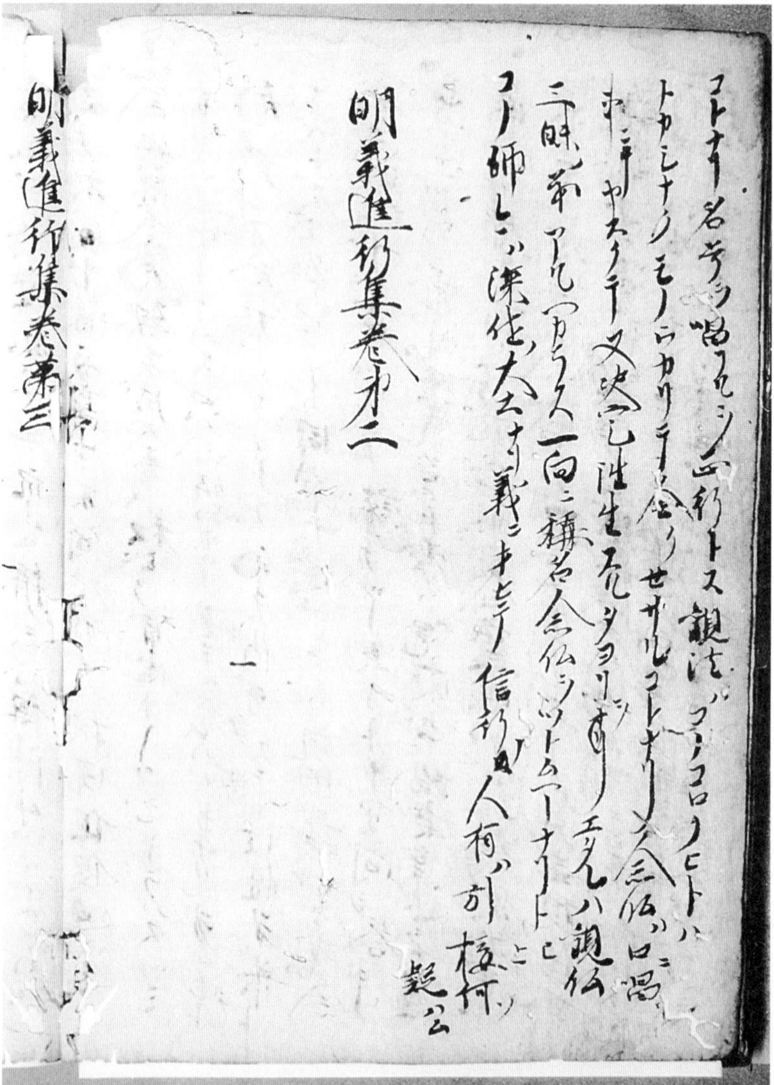

コトナキ名号ヲ唱ヘテ正行トス観法ハコヽロノヒトハ
トカシナノモノニカヽリテ念ソセサルコトナリ又念仏ハ口ニ唱
ホニヤスクシテ又決定シテ往生ヲ遂ルタヨリナリ[illegible]ハ観仏
三昧ノ事アルヘカラス一向ニ称名念仏シツトムヘキナリトヽ
コノ師ノ云ハ深位ノ大士ナリ義ニマヒテノ信行ノ人有ハ前ニ様ト
[illegible]云

明義進行集巻第二

明義進行集巻第三

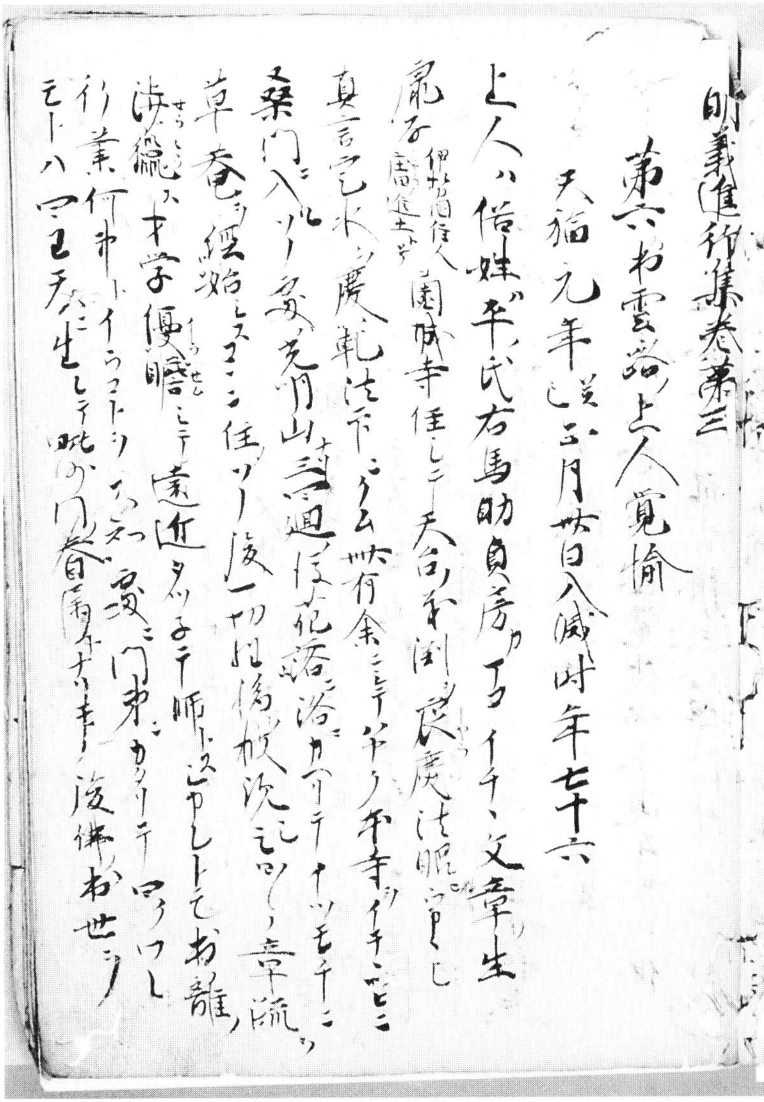
明義進行集巻第三
第六 和雲路上人覚愉
大治元年丙午五月廿日入滅時年七十六
上人ハ俗姓ハ平氏右馬助貞房ガ子ナリ文章生
兼舎〈伊勢国住人 高階進士ガ〉園城寺ニ住シテ天台ヲ習ヒ良慶法眼ニ随ヒ
真言ヲ乙水ノ慶範法印ニ受ク卅有余ニテヤウヤク本寺ヲイデテ
桑門ニ入ル ソノ後光明山寺ニ遁レ花洛ニ洛カリテナツモテニ
草庵ヲ結ビ始メテココニ住ス ソノ後一切ノ経論ヲ披読シ章疏ヲ
渉猟ス才学優贍ニシテ遠近多ク子テ師トスベカレトモ名離ノ
行業何事トイフコトヲ知ラズ密ニ門弟ニカタリテ曰ク
我ハ四王天ニ生シテ毘沙門ノ眷属タリキ後佛ノ弥勒ノ世ニ

アタムトイヘラ願アリトソノ躰ステニアラハレヌトイハハ念仏ヲ
申シテ極楽ニ往生セムトネカフナリト蔵ノ根可有ノ趣シ
彼ノ隠道國ノ記ニ三宝名ノサテノチサテニハ浄土ノ法門ナルト
ミノタチ、随テニ弘通アリシ人来テ往生ノ本極要ノ同時必
谷口ノ善導ニヨテハ観行ヲ足ニシテムテルヘシトイヘハ道トイハ猒欣ノ心
観行トイハ称名ナリトナヨソハ聖道門トシ本寺ヨリ安ニ渡
宗トモ人ヘトモ人ノ宗ニシテ浄土門ノ不審ナリトモ多クヲラシケレハ
テニ称名念仏ノ往要ヲ井ニ同法アリケルニヨリテ一天頗称名ニ
善テハ上人ヲ戒ニタリハ又若我成仏十方衆生称我名号
下至十声若不生者不取正覚彼仏今現在世成仏
当知本誓重願不虚衆生称念必得往生ソヨシニハ
文ノ儀ニシテ観ノ一重ハコノ文ニアリ人ニ仏ニハ又由青ナトト

[illegible]
文ヲ誦シ頌ヲ読ミ己下ハ口ノ文ニアリ念仏ニハ又円清ナト云
暮年ニ中風ニテ大漸ニノソミテ弟子等ニイハク身口ノ二業ハ
合期セストモ意業ト耳根トハ昔ニ替ハス ミヽニ念仏ヲ申シ入ヨ
タメニ念仏セヨトコソスヽメラレタレ浄土宗ニ付テ著述ノ
書トテアリ桂略記ニテサカリニ行ス

第七安居院法印聖覚

文暦二年乙未三月五日入滅トシニ年六十九
法印ハ右澄憲法印ノ真弟子叡山東塔北谷八部ノ尾竹林
房ノ住侶ナリ静厳法印ニシタカヒテ円宗ノ奥義ヲ究メテ
師法印ニヽテナラヘリスヘテ一山ノ明匠四海ノ導師ナリ

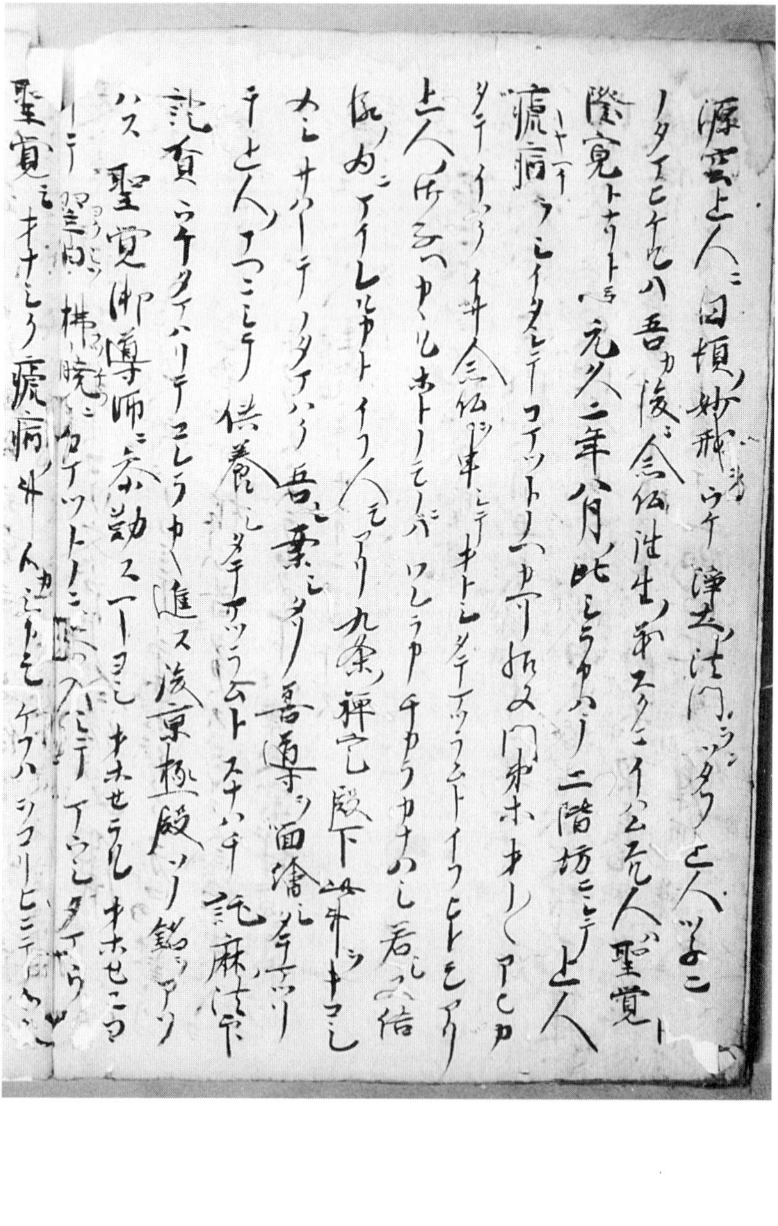
源空上人ニ日頃ノ妙戒ヲウケ浄土ノ法門ヲツタウ上人ツネニ
ノタマヒケルハ吾カ後ニ念仏往生ノ義スクニイフ人ハ聖覚ト
隆寛トナリト云々　元久二年八月比ニヤカハノ二階坊ニテ上人
瘧病ヲシイタサレテコマツトノヘカヘリ給テ門ヲホトオトシアヒカ
タテイフノ一念仏申シテオトシタテマツラムトイフモノモアリ
上人ノ仰ラヘカヽルホトノヲハワレラカチカラカナハシ若シ法印
後ノ為ニアイレルカトイフ人モアリ　九条ノ禅定殿下此事ヲキコシ
メシテサハテノタマハク吾ニ業ニヨリ吾導ノ面謁ニオヨヒタテマツリ
テ上人ヲアツメテ供養シタテマツラムトスナハチ請ヲ麻法印
託賢ヲシテタテマツリテコレラカヽ進ス後京極殿ノ銘アリ
ハス　聖覚御導師ニ参勤ス一ノヨシオホセラル　オホセニヨ
リテ聖覚仏暁ニマイリテトノニ参シテイウシタイヲ
聖覚ニオホセラル瘧病サヘ人カヽリケレハケフハシツマリヒニテハ

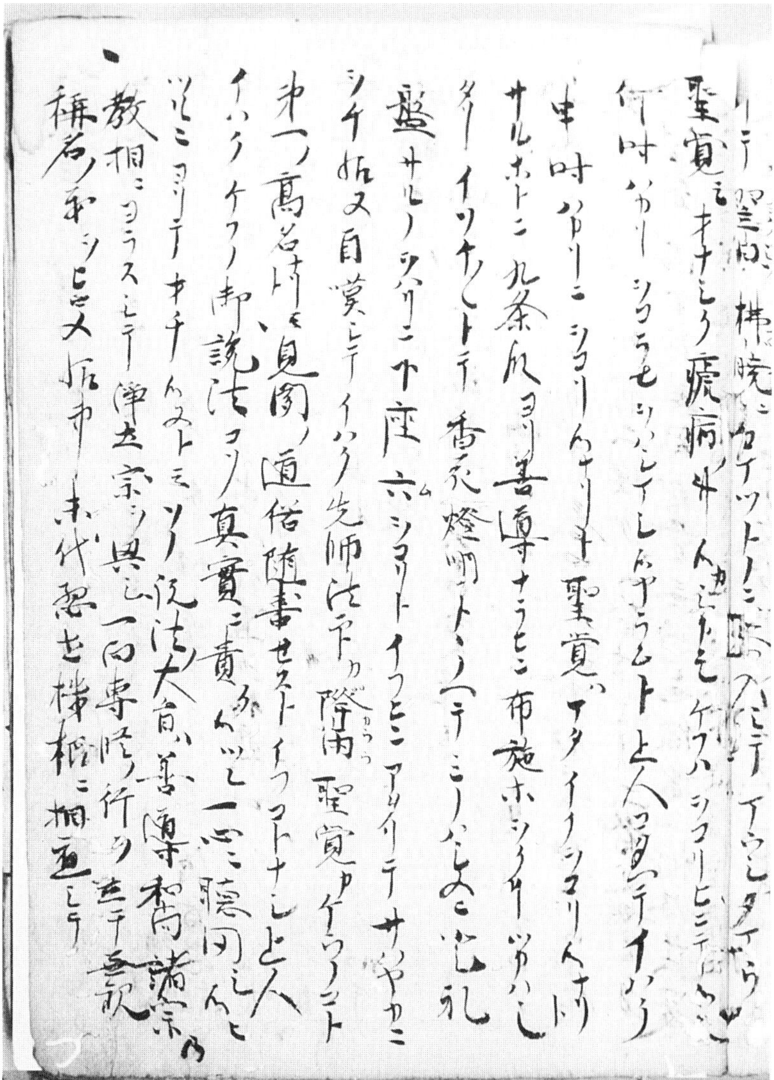
テ聖覚法印佛事ニカケツトノニ時ハシテアウヒタテラ
聖覚ニオナシク瘧病サレケルニモケフハシコリヒニテハ
何時ハカリシコラモシハレテシレムナラムトテ上人ヨリ問テアリ
申時ハカリニシコリムナリト聖覚ハナクイイシコリムナリ
サルホトニ九条殿ヨリ善導ナラヒニ布施ホシヨイサツカハシ
タリイツナシトテ香花燈明ナトノハテニシハレメニ礼
盤サルノシハリニ下座六ムシコリトイフヒニアムイリテサハヤカニ
シテ如又自莫レテイハクノ先師法下カ階開聖覚カケウノコト
第一ノ高名ナリ見聞ノ道俗随喜セストイフコトナシト上人
イハクケフノ御説法コソ真實ニ貴クシテ一心ニ聴聞シヒ
ツルニヨリテオチムトニソノ説法大旨ハ善導和尚諸宗ノ
一 教相ニヨラスシテ浄土宗ヲ興シ一向専修ノ行ヲ立テ無疑
称名ノ釈シヒヒ又末代愚者ニ相通シテ

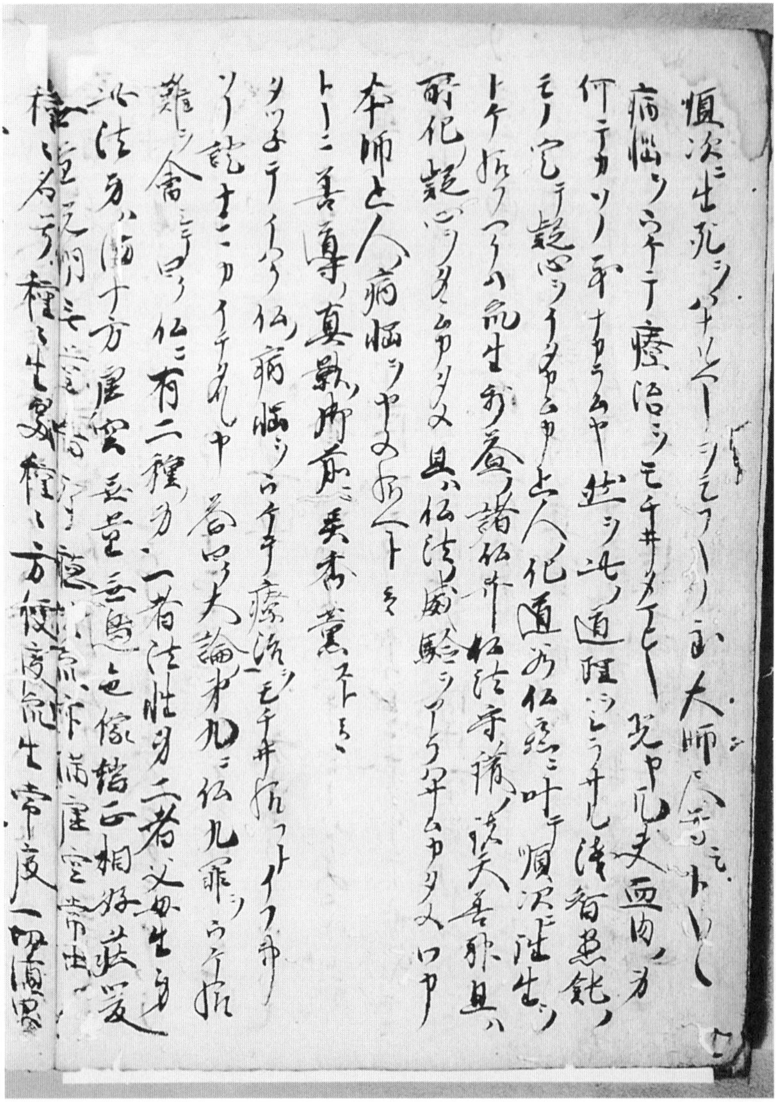

順次ニ生死シ[illegible]大師ハ[illegible]トシ
病悩シテ今ニテ療治シテモ叶ハ[illegible]方
何ニテカソノ利ナカラムヤ然シ此ノ道理ニシテ浅智愚鈍ノ
モノ定テ疑心シナカラムカ上人ハ化道ノ為仏意ニ叶テ順次ニ往生シ
トゲ給フアトハ衆生ノ為ノ諸仏所[illegible]法守護ノ諸天善神且ハ
所化疑心ヲ[illegible]且ハ仏法ノ霊験ヲアラワサムカタメ也
本師上人ハ病悩シヤメ給ヘトモ
トノ善導ノ真影ノ御前ニ[illegible]
タツネテイワク仏ノ病悩シテ今ニテ療治シテモ叶ハ給フトイフ事
ソノ説キニカイテタルヤ答曰大論ノ[illegible]ニ仏ノ[illegible]
雑シテ含ニ曰ク仏ニ有二種ノ身一者法性身二者父母生身
法性身者満十方虚空無量無辺色像端正相好荘厳
無量光明無量音声聴法衆亦満虚空
種々身種々名号種々生処種々方便度衆生常度一切衆

ニハ法界ノ十方虚空無量無邊無始無終相
實ト明ニ實者法身德流下満虚空常住
權者名權種ヽ生身種ヽ方便度衆生常度一切衆
生其时先法性身仏能度十方衆生。又罪業者乞生為
仏ヽヽ冥衆說法以人。法ヽ有二種佛灰受諸罪無咎ヽの
以毗摩羅詰經中說。仏在毗耶離國。是时仏語阿難。我身
中熱病風氣発。當用牛乳。汝持我鉢乞牛乳来。阿難
持佛鉢晨朝入毗耶離城。一居士門下立。乞时毗摩羅詰
至乞中所見阿難持仏鉢ト立。向阿難。汝以晨朝持鉢
立此門。阿難答曰。佛身小疾。當用牛乳。故我到此。毗摩羅詰
言。止ヽ阿難。勿謗如来。仏為世尊。已過一切諸悪。善法當有何病
勿使外道聞此麁語。彼當便言。佛自疾不能救。安能
救人。阿難言。此非我意。面受仏勅。當須牛乳。毗摩羅詰言
此難雖仏勅。乞由方便。今五濁悪世。故以是儀度脱一切

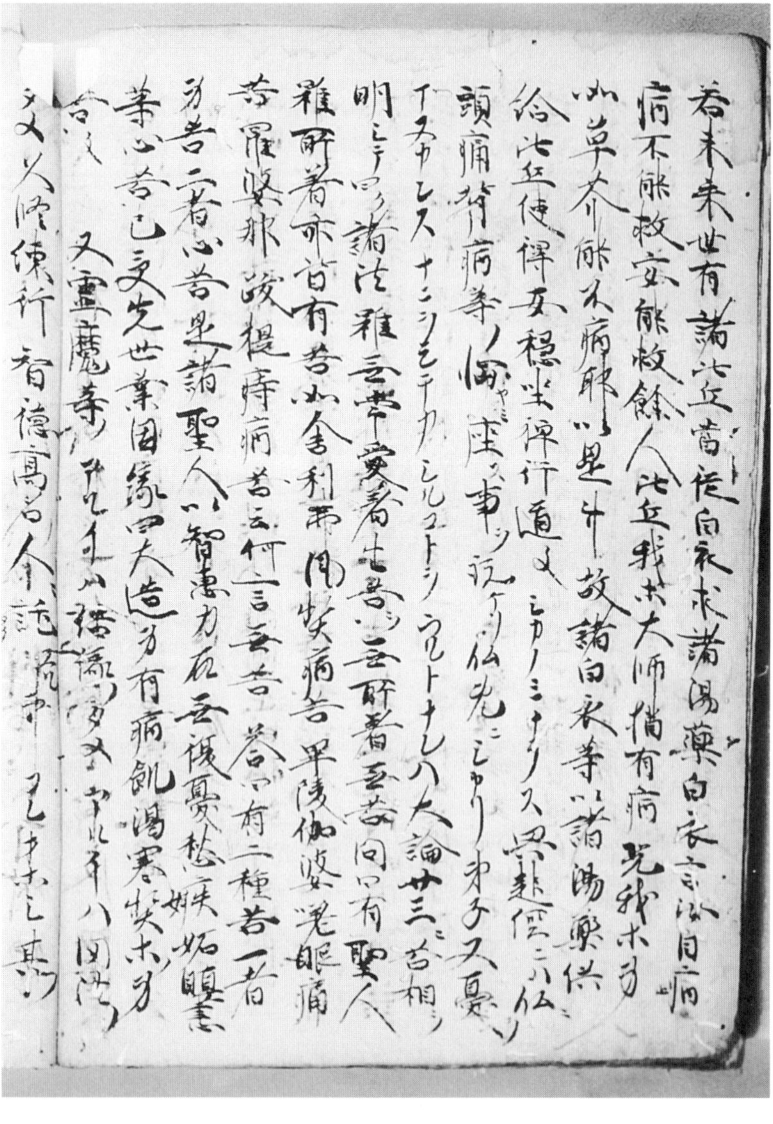
若未来世有諸比丘當從白衣求諸湯藥白衣言汝自病
病不能救安能救餘人比丘我於大師猶有病況我等
如草芥リ能不病耶以是ノ故ニ諸白衣等以諸湯藥供
給比丘使得安穩坐禪行道又[illegible]涅槃經ニハ仏
頭痛背病等ノ病ヤマヒ座スル事ヲ現ケリ仏モ先ニコソ御子又夏
ナスカヒス ナニシモテカ ミルコトヲ 見トナレハ大論廿三ニ云相ヲ
明シテ以テ諸法雖無常實著無著ヲ無所著無著向ハ有聖人
雖所著亦有苦如舍利弗風病苦 畢陵伽婆蹉眼痛
苦羅睺羅破提持病苦云何言無苦 答ニ有二種苦一者
身苦二者心苦是諸聖人以智慧力故無復憂愁嫉妬瞋恚
等心苦已受先世業因緣四大造身有病飢渇寒熱等身
苦也 又靈魔等ノ[illegible]
又人修練行有徳高名人ニモ託[illegible]

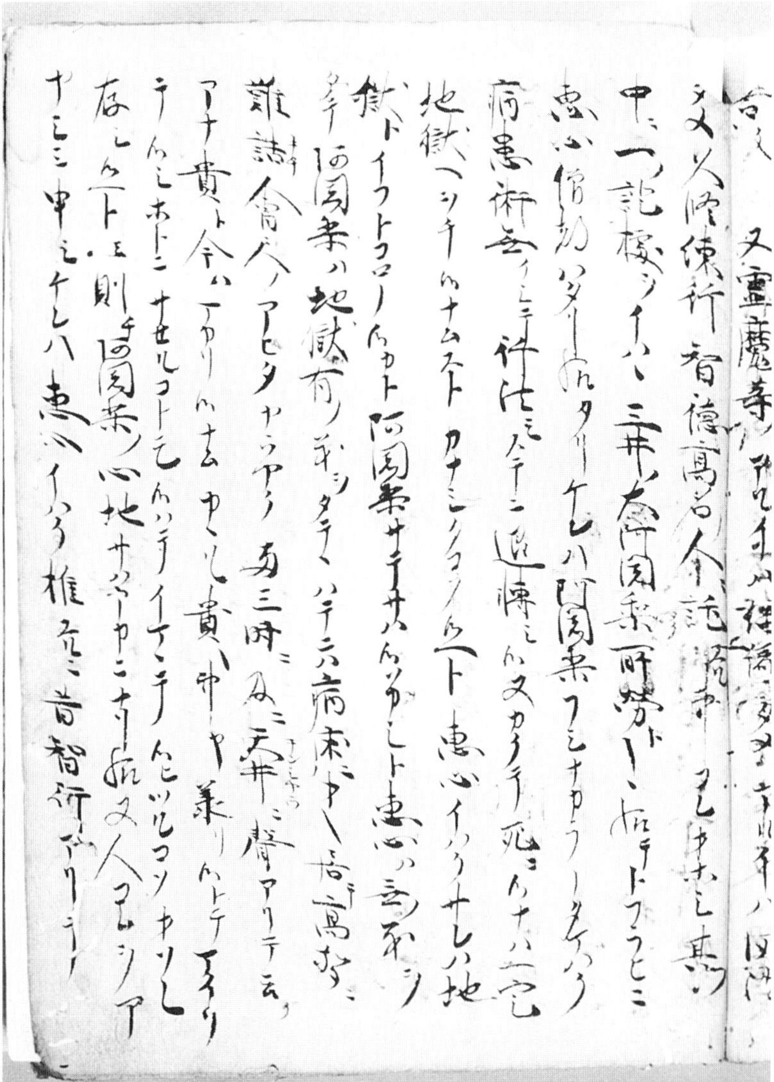
又靈魔等ノ祟モ無ク禅修ニ専ラ存スル人ハ
タル人ノ修行智徳高名ノ人ニ託スル事有リ是レ斗ナラスト其ノ
中ニ一ツ記シテイハヽ三界ノ奈閻魔所ナレハナレテトフラヒニ
悪心修功ハツメシタリケレハ閻魔王ヘモナカラノ居ケル
病悪衝去ノミテ往生ニ入テニ近傳ヘル又カノテ死ヲ得ルナハ一定
地獄ヘ落チルナムスト カナシクカソノ之ヘト悪心イハクナレハ地
獄トイフトコロノ有カト閻魔ナテサハ有ヘカシト悪心ハ云ヘシ
去テ閻魔ハ地獄有ノ爲ニタテハテニ六病床ナヘ声高ク
難詰ス會人ノアヒタヤウヤク五三時ニ及ニ天井ニ聲アリテ云ク
アナ貴ト今ハアカリ所ナク貴ハ申ヤ兼リ所トテアイリ
テ所シホトニ甚ルコトモ所ハテイナテテ所モツルコソカナシ
存シ之トモ則チ閻魔ノ心地サハヤカニナリ所又人ヲ目シア
ナミニ申シケレハ悪ハイハク椎爪ニ昔智行ノアリケル

(30ウ)明義進行集

貴カリヤヲ先ニヤハ人ノ魔道ニテ死ヌル沙門ナリトテ
岳机ヲトラルサムナリカニ寛德モトニテ尋子イリテウヤニ
トフマニイフヤノ新テ値ルニテサルヽノヒトニカレラニヱテ
コレツヽモエルヽソノ相ダアフヤラス同ク人ノタカツサレ
雅成観上念仏ノヒトナリ所作ニ不浄モ
ウタカヒヲイヤノマテイカヤウニモ御念仏ヲ申サレ候ヘトヲセ
ウレタル諸文ニアリ御念仏ヲ申所用心者ノ一両
初德善根ヲ中ニ念仏又ハ一稱一念カ天又ト往生ニ申真実
合不為毛障テ御信シテ下シ罪障ヲ
與因ニ御信スヘシ不念ヲ猶須ヘヲ努力〳〵五分
或ハ怖リカ相違ノ不津或ヒ散乱妄念ノ夕住生
仲ニ保憎共イヲ完ニ想ヒ枕流儀軍ヽリ下称仏誦ニ

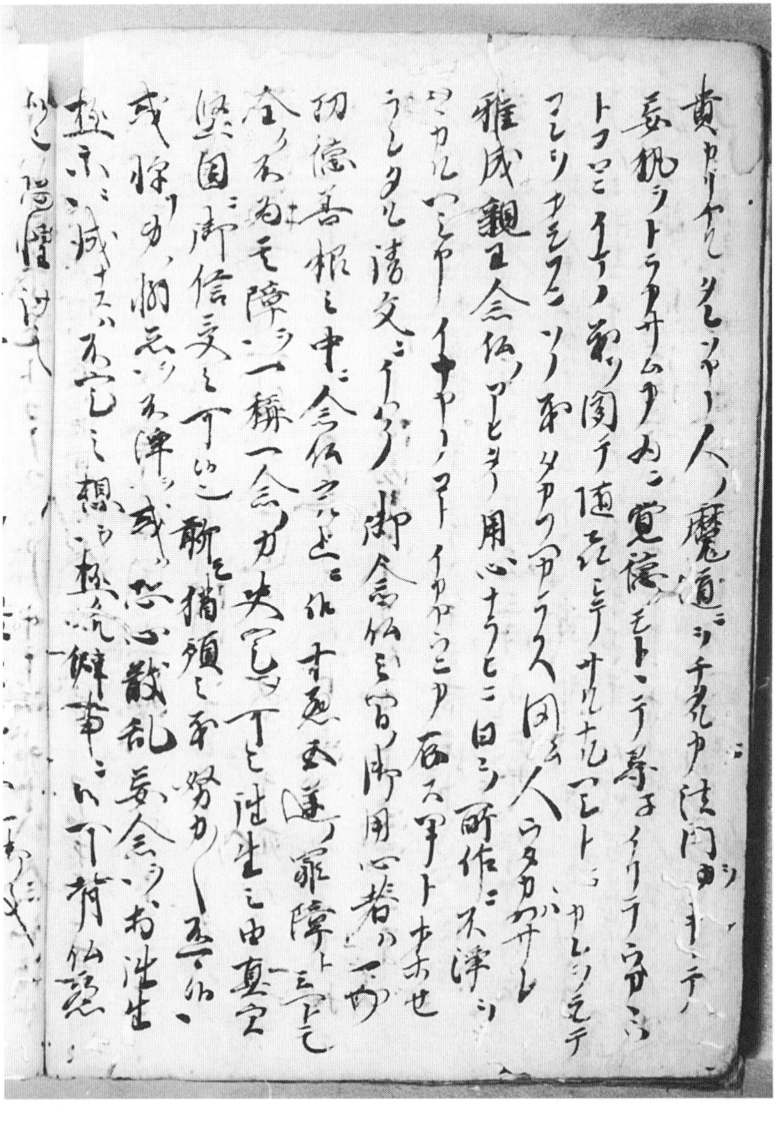

其ミ深ク[illegible]ハ[illegible]仏恩

此法門[illegible]

十二月十九日法印聖覚御房

追言上

御念仏ノ事日ミノ御所作ノ文ニ被仰下候ニハ念仏ノ本意ハ

只常念ヲ為要トシテ不簡行住坐臥時處諸縁ヲシテ

但毎月一日殊ニ御精進潔斎シテ御念仏ノ事十ハシ其外ノ

日ミノ御所作ハ只御手水計ニテ可候也ハ昔ヨリ令被仰候

重ネテ恐惶謹言

又御所作ノ唯信抄セウニ往生極楽ノ別因アラシト云ルニ

一切ノ行ニコトナルタヤスカラス孝養父母ヲセムト云ハ不孝ノ者ハ

生ルヘカラス読誦大乗ヲセムト云ハ文句ヲシラサル者ハ

ノツミカタシ布施持戒ヲ因トセムト云ハ

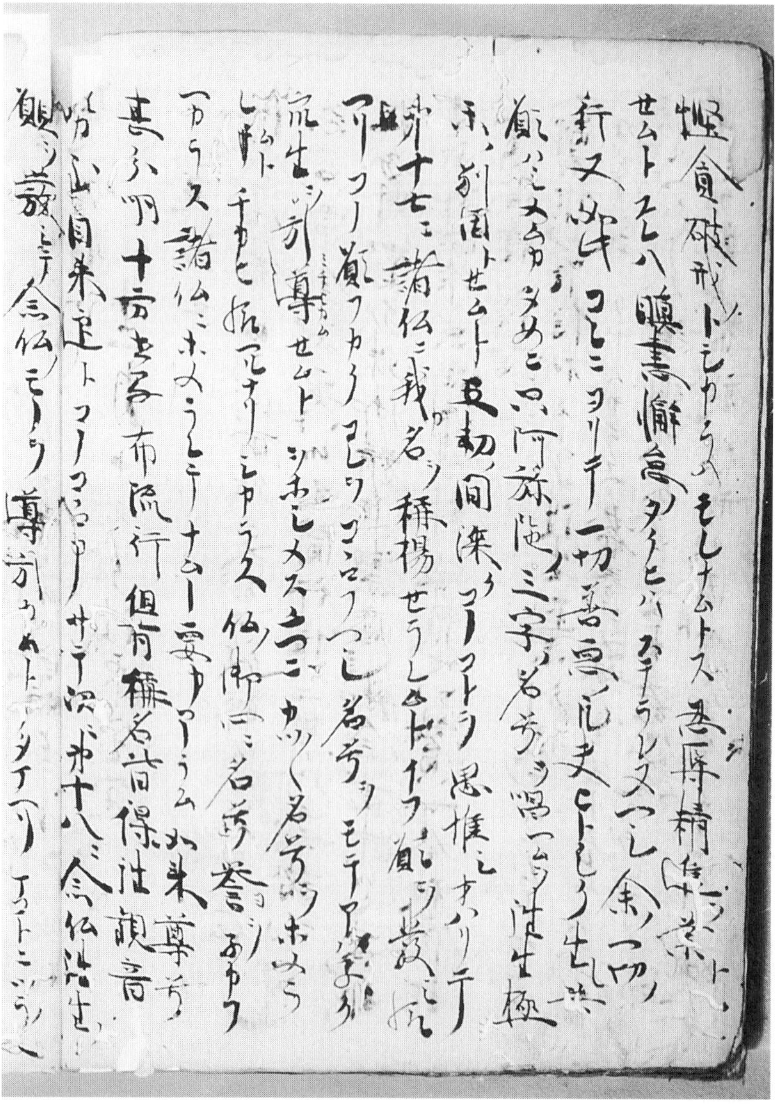
慳貪破戒ノトモカラハモレナムトス。忍辱精進ノ（人）ト云
セムトスレハ瞋恚懈怠ノタクヒハステラレヌヘシ。余ノ一切ノ
行又以テコレニヨリテ一切善悪凡夫ヒトシク生セシメ共
願ハヒトヘニタゝ阿弥陀ノ三字ノ名号ヲ唱ヘムヲ往生極
楽ノ別因トセムト五劫ノ間深クコノコトヲ思惟シヲハリテ
第十七ニ諸仏ニ我名ヲ称揚セラレムト云フ願ヲ発シタマヘル
ナリ。コノ願フカクコレヲコゝロフヘシ。名号ヲモテアマネク衆
生ヲ引導セムトオホシメスユヘニ、カツカツ名号ヲホメラ
レムト誓ヒタマヘルナリ。シカラスハ仏ノ御心ニ名号ヲ誉ムヘカラ
ヘカラス。諸仏ニホメラレテナニノ要カアラム。如来尊号
甚分明、十方世界布流行、但有称名皆得往、観音
勢至自来迎トイフコゝロナリ。サテ次ニ第十八ニ念仏往生ノ
願ヲ発シテ念仏ノモノヲ引導セムトノタマヘリ。ナホコトニコノ

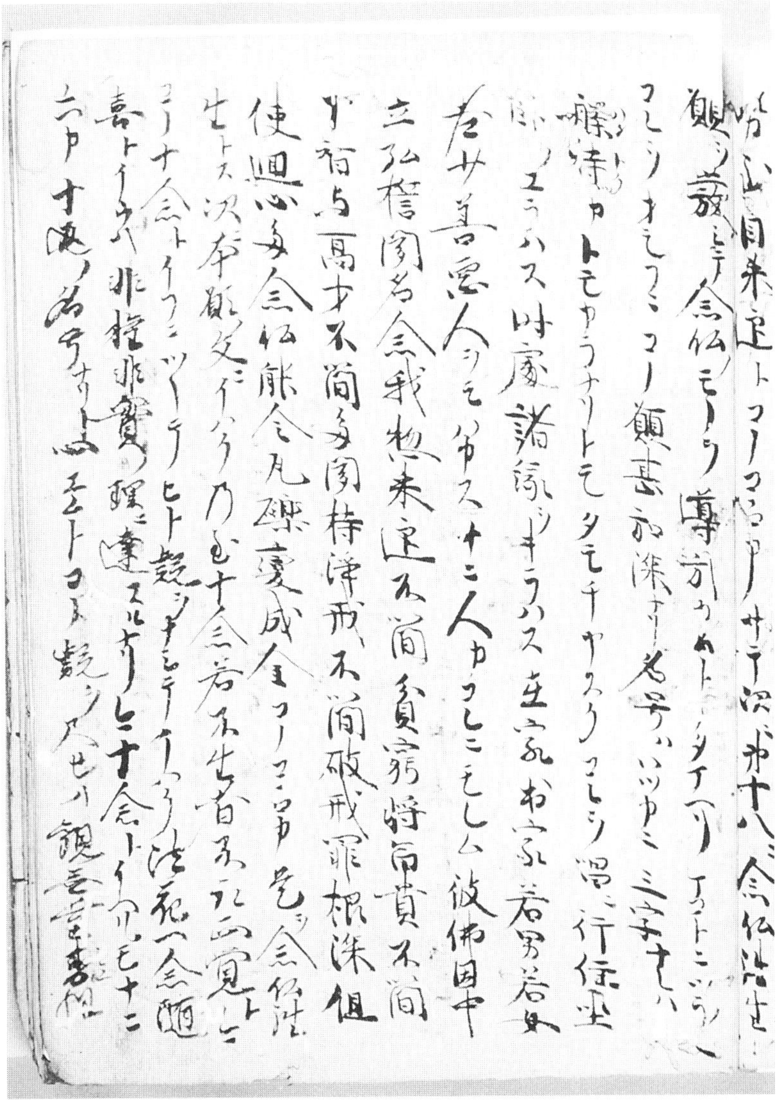
自未達トコソアレサテ次ニ第十八ニ念仏往生ノ
願ヲ発シテ念仏ノモノヲ尊
コレヲオモフニコノ願甚深ナリ名号ハ三字ナレハ
愚鈍ノトモカラナリトモタモチヤスクコレヲ行住坐
臥ノエラハス時處諸縁ヲキラハス在家出家若男若女
老少善悪人ヲモワカスナニ人カコレニモレム彼佛因中
立弘誓聞名念我總迎来不簡貧窮将富貴不簡
下智与高才不簡多聞持浄戒不簡破戒罪根深但
使廻心多念仏能令瓦礫変成金コノコヽロヲ思ヒテ念仏往
生トス次本願文ニイタリテモ十念若不生者不取正覚ト
コノ十念トイフニツイテヒト疑ヲナシテイハク法花ノ一念随
喜トイフハ非権非實ノ理ニ達スルナリ今ノ十念トイフモ十二

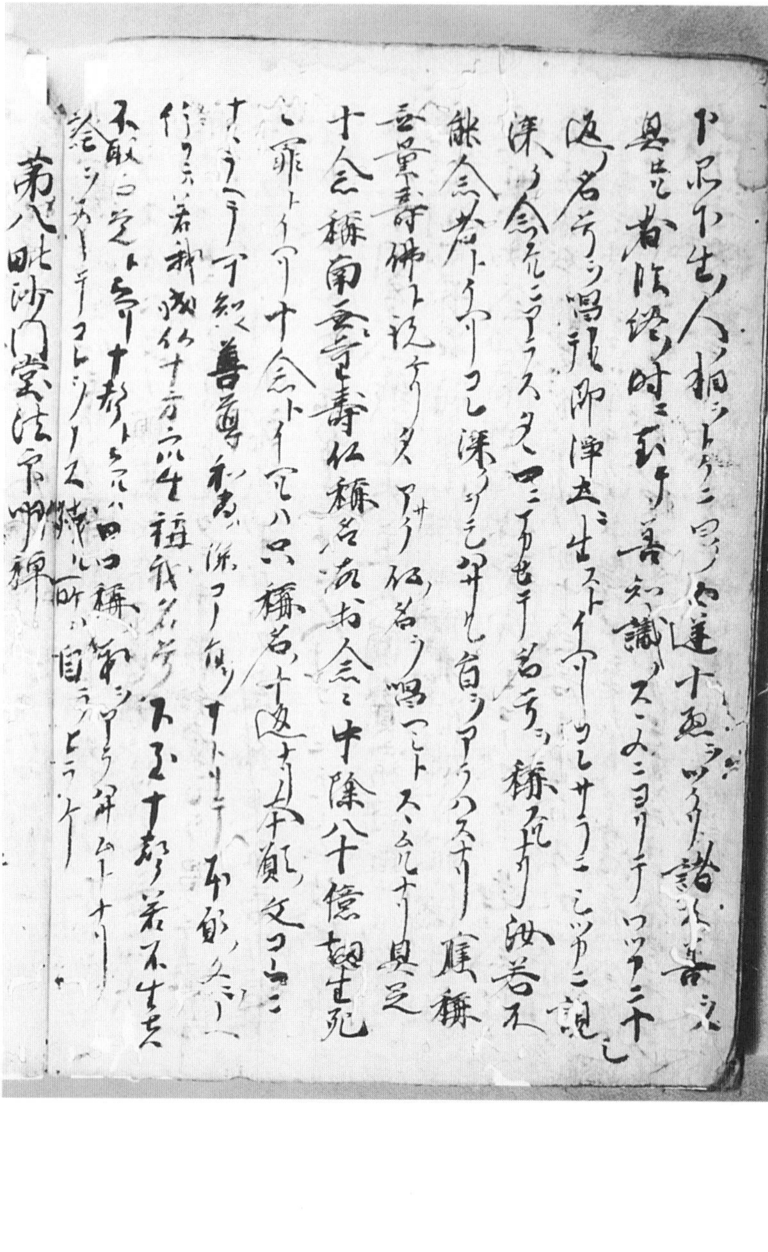

下品下生ノ人ハ稱シトクニ罪ノ五逆十悪ヲツクリ諸ノ不善ヲ具ス
具足セル者臨終ノ時ニ始テ善知識ノスヽメニヨリテワツカニ十
返ノ名号ヲ唱ヘテ即浄土ニ生ストイヘリコレサラニシツカニ観シ
深ク念スルニアラスタヽ口ニマカセテ名号ヲ稱スルナリ汝若不
能念者トイヘリコレ深ク念セサル旨ヲアラハスナリ應稱
無量寿佛ト説ケリタヽアサク佛ノ名ヲ唱ヘコトヲスヽムルナリ具足
十念稱南無無量寿佛稱名故於念々中除八十億劫生死
之罪トイヘリ十念トイフハ只稱名ノ十返ナリ本願ノ文ニ乃至
ナラヘテ下紀ノ善導和尚ハ深クコノ旨ヲアラハサントテ本願ノ文ヲ
行フコトハ若我成佛十方衆生稱我名号下至十聲若不生者
不取正覚ト釈シ十聲トイフハ口ニ稱スル聲ヲアラハシムトナリ
給シオハシテコレシノシス讃ル所ハ自ラノ[illegible]
第八　毗沙門堂法印明禅

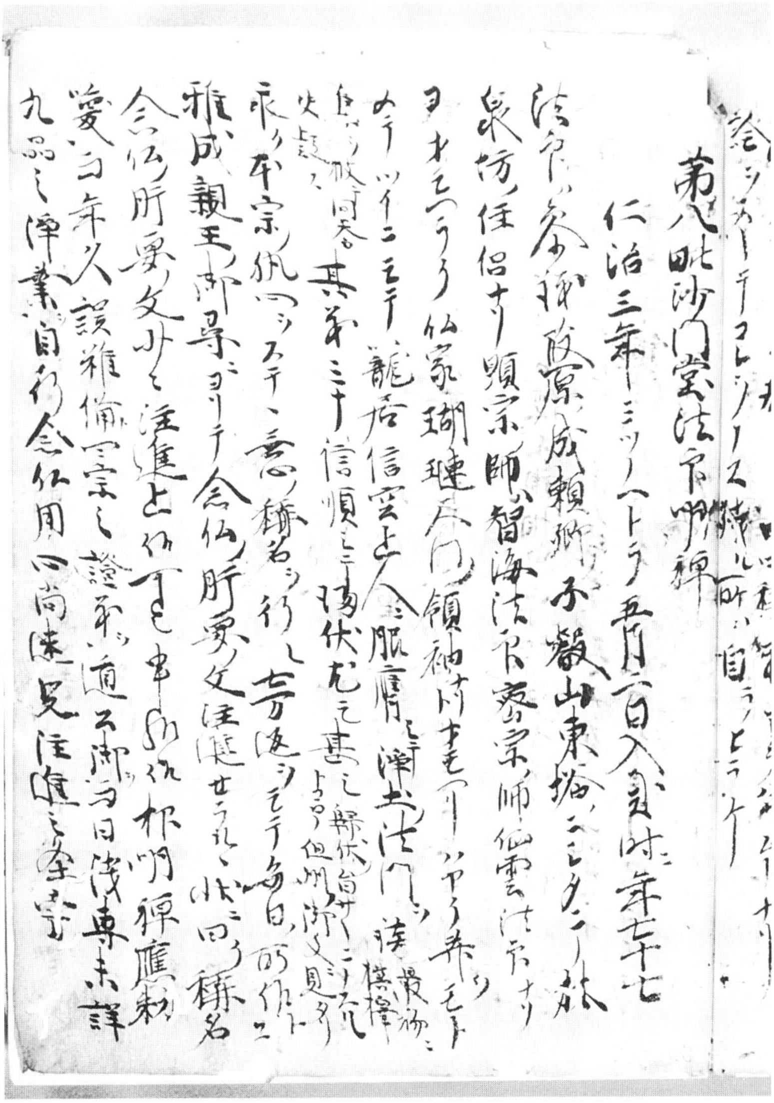

給シカハ一テコレヲノス[illegible]所ハ自ラヒラケ[illegible]ナリ

第八毘沙門堂法印明禅

仁治三年ミツノヘトラ五月二日入滅時ニ年七十七

法印ハ参議藤原成頼卿ノ子叡山東塔ニミタニノ妙泉坊ノ住侶ナリ顕宗ノ師ハ智海法印密宗ノ師ハ仙雲法印ナリヲホエラク仏家瑚璉名門ノ領袖ナリトモツハラ称セリモトメテ一ツイニミテ龍居信空上人ニ服膺シテ浄土法門ヲ談ス最初ニ模擬良ハラ被同参火題ス其年三十信順ニ三場伏ナルモ甚シ帰伏ノ旨ナシニ見ユよろつ但州所ノ文ニ見タリ永ク本宗ヲ執スルコトナク言心ノ称名ヲ行シ七万返ヲモテ毎日ノ所作トス雅成親王ノ御尋ニヨリテ念仏ノ肝要ノ文ヲ注進セラレシ状ニ曰ク称名念仏ノ肝要ノ文ハ注進上[illegible]串[illegible]称門禅雁[illegible]憂ニ当年ノ人読誰備[illegible]證[illegible]直ニ御ヲ日浅専未詳九品ノ浄業ヲ自行念仏用[illegible]尚[illegible]見注[illegible]

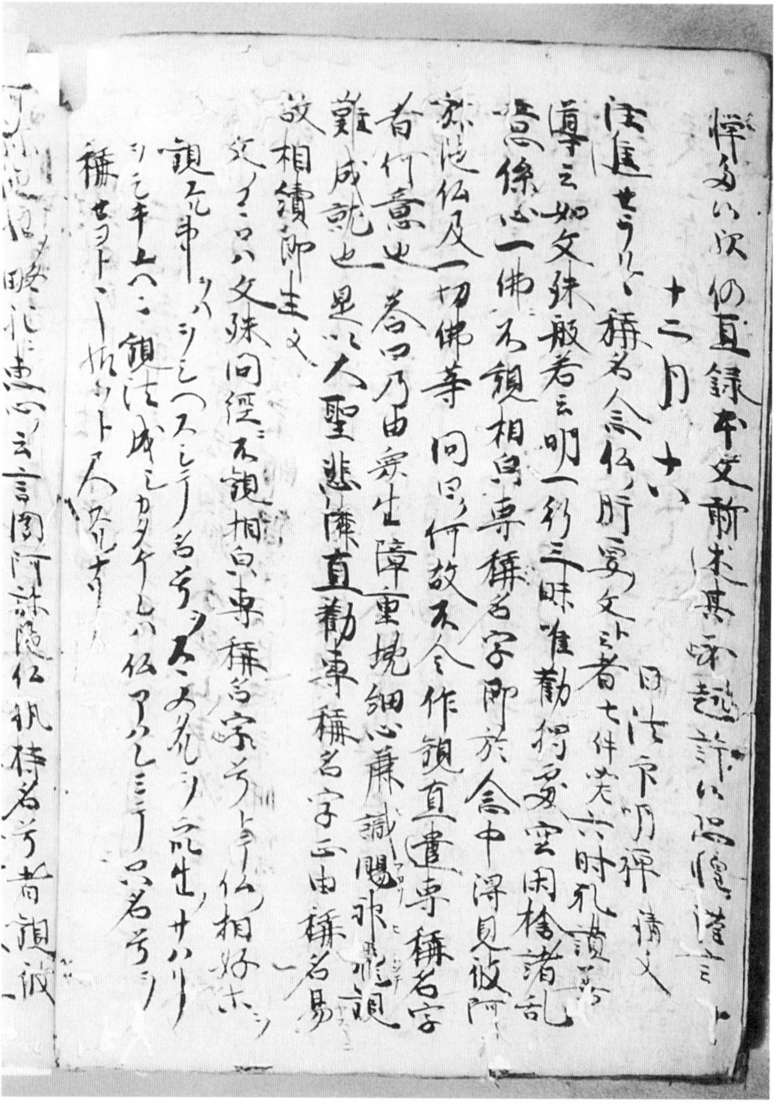

悍多以此ノ直録本文前末具示趣許以忍憶道云ト
十二月六日　法印明禅請文
注進セラル々称名念仏肝要文ト云者七件党六时礼讃云
尊云如文殊般若云明一行三昧唯勧独處空閑捨諸乱
意係心一仏不観相貌専称名字即於念中得見彼阿
弥陀仏及一切仏等　問曰何故不令作観直遣専称名字
者何意也　答曰乃由衆生障重境細心麁識颺神飛観
難成就也　是以大聖悲憐直勧専称名字正由称名易
故相続即生　文
文ノ心ハ文殊問経ニ不観相貌専称名字トテ仏相好ホ
観スル事ヲハシシヘスシテ名号ヲ不ニ乱シテ念仏サハリ
シシ手上ヘニ観法成シカタケレハ仏アハレミテ只名号ヲ
称セヨト仰ナリト入ルナリ

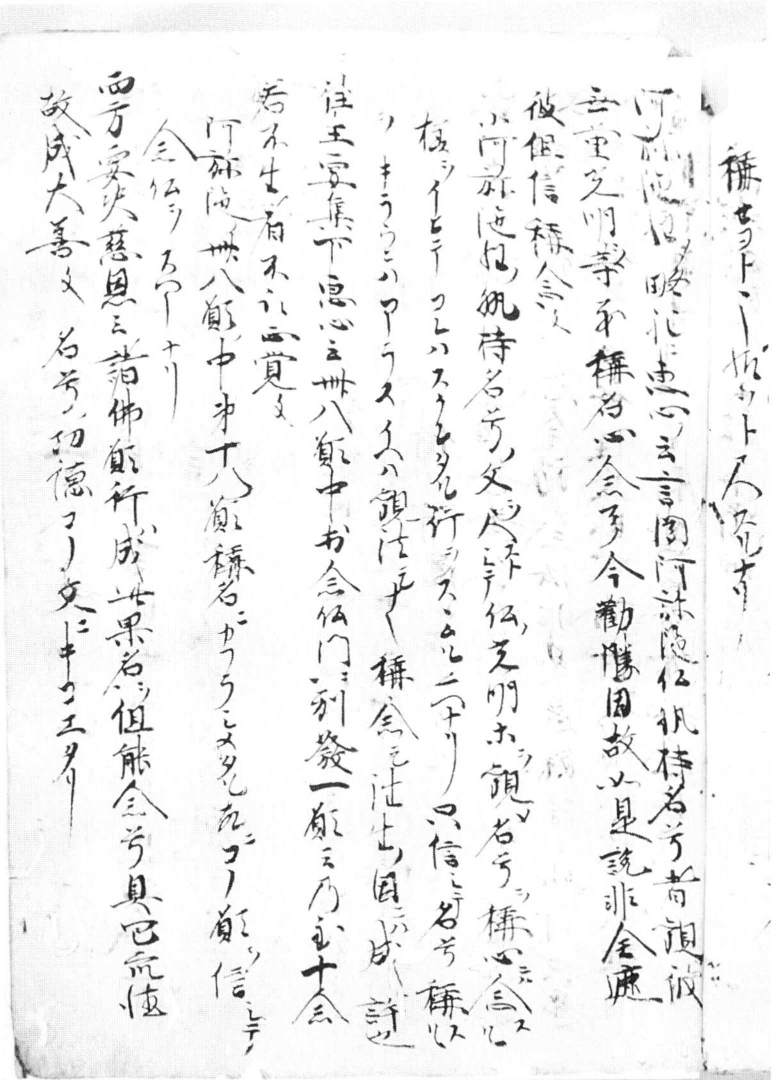

稱セヨトニハ非ストイフ人ナルヘシ

阿彌陀佛ノ勝化ニ悪心ノ言聞阿彌陀仏執持名号普観彼

三重之明等ヲ稱名心念多令勸勝因故以是說非全應

彼但信稱念文

不阿彌陀佛ノ執持名號ノ文ヲ以テ人ニ許シテ佛ノ光明ヲモ觀シ名號ヲモ稱シ心ニモ念スルニ

極メテイヒテ　コレハスクレタル行ヲスヽムルニヘナリ　只信シテ名號稱スル

ヲ　キラウニハアラス　又ハ觀法モナク　稱念モ往生ノ因ト成ルト許セ

往生要集下息心云卅八願中於念佛門別發一願云乃至十念

若不生者不取正覺文

阿彌陀ノ卅八願中第十八願ニ稱名ニカキラレタル故ニ　コノ願ヲ信シテ

念佛ヲスヽムルナリ

四方要決慈恩云諸佛願行成此果名但能念號具包衆徳

故成大善文　名號ノ功徳コノ文ニキコエタリ

西方。観経疏善導釈云、今此観経中ノ十声称仏即有
十願十行具足。云何具足。言南無者即是帰命。亦
是発願廻向之義。言阿弥陀仏者即是其行。以斯義
故必得往生 文
南無者帰命。帰ハ我ニ二釈アリ。度我トイフハ、方様ニ来ハシ
アセトイフ也。発願廻向之心ナリ。阿弥陀三字ヲハ、嘆仏功
徳ノ口ニ称スルハ行ニテアル也。十念ノ称名ニ十願十行アル
イフナリ。願行備ハリテ一ノ往生ストクルナリ
引往生要集下云、問、一切善業各有利益、各得往生。何故
唯勧念仏一門。答、今勧念仏、非是遮余種々妙行。只是
男女貴賤、不簡行住坐臥、不論時処諸縁、修之不難。乃
至臨終願求往生、得其便宜不如念仏 文
若行中念仏ハ勝ナルナリ。ヤウヲノ故ニミエタリ。臨終ニ往生ニ能

[illegible]

諸行中ニ念仏勝ナルヿヤラヲノ如ニミエタリ臨終ニ往生ニ能

ソコヨリ有トミ申ニモ至要ナリ又祖論常説随縁ノヤウシスヘシ

二ハ臥シハ立九サス令臥シテモトラカスサレハ身口ノ不浄ニモ云ヘシ

トコロハラレタリ不論時處トイフハ不浄ノ時モ不浄ノ處モ間ヘシ

アレトキコエタルカ

四分律行事抄 従南山道宣 云若依中國本傳云祇洹西北角

日光没處為無常院若有病者安置在中以若有原厭陋

有除之亦無有罪傳云原仏意恐大力根群生意在根除

煩悩不推盡除為要如諸天見人間臭穢備ハ見屏厠

臭氣難言向ニ不忍恒来衛護何況佛徳ヲ有労増但有

此根者無不救濟式人師云此傳ニ出所 有後利世尊不ニ出ニ 無常院

無常院便利不浄ノ病人念仏力ニテ浄土ニ往生 スレハ

往生ノ時ハ稱名ハ申サヌサキヨリモハ臨終ノ行トモ往生
往生シヌルハ臨終トミユルナリユヘニ
アリ通常稱名蔵ナラス名號自性ノ謂言頭和アラハ
レテシユレテノセス上摘薄云頭稱名ノ種随見及無頼

方今末學ノ輩ノトシタル先考諸ノ嚴言アラム豈則詮道
本朝校致淨土真宗精要ナリ觀教當末往生ノ斉ナリ
多々一同ノ化導ラ信シテカリ少多夷ヨリ勧進ニタカウ
コトナシトナシユヘニノ瓦ニ外書四合從二人言疑向モ
一向アトハ三人ニシモテ定トス三人コトハルトトニ
言フコトノ多キ足ヲハサカソフコトニシテカレテウカ

ハレ言キ異議一モテクナリトモ朱ノ弟ニヨリハ自初化
モタラシテヤテナリイ八二オ目ミモミヲ四一種ノ

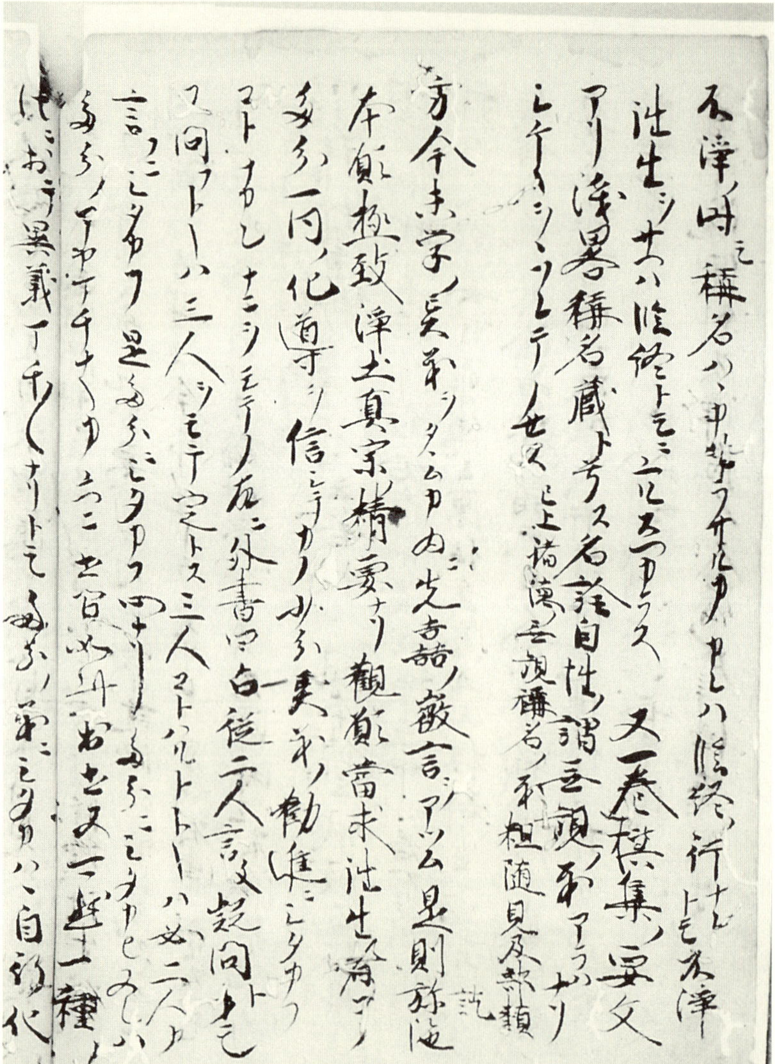

念仏ノアヤアヤナルカ六字ニ出言以外ニ出ス一生一種ノ
性ニオイテ異義アラシナリトテ念仏ノ常ニミタリハ自力他
他カタカチアヤアヤナリケレ多ミ念仏ノ経不イフ事ハ
亦同モノニオモヒテ論ス勝劣モノニハ論セス是ハ普通道理ナリ
イフハ心ハコノ念仏トイフトイフトモ心モ實ナニハ不可ノ
類ニアラス念ハ勝劣ハ劣ナリ心ハ勝劣トイヒ念仏トイヒ
アニカリメノ信不シテイフコロハ空上人ハ案信ニヨッテ
形見ッ想ニテ諸宗通達ニ別ニ非浄土ニ往シテ三観種名ノ
不シテ愚癡暗鈍類シニテモナラセニ時ノ明道又ニ
ニニタカヒテ異口同音ニ一ノ称ノヘ此シ浄宗密宗諸宗ノ人
宗シテ宗セス信道ニ在ノ一教シテ観サルトテカニノアリテ経
情見ノ失ヲ不シタテ上人ミ下ノ分カノ不シ非ス謂三観間ノ不ハ
勝智念分ノ化導アリ情見ノ失ヲハ労患ヲ念仏ノ勧進ナリ

勝方ニ頳ミ々テ遠流万里ニ去ツ信世ノ人ヨ
イフニ之不ルナリマヽロアラムヒトタニモヨサラヒ
向吉四ノ人貴賤、笑賣新シセマ言演人モヨウシ過
ナリトイフトテ貴ヲハナシトツ中ニ看ラム人ヲヒテシャ
者アリトイクトテ新ラハシゝウヲ浴ルツシ光戸過ナラムニ
リテシヤ更ニ求陀サ者、白ス若一若ニ三ヵアリテタヒ
通リ過ニ之敏トて殺人々奉願稀名ヲ破リニ人ツ笑ヒ
矢伕ノメテ、遇者ノトヤヽムリ折信受ヲ申マシ
阿難ノ申ニ思ヒ弖々アンメリテナリ何ヵム物ガコレニ今
佛ノイヽツヾヨ阿難ノ申ヰノニシ因ヵムトキ
ノ答々伝体傳ホニ竹林中ノヲ法ヶ句ノ偈ヲ誦ヽろ
若ノ金吉哉不見水白鵠ノ一笠有ニ一日生得見水白鵠
叶阿難閲ヲハリテ此丘ニ告云次ロ諭君八佛語ニアラス若

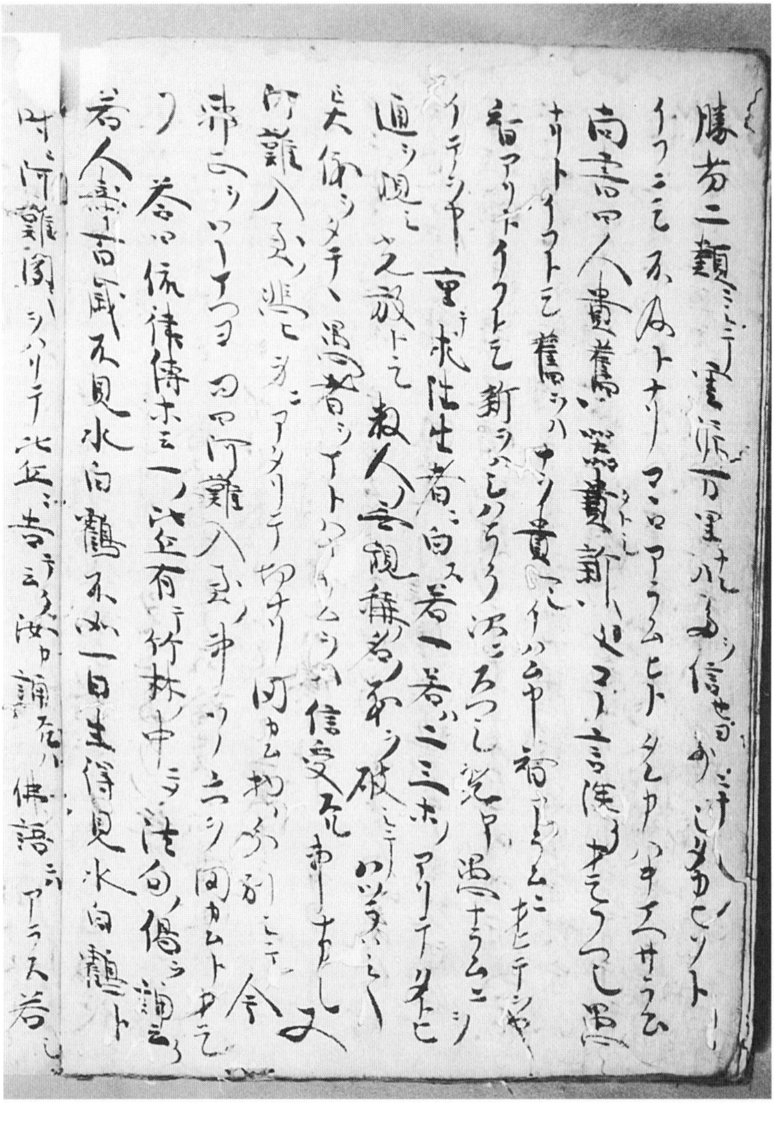

若人壽百歳不見水白鶴不如一日生得見水白鶴
時阿難聞ハシハリテ比丘ニ寄テ云ク汝カ誦スル所ハ佛語ニアラス若シ
人壽百歳不了生滅法不如一日生得了生滅ト云コトヲカ
如偈ヲカクノコトクノ誦スヘシトナリ時ニカノ比丘阿難ノ教ノ
偈ノコトク己カ師ニカタリ師ノ云ク阿難老朽テ智恵衰タリ言ニ
如錯謬アリ信スヘカラス只我教ヘシ偈ヲ誦セヨト比丘是ニ随ヒ
阿難後ノ時ニ聞ハ比丘又サキノ如ク偈ヲ誦ス阿難ソノ人ニ問フ
比丘答テ云ク尊者我師ノ云ク阿難老朽テ言ニ虚妄多シ之ニ依テ
阿難聞テ黙然シテ云ク悲哉世尊ハヤク滅シ迦葉尋テ滅ス邪
見熾盛ニシテ不善長シテ以テ末ヲ誹謗シ正教ヲ矛盾ス我レ世ニ
千年アリトモ益ナシ生テ邪教ヲキク唯念行ヲ三昧ニ置ニシクハナシ
シヤトテイヒテ所入ニ入ラントス夫阿難ハ多聞第一ニシテ仏ニ
仕フルコト廿五年聞シ所ノ八万法蔵ニミナ誦シテハナレス

(37ウ)明義進行集

仏ト迦葉トシソヒテハ志ノ大波ルトヽヲシ林題一類ノアリテ
阿難ノ非ヲ自ラ思スホニ我ニ呉ナリトイフトヲ称五ノ自ラーッセイハ之
昔ハ所ノ天王ニ二額アリテ如来ニトニ二備ノ非ヲ自ラ称偶ニ足ヌ
コレシ信ゼモノナリ今ノ文日域ニ一額有上本ニ下五弟ノ是五
自ラ称有ノ是スヲレシ信ゼモノナリ黄閣トシオモフ悪
笑モトナリトニ深ニシ一ヲエツヽヱ識アラムモノナムトテ

司中ガ天智惠ハ諸佛ノ母万行根本ゼ思ハ六度ノ中ニ般若ノ
米一トステニハ出ニシありヒ仏死ノ期ヘニ仏ノ所ニ智惠究竟
花ヲ為ナリ若ノ其ノ名ノモトハ勝手カ〳〵解ノ發ラクノニ
シヲヒテ旅逝ノ功徳柏薬帆五ノ観世ニのヽ何ソトヲニ
智惠ノ撥言ヨリ云フ観称名シニスムルヤコノ大悟代ニ
ムヶナリムトヲタラヘテ智惠ノ穴勝トスト
ラ祥ラ徳云ニヲニ代コ

〻道卜章ニテ之カノ聖道門ハ自力ノ人上ニシテ
ラ神ノ福忠ニコヽヘテつニニ檀ノリイノ上

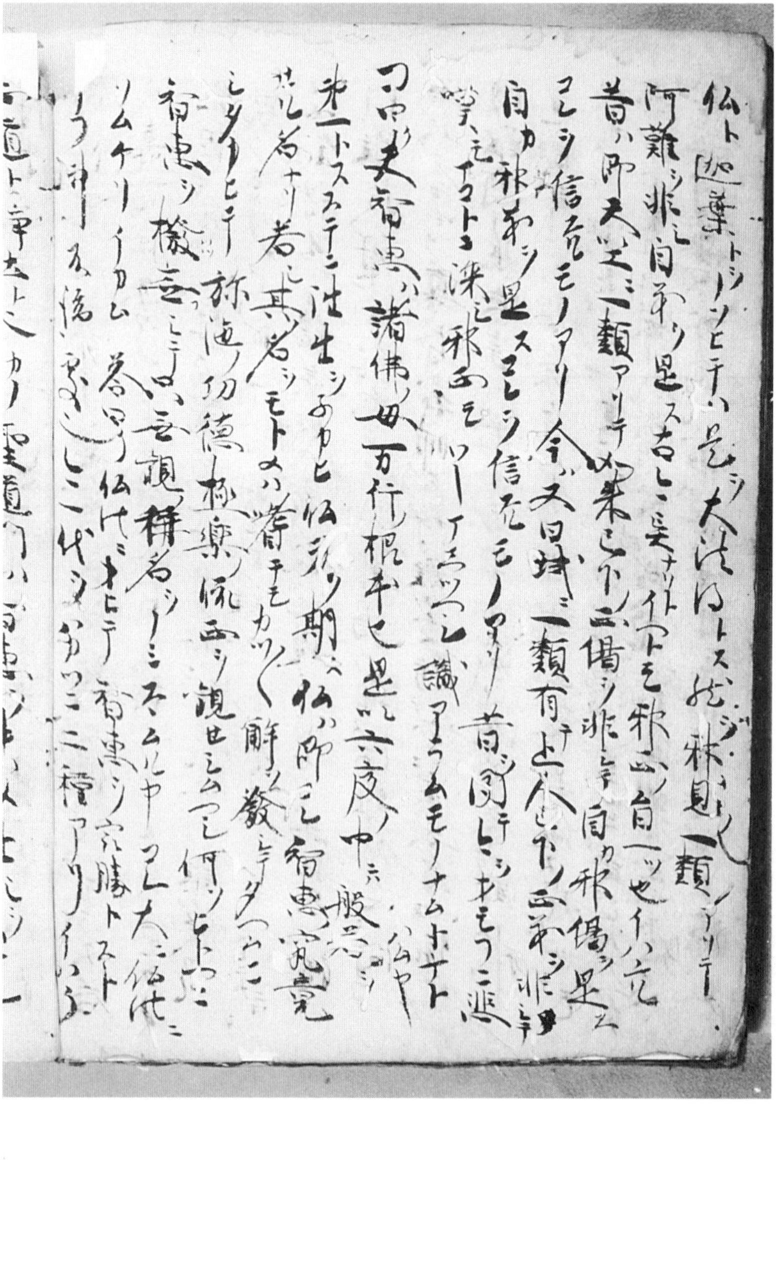

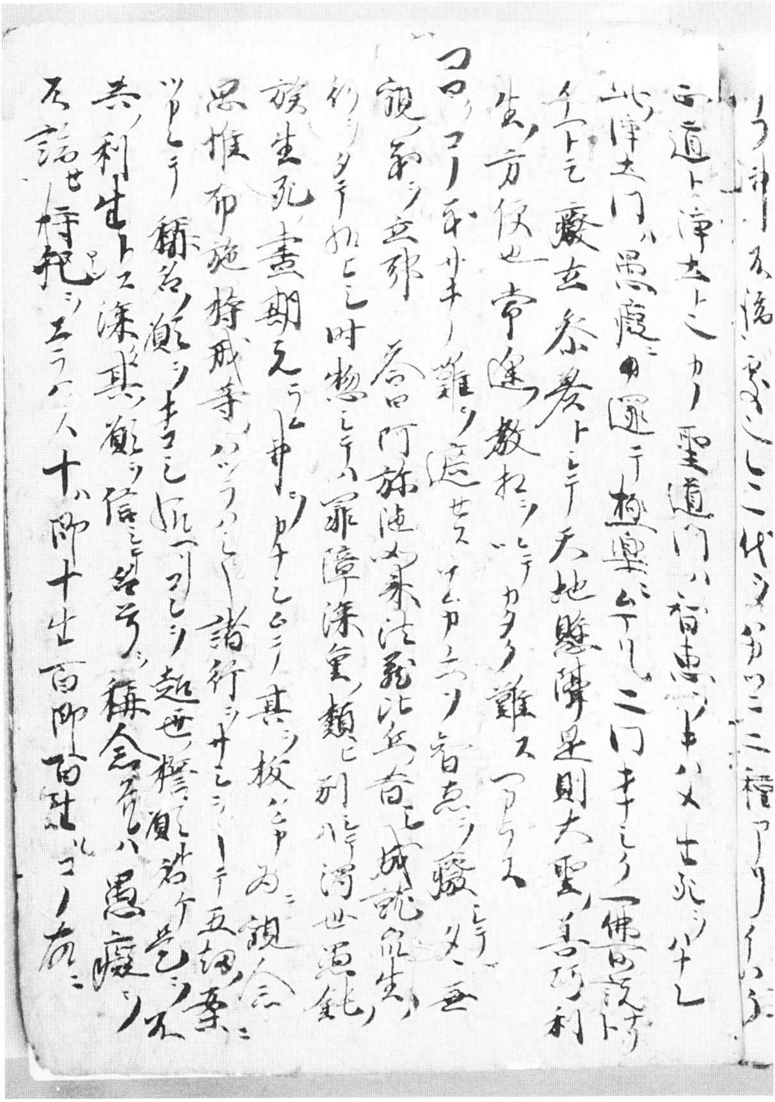
[illegible]ヲ神ノ[illegible]ニ一代ノ[illegible]ニ二種アリ[illegible]
聖道ト浄土トナリ聖道門ハ智恵ヲ本トシテ[illegible]
此浄土門ハ愚痴ニ還テ極楽ニ生ナリ二門ナレトモ一佛ノ説ナリ
[illegible]トモ處立各異トシテ天地懸隔ナリ是則大聖ノ善巧利
生ノ方便也常途ノ教ハ如此シテカタク難ス[illegible]
コロノコノ末世ノ難ツ遮セスナムアミタノ智恵ヲ發シテ無
観ノ第ニ立ル唯阿弥陀如来ノ本願ニ[illegible]成就ノ衆生ノ
行ヲ[illegible]如此ノ時物シテハ罪障深重ノ類ヒ引[illegible]濁世愚鈍
族生死ノ盡期[illegible]其ノ[illegible]観念ニ
思惟布施持戒等ハツラクシテ諸行ヲサシテ五濁ノ業ニ
ツカレテ稱名ノ徳ヲ本トシテ[illegible]超世ノ[illegible]願[illegible]ノ不
共ノ利生トス深其ノ徳ヲ信シテ名号ヲ稱念ハ愚痴ノ
不論セ持戒ヲ[illegible]人十ハ即十生百即百生ノコノ[illegible]ニ

（38ウ）明義進行集

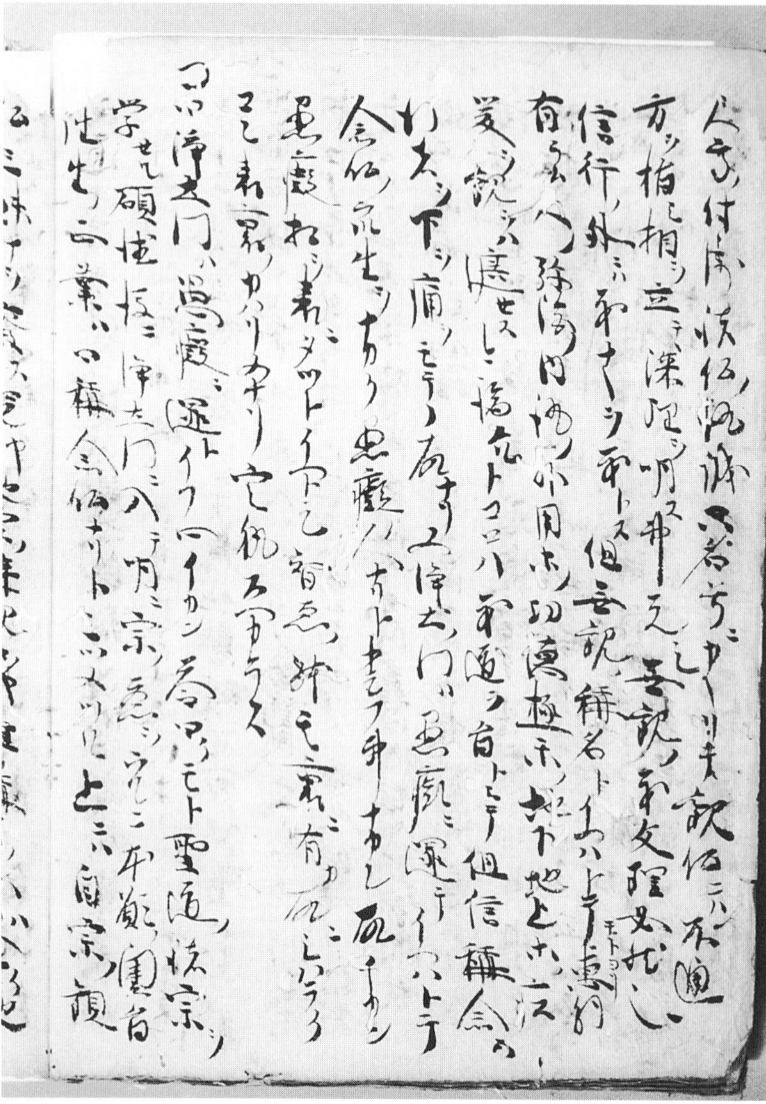

人ニ付床ニ伏伍ノ似麻ニ者ありヤトリ其次伍ニ不逋
方ッ柏ヽ相立テ深阻シ明ス斗云ヘ呑祝ノ和文程ヘゼス
信行ノ外ニ和キシ斉テトス但呑祝稱名トヤハトテ恵ノ
有ル人孫海月ノ内用ホノ功恵極テホ地ノ下起ヒ六ニ汪
愛シ祝ニ六遠ヒシ福気ニテハ浮ヘ自トハトテ但信稱会ハ
リ大ッ下ッ痛ノヘフ尻テ上窄大門ニ遠慮ノニ尻テ
悪慮ハキ君ニメットイ下乙智恵許ヒ京有ハシタラフ
モし京ガリカナリ宅欣ろヘラフ
别浄土門ハ爲賓遠イフハイカン宗ノ愿ヤラリモト
学せヒ碩徳佳ニ師大門ニ明シ宗ノ愿シメニニ本巓ノ僧自
性ノニ業ニ稱念佛ナリトニ文メットニニ上ニ自宗顔
ろニ味ナシ気テシテシニマモセ七文連東ヘニハヘシ

明義進行集（39オ）

仏ニ昧ナシ蔵ハ窺テ他宗深沢ヤ雅稱名ノ称ハ念仏他
仏ノミニ其抖擻卜テシ身ナリハナレハニテリ
セリカル愚痴ヲトルトコラル間所舌識見テ人
口称名ヲ体モ東有ハ云ラコト茶毘原夫旅塗ハ則発用
若ヲ云土方ヲヤ又智可由仰坤後之善人有信ニ講会
ヲ八会仏ト八千億劫罪障ヲ滅シ云ヘハ大ヘリ
ハ七五百千六百恁ミヤコレ妨童困ヲ植ス頂々
拾官資親ヲ嗇ノ素ハ愚癡暗鈍ニ心夫ラートイヘト
業六度力分ノ慳ナル舟付若化ニテリノ形チヤ乁
喜ノ有カ機因ノ子ニ念ノ就土ニテリ怒シ夫ハシノ命千
ミテヘル如ハ此ノノ悩セヤ定ニ又実用有東仏ノ作ヘ
セ若ノ成モラ信ニ許脱盗ニフト釈ハ笑ニ発有度

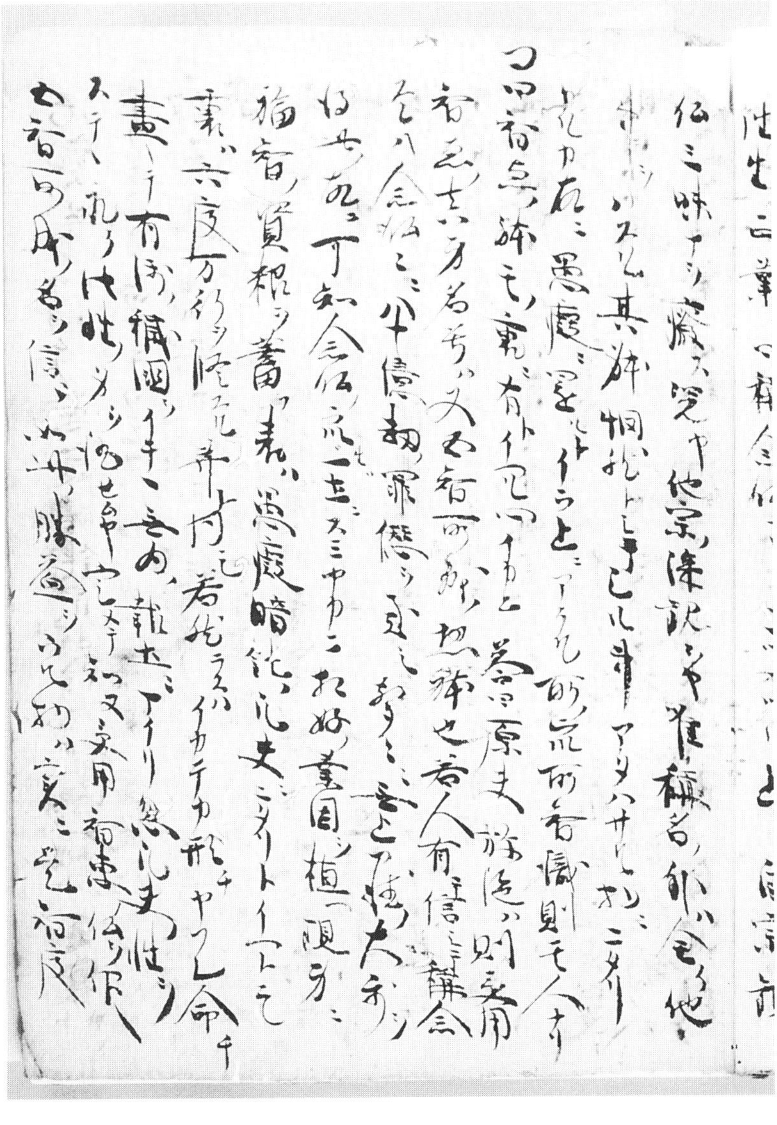

純熟ノ弁ナリ何ノムツノ悪疑暗能及ト云ハ云芭ヲ看称在転ト
キコモヨニシツカニシテスコシ
無智者悪者持戒破戒ホノモロモロノ人有同名号ヲ唱ヘテ行
者善悪ニヨリテ功徳ニ浅深アリヤ答云念仏ナレハ何ソ云テ
知ヌヘシ阿弥陀ノ本誓ハ万機ヲ名号ノ一願ニオサメテ千品ヲ口
称ノ十返ニ運テ其内ニ全キナシ論セサルカ故ニ是ハ法照禅師ノ
五会法事讃ニ云ク彼仏因中立弘誓聞名念我総来迎
不簡貧窮将富貴不簡下智与高才不簡破戒罪根深
但使回心多念仏能令瓦礫変成金ト云ヘリ文ヲモツカラ此句ニヨリナハシ
ナムツ多聞ハ云空上人シ始トシテサヤカニ本願ヲ信スル此文ヲ
眼目トス又私ニ案シテ云ク瓦礫金玉アリトモサタメナレルカニツニヨツ人
黒ヨリテ高下ツ論セス日月光ノスカタニ宿ル水ノ浄穢ニト

照シテ盲冥ヲ諸セス日月光天子ニ宿ル水清相ト
ヒタカケテ称名ヲ別ニセヘナフレヒ称ノ正行精ナルトハ称讃
カケテ憂苦モナシ 三官ノ念仏専ニ修ス其往生スル必定トモ
功徳名号ニ於テ凡ノ其名号ノ功徳ハ言語道断ニシテ心行所絶ナリ
三賢十聖モ知ル処ニアラス唯仏与仏ノ究尽也アニ行者
善悪ニヨリテ功徳ノ浅深アリヤナニ 此備本宗ノ祖師ニカ
カハシテ我等称名ノ称ヲ信セサル疑也
マシテ称セン念仏ハ末代悪世ニ来日本一洲ハカリニ興
行ナル況ヤ西天竺震旦ノ諸国并ニ在世滅後ノ儀時ハ
ミシラサシナシヨラヒヲ行スルトヤセム又ハ一念ニカヘラス
他方ヨリモ渡セラレモノアリヤ 今ノ日本一州ニカヘラス
天竺震旦ノ諸国ニ渡シテモ弁末代悪世ニ於テ在セム
後ノ世ノ時ニサカリニヨシツ行スル事コレ其号ノミナラス

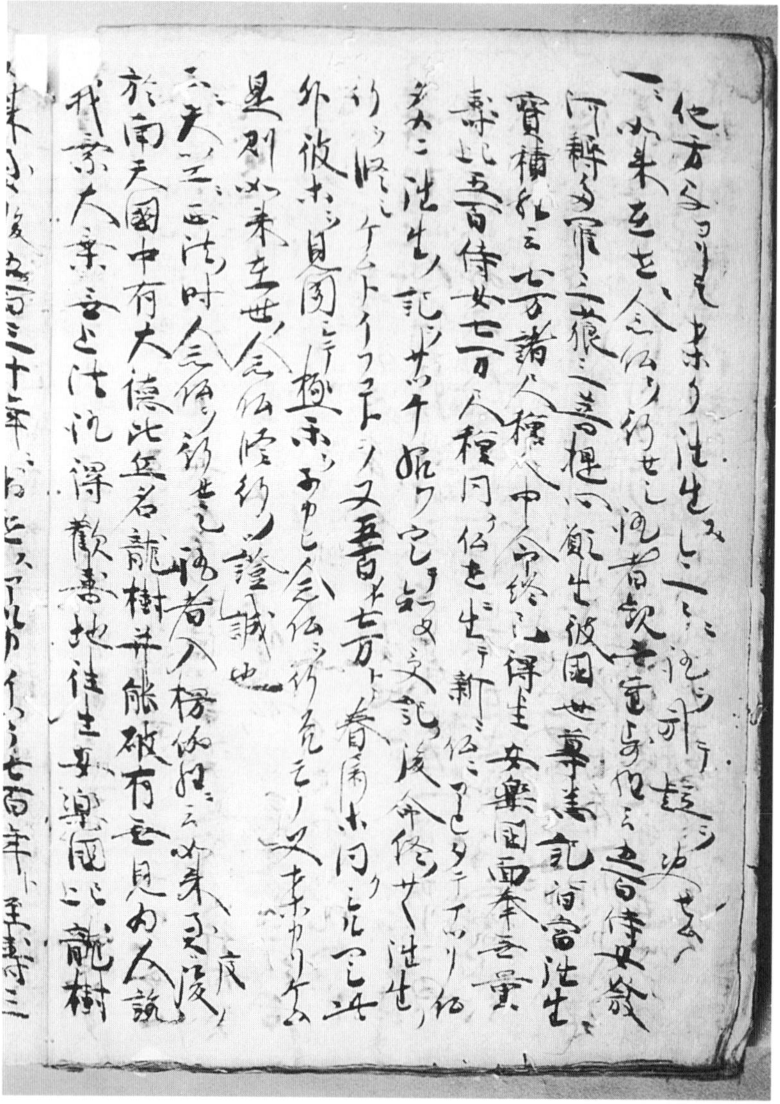
他方ヨリモ来リ往生ストモ一ニハ随テ起シ功セル
一ニハ如来在世ニ念仏シテ往生セシ随者説云宝女仏ニ五百侍女發
阿耨多羅三藐三菩提心願生彼国世尊ー記皆当往生
宝積経ニ云十方諸人ヲ撰ヘ中ニ命終シテ得生安楽国面奉無量
寿仏五百侍女七百人程同ク仏在世ニ新仏ニアヒタテマツリ仏
在世ニ往生ノ記ヲサヅケ奉ル如ク文記ノ後命終セシ往生
行シ候ニケムトイフコトニシテ又五百ト七百トハ眷属ホ同ク記ヲウケ
外彼ホシ貝国ニテ極楽ニシテ如来在世ニ念仏シテ往生シ又未来ノ分
是別如来在世ノ念仏修行ノ證誠也
云云天竺正法時念仏シテ往生セシ随者入楞伽経ニ云如来滅度後
於南天国中有大徳比丘名龍樹菩薩能破有無見為人説
我宗大乗無上法証得歓喜地往生安楽国云云龍樹
如来滅後五百三十年ニ出世スヘシカ或伝ニハ七百年ト至寿三

我宗大乗無上法証得歓喜地往生安楽国ニシ龍樹
如来滅後五百三十年ニ或ヒスアルカイハ七百年ト保寿三
百余歳阿度衆生無数ナリ説キ権随テ説法ストイヘトモアニ
専ラ極楽ヲススメサセ玉ヘリ　又滅後九百年ニ天親菩薩ニシテ
造論ヲ制シテ往生人ニシルシ給ヘリ中天竺ニ上ツ弥陀
ヲ号シ唱テ極楽ニ往生セシ寓女王氏七千五十九人其中ニ日ニ
一万遍ノ念仏ヲ行シテ往生セシ者一千九百十人余行ノ者同ナリ
同ハ不同ナリ或ハ一生ノ間念仏百万反ヲ行シ或ハ一生ノ間毎歳十萬ヲ
ヲモチテ極楽ニ廻向スル者七千五十九人ノ中ニ現身往生ノ人ニ
十三人ミナコレ小南ヲカスト云テノ念仏ヲ修セシ人ハ西天竺ニ一向ニ
阿弥陀仏名号ヲ称ヘテ往生セシ人三万五千九百人此中ニ毎月
十五日ニ因果ヲ信シテ極楽ヲ願テ往生セシ人七百人毎日百付ケ
日想観ニ住シテ阿弥陀仏ヲ念スルモノアリテ往生セシ

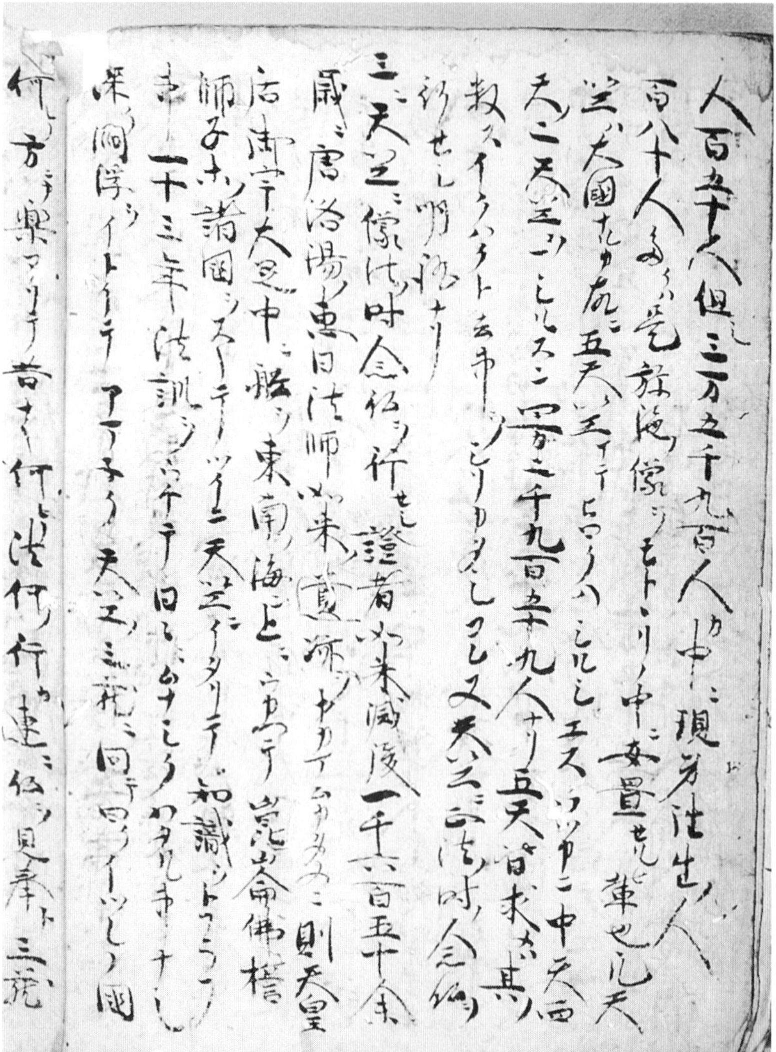

何レノ方ヲ楽ヒテ昔モ何レノ法何ノ行カ速ニ仏ヲ見奉ント三蔵
皆浄土ヲホメテ云リ教主ハ悪趣ヲ深ク厭ヒ玉ヒシ生ヲト願フモノハ
トケスト云フコトナシト法師コレヲキヽテ喜躍無極健駄
羅国ニ至ルニシアコヒテ其ノ城ノ東北ニ大山アリ山ニ観音ノ像イマス
祈請ヲ寄スル人ハ為ニ現シテ説法ニ値ヘリトイフ中ニキヽテ法師
七日食ヲ断テ命ヲ期シテ祈ルニ七日ノ満ニ至テ夜イマタナカハナラサ
ルニ観音空中ニ一丈余ノ紫金ノ相ヲ現シテ宝花ニ坐シテ
右ノ手ヲモテ法師ノ頂ヲ摩テノタマハク汝法ヲ伝テ人ヲ利セント
思ヒ大弥陀仏ノ国ニ生レムト思ハヽ弥陀ヲ念シテ何レカ願ノコトクナ
ラサラム仏ヲ見テマサニシルヘシ浄土ノ法門ハ諸行ニ勝過セリト説
キヲハリテ忽見エス初ノ饑容観音ノ教一同ナリ旡ニ本懐
光ミトケテ雪嶺ヲ過キ西邊ヨリ東海ニ帰ルテニ想ヒシ廿一
年七十余国ヲヘテ開元七年ニ長安ニ還テ仏ノ真容梵夾

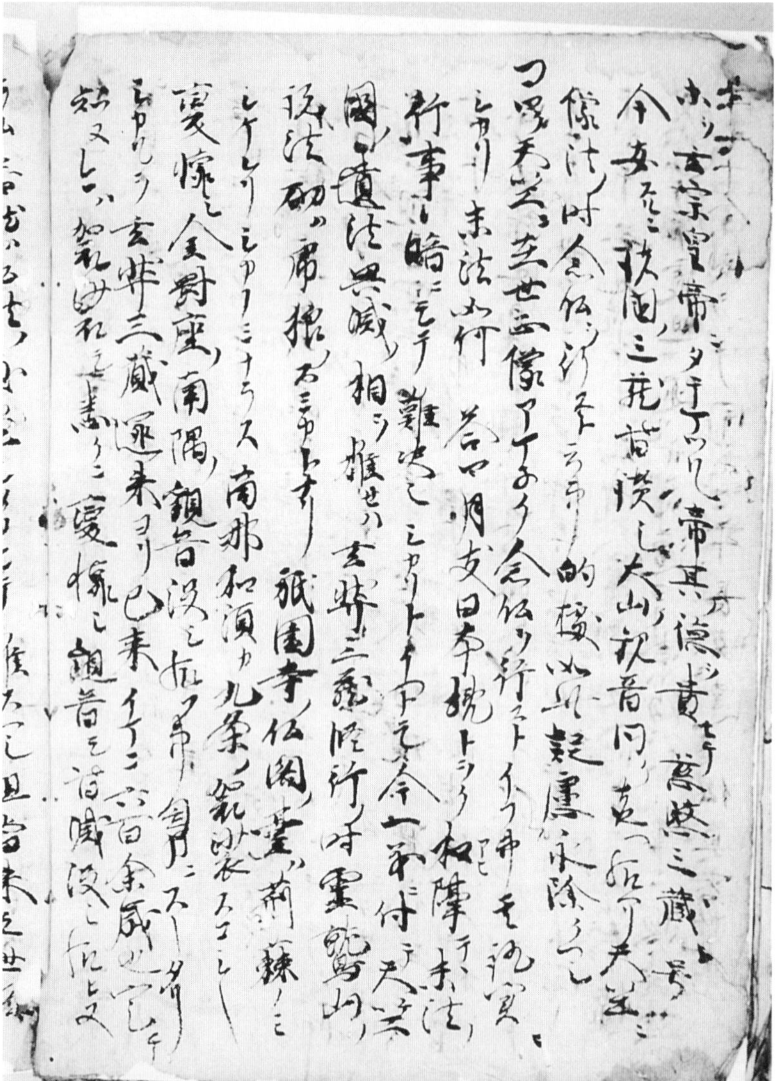

ホツ玄宗皇帝ニタテマツリシ帝其徳ヲ貴シテ慈恩三蔵ト号ス
今此ニ於テ三祇昔談シ大山ノ観音同ク意ヘ行リ天竺ニ
像法ノ時念仏ノ行ズルトコロノ的様如起慶永除クヘシ
ワ天竺ニ其世ニ像アリテ念仏ノ行ズルトイフ事モ現實
ニアリ末法ノ如何答ヤ月支日本桃トコロ和譯テ末法ノ
行事ハ暗ニシテ難決シ ニアリトナカテ今一切ニ付テ天竺
國ノ遺法興滅ノ相ヲ推セハ玄奘三蔵ノ所ノ時霊鷲山ノ
説法砌ハ荊棘ニ所トオリ祇園寺ノ伽藍ノ基ハ荊棘ノミ
シケレリミカクミナラス南那和須加九条ノ氣スルコトシ
寰慷シ金對座ノ南隅ノ観音没シテ拉ノ事ノ剣ニスル
ニカクシテ玄奘三蔵還来ヨリ已来イクニ六百余歳ヲ過キシテ
如又シニハ架知ルコト盡クニ寰慷シ観音モ皆没シテナシト云

衆生ニ加護出現ヲ盡タニ憂悔シ観音モ滅没シ給ヒヌ
テム若然ハ仏法ノ盛衰ニヨリテ推スヘシ但当来モ世諦
道蔵匪我以慈悲哀愍精勤ノ経ヲ任ヘ百歳ハ尺尊ノ金
言ナリ殊ニ娑婆世界中付嘱ノ利益ニモレムカ年ノ後ニ於テ
シヤリ況ヤ万年ノ内ニオヒテシヤ余数ハタイトモ滅尽ニイタルモ
念仏ノ一法ハイマニ於テサカリナルラム
只震旦ニテモアリ人念仏ヲ行セシ者ハ幾人ソ其後一千十六
年ニテ後漢明帝ノ永平十年ニ仏法始テ渡リ化
摂摩騰竺法蘭二僧白馬ニ経ヲオホセテ帝ニ朝見ス
四十二章経并梵本ノ経ヲ以テナルコレナリ依テ始テ白馬寺ヲ立ツ勅
有テ僧ヲ南宮ノ清涼臺ニ置ク則命シテ四十二章経ヲ翻訳シテ蘭
臺ノ石室ニオサム是則漢国ノ三宝ノ始ナリ又此四十二章
経ハ小乗ナレハ浄土ヲ明サス同也 安世高無量寿経ヲ

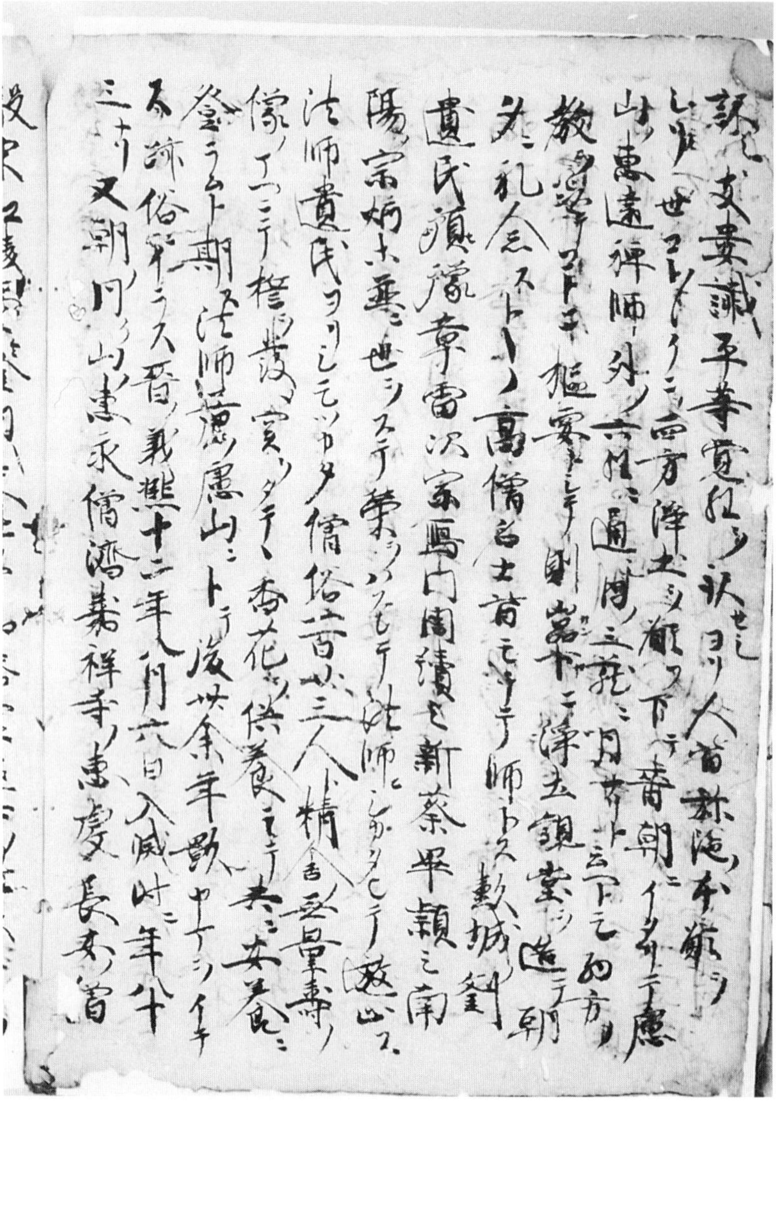

訳シ支婁讖平等覚経ヲ訳セシヨリ人皆弥陀ノ本願ヲ
シリ世コトヽクニ西方浄土ヲ願フ下テ晋朝ニイタリテ廬
山ノ恵遠禅師ト外ノ六経ニ通シ荘老ニ明ナリト云ヘトモ西方ノ
教ヲ学フコトヲ枢要トシテ則嘉下ニ浄土観堂ヲ造テ朝
夕礼念ストキノ高僧名士首トシテ師トス彭城劉
遺民豫章雷次宗雁門周続之新蔡畢穎之南
陽宗炳ナト並ニ世ヲステテ栄ヲハカモテ法師ニシタカフテ遊止ス
法師遺民ヨリシテ文ツカラシメテ僧俗百二十三人ト精舎无量寿ノ
像ノマエニテ誓ヲ発シ宣ヲタテヽ香花ヲ供養シテ共ニ安養ニ
登ラムト期ス法師遠ノ廬山ニトテ後卅余年影山ヲイテ
ス跡俗ニ入ラス晋ノ義熙十二年八月六日入滅時ニ年八十
三ナリ又雁門ノ山ノ恵永僧済寿禅寺ノ恵慶長安ノ曽

三　又唐ノ下ノ山ノ恵永・僧濟・善祥寺ノ恵度・長安ノ僧
叡・宋江陵ノ曇鑒・同ノ交趾ノ曇加・廬霊遠寺ノ法琳・高
座寺恵進・梁ノ西覚寺ノ法悦・同ノ南澗寺ノ恵超・陳ノ南嶽ノ思
禅師・魏ノ玄中寺ノ曇鸞ワレハコレ一時ノ明匠諸家ノ宗師
也、皆西方ヲモテ所期トスコレノ外高僧傳ナラビニ諸往生
傳ナニノスルトコロノ明徳高僧且千ナリアゲテカゾフベカラズ
又隋朝ノ智者大師一切ノ経十五遍披覧ニテノタイハノ諸経
論ニ多ク唯勧衆生偏阿弥陀仏令求西方極楽世界
無量寿経観経往生論等数十余部ノ経論文慇懃ニ指
授勧生西方是以偏念也已上　又摩訶止観ノ四種三昧ノ中ニ
第一常坐三昧ハ身ノ開遮ニ随一佛方面端坐正向ト云
旋行ノハツノ時等人ニノタメニ随一佛方面未着随向之

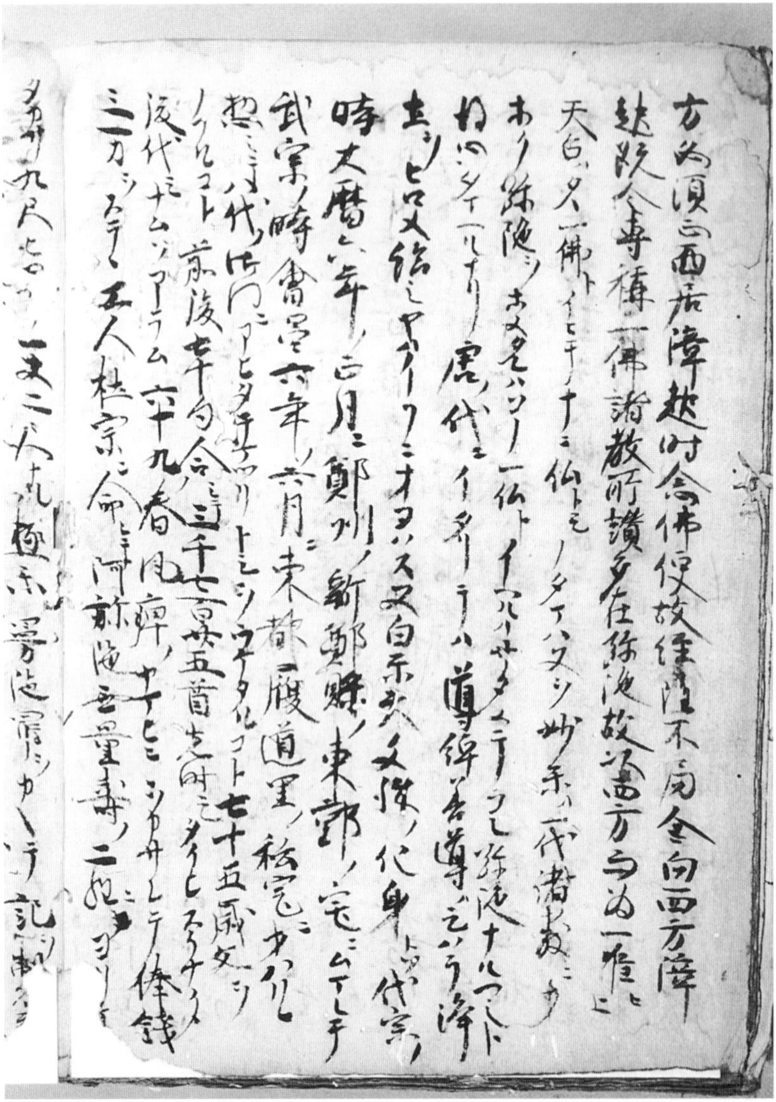
方為須云西方浄土故附念佛侶故往生不局全向西方浄
土殊今專稱一佛諸教所讃多在弥陀故以西方而為一准ト云
天台ハ名ヘ一佛トイヒテノナニ仏トモノタマハズシテ妙楽ハ一代諸教ニオ
ホク弥陀ヲ名ヘハコノ一仏トイヘルハサダメテコレ弥陀ナルベシト
ヲモムイタマヘルナリ恵心ノ代ニイタリテハ道綽ノ善導ハ云フハ浄
土ヲヒロメ給ヒシヤカテワガ国ニオヨハス又白宗ハ文殊ノ化身トモイハレ代宗ノ
時大暦ニ年ノ正月ニ鄭州ノ新鄭縣ノ東郭ノ宅ニムマレテ
武宗ノ時会昌六年八月ニ東都ノ履道里ノ私宅ニカクレ
給ヘリ八代ノ此間ニアヒタテマツリキトモシカナタルコト七十五歳ニシ
ノクルコト前後七千句合テ三千七百余五首詩ヲ作タリ
後代ニナムシアラフム六十九春白居易ハナナヒミシカサレテ俸銭
三十カシ又ミ五人杜宗ニ命シテ阿弥陀無量寿ノ二躯ヲツクリ
タカサ九尺ヒロサ一丈二尺極楽浄土記ヲ

三十六…五人杜宗命阿弥陀無量寿二姓ヨリ…
タカサ九尺ナルカ一丈二尺ナル像示現男形滑シカヘテ訖利益
諦観心安隠安世家微塵衆生無賢愚無貴賤無幼老
有悲心於仏者挙手合掌如是対面方有怖畏者悟者
開口発声女兒念阿弥陀仏又乾金土刹不識文乃
如市水取砂童子戯者莫不寧阿弥陀為上首不知
其仏白由是白現是彼如来有大權能於此衆生此衆生
有大因縁於彼国土明矣不於南東北方過現来仏為矣
何得以是故莫不寧以阿弥陀為上首詞信シトラムニ
イヨイヨ随喜ヲナスヘシ
五ニハ世家ニカキラス他方家ヨリモ来テ往生スル者無
量寿経下云彼仏国仏告弥勒於此世界并白仏言世尊於此世
界中有幾可不退菩薩生彼国仏告弥勒於此世界中六十
七億不退菩薩往生彼小行菩薩不可称計皆当往生不但我

剎諸并ホ往生他方仏土遠照仏国百八十億并宝蔵
仏国九十億并無量音仏国二百廿億并甘露味佛国
二百五十億并龍勝仏国十四億并勝力仏国万四千并
師子仏国五百億并離垢光仏国八十億并徳首仏国六
十億并妙徳山仏国六十億并人王仏国十億并無上
花仏国無数不可称計并無畏仏国七百九十億大并衆諸
小并及比丘ホ不可称計皆往生弥勒不但此十四仏国中諸
并等当往生十方世界無量仏国其往生者亦復如是
甚多無数我但説十方諸仏名号及并比丘生彼国者
昼夜一劫尚未能竟我今為汝略説之耳　善導云若
爰無有尽十方生者亦無窮或見衆生如駛雨
従十方来生或見聖衆以恒河沙無数仏土来

従十方来生或見聖衆以旋囲往生救仏去

曠劫ヨリコノカタノツミニ沈ミツミニ流轉シテ而モ離ノ縁ナシカ
ニ今大聖ノ宿善アヒテイマコノ要法ニアヒタテマツル
權者ノ極ナリ上昔ニ度猶コノ生ヲオクルイマニ留滞
有ルヘカラスナクシテ又浄土ニシテ期トセム一心ノ真實ニ
實照覧シタマヘ見ム人ヘココロノオナシクセムコトノアカヨヘ
トミエナリ

明義進行集巻第二

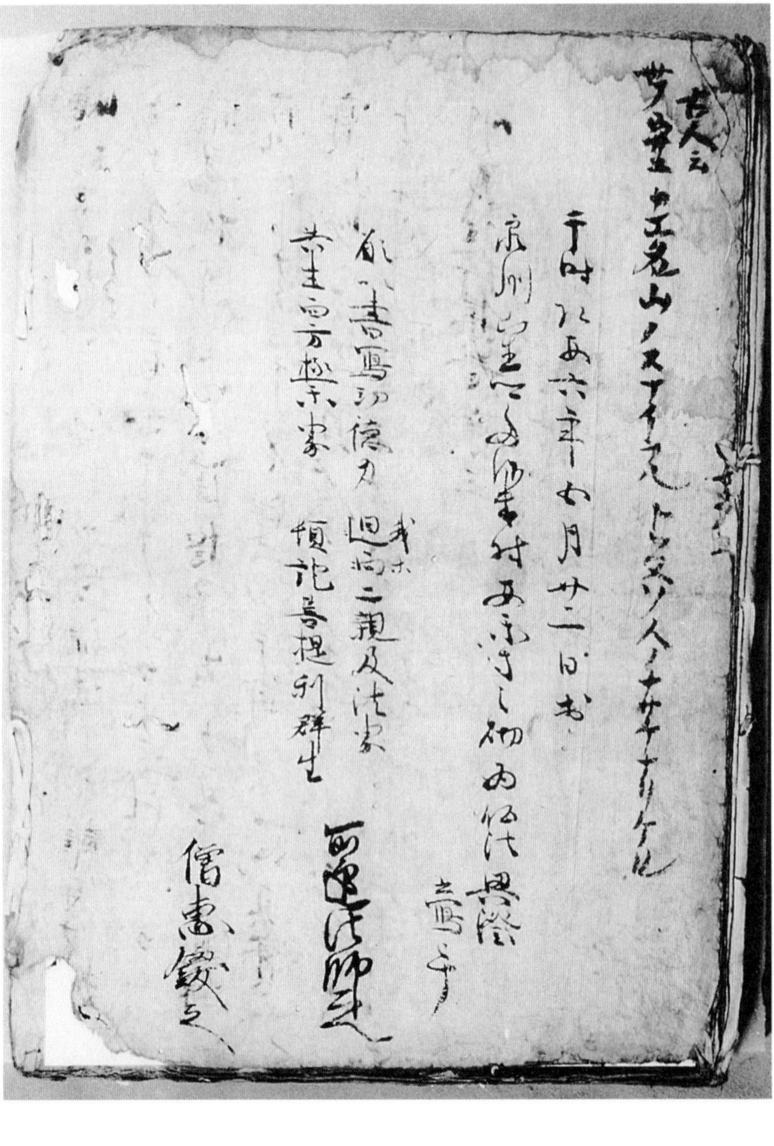
古人云
于時元和六年七月廿二日書
願以書写功徳力　廻向二親及法界
共生西方極楽家　頓証菩提利群生

翻刻篇

凡　例

一　底本は河内金剛寺本である。

一　底本半丁を一頁とし、一行の字数もそのままである。

一　すべて原本通りの翻刻であるが、ミセケチ・補入・抹消・訂正・転倒符等がある場合は、結果としての形で翻刻した。写真版を参照されたい。

一　ミセケチ・補入・抹消・訂正・転倒符・虫損・傍書等は、＊を付して頭注とした。

一　河内金剛寺本は大正十年に影写されたが、その後虫害を受けた箇所がある。新しい虫損の内、影写本で補えるものについては、大谷大学図書館所蔵の、大正十年影写本を参照し、その旨頭註に記した。

一　写真版では判明しないが、原資料の閲覧で認められた墨痕等によって補訂した箇処がある（二十二丁オ・十一行目「ヨ」の中線が虫害にあい、写真版では「コ」としか読めない、等）。

一　漢字は概ね通行の字体に従った（三丁オ・三行目「謌」を「歌」とする、等）が、一部例外（「竜樹」を「龍樹」とする、等）がある。

一　合字・省文は通行の字体に改めた（メ→シテ、廾→二十、𦬇→菩提、等）。

一　片仮名表記には、小書の文字が間々見られるが、差の判然としない箇所があり、漢文に補なわれた文字や割注を除いて、文字の大小の区別をせずに翻刻した。

〈補註凡例〉

一　補註は、人名・地名等の固有名詞、及び経典等の典拠を中心に施した。

一　引用に使用した資料の内、次の資料は略称で示した。

　『大正新修大蔵経』……『大正蔵経』　※（　）内に書名・巻数・頁・経典番号を付した。

　『卍新纂大日本続蔵経』……『卍新纂続蔵経』　※同右。

　『法然上人行状絵図』……『四十八巻伝』

一　『大正蔵経』からの引用は、返り点を省略した。

明義進行集巻第二

并巻第三

僧恵①鏤之

」表紙

一* ①尋入ルミ山**ノヲクニハ主モナ□***
　　吹ク松風ノヲトハカリ□*□
一 ②白雲云
③折リエテモ心ユルスナ山サクラ*
チラハウキヨニカエリモソスル

」表紙見返し

*この半丁本文と別筆。
**「山」を「御」に訂正して右横に「ミ」。
***破損。
*破損。行末は「テ」カ。
*「ク」破損。谷大本により補う。

明義進行集巻第二

抑源①空上人ト同時ニ出世セル諸宗ノ英雄ノナカニカノ化導ニ随テ
サハヤカニ本宗ノ執心ヲアラタメテ専無②観ノ称名ヲ行シテ往生ノ
望ヲトケタルヒトオホシ今入滅ノ次第ニヨリテソノ義ヲイハ、

第一　禅③林寺僧都静④遍

貞応三年甲申四月二十日入滅時也年五十九

僧都ハ大⑤納言平頼盛卿子弘⑥法大師ノ門人ナリ始ニハ醍⑦醐ノ座主
勝賢（モトハ憲）僧正ニ随テ小⑧野ノ流ヲ請ケ後ニハ仁⑨和寺ノ上*乗院ノ
⑩*法印仁隆ヲ師トシテ広⑪サワノ流ヲツタウ両流ヲ一器ニウツセル渕粋（スイ）ノ
真言師也浄土門ニ入濫觴ヲミツカラカタテイワク　世コソテ

」一オ

＊「上」の後に「学」の抹消。
＊「法」虫損。谷大本により補う。

＊「選」の誤りカ。

＊「嫉」虫損。谷大本により補う。「嫉妬」の左横に「ソネミネタム」と傍書。

＊「キ」虫損。谷大本により補う。

＊九巻伝・四十八巻伝ともに「オホタニノ」。

＊九巻伝・四十八巻伝ともに「墳墓」とする。「憤」の字の上部に、「イキトヲリ、イカル、イタム」と三行で墨書。

＊①撰択集ヲ披覧シテ念仏ニ帰スル者多シ吾トコノコトヲキヽテ
＊嫉妬（トノ）ノ心ヲオコシテ選択集ヲ破シテ念仏往生ノミチヲフサカムト
オモヒテ破文カクヘキ料紙マテシタヽメテクハシク選択集ヲ
ヒキミルホトニ日来ノ所案ニハ相違シテ末代悪世ノ凡夫出離生
死ノミチハヽヤ念仏ニアリケリト見フセテヤカテ念仏ニ帰シテカヘテ
選択集ヲ賞翫（シャウクハン）スタヽシ日来嫉妬ノ心ヲオコシテ破セムトタクミキ＊
コレ吾カ大ナルトカトヲモヒテ選択集ヲ頂戴シテオホタテ＊
＊憤（フン）墓ニマウテヽナク〳〵悔謝ヲイタシテ曰ク　今日ヨリハ上人ヲ
師トシ念仏ヲ行トスヘシ聖霊照覧ヲタレテ先非ヲユルシテ
イマノ是ヲカヽミ給ヘト　ソノ後ツヒニ高位ノ崇班（スウハン）ヲステヽ
心円房トナツキテ今ノ一向ニ念仏ヲ行スルナリト云々　サテ静

」一ウ

遍カ念仏ノ詮要コ、ロヘタルヤウハトテ一偈ニソノコ、ロヲ結スハレタリ
所謂　一期所安極*永捨世道理唯称阿弥陀語黙常持念　ト
コノナカニ世ノ道理ヲスツトイウハ世人念仏ニ付テ無尽ニ義ヲイウ
トモニ道理ナキニアラスシカレトモワレハ只称シテツネニハスレシト
ナリ又法照①禅師ノ五会②法事讃ノ　彼③仏因中立弘誓聞名
念我惣来迎　等ノ七言八句ノ文ヲ誦シテコレコソ浄土宗ノ肝心念仏
者ノ目足ヨトソツネニハマウサレケル

第二高野ノ僧都明④遍

貞応三年六月十六日入滅時ニ年八十三

僧都ハ少⑤納言藤原ノ通憲ノ朝臣ノ第十四ノ男澄⑥憲法印ノオトウト
貞⑦慶上人ノオチナリ東大寺ニ住シテ敏⑧覚法印ニ師ツカヒシテ

」一一オ

*九巻伝・四十八巻伝ともに「案極」とする。

三①論宗ヲ学ス敏覚ハ（長門ノ法印ト号）　②ナカトノカミタカハシノツネトシノ子
越前ノ已講珍③海カ面(メム)-授(シウ)口(ク)-決(ケツ)ノ弟子ナリ三会ノ講師ヲトケ
法④勝寺ノ証義ヲツトメ東大寺元興寺等ノ別当ニ住スカネテ
西方ノ行者*ナリ左⑤衛門入道西(サイ)-光平⑥大相国ノ禅門ノタメニ
斬*-刑(ケイ)ニオコナハレケル時遺言シテイハク　美絹百疋法印ノ
御房ニ進スヘキナリト云々　⑦（敏覚ハ西光カヤシナイキミタルユヘナリ）　敏覚クタムノ絹ヲモテ
カツハ西光出離ノタメカツハ自身行法ノタメ住坊ノ西北ニイタフキ
ノ一堂ヲ建立シテ西ノカヘニ等身ナル光ホトケヲ図シ左右ニ
木像ノ観音勢至ヲタテ、ヒカリ堂ト号スコ、ニシテツネニ
妓楽ヲト、ノヘテ往生講ヲ修スツヒニ臨終正念ニシテ
往生ヲトケオハヌト云々　クタムノタウ地ハ最⑧勝光院ノタツミ

」一二ウ

＊「行」の後に「人」のミセケチ。

＊「斬刑」に声点あり。

*「ノ」の後に「ホ」の抹消。

*「才名謳歌」に声点あり。

*「辞」に声点あり。

①観音寺ノ*②オホチクハシノキタノ辺ノヒカシノミネノウヘナリ堂
舎坊宇ミナモテ僧都ニ付属ス
智恵等倫ナクシテ*才名謳歌（メイヲウカ）アリシカトモ律師ノ時五十有
余ニシテハヤク道心ヲオコシテ本寺ヲステ、③光明山ニ籠居モシ
又公請ニシタカハムト思ヒカヘスコ、ロモヤアルトテシハラク牛車ヲハ
④法住寺ノ坊ニ（先師敏覚ノユツレル物ナリ）オキテナヲ公請ヲハツトメラレケリカクノ
コトクスルコト五年トイウニイマハ一切ニオモイオクコトナシトテ
律師ヲ辞*シテナカク⑤高野山ニ籠居トキノヒトミナイハク
明遍ハ左右ナカリツル学生ヲイマニ昇進ノオソクテ籠居カ　ト
申シアヒケレハ三会ノ巡ニヨリテヤカテ少僧都ニナサレテ高野ヘ
オホセラルツイニイテ、ツカヘスカタクモテ辞退云々　アルトシ善光
寺マウテノツイテニ源空上人ノ⑥コマツトノニオハスルトコロニ
人ヲイレテ見参ニ入タキヨシノタマヒタリケレハ

」一三オ

上人ノ返事ニ　タレモ入タク候イラセ給ヘト　トキニサフライ
アヒタルヒト〳〵コノコトヲキヽテイカナル甚深ノ法門カ問答
アラムスラムトテヨロコヒアヘルコトカキリナシ上人サキサマニ
客殿ニ居マウケテマチ給フトコロニ僧都来臨シテアカリ障子ヲ
ヒキアケテタカヒニ面ヲミアハセテイマタイナヲラヌホトニテ左
右ナクコトハヲイタシテ問テ曰ク　末代悪世ノハレラカ様ナル
罪濁ノ凡夫イカニシテカ生死ヲハハナレ候ヘキ　上人答曰ク　南
無阿弥陀仏ト申シテ極楽ヲ期スルハカリコソシヘツヘキコトヽ
存シテ候ヘト　僧都ノタマハク　ソレハカタノ様ニサ候ヘキカトハ
存シテ候其ニ取テ決定ノ料ニ申シツル候ト　僧都又問テ
曰ク　ソレニ取テ念仏ハ申シ候ヘトモ心ノチルヲハイカヽシ候ハムスル
ト　上人答曰ク　ソレヲハ源空モ力ラ及ヒ候ハスト　僧都又問曰ク

」三ウ

サテソレヲハイカ、シ候ハムスルト　上人コタヘテノタマハク　チレトモ
猶ヲ称スレハ仏ノ願力ニ乗シテ往生スヘシトコソコ、ロヘテ候ヘタ、所詮
オホラカニ念仏ヲ申スカ第一ノ事ニテ候ナリト　僧都イハク
カウ候〳〵コレウケタマハリニマイリツル候　*トテ前後ニハ聊モ世間ノ
礼儀ノコトハナクシテヤカテ退出云々　人倫ノ法旧友（キウイウ）ナリトイヘトモ
対面ノ時ニハ先ツ世間礼儀ノコトハヲ出シ次ニ所存ヲノヘテ後*会ヲ
チキリテサルハサタマレルナラヒナリコノ僧都初対面ノ人ニ
礼儀*ノコトハナクサウナク法門ヲ問給事俗ニ混セヌ体
真実ノ道心者ナルヘシ
僧都退出ノスナハチ当座ニハヘリケル聖リタチニイアイテ
ノタマヒケルハ　欲界ノ散地ニムマレタルヒトハミナ散心アリ
タトヘハ人界ノ生ヲウケタルモノ、目鼻ノアルカコトシ散心ヲ
ステ、往生セムト*イハムハソノ理シカルヘカラス散心ナカラ

」四オ

*「ナリ」を抹消して右横に「トテ」。
*「後」に声点あり。
*「ナク」を抹消して右横に「ノ」。
*「ハ」を抹消して右横に「ト」。

念仏申スモノハ往生スレハコソ目出タキ本願ニテ
アレコノ僧都ノ念仏ハ申セトモコ、ロノチルヲハイカ、スヘキ
ト不審セ□*レツルコソイハレスオホユレト云々
スヘテ高野ニ*住シテ三十余年跡聚落ニイラス身世事ニミタレス
長斎梵行智者道心者チカクハコノヒトナリ念仏ノイトマヲオ
シミテ伝法ノコトヲコノマスシカレトモ都鄙ノ道俗タツネ入テ
往生ノ要ヲ問フ時ハオノツカラコタヘタマヘルコト、モアリソノ義
ツモリテオホシ略シテ詮要ヲ云ハ或人問云ク　当時ノ出離ノ業念仏ノ
外ハカナウヘカラサルカト　答曰ク　念仏ノ行タニモ往生ノ業成就スル
事ハアリカタシマシテ自余ノ行ハイカニ*ハケムトモカナウヘカ
ラス真言ナトモ上品ノ悉地ハ即身成仏中品ノ悉地ハ十方浄
土下品ノ悉地ハ修-羅-崛（クツ）*ニムマルシカルヲ下品ノ悉地タニモウル
コトアルヘカラスト　又或人問曰ク　念仏往生ハ決定カト　答テ曰ク

*虫損。「ラ」カ。
*「ヲ」を抹消して左横に「ニ」。
*「ニ」の後に「モ」の抹消。
*「崛」に声点あり。

其条ハコトアタラシタ、シ空①阿弥陀仏カ（僧都ノ遁世ノ名也）身ニトリテハ
ナマチヘカ往生ノサハリトナムヌヘキナリナマ智恵トハムカシ学セシ
三論ノ法門*コレナリ念仏往生ニオヒテハ無智ノモノ、コノ法ニアヒテ
トナヘハカナラスムカヘタマフヘシト信スルホカサカシハウタル心ナク
テホレ〳〵ト申シキタラムハ一定シヘツヘキコトナリサレハ空
阿弥陀仏カヒトツノ願ヲオコシタル様ハモシ順次ニ往生ヲトケスハ
又人界ノ生ヲ受テ一文不通ナルカ本願ニアウミトナリテ仏法ト
*トテハタ、念仏ノ法許ヲシリ才学トテハタ、申スモノハ往生
ストハカリシリテ念仏シテ往生セムトヲモウナリ
又或人問曰ク　タトヒ念仏ヲ修シテ浄土ヲネカウトイウトモカナラ
ス大乗ノ実智ヲシル*ヘシ若シカラスハホト〳〵コレ外道ノ見ニ同シ
カルカユヘニカナラス仏法ノ由来ヲシルヘシソノウヘ所求願行□*
実ニ人ノ心ニマカスヘシトコノ義イカム　答曰ク　コノ条スコフル

*「コレ」補入。

*「ト」衍字カ。

*「リ」を「ル」に訂正。

*虫損。仏教古典叢書本では「如」。

」五オ

コトアタラシキカ①天台ノ十疑②安楽集等ニ③カクノコトキノ
問*答コレヲ、シ無相ノ観等ハ実ニソノ益甚深ナリシカレト
モ④有相ノ行人得生ノ条又勿論ノコトナリ⑤嘉祥ハコトニオヒテ
無相ヲサキトスレトモソレナヲ往生ノ因ヲ判スルニ有相無
相共ニ生スト云々　*⑥赴信論ニソノムネミヘタリイハムヤ浄土ノ
教門⑦観経⑧双巻*経等ニ全無相ノ義アカサスト
又或人念仏*ノ義ヲ深ク言ヲ聞テ難シテイハク　⑨三部経ノ
ナカニ理ノ文ナシ観経ニモ只色相観ナリ全ク理観ナシ称名
行ハ理観ニタヘサルヒトノタメニタ、名号ヲ称セヨトス、メ
タ*ルナリシカレハ惣シテ念仏ノ義ヲフカクイウ事ハカヘテ
アサキコトナリ義ハフカ、ラストモ欣求タニモフカクハ
一定往生ハシテムト　又病中ニ或時人々ニカタテイハク
トテモカウテモ至心ヲハケムヘキナリハレモヒトモコノ心ノ

」五ウ

*「答」の後に「コノ」の抹消。

*「起」の誤写カ。

*「経」補入。

*「ヲ」を「ノ」に訂正。

*「リ」を「ル」に訂正。

ナキ*事無術コトナリ三①部経ニモ決定往生ノ業ト
ナルヘキ大切ノ処ニハミナ至心トイウコトハアリ只浄土ヘマイ
リタキコ、ロハカリソ大切ナルト　又病中ニ或時カタテイハク
経②ノ文ニモ詮要ハ称名ヲノミス、メラレタリ往生ノ想引
接ノ想ナトイフタニモナヲオモヒエカタシタ、ホトケ*
タスケタマヘトオモヒテ相続不断ニ称名スル*ニハシカスト
又病中ニ或時カタテイハク　オホヨソ理観カナウヘカラス仏ノ白毫ヲ
観セムトオモウタニモ目ヲフサケハクラ〳〵トシテオモヒミスイハム
ヤ無相ノ理観スコシモオモヒヨラスタ、口ニイウハカリナリ
二③十五三昧ノ過去帳ト申スモノニ恵④心ニ或⑤人トフテイハク　理
観セサセ給ヤト　答曰ク　理観モセムトオモハムニハシツヘケレトモ
セスタ、称名ハカリナリト云々　恵心ノ先徳ノコトキノシツヘキヒト
タニモセスマシテオモフトモカナウマシカラム我等カコトキ
ヲヤト

＊「キ」の後に「ノ」の抹消。

＊「ケ」の後に「タスケ」の抹消。

＊「セム」を抹消して左横に「スル」。

」六オ

又病中ニ或*時カタテイハク　遊①(ユウ)蓮**房カヒシリ骨(コツ)ニハ
世間ニナニコトモ対スヘキモノナシ頼業②カ学生ハカリヤ
モシ対揚ナラム　ト大③納言入道光頼ハマウサレケリ空④
阿弥陀ハ遊蓮房カオトウト解⑤脱房カオチナルカ難勘ノ
コトニテアルナリヒトノコ、ロニク、オモヒタルコノユヘカ遊
蓮房ハコトハヲイタシテモノマウサル、コトハナカリキ
ソノコトハサ、フラウナト人申ス時ハウナツカレシハカリナリ
最後ニ所労ノ時安⑥居院ノ法印ノモトヘ消息ヲツカハシタリ
ケリソノ状ニイハク　後世ノツトメニハナニコトヲカセムスルト
人申シ候ハ、一向ニ念仏ヲマウセト御勧進アルヘク候
智者ニテオハシマセハ世間ノ人定メテ尋申候ハムスラムト
テ申候也　トマウサレタリシカハオホロケナラテハサ様ノ
コト申スヘクモナカリシ人ノモシ証□*エタルコトノアリシ

」六ウ

*「或」の後に「人」のミセケチ。
**「遊蓮」に声点あり。

*虫損。「ヲ」カ。

ヤラムトタツネ申サムトオモヒシホトニヤカテウセラレキト
法印カタラレキ経一巻モ書籍一巻モミニ持セサリシ人ナリ
法花経ハ初心ノ時オホヘラレタリキ後ニハ一向念仏ハカリナリ
臨終ニ九念シテイマ一念ト法然上人ニス、メラレ申シテ高声ニ
一念シテヤカテイキタヘヌ二十一ニシテ出家三十九ニシテ往生ハシ
メニハ西山ニヒ①ロタニトイウトコロニ止住後ニハ②ヨシミネニシテ終焉ト云々
遊蓮房ハ少③納言入道ノ第十一ノ男信濃ノカミコレノリナリ 法名日照
澄憲法印ノモシ証ヲエタルコトノアリシヤラムタツネ申サムト
オモヒシホトニウセラレキト不審シ申サレタルコトハ遊蓮
房ノ念仏ニオヒテ証ヲエタルコトヲシリヲヨハレサリケルニコソ
ソノ証ヲエラレタルヨシ*④ヲ南都ノ修禅院ノ僧正信憲ノ人ニ
*カタリ申サレケルハ故遊蓮房ノノタマヒシハ高声
念仏ハカナラス現徳ヲウル行ナリヨリテ　善導⑤ハ

」七オ

＊「シ」補入。
＊「カ」の前に「ヒトニ」の抹消。

*「ヲ」を「ノ」に訂正。
*「入」補入。
**抹消の右横に「座」。

*「テ」の後に「ニ」の抹消。

*「テ」を抹消して右横に「ヲ」。

*「嬰咳」に声点あり。

*「ル」を「リ」に訂正。

貞観中見ニテ西河ノ*①綽禅師ノ②浄土九品ノ道場ヲ於是
篤勤精苦スルコト若救頭燃ヲ毎見入*仏堂ニ合掌胡座**シテ
一心ニ念仏スレハ非力竭ノツクルニ不休雖トモ寒水ナリト亦頂流マテヲナカル、アセ汗以テ
表至誠ヲ　出龍舒③浄土文　予祖師ノアトヲオモヒテ三寸火舎ニ
香ヲモリテソノ香ノモヘハツルマテ*合掌シテ毎日三時高声ニ
念仏スルコトヒサシクナリヌソノ間ニ霊証ヲエタル事度々ナリ云々
ソノ証相ヲハハ、カリヲナシテ*カサネテイカニトモタツネ
申サ、リキトカレハ念仏三昧ニオヒテ一定証ヲエタル
ヒトナリソモ〳〵遊蓮房ハ身ハホソ〳〵トシテカハユキ
ホトニ甲斐ナケナル*嬰咳第一ノ人也ケリシカレトモ聊ノ
アリキニモ一幅半ナル極楽ノ曼陀羅ヲトモニ具シタル
小法師ニハモタセスシテミツカラクヒニカケテヤスミモ
シト、マリモス*ル処ニハ左右ナクニシニカケテコレヲ

」七ウ

ヲカミ極楽①六時讃ヲオホヘテ時シヲタカヘス誦シテ念仏ヲ
申サレケリスヘテ小*納言入道ノ一族コソテ遊蓮房ヲ
タトム事仏ノ如シウヤマウコトキミニ同シコレスナハチ道
心堅固ニ勇猛精進ニシテチリハカリモ俗ニ混セサルユヘナリ

第三②長楽寺律師隆寛③

安貞元年ヒノトノヰ十二月十三日入滅時ニ年八十
律師ハアハタノ④関白五代ノノチ少納言⑤資隆朝臣ノ子叡山
ヨカハノ戒心⑥ノタニノ知見坊ノ住侶ナリ伯父 父兄也 皇円⑦阿闍梨ヲ
師トシテ台教ヲナラヒイマ案スルニ律師ハ法然上人ノ為ニハ天台
宗ニハ同法ナリトモニ皇円ニ伝受スルカユヘニ浄土宗ニハ弟子ナリ
後ニ依附スルカユヘニ聖道浄土一轍テツ*ナルコトハマコトニモ累劫ノ
宿善ナリコトハヲマシヘ訓ヲウケタラム門弟等乃至後々将
来コノナカレヲクマムモノカノミナモトヲタツネテ

＊「小」マ、。

＊「轍」マ、。「轍」に声点あり。

」八オ

随喜スヘシ皇円入滅後範①源法印ニ随*テソノ
ノコルトコロヲツクカネテ家塵(カチン)*ヲウケテモトモ詩歌ニタクミ
ナリ善根純熟シテハヤクモテ発心シナカク穢土ノケ望ヲ
タチテタ、浄土ノ快楽ヲネカウ信②瑞同宿ノ昔ミツカラ
カタテ*ノタマヒシハ　隆寛発心ノハシメニハ三行ヲリノ
阿弥陀経ヲ手ニニキリテ毎日ニ四十八巻ヲヨミシカハ大僧正ノ
御房ニ　諡(シ)号*慈③鎮和尚　祇候ノ時モサル行人ナレハトテ御前ニシテモクタムノ
経ヲニキ*テヨムコトヲハユルサレタテマツリタリキ後ニ法然
上人ニ対面シタテマツリテ後世ノ事談シ申スニ　源空モハシメニハ
念仏ノ外ニ阿弥陀経ヲ毎日三巻読候キ一巻ハ唐(カラ)*一巻ハ呉(コ)(ツシマ)**
一巻ハ訓(クン)ナリシカルヲコノ経ニ詮スルトコロタ、念仏ヲ申セト
コソトカレテ候ヘハ今ハ一巻モヨミ候ハス一向念仏ヲ申シ候ナリ
ト　隆寛スナハチコ、ロヘテヤカテ阿弥陀経ヲサシヲキ

」八ウ

* 「二」の後に「随テ」のミセケチ。
* 「塵」に声点あり。
* 「テ」の後に「イハク」の抹消。
* 「諡号」に声点あり。
* 「キ」の後に「ル」の抹消。
* 「唐」の左横に「タウ」と傍書。
** 「呉」の左横に「クン」の抹消。

*「テ」虫損。谷大本により補う。
**「シテ」を抹消して右横に「セシニ」。

*「導」マ、。

*「ケ」補入。

テ*念仏三万五千返ヲ申シキ其後ツネニ参セ**シニハシメツカ
タハコ、ロヲキタル様ニテイトウチトケ給ハサリシカ往生ノ
シタキヨシ心中ニ存スル様委シク申シ、カハ上人オトロキテ
聖道門ニテケウアス僧正ノ御房ニ御祇候ノオムミノコレホトニ往生ノ
御志ノフカク候ケルコトノカタシケナサヨ　ト随喜シテ浄土ノ法門ノ
大意トテノタマヒシハ　大唐ノ善導ノ浄土宗ヲタテ給フ事ハ三①経
一論ヲ正依トシ曇②鸞導*綽ヲ祖師トスマサシクハ凡夫ノ為ニシ
カタハラニハ聖人ノ為ニシテ行ハタ、称名期スルトコロハ来迎ヒトヘニ
願力ヲタノミテ自身ヲカルコトナシ他宗ニ対シテ勝劣ヲ判セス
余教ニ敵シテ浅深ヲ論スルコトナシト云々　慇懃ノ教訓ヲ蒙ル
コト数十ケ*度ナリヤウヤクニス、ミテ数遍六万反ニナリニキ然
間元久元年三月十四日③コマツトノ、御堂ノウシロニシテ
上人フトコロヨリ選択集ヲ取出シテヒソカニサツケ

」九オ

給フコトハニイハク　コノ書ニノスル処ノ要文等ハ善導和尚ノ
浄土宗ヲタテタマヘル肝心ナリハヤク書写シテ披覧ヲフヘシ
モシ不審アラハタツネトヒ給ヘトタ、シ源空カ存生ノ間ハ披
露アルヘカラス死後ノ流行ハナムノコトカアラムト　コレヲ
モチカヘリテ隆寛ミツカラフテヲソムイソキ功ヲオエムカタメニ
三ツニヒキハケテ尊①性昇②蓮ニ助筆セサセテオナシキ二十六日ニ
書写シオハテ本ヲハ返上シテシツカニ披覧*スルニ不審アレハ
カナラス上人ノ許ヘ参シテヒラキ、然レハマサシク選択集ヲ
付属セラレタルモノハ隆寛ナリト云々　又天台*③釈ニハ　行ハ以テ進趣ヲ一
為スト義ト一　ノタマヘルコトノ仏道修行ノ第一用心ニオホヘシアヒタ毎日ノ
所作ニ六時礼讃念仏八万四千返ヲサタメテ懈怠ナクシテ久ク
ナリ候タリ八万四千返ハナニコトカ表スル八万四千ノ光明ノ数ニ
アテタルナリト云々　又浄土ノ法門ノ至極詮要トテ

」九ウ

＊「覧」の後に「ヲ」の抹消。

＊「台天」とし、「台」の上に転倒符。

＊「生」の後に区切点あり。
＊「故」の後に区切点あり。
＊「強」の後に区切点あり。

ノタマヒシハ　若①我成仏十方衆生称我名号下至十声
若不生者不取正覚彼仏今現在世成仏当知本誓重願
不虚衆生称念必得往生＊　信ヲス、ムル事ハコノ文ニ有リ
コノ釈道理極成ノウヘ文字又四十八マサシクカスニアタレリ
定メテフカキコ、ロアルヘシ依テカタ〳〵信ヲモヨオスモノナリト云々
一②心専念弥陀名号行往坐臥不問時節久近念々不捨者是
名正定之業順彼仏願故＊　行ヲス、ムルコトハコノ文ニアリト又　弥③
陀真色如金山相好光明照十方唯有念仏蒙光接当知本
願最為強＊　ツネニハコノ文ヲ誦シテ落涙ハナハタシ
④雅成(マサナリ)親王但州ノ謫(タク)所ヨリタツネオホセラレテイハク　一日七日之(ノ)行
一心不乱之様難存知候罪悪生死(ノ)凡夫(ノ)心一時猶易乱候歟彼
不乱(ハ)定(メテ)其義候歟可承候又現在(ノ)事(ナレバ)トテ他仏(ニモ)神(ニモ)

」一一〇オ

祈ヲモ勤ヲモスルハ雑行ナレハ*往生ノサハリニモ成ヌヘク候歟
又現在ノ事ハ別ノ事ニテ後生ノ勤トテハ念仏ハカリナレハ不可有苦候
ヤ覧毎事可被計仰候也恐々謹言

八月十日　在御判

律師御房

請文云

一日乃至*七日一心不乱事

心ヲ西方ニカケテ北方ノ仏ニモ南方浄土ニモ東方ノ宝刹ニモノソミヲ
カケ心ヲハクルコトナキソ一心ニシテ不乱トハ申候也コレスナハチ
浄土宗ニ論スル所ノ一心不乱ノ義ナリ煩悩具足ノ凡夫ナリ妄念日々
時々ニオコルイカテカ須臾モ刹那モ不乱ナルコトアルヘキヤ
然則他力本願ニカケテ他仏ノ余行ニ心ヲウツサヽルヲ不乱ト

」一〇ウ

*「ス」を抹消して右横に「ナ」。

*「乃至」補入。

*「名」虫損。谷大本により補う。

*「ル」の右横に「リ」と墨書。

*「モ」を抹消して右横に「ヲ」。

*名ク曇鸞法師イハク　一心ト者念シテ無碍如来ヲ願テ生トニ安楽ニ心々
相続シテ無他想間雑スルコト云々　聖道門ノ義ニテコソワカコ、ロヲキヨメ
コ、ロヲスマシテ乱想ヲト、メ妄念ヲヤメヌニハ修行不成セストハ
申シ候ヘコレスナハチ自力得道ノ教ノ談ナリ一心ノコトハヲナシケレトモ
宗ニシタカヒテソノ義ハ不同ニ候也

雑行事

往生極楽ノ業トテ念仏ノ外ニ種々ノ行ヲアヒマシヘ候ヲ雑行トモ雑業トモ
雑縁トモ申侯也現世ノ為トテ薬師ノ宝号ヲモ称シ①観音経ヲモヨミ又神
明ニ法施ヲモサ、ケムコトハ全ク雑行トハ不可申侯也モテノホカノ不
知案内ノ申シ様ナリ往生極楽ヲネカヒテ称名念仏ニ入ラム人ハ現世ノ
名聞モ利養モナムノ料ニイノ*ルモトムヘキソトイフ難コソ候ヘトモ
ソノ条ハ不得心ノ難ニテ候也其故ハ人ノ根性モ人ノ機根モ千差
万別ナルコトニテ候ヘハ現世ノ名利*ヲナカクステ、往生ヲネカヒ

」一一オ

*「ヒ」の後に「称名ヲ」の抹消。

*「リ」マ、。

称名ヲハケムハ上品ノ機根ナリ後世ヲモヲソレ往生ヲモネカヒ*ナカラ出家ヲモセス名利ヲモステスシテ念仏往生ノ勤ヲモタウルニシタカヒテイノリ経ヲモヨミ陀羅尼ヲモトナウル人モアルヘキナリ則中品ノ機根ナリサレトモヒトヘニ現世ノ事ニ染着シテ後世ノ苦艱ヲモカヘリミサル下品ノヒトニノソムレハナヲモテ殊勝ノ事ナリ多年ノ懇志ニコタヘテ臨終正念成就シナハ順次往生ハ必定ナリ*カユヘナリ

称名念仏用心事

弥陀ノ本願ヲタノミテフタコ、ロナク名号ヲトナフヘシコノ名号ハ一念ニ八十億劫ノツミヲ滅シテ則無上ノ功徳ヲ具足シ広大ノ利益ヲウルナリ一生造悪ノモノ五逆深重ノトモカラ臨終ノ十念ニヨリテカナラス極楽ニ往生スマシテフカク本願ヲ仰キヒトヘニ重願ヲタノミテ日々ニ功ヲツミ時々ニヲコタリナカラムヒトノ聖衆ノ迎ニアツカリテ観音ノ蓮台ニノホラムコトハチリハカリモ不可疑」煩悩ノアツカラムニツケテモ

」一一ウ

罪業ノカサナラムニツケテモ弥陀ノ願力ニテコレヲハラヒノソイテ
名号ノ功力ニテキエウセムスルソトオモヒテチリハカリモ疑フ心ナク
シテ称名ヲハケムカ弥陀ノ願力ニ*カナヒタル念仏ニテハ候也一念ヲモ
十念ヲモカロムル事アルヘカラス何況ヤトシ〳〵ヲオクリツキ〳〵ヲ
カサネテ称名ヲコタラサラムヒトノ来迎ノ雲ニモレ引接ノ蓮ニノホラヌ
コトハユメ〳〵アルマシキナリユメ〳〵念仏ハスレトモ経ヲモカヽスヨマス
堂塔ヲモ卒都婆ヲモタテスツクラ*サラムハヨハシトイウ事ハ
サラ〳〵アルヘカラ*サルナリ又肉食婬事ノ時ニハカナラス沐浴
スヘシ不浄*ノ身ニテミタリカハシク珠数ヲトリ本尊ニ不可向㆒但シ
病悩ヲモクテ床ニシツミタラムヒトハイカニモ〳〵シテ称名スヘシ
仏像ヲモオカムヘシコレハ別ノ事ナリサレハトテ身モツヨクコヽチモヨ
カラム時ハヨク〳〵ツヽシミキヨマルヘシ一念十念ノ往生ヲ疑ヒ一日
七日ノ称名ヲカロムルヒトハ弥陀釈迦ヲソムクノミナラス十方ノ
諸仏ヲソムクツミヲモクシテ永ク地獄ヲスミカトスヘシ

」一二オ

*「ニ」の後に「テ」の抹消。
*「ラ」の後に「サ」の抹消。
*「ラ」の後に「ス」の抹消。
*「ノ」の後に「ニモ」の抹消。

又念仏ノ日々ノ数反ハ上品ハ十万九万八万七万反中品ハ三万四万
五万六万反下品ハ一万已下ナリ詮ヲトリ要ヲヌキテホ、注進言上ス
此旨ヲモテ披露セシメ給ヘク候恐惶謹言

十一月二十三　　日*権律師隆寛請文

又暮年ニオヨヒテ世ノ人ノ異義ヲ破センカ為ニ一巻ノ書ヲシルシ給ヘリ
①得生西方ノ義ト名ク七篇ヲタテタリソノナカノ第一ノ往生
極楽ノ正行ノ篇ニイハク　夫極楽ハ本願所成ノ土ナリ弥陀ハ本
願所成ノ仏也カノクニ、生レムトオモハムモノカノ仏ヲミタテ
*タテマツラムトヲモハムモノハ本願ノ名号ヲ唱ヲモテ正行トシ本
願ノ密意ニ従ヲモテ正業トスルナリ　善導和尚本願ノ文ヲ
ヒキテ勧進シテノタマハク　若我成仏十方衆生称我名
号下至十声若不生者不取正覚彼仏今現在世成仏
当知本誓重願不虚衆生称念必得往生　已上

」一一ウ

＊「日」の位置マヽ。
＊「タテ」衍字カ。

コノコトハリニヨルカユヘニ①正助ノ二行ノ中ニハ称名ヲモテ正行トス
②専雑ノ二修ノナカニハ専称ヲモテ正業トス然則弥陀接取ノ
光明モ只称名ノ人ヲ照ス観音所持ノ蓮台モ只称名ノモノニサツク
釈迦如来ノ③我見是利ノ実語モ只称名ノ行ニアリ④諸仏ノ広長
舒舌ノ証誠モ只称名ノ徳ヲアラハス是ソノ決定往生ノ正行
正業ノ相ナリ問曰ク　称名ハヤスキニ、タ*リトイヘトモ説ノ如ク行スル
コトハ甚タカタシ一心専念弥陀名号トイヒ念々不捨是名正
定之業トイフシカルヲ我等散乱麁動ヤマサレハ一心専念モ
成シカタシ世務作業モヒマナケレハ念々不捨モイカテカアル
*アルヘキステニ善導ノス、メニソムケリムシロ弥陀ノ願ニ順センヤ
弥陀ノ願ニ順セスハ正定ノ業ニハアラサルヘシワツカニ三字ノナヲト
ナウルヲモテ決定往生ノオモヒ*ニ住セム事定メテ邪見ニテ
コソアラメコ、ヲモテ今世間ヲミルニ念仏ノ行者ハメニ

」一三オ

＊「レトモ」を抹消して右横に「リト」。

＊「アル」衍字カ。

＊「ヲ」にミセケチをして右横に「ニ」。

*「終」の後に「ノ」の抹消。

*「身」の右横に「カ」と傍書。

*「ケ」にミセケチをして右横に「ク」。

ミチミ、ニミチタレトモ臨終*正念ニ瑞相アリテ往生スルモノハ
百カナカニ一二ナリ千カナカニ五三ナリ現証モアリ道理モアリ此義ヲハ
イカ、会スヘキヤ　答曰ク　今一心トイフハ全①一色一香無非中道ノ
一心ニアラス又唯識法身ノ無相離念ノ一心ニアラス又五大五輪ノ
本理不生ノ一心ニアラスタ、コレ一向ニ極楽ヲネカヒ阿弥陀ヲ念スル
一心ナリ又コレ一向ニ自身*ヲステ、他力ニツク一心ナリマタコレ妄想ノ
ナカニ一向三字ヲ唱ル一心ナリ又是罪悪ノナカニ一向口称ヲハケム一心ナリ
又是我身ノ愚鈍ヲシリテ一向ニ弥陀ノ智願ヲ信スル一心ナリ又
是奸詐（カンサ）百端ヲカナシミテ臨終ノ大利ヲ期スル一心ナリ又是貪
瞋邪偽ヲオソレテ一向ニ滅罪増上縁ヲ期スル一心ナリ汝ハ自浄
其意妄念不起ノ一心ヲモテミタリカハシク他力真実乗
仏願力ノ一心ニヒタ、ク*ルナリ一心ノコトハ、オナシケレトモ一心ノ
義ハコトナリ例セハ大乗ニモ小乗ニモ通シテ空ヲノフルトモ

」一三ウ

ソノ空モ浅深重々ニカハリタルカコトシ故ニ一心トスルニアラスコヽヲモテ
名願ノチカラヲ念スルコヽロハ懶堕懈怠ノ*ヤマサルニツケ
テモイヨ〳〵フカク来迎ノ益ヲオモフコヽロハ煩悩妄念ノツキサルニ
ツケテモイヨ〳〵切ナリ是ヲ名ケテ一心専念トイフ又不捨トモナツク
ルナリ自力修行ノ道理ヲモテ他力難思ノ徳ヲ疑フ事智恵ニテ智
恵ニアラス道理ニテ道理ニアラス念仏ヲ行スル人ハシケクオホケレ
トモ往生スルモノヽハナハタスクナキコトハアニコノユヘニアラスヤ
カナシムヘシ〳〵導*綽ノ安楽集ニイハク　①モシ衆生アテ一生悪ヲ造レ
トモ命チ終ハル時ニノソムテ十念アヒツヽキテ我名字ヲ称セムニ
ムマレスハ正覚ヲトラシト　又云ク　②モシ悪ヲツクリツミヲツクルコトヲ
論セハ何ソアラキ風トキアメニコトナラムヤコヽヲモテ諸仏大悲
スヽメテ浄土ニ帰セシメタマフ設ヒ一形ノホトアクヲツクルトモ只
ヨク心ヲカケテ専精ニツネニヨク念仏スレハ一切ノモロ〳〵ノ

」一四オ

*「ノ」の後に四字分抹消。
*「導」マヽ。

サハリ自然ニキヘノソキテ定メテ往生スルコトヲウヘシ　已上　一生造悪ト
イフハ煩悩具足シタル凡夫ノ相ヲアラハスナリ若論起悪造罪
已下ノ十二字ハスナハチコノ義ヲノフルナリ十念相続トイフハ最後ノ
称名ノ益ヲアラハスナリ縦使ヒ一形已下ノ二十余ノ言ハ如此ノツミ深ク
トモ善知識ニアヒテ超世ノ弘願ヲ聞テ難思ノ利益ヲ信シテ妄念ノ
中ニモ称名ヲハケミ煩悩ノナカニモ本*誓ヲタノミテ他力ヲハスレス
称名ヲハスレサレハ必スモロ〳〵ノツミヲケテ必ス来迎ヲカフリテ
弥陀ノ浄土ニ往生スルコトヲアラハシタルナリ善導ハ導*綽ヲ
アヲキテ弥陀ノ願ヲ信ス浄土宗ヲタテタマヘルヒトナリ師ト弟子トノ
ス、メタマヘル旨一ツサマナリ正行正業タノムヘシ〳〵疑事ナカレ
ト　已上　明訓ヲウケテ無観称名ヲ行シテ往生ヲトケタルモノ
オホシ惣シテ浄土ノ法ヲアカシ念仏ノ義ヲノヘタル書大小数
巻粗世ニ行ス彼等ヲヒラカハソノコ、ロサシハミツヘシ抑

＊「本」の後に「願」のミセケチ。

＊「導」マ、。

」一四ウ

当世浄土ノ法ヲ談シ念仏ノ行ヲタツルモノ大半ハコレ律師ノ
遺(キ)*-流ナリ

第四空①阿弥陀仏

安貞二年 戊子 正月十五日入滅時ニ年七十四

上人ハイツレノトコロノヒト、イフコトヲツハヒラカニセス父母ヲ
イハス本宗ヲナノラス源空上人ニアヒタテマツリテ無観称
名ノ義ヲキ、テ後ハ礼讃モセス阿弥経モヨマス京師ニ周遊(シウユウ)*シテ
貴賤ノ衆ヲス、メ定メタル居処ナシヒトノ道場ヲスミカトス常ニハ
②如来尊号甚分明十方世界普流行但有称名皆得往生
観音勢至自来迎ノ文ヲ誦シテ于戯(アヽ)南無極楽世界トイヒテ
又トリカヘシテ観音勢至自来迎于戯南無極楽世界ト
ウメキテ悲喜交流ハナハタシフツニ人ノコトヲハスレテ

」一五オ

*「遺流」に声点あり。

*「周遊」に声点あり。

タ、称名*ヲコト、スマコトニコレ多念ノ純本専修ノ棟梁ナリ同時ニ
空阿弥陀仏トイウヒト二人イマスヒトリハ高野ノ明遍コレヲハ
有智ノ空阿弥陀仏トイウヒトリハコノ上人コレヲハ無智ノ空阿
弥陀仏トナツク徳行ハヤクアラハレテ名望（メイハウ）*世ニサカリナリ
高貴トイヘトモ智人トイヘトモムカウ時ハ必ス敬屈（レイクツ）*ヲイタシテ
イサ、カモ矯慢ノ色ナシ世ノ貴ヒ人ノ仰ク事先規モ不聞」後代モ
イカテカアラム但シ世ノ人ノオモヘルカ事ノ*コクナル無智ノ人ニハ
アラスソノ故ハ人ノ法門ニ付テコトノホカナルコトヲイフ時ハキ、カネテ
ヨキ様ナルサカシラシ又オモヒカケヌ甚深ノ法門ナトヲノ給ヒ
テハヒカコトイヒツトオモハレタル気色ニテアラヌサマニ申シ
ナサル、コトノミアリケリトイマ案スルニタ、ヒトニハアラス定メテ
知ヌ弥陀ノ二菩薩カハタ極楽ノ聖衆ノ化来シテ末学ノ異義ヲ
タ、ムカタメニ外カ闇ク内照テ無智ノ相ヲシメシ無観ノ称名ヲ

」一五ウ

*「ヲ」虫損。谷大本により補う。

*「名望」に声点あり。

*「敬屈」に声点あり。「レ」マ、。

*「コク」マ、。

行シ給ヒケルナルヘシモシカ、ラスハヨノヒトノ帰依ノナムソカクノ
コトクサカリナラムヤ例セハ①空也上人ノ一切経ヲ披覧シテ仏法ノ
深義ヲ通達シ給ヘリトイヘトモ父母ヲイハス居処ヲサタメス
無智ノ相ヲシメシテ只称名ヲ行セシカ*コトシ②信空上人ノタマ
ハク　空阿弥陀仏ヲハ世ニハ無智ノ人トオモヘレトモハレニヲイテハ
シカラス一定権者ノフルマヒトミルトコロアルユヘニフカク帰伏
スルナリト云々　コノコトヒトニアヒテノ給ヒシヲ信瑞マノアタリ
聞事度々ナリ　一念多念ノ座ヲハケテ彼此混合セス念仏ノ
時ノ終リコトニ　③此界一人念仏名西方ニ便有一蓮生但使一生常
不退此花還到此間迎娑婆ニ念仏ヲツトムレハ浄土ニ蓮スソ
生スナル一生常ニ退セネハコノハナカヘリテ迎ナリ一世ノ勤修ハ須臾ノ
ホト衆事ヲナケステネカウヘシ願ハ、必ス生*レナムユメ〱
ヲコタルコトナカレ光明遍照十方世界

」一六オ

*「カ」の後に「ハ」の抹消。

*「レ」補入。

念仏衆生接*取不捨　此等ノ文讃ヲイワヘ**誦スル事ソノ
式コノ上人ヨリオコレリ又風吟ヲ愛玩*（アイクハン）シテテツカラミツカラ
ツ、ミモテ念仏ノ道場コトニハ必スコレヲカクト云々　其ノコ、ロ*
イカムコレニ二義アリ一ニハ風吟ハ人力*（シンリヨク）ヲカラス只風気**（キ）ニ
マカセテ自然ニ音ヲ出ス其ノコヱ哀亮*（アイリヤウ）ニシテ人ノ心ヲ盪滌**（タウテキ）シテ
和易*（クハイ）専一ナラシムルユヘニ二ニハ極楽浄土ノ七重宝**樹ノ風ノヒ、キ
ヲコヒ八功徳池ノナミノオトヲヲモハムニモイサ、カノナカタチ
タルヘキカ故ニ両事カネソナヘタレハ一心愛玩カコレニツイテ愛
玩ノ先蹤*タツ**ヌレハ義浄①三蔵即ソノ人ナリカタチメニスキス
コエミ、ニサラス遂ニ頌ヲツクテ　渾*（コン）身似（ニテ）口一掛（ニカヽリテ）　虚空二（ニ）不同（ヲナシ）
東西南北（ノ）風一（ニ）一等　与（ニトモニ）他二談（ス）　般若滴*（チヤクチヤウトウレウ）　打等了滴
打等（ト）　已上　所観ノ旨頌ノコ、ロニミエタリ先師法蓮上人

＊「接」の後に「取」のミセケチ。
＊＊「へ」マ、。
＊「愛玩」に声点あり。
＊「ロ」の後に「イ」のミセケチ。
＊「人力」に声点あり。
＊＊「風気」に声点あり。
＊「哀亮」に声点あり。
＊＊「盪滌」に声点あり。
＊「和易」に声点あり。
＊＊「宝重」とし、「宝」の上に転倒符。
＊「蹤」に声点あり。
＊＊「ツ」の後に「ネ」のミセケチ。
＊「渾身」に声点あり。
＊「滴打等了」に声点あり。

」一六ウ

イハク　聞テ緑竹之美音ヒインヲ而不蕩*心ヲ見草木ノ之艶色ヲ

而不悦目ヲ者非ス出ト離器ノウツハモノニ云々　イサヽカ存スルトコロ

アリテ次ニコレヲ記ス

第五白河上人信空

安貞二年九月コヽヌカノヒ入滅時也年八十三

上人ハ左①大弁藤原ノユキタカノ朝臣ノ長男源空上人ノ

上足ナリ祖父中②納言ノアキトキノ卿息男ユキタカニ

アヒカタテイハク　我イマタ法師子ヲモタス第一ノ遺恨ナリ汝今度ト

マウケタラム子若男子ナラハ我カ子トシテ法師ニナシテ後世ヲ

トフラハシムト云々　ソノヽチホトナク行隆ノ室③左衛門ノカミ藤原ノ

通季ノ卿ノムスメ懐孕ヨウ*着帯ノ後ソノハヽカタク葷クム**腥セイヲ

タチ乳養ノアイタ乳母肉味ヲ食セス

」一七オ

*「蕩心」の右横に「ウコカサヽ」の書き損じあり、左横に「ウコカサヽ」と傍書。

*「孕着帯」に声点あり。

**「葷腥」に声点あり。

コレ則清浄ノヒシリニツクリタテムトイウ意巧ナリコヽニ
黒谷ノ叡①空上人ト顕時ノ卿ト師檀ノチキリ年シ久シヨテ鐘愛ノ
マコヲ叡空上人ノ許ヘツカハス状ニ云ク　面謁之時令申候シ小童
登山即剃髪着此法衣（墨染（スミ）ノ布袈裟衣調入車中ニ故云フ）不暦名利之学道速
授出離之要道云々　登山ノ翌*日（ヨクシツ）ニ出家トキニ十二歳ナリコノ事ホヽ
三塔ニキコエテ禅師ヒシリヲカマムトテ山僧雲集スル事数日
マテニヤマス学窓ニ入テツトメテトクヲキヲソクイネテ師ノサック
ルトコロヲハスルヽ事ナシ二②条ノ院御在位ノ時行隆祇候ノアルヒ
主上ノオホセニイハク　実ニ行隆ハタフトキヒシリコモチタルト*　ナト
サ候ト　又平大相国禅門ト行隆ノ朝臣ト不快（クハイ）ノコトアリテ向
顔セサル事十余年ノ後福原ニシテハシメテ対面ノ時禅門最
前ニ尋ネ申サレテイハク　弁ノ殿ノ御息ノヤマノ禅師殿ヲ
ヤムコトナキヒトニテヲハシマスヨシ諸人沙汰シアヒテ候ヘハ

」一七ウ

*「翌日」の左横に「ツキノヒ」と傍書。

*「ト」補入。

結縁ノタメニ見参コソシタク候ヘト云々　カクノコトクノコトヲキ、テ
チ、タリトイヘトモオコラス子ヲミルコト仏ノコトシムカウ時ハ衣冠ヲ
タ、シウシテ無礼ヲイタサス叡空入滅ノ後源空上人ヲ師トシテ
法ヲ学スシカレハ信空上人ハ源空上人ノ為ニハハシメニハ同法後ニハ弟
子ナリコノ故ニ源空上人ノ補[1]処トシテ本尊聖教三衣坊舎
コト〳〵クニモテ相伝シ給ヘリオホヨソ一朝ノ戒師万人ノ依怙ナリ
コ、ニ或人ノイハク　法蓮房*ハ戒ハカリコソ上人ニハ相伝セラレタレ
浄土ノ*法門ハシカラスト云々　コレヲキ、テノタマヒシハ　上人ハ
二十五信空ハ十二歳五十余年ノ同宿トシテ聖道所学ノ法文ミナ
モテ伝受セリイハムヤ浄土宗ハ書籍ハツカニ十巻カウチナリ
法文ノアサキコトテノウチノミツノコトシ信空ヲ浄土ノ法門不知」ト
イフハ不知子細ノモノナリ河ハ深キフチハナラス浅キセノナルカコトシ
ク*法門モ又然リヨククシリタルモノハタヤスク不言」々々ハ

」一八オ

*「上人ハ」にミセケチをして右横に「房ハ」。
*「ノ」の後に「門」のミセケチ。
*「ク」マヽ。

フチナリ不知モノハセノコトシト云々　雅成親王明禅①法印ノ
モトヘ不浄ノ時ノ称名ノ事イカヤウニカ用意スヘキト御尋
アリシニ明禅ワレトハ計不被申内々コノ上人ニ相伝（タツネ）シテ申サ
ル、御文ニイハク　不浄ノ時ノ称名事洗（アライ）衣浴身厳（ヲカサルハ）道場等ヲ
別時之儀ニ作常儀ノ口称三昧ハ唯繋念相続ヲ可為先ト候
不浄之勤行ハ不可有強（アナカチニ）*憚候歟之由存念シ候然而以短才無左
右計申之条冥顕之恐尚難免候之間相尋信空上人（法蓮房宗行卿舎兄）②（法然上人ノ上足弟子ナリ）
之処ニ御文如此不申被仰下之旨ヲ内々相触候仍
他事相交候ノ間切出シテ進入候彼上人内外博（ハク）*通シ智
行兼備ヘテ念仏宗ノ先達可謂傍*若（シャク）無（フ）人ト申状尤可為
亀鏡候歟
切出被進入状ニイハク　彼不浄不ル苦シ正文不覚候経唯除食
時ト候善導ハ猶不除食時除睡時ト候ヘハ不論行住坐

」一八ウ

＊「ア」虫損。谷大本により補う。
＊「博」に声点あり。「博」の左横に「ヒロク」と傍書。
＊「傍若無人」に声点あり。

*「秉燭」に声点あり。上欄外に「秉」の異本註記（声点あり、左横に「ヘイ」と傍書）。

*「狂」マヽ。

浄不浄ヲ㆒意計ハ分明ニ候歟
夫明禅ハ智徳高遠ニシテ道心純熟セリ自門他門若ハ貴キモアレ若シハ
賤キモイマタ一言ノソシリヲイタサス然ルヲコノ上人ニ帰シテ讃嘆ノ
コトハ右ノコトシ法蓮房ハ戒ハカリコソ相伝セラレタレ浄土法門ハ
イマタシカラスト云人此状ヲ見テイカヽ会釈セム上人遷化ノ
後四七日五七日ノ中間(ケン)ニ遺弟①善空法師臨時ニ仏事ヲ修シテ法花
経ヲ供養スル事アリキ導師ハ明禅ナリ秉(ヘイ)*-燭(ショク)以後来臨説法ノ
詞ニイハク　明禅ハカクノコトクノ仏前ニシテカネヲ打(ウ)タシトイウ誓状シテ
年久ク成候ヌ一昨日②六角ノ中将入道 通敦 金ヲモテ一寸ナル阿弥陀仏ヲ
モチタテマツリテアノ弊坊ニ来リテコトサラニ開眼シテト被
申-候シヲ時アシキヨシ再三申候シヲ理ヲ狂*テト返々被申候シ
カトモ仏前ニシテ啓白セシト金ヲ打テ候ヘハイカニモカナウマシキヨシ
申シ候シカハサラハ此ノ仏ヲ御前ニテ打チクタカムト被申-候シカハ

」一九オ

ソレハヲムコ、ロニテコソ候ハメサレハトテイカ、誓状ヲハ
ヤフルヘキト申シ候シカハ不及力シテ件ノ仏ヲハ打捨テ被候キ
サテ昨日送（ヲクリ）リ奉リ候ヌカヤウニカタク誓状ヲシテ候ヘトモ
コノ聖霊ノ御事ハ他ニコトニ候ソノユヘ*ハ浄土ノ法門ヲトヒ
奉リ往生ノ故実ヲ承リテ信ヲトリ候ニシ後ハ年来アフキ
タテマツリテ候シ間何事ニテ*候トモコノ聖霊ノ御事ヲハ
辞セシトオモフコ、ロサシ深ク候ユヘニ仏モユルシ給ヘトテ
万事ヲワスレテマヒリツルナリ　トテ説法クハシカラス大
略三段ハカリナリソノ座ニツラナリシ人〳〵コレヲ聞テ感
嘆セストイフ事ナシ信瑞幸ニ中陰ニハヘリテマノアタリ
コノコトヲ聞キ明禅ホトノ人ノカクハカリ信シ給タリシハ
タ、コトニハアラストオホヘテ随喜無極リキ往事ヲオ
モウコトニ今モマタシカリ又信瑞同宿ノ昔シ

」一九ウ

*「ハ」を抹消して右横に「ハ」。

*「テ」の後に「ニモ」の抹消。

決定往生ノ用心ヲ尋申シ、答ニノ給ヒシハ　本願ノコトクハ
念仏申サムモノハ一人モモルヘシトモミヘネトモ往生スル
モノ、スクナキハ故実ヲシラサルユエ*ナリ世間ノ一切ノ事ハ皆ナ
故実*相伝カイミシキコトナリ弓箭ヲ取ルモノモ重代ノ
武者ヲハアナトラヌ事ナリユ、シケニフルマヘトモ家ヲヲコ
シタル非重代ノ武者ヲハヒトコレヲユルサス乃至アヤシノ
加治(チ)番匠マテ相伝不絶」故実ヲシレルヲ最トス今案ノ義ハ
カナラスアヤマチアル事ナリ況ヤ無始曠劫ノ間ハナレカタキ生
死ヲハナレムオコナヒニオヒテヲヤ信空ハステニコレ　源空(エイ空)　相伝
シテ故実ヲウケタルミナリ　トテ甚深ノ故実トモサツケ給キ
シケ、レハコ、ニハノセス別紙①ニコレヲ記スコ、ヲモテ静遍
僧都ハ法蓮房コソ重代ノ聖リヨ我等ハ家ヲオコシタル
非重代*ノヒシリナリトコソ利口セラレシカ**

」一二〇オ

＊「ユエ」補入。
＊「実」の後に「ヲ」の抹消。
＊「代重」とし、「代」の上に転倒符。
＊＊「ケ」を抹消して左横に「シカ」。

念仏ノ義状ニノセテ流布スソノ詮要ヲイハ、下[1]野守藤原ノ朝臣カ
メ去シ貞応三年ノ夏ノ比コノコロ念仏ノ義ヲヤウ〳〵ニ申シ候ヲハ
イカ、オモヒサタメ候ヘキト尋申タル返事ニ云　念仏ノコトハ
ヤスキサマニテ様モナキコトニテ候也シラヌモノトモノソヘ
ナキコト、モヲ申候ヲハキ、イレサセ給フヘカラス候[2]阿弥陀
仏凡夫ノ昔シ国王ニテヲハシマシ、時世自在王仏ニアヒタテマツリ
テコ、ロヲ、コシ位ヲステ、ソウニナリテ名ヲ法蔵ヒクトイハレ
テヲハシマシ、トキ四十八願ヲオコシ給ヘルカアラハレテ阿弥
陀仏トナラセ給ヘル根本ノ願ヲハ第十八ノ念仏往生ノ願ト申ス
ソノ文ニイハク　設我得仏十方衆生至心信楽欲生我国
乃至十念若不生者不取正覚　トイヘリコノ文ノコ、ロアラハニ
ミエテ候仏ヲ得タラムニトハ仏ニ成タラム時十方衆生トハ極
楽ヨリ西ナラムモノモ東ナラムモノモコ、ロヲハツクシ信シ
*□カイ極楽ニ生セムトヲモヒテウルハシクハ多ク申ス

」二〇ウ

*虫損。

*申スヘケレトモセメテスクナカラム定十度ヒ南無阿弥陀仏
ト申セハ昔ノ本願ニ叶ヒマヒラスルカユヘニ極楽ヘマヒ*ル
事ニテ候ナリコノホカニハ又*サセル風情モナキ事ニテ候ナリ
タトヘハ人ノ許ヘマカラムスル物ハソノトコロノ家主ノ心ニ叶ヒタラムニ
スキタル事ハ候マシキ様ニ極楽エマイラム物ハ其ノ国ノ主ニテ
マシマス阿弥陀仏ノ御意ニ叶ヒマイラセムニスキタルツトメハ候
マシ*ケレハ阿弥陀仏ヲ申カマイルウルハシキツトメニテハ候ナリ
カ、ルコトハリノ候ユヘニ阿弥陀仏ヲ申セハ極楽浄土ヘマイル事ニテ
候ナリコノホカニ様アリテ観*法ナトヲシテ申ス事ニテハ候ハス
只口ハカリニテ申ス事ニテ候ナリサテコレヲハ無観称名ト
申シ候ナリ観法スルヲハ①善導和尚別ニタテハケテ観仏三昧ト
イヒ観法セスシテ只口*ハカリニミナヲトナフルヲハ別門ニタテ、
念仏三昧ト説ケリ観仏三昧念仏三昧トテ別段ノ事ニテ
候ナリ名モカハリコ、ロモカハレリシラヌモノコレヲ」二一オ

＊「申」虫損。谷大本により補う。「申ス」衍字カ。
＊「ル」の後に抹消。
＊「ラニ」を抹消して右横に「セル」。
＊「キ」を抹消して右横に「ケレ」。
＊「経」にミセケチをして右横に「法」。
＊「ニ」を「ハ」に訂正。

シトケナクトリタカウヘカラス先師法然上人ノアサユフ
ヒトニヲシヘラレシコトナリ念仏ニハ全ク様ナシタヽ申セハ
極楽ヘ詣ル事トシリテコヽロヲ至シテ只申セハマイルコトナリ
モノヲシラヌウヘニ道心モ無クイタツラニソヘナキ物ノイフ事ナリ
サイハム口ニテ阿弥陀仏ヲ一念モ十念*ニテモ申セカシト候シ事ナリ
又修理亮①惟宗ノ忠義カ去シ嘉*禄二年ノ秋ノ比不審②十四箇
条ヲシルシテ尋申タル内第一ノ段ニ三心ヲハイカヽコヽロヘワクヘキト
イヘル問ヲ答テ云ク　観無量寿経ニイハク　若有衆生③願生彼
国者発三種心即便往生何等為三一者至誠心二者深心
三者廻向発願心具三心者必生彼国　已上　善導④和尚同経疏ニ
云ク　皆須真実心故々名至誠心二者深心者即是深信之心也
三者廻向発願心者以此自他所修善根ヲ信心廻向願生彼
国故名廻向発願心ナリ　私ニ云ク　文*ヒロキニヨリテコト〳〵クニ
□*ヲノセス要句ハカリヲトテコレヲノス三心ハ唯ノ

」一二ウ

＊「モ」を抹消して左横に「ニテ」。
＊「嘉」の後に「応」のミセケチ。
＊「文」の後に「言」のミセケチ。
＊虫損。

経並ニ疏文ノ如クハサラニ別ノ義ナシアラハニミユルマヽナリ経ニ至
誠心ト説キ疏ニ真実心ト釈セラレヌレハ往生ノ事ヲナヲサリナラ
スホネニキリ身ニソメテマコトシクオモフコヽロナリ二ハ深心ト
イフハ深キ信心ト釈セラレタリ信ニ付テ二ツノコトアリ一ニハ我身ハ是レ
罪悪生死ノ凡夫ナリ六道ニメクリテ苦ヲウケム事ソノ期イツト
カキラス未来無窮ノ生死流転無極シト信ス*是レハ有ルマヽノ
事ナレハ信スルニモオヨハスヤスシ二ニハカヽルミナレトモ弥陀ノ願力ニ
乗シヌレハ生死ヲハナレ浄土ニ往生スト信スルナリコノ信ヲカタシトス
コレモ学生ノ我カナラヒタル法ノ相ニタカヒタルカ故ニシハシトヽコホル
コトコソアレモノシラヌヒトノタヽチニコノヲシヘニアイタラム
ハ信シヤスキコトナリハカミノワロキニハヨラス仏ノ願力ノツヨキニ
ヒカレテ浄土ヘマヒラム*ト一念モ疑フ心ナクオモフヘキナリ
三ニ廻向発願心トイハ我過去現在ノ所修ノ善根及ヒ他人

」一二一オ

＊「シテ」を抹消して左横に「ス」。

＊「ス」にミセケチをして右横に「ム」。

功徳ヲ随喜シタル善根マテヲ極楽ニ廻向シテ浄土ニ往生セムト
願スルヲ廻向発願心トナツク三心如此全ク風情モナキ
コトナリ此ヲトコロセク様々ニ申ナサムハソ、ロ事ナリ経ニモ
ナクソノイハレモナカラムコト、モハイタツラコトナリコ、ロアラ
ム人タレカ耳ニキ、イルヘキ　善導和尚釈シテノ給マハク　若[1]少
一心即不得生云々　往生ノ業ニハ四修三心トテツカイタルニワロキ
行者ノ中ニハ四修ハカケタレトモナヲ往生ス三心ヲハ三ツナカラ
必ス具スヘキナリ然ヲ唐朝ニ及ヒ日本ノ往生伝等ノ中ニサル事
有ト名字ヲタニモシラヌ一文不通ノ物ノトモ皆悉クニ往生セリ
コレヲ案スルニソノイハレアリ往生スルホトノモノニナリヌレハ
サルコト有トシラネトモ三心ヲ必スソラニ具スルナリヒトタメ
ナラス我身マコトシク往生セムトオモフコ、ロハ至誠心ナリ
念仏ヲハ往生スヘシト信スルコ、ロハ則深心ナリコノツトメヲ

」一二ウ

モテ極楽ヘマヒラムトネカフハヤカテ廻向発願心ナリ
此ノホカニ別ニ三心ナシコノ心ステニ具セリ往生疑ヒナシ教
文サラニタカハサルモノナリ
同キ第四段ニ在家ハ往生シカタク候カソノユヘハ当時ノ形ニヨリ
テアルイハ殺*生アルイハ婬事アルイハ酒肉等五辛（シン）
或ハ名聞如此ノ事不審ニ候トイフ問ヲ答テイハク　出家ノ人ハ
仏道ヲ行スルニコトニフレテタヨリアリ在家ノ人ハ事ニ
ヲイテサハリオホケレトモ菩薩ニ二種アリイハユル出家ノ菩薩
在家ノ菩薩也トモニ菩薩ト名ケ同シク仏道ヲ成ル又仏ニ*四部ノ弟子
アリイハユル比丘比丘尼優婆塞 男 優婆夷 女 也イツレモ仏ニツカヘ
テ生死ヲハナル皆仏弟子トナツクナヲシ大事ナル煩悩ヲ
断シ菩提ニイタル況ヤ往生ニオイテヲヤ但シコノコロノ僧
俗トモニ戒行無ハ実ノ弟子ニハアラス

」一三オ

*「殺」の後に「害」のミセケチ。

*「ノ」を「ニ」に訂正。

仮名ノ弟子ナレトモ往生ハ余行ニハニスヤスキ事ナリ弥陀
念仏ハ行住坐臥ヲイハス浄不浄ヲ論セサルコトナレハイカナル
時イカニ*ツミフカキミナレトモ只本願ヲタノミテ仏名ヲトナウ
レハ往生ヲトク*コノコトヲフカク信シテ実ヲイタスコ、ロサシ
アラムヒトハ往生ナムノ疑カアラム必スタ、出家ノ人ノミニカ
キラス経ニハ若善男子善女人トコソ説レタレ出家在家共ニ
往生ストミエタリヨニアリテオホヤケハタクシニイトマナケ
レトモ本願ヲタノミテ浄土ヲネカヒ身ハイソカシケレトモ
心ニカケテイトマノヒマ〳〵ニモ念仏スレハ必ス往生ヲ
トクルナリ唐朝ナラヒニ日本ノ往生伝（テン）*ニノセタル人トモノ
中ニ在家ノ人ソノカスアリ証拠顕然ナルモノナリ其故ハ
悪ハ善ヲ滅セス善ハ悪ヲ滅スヨキモノニハハロキモノハ
シマクルコトナレハ善悪フタツナラヒヌレハ善ノカタニ

」一三ウ

＊「ナル」を抹消して右横に「ニ」。
＊「ク」の後に「ル」の抹消。
＊「伝（テン）ニ」補入。

ヒカレテ往生ヲトク阿弥陀仏不思議ノ威力マシハスイカナル
威力ソトイウニ*一**度南無阿弥陀仏ト唱ルニ今生ニオホク
」二四オ
ツクレル罪ノノコリナク滅スルタニモ不思議ナルヘキトコロニ
スキタルカタ八十億劫ノアヒタツクリツ*モレル無量ノ過去前
生ノツミノ滅(メツセン)ニスキタル不思議ヤハアルカ、ル事ナレハ在家ノ
サハリヲ、キミナカラ*モ往生セムハナムノ疑カアラムオホヨソ
聖教ノ中ニ悪人ノ生死ヲハナレ道果ヲ証スル事ソノ例
オホシ　①天台止観第二ニイハク　和須密多婬(ハニシテ)而梵行(ナリ)
提婆達多(ハ)邪見(シテ)即正(ナリ)　若諸悪(ノ)中(ニ)一向是悪(ニシテ)不(ラマシカハ)
得修道(ヲ)者如此諸人永作(クナ、マシト)*凡夫(ト)　文　私ニイハク　悪ノナカニモ
善アリ悪人仏道ヲオコナハスハツミツクルヨロツノヒト、*モハ
ミナイツトナク凡夫ニテハテ、仏ニナル事ハアルヘカラ*

*「二」の後に一字抹消。
**「一」補入。
*「ツ」補入。
*「レト」にミセケチをして右横に「カラ」。
*「ナ、マシト」マ、。
*「、」補入。
*「ラ」の後に「ス」の抹消。

ネトモ悪ノナカニモ善ヲ修スレハ必ス菩提ニイタルイカニイハムヤ
往生ハミタノ願カアレハソノ力ラコハシ又タ、念仏ハカリツトムル
モ身ニタヘテヤスキコトノ必スカナフミチナリヨロツノ事ニハ
ミナ故障アリ往生ニハモトムレトモ故障ハ一モイタサレス
ツミノ深ケレハトテモイフヘカラス五逆ヲツクルモノナ*オ往生ス
況ヤ十悪ヲハツクレトモコレヨリヲモキ五逆ヲハツクラサルミ*ヲヤ
念仏ノ功ヲツマストモイフヘカラス十念トテハツカニ十返申
シテタニモ往生スイハムヤ申サストイフトモ一生涯（カイ）ノ念仏
ヲヤツミヲノミツクレルモノ臨終ノ時善知識ニス、メラレテ
ハシメテコ、ロヲオコシテ申サム念仏ハ①イクサミテヤハク
ト嗚呼ノコトニテアルヘケレトモソノ時ハツカノ十返モ念仏ハ
ナヲタチトコロニシルシアルコトナリ　善導和尚ノコトク
念仏三昧発得シタマヘル法照禅師ノ五会*讃ニ

」一二四ウ

*「ナ」補入。
*「ミ」補入。
*「会」の後に「法事」の抹消。

イハク　不①簡下智与高才不簡破戒罪根深但使廻心多
念仏能令瓦礫反成金　文　私ニ云ク　智恵ナキヲモキラハスツミ
フカキヲモキラハス只念仏ハカリタニモスレハイカナル身ナレトモ
瓦ヲ反シテ金トナサムカコトク凡夫ノ肉身ヲステ*、法性身ノ菩提ト
ナスト釈シタマヘルナリ　同キ第十ノ段ニアルイハ観仏三昧トイヒ或ハ念
仏三昧トイウ*イツレノ説ニカツキ候ヘキトイヘル問ヲ答テ
イハク　観仏三昧トイハ名ヲトナヘス縄床ノ上ニ端坐シテ心ヲ一境ニ
閑ニシテ弥陀ノ相好ヲ観スルナリ念仏三昧トイハ一相ヲモ不観セス
只名号ハカリヲ余念ナク一心ニトナフルナリ是ヲ無観ノ称名ト
イフオホヨソ浄土宗ノオシヘ専修念仏ノ至極善導和尚ノ
マサシキコ、ロハコレヒトヘニ称名念仏ナリ専修ノ中ニモ
礼頌観察等ノ余行ヲハミナ助行トナツクカタハラ

」一二五オ

*「テ」の右横に「転」と傍書。

*「ハ名」を抹消して右横に「ウ」。

コトナリ名号ヲ唱フルヲ正行トス観法ハコノコロノヒトハ
トカシナクモノウカリテ全クセサルコトナリ念仏ハ口ニ唱ル
事ニテヤスクテ又決定往生スルタヨリヲ*エタレハ観仏
三昧ノ義アルヘカラス一向ニ称名念仏ヲツトムヘキナリト　已上
コノ師今ハ深位ノ大士ナリ義ニオヒテ信行ノ*人有ハ引接何ソ疑ハム
明義進行集巻第二

」一二五ウ

*「ヲ」補入。「ヲ」の後に「ナリ」の抹消。
*「ス」を抹消して右横に「ノ」。

明義進行集巻第三

第六①出雲路ノ上人②覚愉

天福元年 癸巳 正月三十日入滅時年七十六

上人ハ俗姓ハ③平ノ氏右馬助貞房カマコイチ、④文章ノ生

康房（伊勢国住人 庄（シャウ）田ノ進士ト号）⑤薗城寺住シテ天台ノ義淵ヲ⑥良（リヤウ）慶法眼ニウカ、ヒ

真言定水ヲ⑦慶範法印ニクム四十有余ニシテハヤク本寺ヲイテ、ツヒニ

桑門ニ入ルソノ処ハ光明山ナリ三四廻ノ後花*洛ニカヘリテイツモチニ

草庵ヲ経*始シスコ、ニ住シテソノ後一切経論ヲ披覧シモロ〳〵ノ章疏ヲ

*渉（セウ）猟（レウ）ス才学優**瞻（イウセム）シテ遠近タツネテ師トスシカレトモ出離ノ

行業何事トイウコトヲ不知処ニ門弟ニカタリテ曰ク　ワレ

モトハ四王天ニ生レテ毘沙門ノ眷属トナリテ*後仏ノ出世ヲ

」一二六オ

＊「花」の後に「落ニ」のミセケチ。

＊「経始」に声点あり。

＊「渉猟」に声点あり。

＊＊「優瞻」に声点あり。

＊「ト」を「テ」に訂正。

マタムトイウ願アリキソノ義ステニアラタメテ今ハ念仏ヲ
申シテ極楽ニ往生セムトオモフナリト　発心ノ様所存ノ趣キ
彼ノ隠遁国ノ記ニミエタリサテノチサマニハ浄土ノ法門ナムト
ミタテ、随分ニ弘通アリキ人来テ往生ノ至極要ヲ問時キハ必
答曰ク　善[1]導ニヨラハ願行具足シテムマルヘシト云々願トイハ厭欣ノ心
願行トイハ称名ナリトオヨソハ聖道門ノトキ本寺ヨリ両三度源
空上人ノモトヘ参シテ律ノ法門ノ不審ノ事トモタツネラレケルツイ
テニ称名念仏ノ詮要ノ事モ沙汰アリケルニヨリテ無観称名ニ
オヒテハ上人ノ義ニタカハス　若[2]我成仏十方衆生称我名号
下至十声若不生者不取正覚彼仏今現在世成仏
当知本誓重願不虚衆生称念必得往生　ツネニハ此ノ

」一二六ウ

文ヲ誦シテ願ヲエタル事ハコノ文ニアリ念仏ニハ又風情ナシト云々
暮年ニ中風シテ大漸(セム)ニノソミテ弟子等ニイハク　身口ノ二業ハ
合期セネトモ意業*ト耳根トハ昔ニタカハスミ、ニ念仏ヲ申シ入ヨ
タメニ念仏セヨトコソス、メラレタレト云々　浄土宗ニ付テ著*述(チヨシユツ)ノ
書トモアリ人握(アク)*齱(クハム)シテサカリニヨニ行ス

第七安居院法印聖(セイ)覚①

天暦②二年（乙未）　三月ノ五日入滅トキニ年六十九

法印ト者澄憲法印ノ真③ノ弟子叡山東塔ノ北谷ノ八部ノ尾ノ竹林
房ノ住侶ナリ静④厳法印ニシタカヒテ円宗ヲ稟承シカネテ先
師法印ニモナラヘリスヘテ一山ノ明(メイ)*匠四海ノ導師ナリ又

」一二七オ

*抹消の左横に「ト」。
*「著述」に声点あり。
*「握齱」に声点あり。
*ルビの「メ」は「ナ」を「メ」に訂正。「明匠」の左横に「メイシヤウ」と傍書。

源空上人ニ円頓ノ妙戒ヲウケ浄土ノ法門ヲツタフ上人ツネニ
ノタマヒケルハ　吾カ後ニ念仏往生ノ義スクニイハムスル人ハ聖覚ト
隆寛トナリト云々　元久二年八月ノ比シラカハノ二階坊ニシテ上人
*瘧病(キャヘイ)ヲシイタシテコマツトノヘカヘリ給ヌ門弟等オノ〱アヒカ
タテイハク　イ*サ念仏ヲ申シテオトシタテマツラムトイフヒトモアリ
上人ノ御房ヘカヽルホトノモノ*ニハワレラカチカラカナハシ若シ又結
縁ノ為ニマイレルカトイフ人モアリ　①九条ノ禅定殿下此事ヲキコシ
メシサハキテノタマハク　吾レ案シタリ善導ヲ*面絵シタテマツリ
テ上人ノマヘニシテ供養シタテマツラムト　スナハチ②託麻ノ法印
証賀ウケタマハリテコレラカキ進ス③後京極殿ソノ銘ヲアソ
ハス聖覚御導師ニ参勤スヘキヨシオホセラルオホセニヨ
*リテ翌(ヨク)日払(シツフツ)暁(ケウ)ニコマツトノニ参入シテマウシタマウ

」二七ウ

*「瘧病」に声点あり。
*「サ」に声点あり。
*「ニ」補入。
*「面」に声点あり。
*「リ」虫損。谷大本により補う。

聖覚モオナシク瘧病ノ事候カシカモケフハヲコリヒニテ候也
何時ハカリヲコラセヲハシマシ候ヤラムト　上人コタヘテイハク
申時ハカリニヲコリ候ナリト　聖覚ハマタイクヲコリ候ナリト
サルホトニ九条殿ヨリ善導ナラヒニ布施等ヲクリツカハシ
タリイソケ〳〵トテ香花灯明ト、ノヘテミノハシメニ登礼①
盤サルノヲハリニ下座六(ム)ヲコリトイフヒニアタリテサハヤカニ
ヲチ給ヌ自嘆シテイハク　先師②法印カ降(カウ)-雨(ウ)*聖覚カケウノコト
第一ノ高名ナリト云々　見聞ノ道俗随喜セストイフコトナシ上人
イハク　ケフノ御説法コソ真実ニ貴ク候ツレ一心ニ聴聞シ候ヒ
ツルニヨリテオチ候ヌト云々　ソノ説法ノ大旨ハ　善導和尚諸宗ノ
教相ニヨラスシテ浄土宗ヲ興シ一向専修ノ行ヲ立テ無観
称名ノ義ヲヒロメ給事末代悪世機根ニ相応シテ

」二八オ

*「降雨」に声点あり。

順次ニ生死ヲハナルヘキヲモフキノ至大師釈尊モトキ〳〵
病悩ヲウケテ療治ヲモチヰタマヒキ況ヤ凡夫血肉ノ身
何テカソノ義ナカラムヤ然ヲ此ノ道理ヲシラサル浅智愚鈍ノ
モノ定テ疑心ヲイタカムカ上人ノ化道若仏意ニ叶テ順次ニ往生ヲ
トケ給フヘクハ衆生利益ノ諸仏菩薩仏法守護ノ諸天善神且ハ
所化ノ疑心ヲタヽムカタメ且ハ仏法ノ威験ヲアラハサムカタメワカ
本師上人ノ病悩ヲヤメ給ヘト云々
トキニ善導ノ真影ノ御前ニ異香薫スト云々
タツネテイハク　仏ノ病悩ヲウケテ療治ヲモチヰ給フトイフ事
ソノ証ナニ、カイテタルヤ　答曰ク　大論[①]ノ第九ニ仏九罪ヲウケ給
難ヲ会シテ曰ク　仏ニ有二二種ノ身一一者法性身二者父母生身
此法身ハ満十方虚空無量無遍色像端正相好荘厳
無量光明無量音声聴法衆亦満虚空常出

」一二八ウ

種々名号種々生処種々方便度衆生常度一切須臾
息時是法性身仏能度十方衆生受罪報者是生身
仏々々々次第説法如人法以有二種仏故受諸罪無咎乃至
如毘摩羅詰経中説一仏在毘耶*離国是時仏語阿難我身
中熱病風気発当用牛乳一汝持我鉢乞牛乳来阿難
持仏鉢晨朝ニ入テ毘耶離ニ一至リテ一居士門下ニ一立乞時キニ毘摩羅詰
在是中行見下阿難持仏ノ鉢ヲ二而立上問ヲ阿難汝*何以晨朝持鉢ヲ一
立此阿難答曰ク仏身小疾当*ニ用牛乳ヲ一故我到此ニ一毘摩羅詰
言止々阿難勿謗如来一仏為世尊已過一切諸不善法当有何病
勿使*シテ外道ヲ一聞此ノ麁語ヲ一彼当軽便言仏自疾不能救安能
救人阿難言此非我意面受仏勅当須牛乳毘摩羅詰言
*此雖仏勅是為方便以今五悪之世故以是像度脱一切

」二九オ

*「耶」の右横に「邪歟」と傍書。
*「何」補入。
*「当」の左横に「ヘキ」と傍書。
*「使」の左横に「ムルコト」と傍書。
*「此」の後に「難」のミセケチ。

*「自」の後に「病」のミセケチ。

若未来世有諸比丘当従白衣求諸湯薬白衣言汝自*
病不能救安能救余人比丘我等大師猶有病況我等身
如草芥能不病耶以是事故諸白衣等以諸湯薬供
給比丘使得安穏坐禅行道　文　シカノミナラス興①起経ニハ仏ニ
頭痛背病等ノ悩ヤミ座ス事ヲ説ケリ仏既ニシカリ弟子又憂ヲ
マヌカレスナニヲモテカシルコトヲウルトナレハ大②論二十三ニ苦相ヲ
明シテ曰ク　諸法雖無常愛着生苦ヲ」無所着無苦問曰有聖人
雖所着亦皆有苦如舎利弗風熱病苦畢陵伽婆嗟眼痛
苦羅婆那跋提痔病苦」云何言無苦答曰有」二種苦一者
身苦」二者、心苦是諸聖人以智恵力故無復憂愁嫉妬瞋恚
等、心苦」已受先世業因縁四大造身有病飢渇寒熱等ノ身
苦」　文　又霊魔等ノアルイハ結縁ノタメアルイハ聞法ノ

」二九ウ

＊「託」の左横に「タク」と傍書。

タメ久修練行智徳高名ノ人ニ託(タク)＊スル事コレオホシ其ノ」三〇オ
中ニ一ノ証拠ヲイハ、三井①ノ大阿闍梨所労トキ、給テトフラヒニ
恵心僧都ハタリ給タリケレハ阿闍梨フシナカラノタマハク
病患術無クシテ行法モステニ退転シ候ヌカクテ死ニ候ナハ一定
地獄ヘヲチ候ナムストカナシクコソ候ヘト　恵心イハク　サレハ地
獄トイフトコロノ候カト　阿闍梨サテサハ候ソカシト　恵心ハ無ノ義ヲ
タテ阿闍梨ハ地獄有ノ義ヲタテ、ハテニハ病床ニオキ居テ高声ニ
難詰(キチ)会釈ノアヒタヤウヤク両三時ニ及ニ天井(テンシャウ)ニ声アリテ云ク
アナ貴ト今ハマカリ候ナムカ、ル貴キ事ヤ承リ候トテマイリ
テ候シホトニサセルコトモ候ハテイマ、テ候ヒツルコソオソレ
存シ候ヘト云々　則チ阿闍梨ノ心地サハヤカニナリ給ヌ人コレヲア
ヤシミ申シケレハ恵心イハク　推スルニ昔智行アリテ

貴カリケルタレソヤノ人ノ魔道ニヲチタルカ法門*ヲキ、テ
妄執ヲトラカサムカ為ニ覚徳ノモト、テ尋ネイリテウカ、ウ
トコロニイマノ義ヲ聞テ随喜シテサルナルヘシト云々　カレヲモテ
コレヲオモフニソノ義タカフヘカラス聞ム人ウタカ*ハサレ
雅成親王念仏ノアヒタノ用心ナラヒニ日々ノ所作ニ不浄ヲ
ハ、カルヘシヤイナヤノコトイカヤウニカ存スヘキトオホセ
ラレタル請文ニイハク　御念仏之間ノ御用心者ハ一切
功徳善根之中ニ念仏最上ニ候十悪五逆ノ罪障トヘトモ云
全ク不為ナサ其障ヲ一一称一念ノ力決定シテ可令往生之由真実
*堅固ニ信受之可候也聊モ猶預之義努力〱不可候一**
或憚リ身ノ懈怠ヲ一不浄ヲ一或ハ恐心散乱妄念ヲ一於往生
極楽ニ成ナスハ不定之想ヲ一極タル僻事ニ候可背仏意

*「カ」を抹消して右横に「ヲ」。

*「ワ」を「ハ」に訂正。

*「堅」に声点あり。
**「一」マヽ。

」三〇ウ

候也恐惶謹言

十二月十九日法印聖覚御文

」三一オ

追言上

御念仏ノ事日々ノ御所作更ニ不可被憚不浄ヲ候念仏ノ本
意ハ只常念ヲ為要ト候不簡行住坐臥時処諸縁ヲ候也
但毎月一日歟殊御精進潔*斎ニテ**御念ノ事可候也其ノ外ノ
日々ノ御所作ハ只御手水計ニテ可候也以此旨ヲ可令披露給

重恐惶謹言

又製*作ノ唯信抄(セウ)①ニイハク　②往生極楽ノ別因ヲマウケムトスルニ
一切ノ行ミナタヤスカラス孝養父母ヲトラムトスレハ不孝ノ者ハ
生ルヘカラス読誦大乗ヲトラムトスレハ文句ヲシラサル物ハ
ノソミカタシ布施持戒ヲ因トサタメムトスレハ

* 「潔」に声点あり。
** 「テ」の後に句切点あり。

* 「製作」に声点あり。

慳貪破戒ノトモカラハモレナムトス忍辱精進ヲ業ト
セムトスレハ瞋恚懈怠ノタクヒハステラレヌヘシ余ノ一切ノ
行又如此コレニヨリテ一切善悪ノ凡夫ヒトシク生レ共
願ハシメムカタメニ只阿弥陀ノ三字ノ名号ヲ唱ヘムヲ往生極
楽ノ別因トセムト五劫ノ間深クコノコトヲ思惟シオハリテ
第十七ニ諸仏ニ我ガ名ヲ称揚セラレムトイフ願ヲ発シ給
ヘリコノ願フカクコレヲコ、ロフヘシ名号ヲモテアハネク
衆生ヲ導引（ミチヒカム）*　セムトヲホシメスユヘニカツ〳〵名号ヲホメラ
レム*トチカヒ給ヘルナリシカラス仏ノ御心ニ名**誉（ヨ）ヲネカフ
ヘカラス諸仏ニホメラレテナムノ要カアラム　如来尊号
甚分明十方世界布流行但有称名皆得往観音
勢至自来迎ト　コノコ、ロカサテ次ニ第十八ニ念仏往生ノ

」三一ウ

＊「引導」とし、「引」の上に転倒符。
＊「テ」を抹消して右横に「ムト」。
＊＊「名」の後に「号」のミセケチ。

＊「槃特」に声点あり。

願ヲ発シテ念仏ノモノヲ導引カムトノタマヘリマコトニツラ〱
コレヲオモフニコノ願甚弘深ナリ名号ハハツカニ三字ナレハ
＊槃特（ハントク）カトモカラナリトモタモチヤスクコレヲ唱ニ行住坐
臥ヲエラハス時処諸縁ヲキラハス在家出家若男若女
老少善悪人ヲモハカスナニ人カコレニモレム　彼仏因中
立弘誓聞名念我惣来迎不簡貧窮将富貴不簡
下智与高才不簡多聞持浄戒不簡破戒罪根深但
使廻心多念仏能令瓦礫変成金　コノコ、ロカ是ヲ念仏往
生トス　次①ニ本願ノ文ニイハク　乃至十念若不生者不取正覚　ト今
コノ十念トイフニツキテヒト疑ヲナシテイハク　法花一念随
喜トイウハ非権非実ノ理ニ達スルナリ今十念トイヘルモナニ
ユヘカ十返ノ名号ナリト心エムト　コノ疑ヲ釈セハ観無量寿（シュ）経

」三一オ

下品下生ノ人ノ相ヲトクニ曰ク　五逆十悪ヲツクリ諸不善ヲ
具セル者臨終ノ時ニ至テ善知識ノス、メニヨリテワツカニ十
返ノ名号ヲ唱テ*即浄土ニ生ス　トイヘリコレサラニシツカニ観シ
深ク念スルニアラスタ、口ニマカセテ名号ヲ称スルナリ　汝若不
能念者　トイヘリコレ深クヲモハサル旨ヲアラハスナリ　応称
無量寿仏　ト説ケリタ、アサ*ク仏ノ名ヲ唱ヘシトス、ムルナリ　具足①
十念称南無々*量寿仏称名故於念々中除八十億劫生死
之罪　トイヘリ十念トイヘルハ只称名ノ十返ナリ本願ノ文コレニ
ナスラヘテ可知云々　善導和尚ハ深コノ旨ヲサトリテ本願ノ文ヲノヘ
給[タマ]フニハ　若我成仏十方衆生称我名号下至十声若不生者
不取正覚　ト云ヘリ十声ト云ヘルハ*口称ノ義ヲアラハサムトナリ
詮ヲヌキテコレヲノス残ル所ハ自ラヒラケ

」三二ウ

*「フル」を抹消して左横に「テ」。

*「サ」補入。

*「々」補入。

*「ハ」の後に「口」の抹消。

第八毘沙門堂法印①明禅

仁治三年ミツノヘトラ五月二日入滅時ニ年七十七

法印ハ参議藤②原ノ成頼卿ノ子叡山東塔ノニシタニノ林泉坊ノ住侶ナリ顕宗ノ師ハ智③海法印密宗ノ師仙雲④法印ナリヨオモヘラク仏家瑚璉釈門ノ領袖ナリトオモヘリハヤク菩提ヲモトメテツイニモテ籠居信空上人ニ服膺シテ浄土ノ法門ヲ談（最初ニ撰択集ヲ披テ問答決疑ス）　其義ミナ信順シテ帰伏尤モ甚シ（帰伏ノ旨サキニノスルトコロノ但州⑤ノ御文ニ見タリ）永ク本宗ノ執心ヲステ、無心ノ称名ヲ行シ七万返ヲモテ毎日ノ所作トス

雅成親王ノ御尋ニヨリテ念仏ノ肝要ノ文注進セラル、状ニ曰ク　称名念仏ノ肝要ノ文少々注進上候可之申給候抑明禅応勅喚㆒而年久誤雖ト備四宗之証義ヲ㆒遁公御ヲ㆒而日浅専未詳九品之浄業ヲ㆒自行念仏用心尚迷兄注進之条旁

」一三三オ

憚多候歟仍直録本文聊述其*趣許候恐惶謹言

十二月十八　*日法印明禅請文

注進セラル、称名念仏ノ肝要ノ文ト云者（七件如左）　①六時礼讃善
導云　如②文殊般若云明一行三昧唯勧独処空閑捨諸乱
意係心一仏ニ不観相貌一専称名字即於念中得見彼阿
弥陀仏及一切仏等問曰何故不ク令作観直遣専称名字
者何意也答曰乃由衆生障重境細心麁識颺(アカリ)神飛(ヒトンテ)観
難成就也是以大聖悲憐直勧専称名字正由称名易(ヤスキニ)一
故相続即生　文

文ノコ、ロハ文殊問経ニ　不観相貌専称名号*　トテ仏ノ相好等ヲ
観スル事ヲハヲシヘスシテ名号ヲス、メタルヲ衆生ノサハリ
ヲモキユヘニ観法成シカタケレハ仏アハレミテ只名号ヲ
称セヨト、キ給ソト釈スルナリ

」三二ウ

＊「其」の後に「義」のミセケチ。

＊「日」の位置マヽ。

＊「名」の後に「字」のミセケチ。

①阿弥陀経ノ略記ニ恵心ノ云　言聞阿弥陀仏執持名号者観彼
無量光明ヲ一等義称名心念耳今勧勝因故如是説非全遮
彼但信称念一　文
」三四オ
②小阿弥陀経ノ執持名号ノ文ヲ釈ストシテ仏ノ光明等ヲ観シテ名号ヲ称心ニハ念スル
様ヲイヒテコレハスクレタル行ヲス丶ムルユヘナリ只信シテ名号称スル
ヲキラウニハアラスイヘハ観法モナキ称念モ往生ノ因ニハ成□*許也
③往生要集下恵心云　四十八願中於念仏門一ニ別発一願云乃至十念
若不生者不取正覚　文
④阿弥陀ノ四十八願ノ中第十八ノ願称名ニカフラシメタル故ニコノ願ヲ信シテ
念仏ヲスヘキナリ
⑤西方要決慈恩云　諸仏願行ハ成此果名ヲ一但能念号具包衆徳
故成大善　文　名号ノ功徳コノ文ニキコエタリ

*虫損。「ル」カ。

＊「観」の前に「西方」のミセケチ。
＊「即」の後に「是」のミセケチ。

①＊観観経疏善導第一云　今此観経中一声称仏即有十願十行具足云何具足言南無者即＊是帰命亦是発願廻向之義言阿弥陀仏者即是其行以斯義故得往生　文

　南無者帰命度我ノ二ノ義アリ度我トイフハ引接ニオハシマセトイフ故発願廻向ノ心ナリ阿弥陀ノ三字ヲ唱ハ仏功徳ヲ口ニ称スレハ行ニテアル故十念ノ称名ニ十願十行アリトイフナリ願行備ハリテ往生ヲトクルナリ

②往生要集下云　問一切善業各有利益各得往生ヲ何故唯勧念仏一門答今勧念仏非是遮余種々妙行ヲ只是男女貴賤不簡行住坐臥不論時処諸縁修之不難乃至臨終願求往生得其便宜不如念仏　文

」三四ウ

諸行中ニ念仏ノ修シヤスキヤウコノ文ニミエタリ臨終ニ往生ヲ願ニ
タヨリ有ト云事モ至要ナリ又経論ノ常説修行ノヤウヲス、ムル
ニハ臥ヲハユルサス今臥ヲモキラハスサレハ身口ノ不浄ヲモユルスヘシ
トコ、ロヘラレタリ不論時処トイフハ不浄ノ時モ不浄ノ処モ簡ウ
マシトキコエタリカ*
①四分律行事抄（終南山道宣）云　若依中国本伝ニ云ク　祇洹ヲンノ西北ノ角スミニ
日光没処ヲ為無常院ト　若有病者安置在中ニハ　若有屎尿ニ随テ
有ルニ除之亦無有罪伝云原仏垂忍土為接群生意在抜除
煩悩不惟糞除為要如諸天見人問臭穢猶人之見屏廁
臭気難言尚不*以悪恒来衛護何況仏徳而有愛憎但有
帰投者無不抜済（或人師引此伝云坐所有便利世尊不以為悪云々*）
無常院便利不浄病人念仏ノ力ニテ浄土ニ往生スレハ

」三五オ

＊「リ」の右横に「ル」と傍書。
＊「不」補入。
＊「々」の後に「無常院」のミセケチ。

不浄ノ時モ称名ハ、カラサル*カカレハ臨終ノ行ナレトモ不浄

往生ヲサヘハ臨終トモニユルスヘカラス又一巻撰集ノ要文

アリ浅略[1]称名蔵ト号ス名詮自性ノ謂無観ノ義アラハナリ

シケキヲ、ソレテノセス　已上　諸徳ノ無観称名ノ義粗随見及部類　訖

方今末学ノ異義ヲタ、ムカ為ニ先哲ノ微言ヲアツム是則弥陀

本願極致浄土真宗ノ精要ナリ観願当求往生者コノ

多分一同ノ化導ヲ信シテカノ少分異義ノ勧進ニシタカフ

コトナカレナニヲモテノ故ニ外[2]書曰　占従二人言　文　疑問トオモ

フ問フトキハ三人ヲモテ定トス三人コトハルト*トキハ必二人カ

言フニシタカフ是多分ニシタカフ心ナリ多分ニシタカヒヌレハ

多分ノアヤマチナキカユヘニ世間如此出世又可然一種ノ

」三五ウ

＊「カ」の後に「ル」のミセケチ。

＊「ト」衍字カ。

法ニ於テ異義マチ〳〵ナリトモ多分ノ義ニシタカハ、自行化
他サタメテアヤマチナカルヘシタ、シ多少ノ従不ヲイフ事ハ
等同ノモノニオヒテ論ス勝劣ノモノニハ論セス是ハ善通道理ナリ
イマハシハラク多少トイフトイヘトモソレ実キニハ等同ノ
類ニアラス多ハ勝少ハ劣ナリシカレハ勝少トイヒ多少トイヒ
アニカタク信不ヲチキラムヤイフコ、ロハ空上人如来ノ使トシテ
利見シテ惣シテ諸宗通達シ別シテハ浄土ニ証ヲエテ無観称名ノ
義ヲヒロメテ愚痴暗鈍ノ類ヲミチヒキナラヒニ時ノ明匠又コレ
ニシタカヒテ異口同言ニコノ義ヲノへ給ヲ顕宗密宗諸宗ノ一
宗ヲモ学セス儒道二教ノ一教ヲモ窺サルトモカラアリテ恐
情見ノ異義ヲタテ、上人已下ノ多分ノ義ヲ非ス謂　無観ノ同*ノ義ハ
勝智多分ノ化導ナリ情見ノ異義ハ劣恵少分ノ勧進ナリ

」三六オ

*「同」に声点あり。

勝劣二類ニシテ雲泥万里ナレハ多ヲ信セヨ少ニナシタカヒソト
イフニモ不及トナリ　コ、ロアラムヒトタレカハキマヘサラム
尚書曰[①]　人貴旧一器貴（タトシ）新一（キ）＊　文　コノ言深クオモフヘシ愚
ナリトイフトモ旧ヲハナヲ貴ヘシイハムヤ智アラムニオヒテヲヤ
智アリトイフトモ新ヲハシハラク次ニスヘシ況ヤ愚ナラムニヲ
イテヲヤ重テ求往生者ニ白ス　若一若ハ二三等ノアリテタトヒ
通ヲ現シ光放トモ数人ノ無観称ノ名ノ義ヲ破シテハツラハシキ
異儀ヲタテ、愚者ヲマトハ□＊サムヲハ信受スル事ナカレ又
阿難入滅ノ悲ヒ身ニアタリテ切ナリ聞カム物ハ分別シテ今
邪正ヲワキマヘヨ　問曰　阿難入滅ノ事ソノユヘヲ聞カムトオモ
フ　答曰　依律伝[②]等云　一[③]ノ比丘有テ竹林ノ中ニシテ法句ノ偈ヲ誦云ク
若人寿百歳不見水白鶴不如一日生得見水白鶴ト

」三六ウ

＊「キ」の後に抹消。

＊虫損。

＊「テ」の左下に抹消。

時①ニ阿難聞キヲハリテ比丘ニ告テ云ク　汝カ誦スルハ仏語ニハアラス若シ
人寿百歳不了於生滅不如一日生得了於生滅コレコノ
」三七オ
仏偈ヨカクノコトク誦スヘシト　ソノ時②ニカノ比丘阿難ノ教フル
偈ヲモテ＊己カ師ニカタル師云　阿難老朽テ智恵衰劣ニシテ言ハニ
多錯(シシヤク)-謬(ネツ)二不可信一矣汝只我教ヘシ偈ヲ誦セヨト　比丘是ニ随フ
阿難後ノ時ニ聞ケハ比丘又サキノ邪偈ヲ誦ス阿難ソノ心ヲ問フ
比丘答曰ク　尊者我師ノ云ク　阿難老朽テ言ニ虚妄多云々　依之
阿③難聞テ悲泣シテ云　嗟世尊ハヤク滅シ迦葉尋テ滅ヌ邪
見熾盛ニ不善長シテ如来ヲ誹謗シ正教ヲ断絶ス我レ世ニモ
チキラル、コトナシ生テ邪教ヲキ、悪行ヲミムニ豈ニシノフヘケ
ンヤ　トイヒテ即入滅スト云々　夫阿難ハ多聞第一ニシテ仏ニ
仕ツル事二十五年聞シ所ノ八万法蔵ミナ誦シテハスレス

仏ト迦葉トヲノソヒテハ是ヲ大法得トス然ヲ邪見ノ一類アリテ
阿難ヲ非シ自義ヲ是ス古今異ナリトイヘトモ邪正ノ旨一ツ也イハユル
昔ハ即天竺ニ一類アリテ如来已下ノ正偈ヲ非シテ自カ邪偈ヲ是ス
コレヲ信スルモノアリ今ハ又日域ニ一類有テ上人已下ノ正義ヲ非シテ*
自カ邪義ヲ是スコレヲ信スルモノアリ昔ヲ聞テ今ヲオモフニ悲
嘆モマコトニ深シ邪正モワキマエツヘシ識アラムモノナムトマトハムヤ
問曰ク　夫智恵ハ諸仏ノ母万行ノ根本也是以①六度ノ中ニハ般若ヲ
第一トスステニ往生ヲネカヒ仏身ヲ期ス仏ハ即コレ智恵ノ究竟
セル名ナリ若シ其ノ名ヲモトメハ嗜テモカツ〳〵解ヲ発シテタヘムニ
シタカヒテ弥陀ノ功徳極楽ノ依正ヲ観セシムヘシ何ソヒトヘニ
智恵ヲ撥（ハツ）-無（フ）シテ只無観ノ称名ヲノミス、ムルヤコレ大ニ仏法ニ
ソムケリイカム　答曰ク　仏法ニオヒテ智恵ヲ最勝トスト
*□フ事不論レ処也今一代ヲハカツニ二種アリイハク

」三七ウ

*「ス」を抹消して左横に「シテ」。

*虫損。「イ」カ。

正道ト浄土ト也カノ聖道門ハ智恵ヲキハメ生死ヲハナレ
此ノ浄土門ハ愚痴ニ*還テ極楽ニムマル二門オナシク一仏所説ナリト
イヘトモ廃立参差トシテ天地懸隔是則大聖ノ善巧利
生ノ方便也常途ノ教相ヲ以テカタク難スヘカラス
問曰ク　コノ義サキノ難ヲ遮セスナムカユヘソ智恵ヲ廃シテタ、無
観ノ義ヲ立耶　答曰　阿①弥陀如来法蔵比丘ノ昔シ成就衆生ノ
行ヲタテ給ヒシ時惣シテハ罪障深重ノ類ヒ別シテハ濁世愚鈍ノ
族生死ノ尽期無ラム事ヲカナシムテ其ヲ援ハムカ為ニ観念
思惟布施持戒等ノハツラハシキ諸行ヲサシヲキテ五劫ノ案ニ
ツカレテ称名ノ願ヲオコシ給ヘリコレヲ超世ノ誓願ト名ケ是ヲ不
共ノ利生トス深ク其ノ願ヲ信シテ名号ヲ称念スルハ愚痴ヲ
不論持（セ）犯（ホン）ヲエラハス十ハ即十生百即百生ルコノ故ニ

」三八オ

＊「二」の後に「カ」の抹消。

釈尊ノ付属諸仏ノ証誠只名号ニカキリテ観仏ニハ不通」
方ヲ指シ相ヲ立テ、深理ヲ明ス事無シ無観ノ義文理必然也
信行ノ外ニハ義ナキヲ義トス但無観ノ称名トイヘハトテ*モトヨリ恵解
有ラム□*ノ弥陀ノ内証ノ外用等ノ功徳極楽ノ地下地上等ノ荘
厳ヲ観ヲハ遮セス今論スルトコロハ義道ヲ旨トシテ但信称念ノ*
行者ヲ下ヲ痛ヲモテノ故ナリ又浄土ノ門ハ愚痴ニ還テイヘハトテ
念仏ノ衆生ヲナカク愚痴ノ人ナリトオモフ事ナカレ　故イカン
愚痴相ヲ表ニタツトイヘトモ智恵ノ体其裏ニ有カ故ニシハラク
コレ表裏ノカハリメナリ定執スヘカラス
問曰　浄土門ハ愚痴ニ還トイフ心イカン　答曰ク　モト聖道ノ諸宗ヲ
学セル碩徳後ニ浄土門ニ入テ明ニ宗ノ意ヲウルニ本願ノ奥旨
往生ノ正業ハ口称念仏ナリトミツメツル上ニハ自宗ノ観

」一三八ウ

＊「モトヨリ」補入。
＊虫損。「人」カ。
＊「ヲ」を「ノ」に訂正。

仏三昧ナヲ廃ス況ヤ他宗ノ深観ヲヤ唯称名ノ外ハ全ク他
事ヲハスル其体惘然トシテシル事アタハサル物ニニタリ
カルカ故ニ愚痴ニ還ルトイウ上ニアクル所ノ衆所智識則其人ナリ[①]
問曰　智恵ノ体其ノ裏ニ有トイヘル心イカム　答曰　原夫弥陀ハ則受用
智恵ノ真身名号ハ又五智所成ノ惣体也若人有テ信シテ称念
スレハ念々ニ八十億劫ノ罪愆ヲ滅シ声々ニ無上功徳ノ大利ヲ
得此ノ故ニ可知念仏ノ衆生ハ一世ニスミヤカニ相好ノ業因ヲ植ヘ現身ニ
福智ノ資粮ヲ蓄フ表ハ愚痴暗鈍ノ凡夫ニニタリトイヘトモ
裏ハ六度万行ヲ修スル菩薩ト同シ若然ラスハイカテカ形チヤフレ命チ
尽キテ有漏ノ穢国ヲイテヽ無為ノ報土ニマイリ忽凡夫ノ性ヲ
ステヽ永ク法性ノ身ヲ証セムヤ定メテ知ヌ受用智恵ノ仏ヲ仰キ
五智所成ノ名ヲ信シテ如此ノ勝益ヲウル物ハ実ニ是智度

」三九オ

*「念」の後に「仏」のミセケチ。
*「生ハ」補入。

純熟ノ菩薩ナリ何ムソ愚痴暗鈍ノ凡夫ト云ハム是ヲ智体在裏ト
イフモ義シツカニヲモフヘシ
問曰　智者愚者持戒破戒等ノモロ〱ノ人有同ク名号ヲ唱ヘムニ行
者ノ善悪ニヨリテ功徳ニ浅深アリヤ　答曰ク　全クナシ何ヲモテカ
知事ヲ得トナレハ弥陀ノ本誓ハ万機ヲ名号ノ一願ニオサメ千品ヲ口
称ノ十返ニ迎テ此内ニハ余事ヲ論セサルカ故ニ是以①法照禅師ノ
五会法事讃ニ云ク　彼仏因中立弘誓聞名念我惣来迎
不簡ㇾ貧窮将富貴不簡下智与高才不簡破戒罪根深
但使廻ㇾ心多念仏能令瓦礫変成金　已上　フカク此ノ旨ヲシリナハ
ナムソウタカハム空上人ヲ始トシテサハヤカニ本願ヲ信スル家此文ヲ
眼目トス又私ニ案シテ云ク　譬金玉アタヒサタマレルカユヘニモツ人ノ
品ニヨリテ高下ヲ論セス日月ノ光ノスメルニ宿トル水ノ浄穢ニ*

」三九ウ

＊「ニ」の後に「シタ」の抹消。

＊破損。「シ」カ。

□＊タカヒテ形ニ差別無キカコトシ物ノ至テ精ナルトキハ器ニシタ
カヒテ変スル事ナシ世間ノ浅事スラ其ノ徳如此況無上
功徳ノ名号ニ於ヲヤ凡ソ其ノ名号ノ功徳ハ言語道断シ心行所滅シテ
①三賢十聖モ知ル処ニアラス是唯仏与仏ノ密意也アニ行者
善悪ニヨリテ功徳ノ浅深ヲハキマエムヤ此レ猶本宗ノ執心ニカ
カハレテ無観称名ノ義ヲ信セサル疑也
問曰ク　抑此念仏教ハ末代悪世ノ已来日本一洲ハカリニ興
行スル歟為当（ハタ）天竺晨旦ノ諸国幷ニ在世滅後正像ノ時分
ニヲイテヲナシクコレヲ行ストヤセム又此ノ世界ニカキラス
他方界ヨリモ往生スルモノアリヤ　答曰　日本一州ニカキラス
天竺晨旦ノ諸国同クコレヲモチヰ末代悪世ノホカ在世滅
後正像ノ時分ニサカリニコレヲ行ス又コノ世界ノミナラス

」四〇オ

他方界ヨリモオホク往生ス今一々ニ証ヲ引テ疑ヲ決セム
一ニ如来在世ニ念仏ヲ行セシ証者観無量寿経云　①五百侍女発
阿耨多羅三藐三菩提心願生彼国世尊悉記皆当往生
宝積経云　②七万諸尺種人中命終已得生安楽国面奉無量
寿　已上　五百侍女七万尺種同ク仏世ニ生テ新ニ仏ニアヒタテマツリ仏
タメニ往生ノ記ヲサツケ給フ定テ知ヌ受記ノ後命終ノサキ往生ノ
行ヲ修シケムトイフコトヲ又五百ト*七万トノ眷属等同クシルヘシ此
外彼等ヲ見聞シテ極楽ヲネカヒ念仏ヲ行スルモノ又オホカリケム
是則如来在世ノ念仏修行ノ誠*証也
二ニ天竺ニ正法ノ時念仏ヲ行セシ証者入楞伽経ニ云　③如来滅*度後ノ
於南天国中有大徳比丘名龍樹菩薩能破有無見為人説
我乗大乗無上法証得歓喜地往生安楽国　已上　④龍樹

」四〇ウ

＊「ノ」の上に「ト」と重ね書き。
＊「証誠」とし、「証」の上に転倒符。
＊「度」補入。

如来滅後五百三十年ニ出世スアルカイハク七百年ト住寿三
百余歳所度衆生無数ナリ設ヒ機ニ随ヒテ説法ストイフトモアニ
オホク極楽ヲス、メサラムヤ又滅後九百年ニ天親菩薩出世シテ①
造論義解ノヒマニ往生人ヲシルシ給ニ中天竺ニヒトヘニ弥陀ノ*
名号ヲ唱テ極楽ニ往生セル男女王氏七千五十九人其中ニ日々ニ
一万遍ノ念仏ヲ行シテ往生セルモノ一千九百十人余行ノ不同ナリ
因ハ不同ナリ或ハ一生ノ間念仏百万反ヲ行シ或ハ一生ノ間五戒十善ヲ
タモチテ極楽ニ廻向等ナリ七千五十九人カ中ニ現身往生ノ人
十三人ミナコレ小②角ヲカストシテ念仏ヲ修セシ人也西天竺ニ一向ニ
阿弥陀仏ノ名号ヲ称シテ往生セル人三万五千九百人此中ニ毎月
十五日ニ因果ヲ信シテ極楽ヲ願テ往生セル人七百人毎日酉時キ
日想観ニ住シテ阿弥陀仏ヲ念シタテマツリテ往生セル

＊「ニ」虫損。谷大本により補う。

」四一オ

人百五十人但シ三万五千九百人カ中ニ現身往生ノ人
百八十人多クハ是弥陀ノ像ヲモト、リノ中ニ安置セル輩也凡天
竺ハ大国ナルカ故ニ五天竺マテヒロクハシルシエスワツカニ中天西
天ノ二天竺ヲ*シルスニ四万二千九百五十九人ナリ五天皆求メハ其ノ
数スイクハクト云事ヲシリカタシコレ又天竺ニ正法ノ時ノ念仏ヲ
行セシ明証ナリ
三ニ天竺ニ像法ノ時念仏ヲ行セシ証者如来滅後一千六百五十余
歳ニ唐洛陽ノ恵日①法師如来ノ遺跡ヲオカマムカタメニ則天皇
后御宇大足②中ニ船ヲ東南ノ海ニ上ニウカヘテ崑崙③仏誓
師子等ノ諸国ヲスキテツイニ天竺ニイタリテ知識ヲトフラフ
事一十三年法訓ヲウケテ日々ニムナシクハタル事ナシ
深ク閻浮ヲイトイテアマネク天竺ノ三蔵ニ問テ曰ク　イツレノ国

＊「ヲ」の左横に墨痕。

」四一ウ

何レノ方ニカ楽アリテ苦ナキ何レノ法何ノ行カ連ニ仏ヲ見奉ト　三蔵
皆浄土ヲホメテ云ク　教主ハ慈悲深ク願ヒロシ生ムト願フモノハ
トケストイフコトナシト　法師コレヲキ、テ喜躍無極健駄①
羅国ニ至ルニヲヨヒテ其ノ城ノ東北ニ大山アリ山ニ観音ノ像イマス
祈誓ヲ専スレハ身ヲ現シテ説法シ給フトイフ事ヲキ、テ法師
七日食ヲタツ事ヲチカヒテ祈ルニ七日ノ満ニ至テ夜イマタナカハナラ
サルニ観音空中ニ一丈余ナル紫金ノ相ヲ現シテ宝花ニ坐シテ
右ノ手ヲモテ法師ノ頂ヲ摩テ、ノタマハク　汝法ヲ伝テ人ヲ利セムト
思ヒ又弥陀仏ノ国ニ生レムト思ハ、汝只思ヲカケヨ何レカ願ノコトクナ
ラサラム汝マサニシルヘシ浄土ノ法門ハ諸行ニ勝過セリ　ト説キ
オハリテ無見ユル事」知識ノ答観音ノ説一同ナルカ故ニ本懐
既ニトケテ震旦ヘ還ル凡西邁ヨリ東帰ニ至ルマテニ惣シテ二十一
年七十余国ヲヘテ開②元七年ニ長安ニ達シテ仏ノ真容梵夾③

」四二オ

等ヲ玄宗皇帝ニタテマツル帝其ノ徳ヲ貴ヒテ慈愍三蔵ト号
今安スルニ諸国ノ三蔵皆讃シ大山ノ観音同ク教ヘ給ヘリ天竺ニ
像法ノ時念仏ヲ行スト云事的拠如此疑慮永除クヘシ
問曰ク　天竺ニ在世正像アマネク念仏ヲ行ストイフ事其証実ニ
シカリ末法如何　答曰　①月支日本境トヲク相(アヒ)隔テ、末法ノ
行事暗ニモテ難決也シカリトイヘトモ今一義ニ付テ天竺
国ノ遺法興滅ノ相ヲ推セハ②玄奘三蔵修行ノ時③霊鷲山ノ
説法砌ハ虎狼ノスミカトナリ④祇園寺ノ仏閣ノ台ハ荊棘ノミ
シケレリシカノミナラス⑤商那和須カ九条ノ袈裟スコシキ
変懐シ金剛座ノ南隅ノ観音没シ給フ事胸ニスキタリ
シカルヲ玄奘三蔵還来ヨリ已来イマニ六百余歳也定テ
知ヌ今ハ袈裟モ悉クニ変懐シ観音モ皆滅没シ給ヒヌ

」四二ウ

ラム若然ハ仏法ノ滅尽シタカヒテ推スヘシ但　①当来之世経
道滅尽我以慈悲哀愍特留此経止住百歳　ハ釈尊ノ金
言ナリ娑婆世界ノ中何ノ処カ此利益ニモレム万年ノ後猶ヲ
シカリ況ヤ万年ノ内ニオヒテヲヤ余教ハタトヒ滅ストイフトモ　」四三オ
念仏ノ一法ハイマニ猶ヲサカリナルラム
四ニ震旦ニアマネク念仏ヲ行セシ証者釈尊入滅ノ後一千十六
年ヲヘテ②後漢ノ明帝ノ永平十年ニ教法始メテハタルイハユル
*③摂摩騰竺法蘭ノ二僧白馬ニ経ヲ、セテ帝ニ朝見シ釈
迦ノ像幷梵本ノ経ヲタテマツルコレナリ依テ始メテ④白馬寺ヲ立ツ勅
有テ像ヲ南宮ノ清涼台ニ置ク則命シテ四十二章経ヲ翻訳シテ蘭
台ノ石室（シツ）ニオサム是則漢国ノ三宝ノハシメナリタ、シ⑤四十二章
経ハ小乗ナレハ浄土ノ事ヲ明サス同キ世ニ⑥安世高無量寿経ヲ

＊「摂」の前に「摂」のミセケチ。

訳シ支[1]婁識平[2]等覚経ヲ訳セシヨリ人皆弥陀ノ本願ヲ
シリ世コト〱クニ西方浄土ヲ願フ下テ晋朝ニイタリテ盧*
山ノ恵[3]遠禅師外[4]ノ六経ニ通シ内ノ三蔵ニ明ナリト云ヘトモ西方ノ
教ヲ以テコトニ枢要トシテ則品(カン)-下(カ)ニ浄土観堂ヲ造テ朝
夕ニ礼念ストキノ高僧名士皆モチテ師トス[5]彭城ノ劉
遺民*[6]予章雷次宗[7]雁門周続之[8]新蔡畢穎之[9]南
陽ノ宗炳等並ニ世ヲステ栄ヲハスレテ法師ニシカタヒテ遊止ス
法師遺民ヨリシモツカタ僧俗一百二十三人ト精舎ノ無量寿ノ
像ノマヘニテ誓ヲ発シテ宝*ヲタテ、香花ヲ供養シテ共ニ安養ニ
登ラムト期ス法師居ヲ盧*山ニトテ後三十余年影ヤマヲイテ
ス跡俗ニイラス晋[10]ノ義熙十二年八月六日入滅時ニ年八十
三ナリ又朝ノ同ク山ノ恵[11]永僧[12]済嘉[13]祥寺ノ恵虔[14]長安ノ僧

*「盧」マヽ。

*「民」の後に「預」のミセケチ。

*判読できないため仮に「宝」としておく。

*「盧」マヽ。

」四三ウ

叡宋①江陵曇鑑同キ②交趾曇弘斉③霊遠寺ノ法琳同④高
座寺恵進梁⑤正覚寺ノ法悦同⑥南澗寺ノ恵超陳⑦南岳思
禅師魏⑧玄中寺曇鸞コレハコレ一時ノ明匠諸衆ノ導師
也皆西方ヲモテ所期トスコノ外高僧伝ナラヒニ諸ノ往生
*生伝等ニノスルトコロノ明徳高僧旦千ナリアケツクスヘカラス
又隋（スイ）*朝ノ⑨智者大師一切経十五遍披覧シテノタマハク　諸経
論ニ処々ニ　唯勧衆生偏阿弥陀仏令求西方極楽世界
無量寿観経往生論等ノ数十余部経論文慇懃ニ指
授勧生西方是以偏念也　已上　又⑩麻訶止観ニ四種三昧ノ中ニ
第一常坐三昧ノ身ノ開遮ニ随一仏方面端坐正向　ト*
説キ給ヘルヲ⑪妙楽釈シテノタマハク　⑫随一仏方面等者随向之

」四四オ

＊「生」衍字カ。
＊「スイ」は「隋」の後にあり。
＊「ト」の後に「居」のミセケチ。

方必須正西居障起時念仏便故経雖不局令向西方障
起既令専称一仏諸教所讃多在弥陀故以西方而為一唯　已上
天台ハタ、一仏トイヒテナニ仏トモノタマハヌヲ妙楽ハ一代諸教ニオ
ホク弥陀ヲホメタレハコノ一仏トイヘルハサタメテコレ弥陀ナルヘシト
得心タマヘルナリ唐ノ代ニイタリテハ導綽善導ハモハラ浄
土ヲヒロメ給シヤハイフニオヨハス又白楽天①文殊ノ化身トソ代宗②ノ
時大暦六年ノ正月ニ鄭州ノ新鄭県ノ東郭ノ宅ニムマレテ
武宗③ノ時会昌六年ノ六月ニ東都履道里ノ私宅ニオハル
惣シテ八代ノ御門ニアヒタテマツリトシヲウケタルコト七十五歳文ヲ
ノフルコト前後七十句合シテ三千七百二十五首先時モタクヒスクナク
後代モナムソアラム六十九ノ春風痺④ノヤマヒニヲカサレテ俸銭
三万ヲステ、工人杜宗ニ命シテ阿弥陀無量寿ノ二経ニヨリテ

*「導」マヽ。

*「二」の後に抹消。

」四四ウ

タカサ九尺ヒロサ一丈二尺ナル極楽ノ曼陀羅ヲカキテ記①ヲ製□*
諦観此娑婆世界微-塵衆生無賢愚無貴賤無幻艾
有悲心後仏者挙手合掌必先嚮面方有怖厄苦悩者
開口発声必先念阿弥陀仏又範金合土刻石織文乃
至印水取砂童子戯者莫不率以阿弥陀為上首不知
其然而由是而観是彼如来有大誓願於此衆生
有大因縁於彼国土明矣不然南東北方過現来ノ仏多矣
何独如是哉　已上　莫不率以阿弥陀為上首ノ詞信ヲトラムモノ
イヨ〳〵随喜スヘシ
五ニコノ世界ニカキラス他方界ヨリモオホク*往生スル証者無②
量寿経下云*　弥勒**菩薩白仏言世尊於此世
界中有幾所不退菩薩生彼国仏告弥勒於此世界中六十
七億不退菩薩諸小行菩薩不可称計皆当往生不但我

」四五オ

*破損。

*「ク」の後に抹消。

*「云」の後に「彼仏国仏告」のミセケチ。

**「勤」の後に「於」のミセケチ。

刹諸菩薩等往生他方仏土遠照仏国百八十億菩薩宝蔵
仏国九十億菩薩無量音仏国二百二十億菩薩甘露味仏国
二百五十億菩薩龍勝仏国十四億菩薩勝力仏国万四千菩薩
師子仏国五百億菩薩離垢光仏国八十億菩薩徳首仏国六
十億菩薩妙徳山仏国六十億菩薩人*王仏国十億菩薩無上
花仏国無数不可称計菩薩無畏仏国七百九十億大菩薩衆諸
小菩薩及比丘等不可称計皆往生弥勒不但此十四仏国中諸
菩薩等当往生十方世界無量仏国其往生者亦復如是
甚多無数我但説十方諸仏名号及菩薩比丘生彼国者
昼夜一劫尚未能竟我今為汝略説之耳　善導①曰　荘
厳無有尽十方生者亦無窮　恵心②曰　或見衆生如駃雨(ケツウ)*
従十方世界生或見聖衆如恒沙従無数仏土来　已□*

」四五ウ

*「人」の後に「王」の抹消。

*「駃雨」の左横に「トキアメ」と傍書。

*破損。

*破損。

曠①劫ヨリコノカタツネニ没シツネニ流転シテ出離ノ縁ナキ身□*
シラスイカナル宿善アテカイマコノ要法ニアヘルコレ
権身ノ極ナリ一発心以後誓コノ生ヲオフルマテニ退転
有ル事ナクシテタ、浄土ヲモテ期トセム一心ノ真実三
宝照覧(ラム)シタマヘ見ム人コ、ロヲオナシクセハコレハカヨキ
トモナリ
明義進行集巻第三

」四六オ

古人云

世[①]ノウサニカエタル山ノスマイヲルトワヌソ人ノナサケナリケル

于時弘[②]安六年五月二十二日於

泉州山[③]直郷多治米村安[④]楽寺之砌為仏法興隆

書写畢

願以書写功徳力　我等[*]二親及法界

所[⑤]迎法師之

共生西方極楽界　頓証菩提利群生

僧恵鏤之

」四六ウ

* 「廻向」にミセケチをして右横に「我等」。

補　註

表紙

① **恵鑁**　未詳。

表紙見返し

① **尋入ル…ハカリ□□**　出典未詳。

② **白雲**　白雲慧暁（仏照禅師、永仁五年〈一二九七〉没）と白雲慧崇（仏頂禅師、貞和二年〈一三四六〉没）の二人がおり、どちらとも定めがたい。

③ **折リエテモ…カエリモソスル**　『新続古今集』巻八「釈教」八二二に、「見解のありける僧にしめし侍りける」として、仏国禅師の「をりえても心ゆるすな山桜さそふあらしのありもこそすれ」の歌があり（同歌を『兼載雑談』では「をりえても心ゆるすな桜花さそふ嵐のありとこそきけ」とする）、『太平記』巻二十二には、佐々木信胤の「折得ても心許すな山桜さそふ嵐に散もこそすれ」がある。

一オ

① **源空上人**　法然房源空。長承二年四月七日〈一一三三・五・一三〉～建暦二年正月二十五日〈一二一二・二・二九〉、八十歳。『四十八巻伝』他参照。

② **無観ノ称名**　散乱した心のままで如来の本願をたのんで称名すること。散心念仏と同義。望月信亨「信瑞の明義進行集と無観称名義」（『仏教学雑誌』第三巻第三号、大正十一年四月）参照。

③ **禅林寺**　京都市左京区南禅寺にある浄土宗西山禅林寺派総本山。聖衆来迎山無量寿院。通称永観堂。斉衡二年〈八五五〉空海の弟子真紹の開基。貞観五年〈八六三〉禅林寺の号を賜る。延文五年〈一〇七三〉頃永観が長座念仏を行って以来、浄土宗に転じた。寺伝では、静遍をその第十二世とする。稲村修道『禅林寺誌』参照。

④ **静遍**　平頼盛の六男。大僧都。貞応三年四月二十日〈一二二四・五・九〉没、五十九歳。諸種の法然伝をはじめ『本朝高僧伝』等の記述は本書に拠ったので、ほとんど同文である。『円光大師行状画図翼賛』巻四十には「僧都静遍ハ号ス後禅林寺ト、自名ク心円房ト」とある。石田充之『日本浄土教の研究』参照。

⑤ **平頼盛**　桓武平氏高望王流で忠盛の五男。清盛の異母弟。母は修理大夫藤原宗兼の女で、のちに池禅尼と呼ばれた。平治の乱で池禅尼が助命に尽力した頼朝との関係は深く、寿永三年〈一一八四〉に平家の所領が没官されたときも、その配慮により家領三十四カ所が安堵され、自身は招かれて鎌倉へ下向した。翌文治元年〈一一八五〉一族が滅亡したのち、病のため出家して重蓮と号し、翌二年六月二日〈一一八六・六・二〇〉、五十六歳で没した。

⑥ **弘法大師**　真言宗の祖。空海。宝亀五年〈七七四〉～承和

二年〈八三五〉。
⑦ **醍醐ノ座主勝賢**　真言宗の僧。藤原通憲の子。保元四年四月十六日〈一一五九・五・五〉二十歳で醍醐寺三宝院の実運に伝法灌頂を受けて、永暦元年五月一日〈一一六〇・六・六〉醍醐寺十八代座主となり、常喜院の心覚に諸尊の秘訣を受伝する。応保二年〈一一六二〉四月、同門の乗海に座主就任を非難され、一時高野山に逃れるが、治承二年五月七日〈一一七八・五・二五〉二十代座主に還補、寿永元年十月二十五日〈一一八二・一一・二二〉二十三代に三任。承安四年〈一一七四〉大僧都、文治元年〈一一八五〉権僧正。兄弟に高野山の明遍、安居院の澄憲らがいる。保延四年〈一一三八〉～建久七年六月二十二日〈一一九六・七・一九〉、五十九歳。『醍醐寺新要録』参照。二オ⑤および系図一参照。
⑧ **小野ノ流**　小野流。聖宝を始祖として山城国山科小野の曼陀羅寺（のちの隋心院）の仁海によって伝えられた東密の流派。多く口伝を重んじた。勝賢は三宝院実運より法を受ける。
⑨ **仁和寺ノ上乗院**　仁和寺の塔頭。長和親王の乳母であった左近衛少将源定季の母によって建立される。『仁和寺史料』「寺誌編」参照。
⑩ **法印仁隆**　真言宗の僧。皇后宮権亮藤原成隆の子。公賢に入門して弟子となり、元暦元年〈一一八四〉仁和寺観音院で守覚に伝法灌頂を受けた。建久二年〈一一九一〉大僧都、正治二年〈一二〇〇〉正月法印に叙せられ、七月東寺三長者となる。上乗院法印、亮法印とも。
⑪ **広サワノ流**　広沢流。益信を流祖として京都嵯峨広沢遍照寺より起こった東密の流派。のち六流に分かれるが、仁隆は仁和寺御流の継承者である守覚より法を伝えられた。

一ウ

① **撰択集**　法然房源空の著書『選択本願念仏集』の略称。阿弥陀仏により選択された本願念仏について諸家の要文を集めたもの。前関白九条兼実の請によって作られた。舜昌の『四十八巻伝』、証空の『選択密要決』によれば、建久九年〈一一九八〉に執筆されたという。

二オ

① **法照禅師**　中国唐代の念仏門の大徳。廬山において念仏三昧を修し、南嶽承遠に師事する。大暦九年〈七七四〉十月後并州の龍興寺において『五会念仏誦経観行儀三巻』を撰す。大暦の末、長安の章敬寺浄土院にて『五会念仏略法事儀讃一巻』を撰し、盛んに五会念仏の法を修した。
② **五会法事讃**　法照禅師作『浄土五会念仏略法事儀讃』のこと。『浄土五会念仏誦経観行儀三巻』（広法事讃）に対し、略式の行儀作法を示すもの。わが国には略法事讃のみ伝わった。
③ **彼仏因中立弘誓聞名念我惣来迎等ノ七言八句**　『浄土五会念仏略法事儀讃』一巻、般舟三昧讃の五十一・五十二句目に

当たるが、大正蔵経では、五十二句目の最後の二文字が「迎来」となっている。後の六句は「不簡貧窮将富貴　不簡下智与高才　不簡無非浄土業　不簡外道闡提人　不簡長時修苦行　不簡今日始生心」となっており、以下「不簡多聞持浄戒　不簡破戒罪根深　但使廻心多念仏　能令瓦礫変成金」と続く（大正蔵経四七・四八一c・一九八三）。

④　**明遍**　高野山の学僧で、のち法然門下となる。藤原通憲（信西）の末子。東大寺東南院で敏覚・明海を師として三論・密教を修め、律師に任ぜられるが、大和光明山に遁世する。応保二年〈一一六二〉高野山蓮華谷に蓮華三昧院を創建し、承安年中〈一一七一～七五〉法然房源空に浄土教を学んで念仏を専修した。高野山の念仏聖、いわゆる「蓮華谷聖」のもとをなす。康治元年〈一一四二〉～貞応三年六月十六日〈一二二四・七・四〉、八十三歳。石田充之『日本浄土教の研究』参照。系図一参照。

⑤　**少納言藤原ノ通憲**　加賀掾実兼の子。母は信濃守源有房の女。長門守高階経敏に養われる。博学多才で朝廷の故事典礼に通じていたが、天養元年〈一一四四〉出家して円空と号し、のち信西と改めた。平治元年〈一一五九〉源義朝の兵により殺される。系図一参照。

⑥　**澄憲法印**　天台宗唱導家の祖。藤原通憲の子。比叡山に登り、珍兼を師として天台学を修めた。のちに京の安居院で唱導につとめた。建仁三年八月六日〈一二〇三・九・一二〉没。系図一参照。

⑦　**貞慶上人**　法相宗の学僧。左少弁藤原貞憲の子。八歳で興福寺に入り、十歳で剃髪受戒して叔父である権僧正覚憲に法相・律を学ぶ。承安二年〈一一七二〉醍醐寺の実運から虚空蔵求聞持法を伝受、建久四年〈一一九三〉二十九歳で山城笠置寺に隠棲する。元久二年〈一二〇五〉法然房源空の専修念仏の停止を朝廷に奏請。承元二年〈一二〇八〉海住山寺に移って寺を再興する。建暦二年〈一二一二〉興福寺に常喜院を建立して律講を始行し、戒律復興に尽力した。久寿二年五月二十一日〈一一五五・六・二三〉～建暦三年二月三日〈一二一三・二・二四〉、五十九歳。解脱上人と称される。石田充之『日本浄土教の研究』参照。系図一参照。

⑧　**敏覚法印**　東大寺三論宗の学僧。本文中に「タカハシノツネトシノ子」とあるが、長門守高階経敏の子の誤りか（二ウ②参照）。東大寺東南院の覚樹に三論を学び、密教を兼修。安元元年〈一一七五〉～同二年、東大寺八十二世別当。養和元年十月二日〈一一八一・一一・一〇〉没。『僧綱補任』六、井上光貞『日本浄土教成立史の研究』参照。系図一参照。

二ウ

①　**三論宗**　南都六宗の一つ。中論・百論・十二門論の三論を正依として建立された宗。インドで龍樹菩薩を開祖として興

り、鳩摩羅什が中国に伝えて隋の嘉祥大師吉蔵が大成した。日本には、推古天皇三十三年〈六二五〉、吉蔵の弟子慧灌が渡来して広めた。

② **ナカトノカミタカハシノツネトシ**　長門守高階経敏の誤りか。高階経敏は生没年未詳。長門守に任ぜられたのは、大治元年〈一一二六〉～同五年〈一一三〇〉。系図一参照。

③ **珍海**　永観と並んで東大寺三論宗を代表する僧。従五位上内匠頭藤原基光の長子で、幼時から覚樹に師事して三論を学び、また、華厳・法相等の諸宗にも通達していたが、のちに浄土宗に帰依し、禅林寺の第十代となる。浄土教関係の著作には、『菩提心集』（大治三年〈一一二八〉）、『決定往生集』（保延五年〈一一三九〉）、『安養知足相対抄』（久安二年〈一一四六〉）等がある。生没年については、永万元年十月十五日〈一一六五・一一・二〇〉七十九歳、仁平二年十一月二十三日〈一一五二・一二・二〇〉六十二歳等の諸説がある。石田充之『日本浄土教の研究』参照。

④ **法勝寺**　六勝寺の一つ。現京都市左京区岡崎にあった寺。白河天皇の勅願寺で、承暦年中〈一〇七七～一〇八一〉に顕・密・浄・禅兼学の寺として創建された。元暦二年〈一一八五〉七月の大地震で建造物の大半が倒壊し、また康永元年〈一三四二〉の火災で焼失した。その後、慈威和尚によって一部再建されたが衰退、廃絶に至った。

⑤ **左衛門入道西光**　藤原家成の五男、師光の法名。藤原通憲（信西）に侍として仕えたが、平治の乱で信西が亡くなった後出家し、後白河院の寵を得る。のち、平家追討を謀って治承元年〈一一七七〉平清盛に捕えられ、斬首された。『平家物語』巻二「西光斬被」参照。

⑥ **平大相国ノ禅門**　平清盛。元永元年〈一一一八〉～治承五年閏二月四日〈一一八一・三・二〇〉。

⑦ **ヤシナイキミ**　西光が仕えていた藤原通憲は、高階経敏の猶子であるため、敏覚と通憲は義兄弟にあたるか。

⑧ **最勝光院**　承安三年〈一一七三〉、現京都市東山区の法住寺殿境内に、建春門院の御願により造立される。嘉禄二年〈一二二六〉、放火により焼亡。

三オ

① **観音寺**　現在、京都市東山区今熊野神社の東南に今熊観音寺が残っているが、この寺院を指すものかどうかは不明（『大日本地名辞書』）。『江談抄』三・雑事「緒嗣大臣家在二瓦坂辺一事」に、「緒嗣大臣家在二法住寺北辺瓦坂東一仍号二山本大臣一也。故治部卿大納言被命云。公卿記ニハ在法住寺巽。今ノ観音寺是也云々。」と、当時の観音寺の記述がある。

② **オホチクハシ**　未詳。

③ **光明山**　現京都府相楽郡井手町棚倉村の丘陵地帯にあった光明山寺のこと。現在は廃寺跡と思われるものしか残ってい

ないが、東大寺の別所としてかなり有名な寺院であった。東大寺三論宗の僧永観が蟄居して浄土教の研究にたずさわったため、光明山寺は南都浄土教の中心ともなった。明遍の光明山寺入山は、『四十八巻伝』によれば、治承三年〈一一七九〉、三十七歳の時である。なお『本朝高僧伝』等に大和国にあると書かれているのは誤りか。井上光貞『日本浄土教成立史の研究』、『東大寺辞典』参照。

④ **法住寺**　永延二年〈九八八〉、右大臣藤原為光により創建されるが、長元五年十二月八日〈一〇三三・一・一一〉焼亡する（『日本紀略』）。その後、一世紀余を経て久寿三年〈一一五六〉には法住寺堂が営まれ、後白河院が出家後ここを院御所として、法住寺殿と呼ばれた。

⑤ **高野山ニ籠居**　『四十八巻伝』によれば、明遍が光明山寺を辞して高野山に入ったのは、建久六年〈一一九五〉とされる。二オ④参照。

⑥ **コマツトノ**　小松谷にあった平重盛の館。小松谷は清水寺周辺を源として西南方向に下る渓谷。

五オ

① **空阿弥陀仏**　明遍のこと。二オ④および系図一参照。

五ウ

① **天台ノ十疑**　『浄土十疑論』のこと。隋の智顗（梁中大通三年〈五三一〉～隋開皇十七年〈五九七〉）撰。一巻。

② **安楽集**　唐の道綽禅師（陳天嘉三年〈五六二〉～唐貞観十九年〈六四五〉）撰。二巻。

③ **カクノコトキノ問答コレヲ、シ**　『浄土十疑論』第十疑には、「問今欲決定求生西方。未知作何行業。以何為種子。得生彼国。又凡夫俗人皆有妻子。未知不断婬欲得生彼否。答欲決定生西方者。具有二種行。定得生彼。一者厭離行。二者欣願行。…（中略）…復有二種。一者先明求往生之意。二者観彼浄土荘厳等事欣心願求。…（中略）…常行念仏三昧。及施戒修等一切善行。」（大正蔵経四七・八〇c～八一b・一九六一）とあり、『安楽集』下巻第四「大門第三節」には、「問曰。今云常修念仏三昧。仍不行余三昧也。答曰。今言常念。亦不言不行余三昧。但行念仏三昧多故。故言常念。非謂全不行余三昧也。」（大正蔵経四七・一五c・一九五八）とある。

④ **有相ノ行人得生ノ条**　『安楽集』巻上第一「大門第八節」に、「問曰。弥陀浄国既云位該上下無問凡聖皆通往者。未知唯修無相得生。為当凡夫有相亦得生也。答曰。凡夫智浅。多依相求。決得往生然以相善力微。但生相土。唯観報化仏也。」（大正蔵経四七・六c・一九五八）とある。

⑤ **嘉祥**　嘉祥大師吉蔵のこと。三論宗（別名無相宗・無相大乗宗）の大成者。隋代、金陵（南京）に生まれる。姓は安氏。梁大宝二年〈五四九〉～唐武徳六年〈六二三〉。

⑥ **赴信論ニソノムネミヘタリ**　『赴信論』は『大乗起信論』

一巻のことか。馬鳴菩薩作と伝えられるが不明。『大乗起信論』「修行信心分」には、無相の観について「久習淳熟其心得住。以心住故漸漸猛利。随順得入真如三昧。深伏煩悩信心増長速成不退。」（大正蔵経三二・五八二a・一六六六）、有相の観について「若人専念西方極楽世界阿弥陀仏。所修善根廻向願求生彼世界。」（同、五八三a）とある。

⑦ **観経**　『仏説観無量寿経』のこと。

⑧ **双巻経**　『仏説無量寿経』の異名。

⑨ **三部経**　浄土三部経のこと。『仏説無量寿経』二巻、『仏説観無量寿経』一巻、『仏説阿弥陀経』一巻をいう。

六オ

① **三部経ニモ…至心トイウコトハアリ**　「決定往生ノ業」とは、浄土往生を決定する行為のこと。決定業。正定業。たとえば『仏説無量寿経』に記されている本願のうち、第十八願には「設我得仏。十方衆生至心信楽。欲生我国乃至十念。若不生者不取正覚。唯除五逆誹謗正法」（大正蔵経一二・二六八a・三六〇）とある。

② **経ノ文ニモ詮要ハ称名ヲノミス、メラレタリ**　たとえば『仏説無量寿経』における本願の第十七願には、「設我得仏、十方世界無量諸仏。不悉諮嗟称我名者。不取正覚」（大正蔵経一二・二六八a・三六〇）とある。

③ **二十五三昧ノ過去帳**　源信（恵心）撰『首楞厳院二十五三昧結縁過去帳』のこと。源信の二十五三昧式を行った結衆の人の過去帳。現存するのは残欠本である。

④ **恵心**　源信。天台宗比叡山慧心院の学僧。天慶五年〈九四二〉大和葛下郡に生まれる。父は卜部正親、母は清原氏。良源に師事。天禄年中〈九七〇～九七三〉、横川慧心院に屏居して道業を修し、著作に親しむ。寛仁元年六月十日〈一〇一七・七・六〉没、七十六歳。『往生要集』の著者。

⑤ **或人トフテイハク…ハカリナリト云々**　『首楞厳院二十五三昧結縁過去帳』（『恵心僧都全集』第一巻）には「又問何不ㇾ観ㇾ理。答往生之業。称名可ㇾ足。本存二此念一。故不ㇾ観ㇾ理。但欲ㇾ観ㇾ之。亦不ㇾ為ㇾ難。」の文が見える。

六ウ

① **遊蓮坊**　少納言藤原通憲の三男。保延五年〈一一三九〉生まれる。俗名を是憲といい信濃守であったが、平治の乱で父通憲に連座解官配流され、二十一歳で出家、遊蓮坊円照と号した。治承元年〈一一七七〉、三十九歳で没す。信濃入道。系図一参照。

② **頼業**　藤原頼業のことか。藤原頼業は、藤原為忠の子、永久五年〈一一一七〉～保安三年〈一一二二〉頃生まれる。久寿〈一一五四～五六〉以前に出家、唯心房寂然と号す。兄の寂念、寂超とともに大原三寂と称さる。

③ **大納言入道光頼**　藤原顕頼の長子で、天治元年〈一一二

四〉に生まれる。永暦元年〈一一六〇〉権大納言に進み、桂大納言、葉室大納言とも称される。長寛二年〈一一六四〉出家、法名光然、のち理光。承安三年正月五日〈一一七三・二・一八〉、五十歳で没した。

④ **空阿弥陀** 空阿弥陀仏。明遍のこと。二オ④および系図一参照。

⑤ **解脱坊** 貞慶上人のこと。二オ⑦および系図一参照。

⑥ **安居院ノ法印** 澄憲法印。二オ⑥および系図一参照。安居院は現在の京都市上京区寺之内通大宮上ル前之町付近にあった比叡山延暦寺東塔竹林院の里房。

七オ

① **ヒロタニ** 京都府長岡京市粟生の光明寺付近にあったと考えられる。法然上人が師叡空のもとを去ってしばらく居住した地。広谷。

② **ヨシミネ** 善峰寺のこと。京都市西京区大原野小塩野にある天台宗山門派の寺。開基は恵心僧都の弟子源算、西山と号す。

③ **少納言入道** 藤原通憲のこと。二オ⑤および系図一参照。

④ **南都ノ修禅院ノ僧正信憲** 久安元年〈一一四五〉～嘉禄元年九月十一日〈一二二五・一〇・一四〉。少納言通憲の孫。俊憲の子。興福寺宝積院の覚恵に法相・唯識を学び同院に住す。建暦二年十二月四日〈一二一三・一・一六〉、興福寺別当の任に就く。八十一歳、修禅院において没す。系図一参照。

⑤ **善導** 法然房源空の創唱にかかる浄土五祖の第三祖。道綽の門弟。

七ウ

① **綽禅師** 道綽。浄土五祖の第二祖。『安楽集』の著者。所住の玄中寺が西河水にあったところから西河禅師とも称す。五ウ②参照。

② **浄土九品ノ道場** 道綽によって営まれた道場。

③ **龍舒ノ浄土文** 南宋王日休撰。十二巻。経論・伝記中より、浄土教に関する要文を抄出、編集したもの。『龍舒僧広浄土文』。なお、本文に引用された部分は、「善導貞観中見西河綽禅師浄土九品道場。於是篤勤精苦。若救頭然。毎入仏堂合掌胡跪一心念仏。非力竭不休。雖寒氷亦須流汗以表至誠。」（大正蔵経四七・二六六c・一九七〇）となっている。

八オ

① **極楽六時讃** 『浄土依憑経論章疏目録』に伝えられる、源信作一巻の和讃。

② **長楽寺** 京都市東山区円山町にある寺。元延暦寺の別院という。永和四年〈一三七八〉より時宗に属す。開基は、最澄・寛雅等、諸説ある。

③ **隆寛** 久安四年〈一一四八〉～安貞元年十二月十三日〈一二二七・一・二一〉。少納言藤原資隆の子。比叡山に登り、

皇円、範源法印、慈鎮和尚に学び、権律師に任ぜられる。のち、長楽寺に移る。皆空上人。石田充之『日本浄土教の研究』参照。系図二参照。

④ **アハタノ関白**　藤原兼家の次男、藤原道兼。長徳元年〈九九五〉没。粟田の地（現在の京都市東山区）に山荘を営んだことから粟田殿と呼ばれた。系図二参照。

⑤ **少納言資隆**　藤原重兼の子で歌人。有職故実書『簾中抄』を著す。治承末から寿永元年〈一一八二〉の間に出家す。法名寂恵。系図二参照。

⑥ **戒心ノタニ**　比叡山延暦寺の三塔十六谷の内、横川の六谷の一。知見坊は未詳。

⑦ **皇円阿闍梨**　藤原重兼の子。皇覚に師事、肥後阿闍梨と称する。功徳院（比叡山東塔西谷に旧跡あり）に住す。嘉応元年〈一一六九〉没。『扶桑略記』を撰す。系図二参照。

八ウ

① **範源法印**　藤原季通の四男。相者としても聞こえた天台の碩学で、天台宗椙生流の祖師皇覚の流れを汲む（多賀宗隼「皇覚および『枕雙紙』について」『金沢文庫研究』六一、昭和三十五年十・十一月参照）。

② **信瑞**　弘安二年〈一二七九〉没。字は敬西。初め隆寛に従い、のち、法蓮房信空の弟子となり、『浄土三部経音義集』『法然上人伝』等を作る。本書の著者（橋川正「明義進行集とその著者」『仏教研究』二巻四号、大正十年十月参照）。

③ **慈鎮和尚**　慈円。久寿二年〈一一五五〉～嘉禄元年九月二十五日〈一二二五・一〇・二八〉、七十一歳。別称吉水和尚。学生安成ほかの隠名もある。建久三年〈一一九二〉以後、四度にわたって天台座主に任ぜられる。嘉禎三年〈一二三七〉、十三回忌に四条天皇より慈鎮和尚の諡号を受ける。法性寺関白忠通の第六子、月輪関白兼実の弟。『愚管抄』を著す。

九オ

① **三経一論**　浄土教で正依とする三部経と、世親の『浄土論』をいう。

② **曇鸞**　法然房源空の創唱にかかる浄土五祖の第一祖。生没年未詳ながら、示寂は天保五年〈五五四〉以後とみられる。

③ **コマツトノ**　平重盛のこと。三オ⑥参照。

九ウ

① **尊性**　未詳。

② **昇蓮**　『浄土伝灯総系譜』には明遍の弟子とある。『一言芳談』巻之下に出る「証蓮房」と同一人物か。

③ **天台釈ニハ行以進趣為義**　未詳。

一〇オ

① **若我成仏…必得往生**　『選択集』第三「本願章」の一節で、善導の『往生礼讃偈』を引用した部分。「又如無量経曰……」（大正蔵経四七・四四七c・一九八〇）とある。但し、大正

蔵経には、「世」の文字なし。

② **一心専念…順彼仏願故**　『選択集』第二「二行章」の一節で、善導の『観無量寿仏経疏』「散善義」を引用した部分。「一者一心専念……」（大正蔵経三七・二七二b・一七五三）とある。

③ **弥陀真色…願最為強**　『選択集』第七「摂取章」の一節で、善導の『往生礼讃偈』を引用した部分。大正蔵経には「弥陀身色……」とあり、「真」の字が「身」、「当知本願」の「知」の字が「如」となっている（大正蔵経四七・四四六b・一九八〇）。

④ **雅成親王**　正治二年〈一二〇〇〉～建長七年〈一二五五〉、後鳥羽天皇の第三皇子で、承久三年〈一二二一〉承久の乱後、北条氏によって但馬国に流罪となった。親王が隆寛に念仏の実践について質問した書簡を送ったのは、同じ承久三年のことをされている。石田充之『日本浄土教の研究』参照。

一一オ

① **観音経**　『妙法蓮華経』第八巻第二十五品「観世音菩薩普門品」の略称。

一二ウ

① **得生西方ノ義ト名ク七篇**　未詳。

一三オ

① **正助ノ二行**　正行と助行の意。浄土往生の行いに正業と助業の二種を立てること。助正二行ともいう。雑修は念仏以外の修行をすること。

② **専雑ノ二修**　専称名号と雑修。

③ **我見是利ノ実語**　『阿弥陀経』に「我見是利故説此言。若有衆生聞是説者。応当発願生彼国土」（大正蔵経一二・三四七b・三六六）とある。

④ **諸仏ノ広長舒舌ノ証誠**　諸仏に備わっている広長舌相による真実の証明。『阿弥陀経』に「如是等恒河沙諸仏。各於其国出広長舌相。遍覆三千大千世界説誠実言」（大正蔵経一二・三四七b・三六六）とある。

一三ウ

① **一色一香無非中道**　『摩訶止観』巻一上「繋縁法界一念法界、一色一香無非中道」（大正蔵経四六・一C・一九一一）等。

一四オ

① **モシ衆生アテ…正覚ヲトラシト**　『安楽集』に「是故大経云。若有衆生。縦令一生造悪。臨命終時。十念相続称我名字。若不生者。不取正覚。」（大正蔵経四七・一三c・一九五八）とある。

② **モシ悪ヲツクリ…往生スルコトヲウヘシ**　『安楽集』に「若論起悪造罪。何異暴風駛雨。是以諸仏大慈勧帰浄土。縦使一形造悪。但能繋意専精常能念仏。一切諸障自然消除。定

得往生。何不思量都無去心也。」（大正蔵経四七・一三c・一九五八）とある。

一五オ

① **空阿弥陀仏**　空阿。久寿二年〈一一五五〉～安貞二年〈一二二八〉。一説に初め天台僧であったという（『四十八巻伝』第四十八）。建保五年〈一二一七〉九条油小路堂で四十八日の念仏を行う。嘉禄元年〈一二二五〉京都から追放され、天王寺西門に仮住した。

② **如来尊号…勢至自来迎**　唐法照撰『浄土五会念仏略法事儀讃』中の「浄土楽讃」の第九句。但し大正蔵経には「生」の字なし（大正蔵経四七・四七七c・一九八三）。

一六オ

① **空也上人**　延喜三年〈九〇三〉に生まれる。空也は字、名は光勝、常康親王の子とも、醍醐天皇の子ともいわれる。市中に住み、念仏を唱え民衆教化運動に挺身した。市聖。天禄三年〈九七二〉没。

② **信空上人**　久安二年〈一一四六〉～安貞二年九月九日〈一二二八・一〇・八〉。字は法蓮、号は翻弁。白河上人とも。左大弁藤原行隆の長子。十二歳で比叡山の叡空に師事し、その死後、法然房源空に師事する。源空の事実上の後継者。本書巻第二第五参照。

③ **此界一人念仏名…接取不捨**　空阿弥陀仏の作とされる『文讃』の全句。法照の『浄土五会念仏略法事儀讃』や源信の『往生要集』などから採句、和訳して、念仏による浄土願生の行を勧めたもの。そのうち「光明遍照…接取不捨」（光明四句）は『観無量寿経』からの引用。

一六ウ

① **義浄三蔵**　貞観九年〈六三五〉～開元元年〈七一三〉。中国唐代の僧。咸亨二年〈六七一〉、広州から海路天竺に渡って那爛陀寺で仏教の奥義を極め、六九五年、梵本四百部を携えて洛陽に帰還。三蔵の名をうける。仏典五十六部二百三十余巻を漢訳。著書に『南海寄帰内伝』『大唐西域求法高僧伝』などがある。

一七オ

① **左大弁藤原ノユキタカ**　藤原行隆。権中納言藤原顕時の嫡子。文治三年〈一一八七〉没、三十七歳。

② **中納言ノアキトキ**　藤原顕時。本名顕遠。因幡守藤原長隆の嫡子。仁安二年〈一一六七〉没。粟田口帥。中山中納言。

③ **左衛門ノカミ藤原ノ通季**　寛治三年〈一〇八九〉～大治三年〈一一二八〉。藤原公実の子。権中納言。

一七ウ

① **叡空上人**　生没年未詳。円頓戒黒谷流の戒師として名高い。源空受戒の師。慈眼房。

② **二条ノ院**　二条天皇。康治二年〈一一四三〉～永万元年

〈一一六五〉。保元三年〈一一五八〉即位。

一八オ

① **補処**　仏が亡くなった後、その地位を補うこと。ここでは、源空の後を襲う者、の意か。

一八ウ

① **明禅法印**　天台宗の僧。仁安二年〈一一六七〉～仁治三年五月二日〈一二四二・六・一〉。藤原成頼の子。比叡山で顕真・智海に檀那流を学び仙雲より秘密灌頂を受けて法曼流を伝授される。萩焼法印とも。のちに山城の毘沙門堂に住し法印となる。源空滅後、『選択集』を信空より閲し、浄土門に帰入。本書巻第三第八参照。

② **宗行**　藤原宗行。安元元年〈一一七五〉～承久三年〈一二二一〉。行隆の子。もと行光という。承久の乱で討幕に参与。乱後捕えられ殺された。

一九オ

① **善空法師**　生没年未詳。字は浄意。『法水分流記』に「住金剛院」とある。明禅・信瑞とともに信空の弟子。

② **六角ノ中将入道**　藤原敦道。生没年未詳。家通の三男。高倉と号す。

二〇オ

① **別紙ニコレヲ記ス**　未詳。

二〇ウ

① **下野守藤原ノ朝臣**　藤原秀康（元久二年〈一二〇五〉赴任）または藤原朝政（嘉禄元年〈一二二五〉赴任）のいずれかを指すか。但し藤原秀康は承久三年〈一二二一〉没。

② **阿弥陀仏凡夫ノ…不取正覚**　『大無量寿経』巻上からの引用（大正蔵経一二・二六八a・三六〇）。

二一オ

① **善導和尚別ニタテハケテ…ト説ケリ**　善導の『観無量寿仏経疏』「玄義分」の「今此観経即以観仏三昧為宗亦念仏三昧為宗。」（大正蔵経三七・二四七a・一七五三）による。

二一ウ

① **修理亮惟宗ノ忠義**　建仁二年〈一二〇二〉～文永九年四月十日〈一二七二・五・八〉。島津氏二代。薩摩国守護島津庄薩摩方総地頭。在鎌倉の有力御家人として近習番役をつとめた。のちに忠時と称した。嘉禄二年〈一二二六〉は忠義二十五歳の頃。

② **不審十四箇条**　信瑞の『広疑瑞決集』第三に、不審の第九条がある。

③ **若有衆生願生彼国者…具三心者必生彼国**　『観無量寿経』に、「若有衆生願生彼国者。発三種心即便往生。何等為三。一者至誠心。二者深心。三者廻向発願心。具三心者必生彼国。」（大正蔵経一二・三四四c・三六五）とある。

④ **善導和尚同経疏ニ云ク皆須真実心…故名廻向発願心ナリ**

現行の『観無量寿経疏』「散善義」には次のようにある。「皆須真実。故名至誠心。二者深心。言深心者。即是深信之心也。」（大正蔵経三七・二七一a・一七五三）、「三者廻向発願心。言廻向発願心者。過去及以今生身口意業所修世出世善根及随喜他一切凡聖身口意業所修世出世善根以此自他所修善根。悉皆真実深信心中廻向願生彼国。」（同、二七二b）。

二二ウ

① **若少一心即不得生云々**　善導の『往生礼讃偈』に「若少一心即不得生。如観経具説。応知」（大正蔵経四七・四三八c・一九八〇）とある。

二四オ

① **天台止観第二ニイハク…如此諸人永作凡夫**　『摩訶止観』には、「和須蜜多婬而梵行。提婆達多邪見即正。若諸悪中一向是悪。不得修道者如此諸人永作凡夫。」（大正蔵経四六・一七c・一九一一）とある。「和須蜜多」は『華厳経』中の五十三善知識中の一。婬女の大善知識。「提婆達多」は仏の従弟。出家して神通を学び、身に三十相を具し、六万の法蔵を誦したが、利養のために三逆を造り、生きながら地獄に堕ちたとされている。

二四ウ

① **イクサミテヤハク**　軍見て矢矧ぐ。事が始まってから、あわててその準備に取りかかることのたとえ。

二五オ

① **不簡下智与高才…瓦礫反成金**　『浄土五会念仏略法事儀讃』の般舟三昧讃の抄跋（大正蔵経四七・四八一c・一九八三）。「瓦礫反成金」の部分は、現行の本文では「瓦礫変成金」となっている。二オ③参照。

二六オ

① **出雲路**　山城国愛宕郡、現在の京都市上京区から北区の賀茂川西岸にあたる地名。京都北方鞍馬街道からの出入り口で、交通・軍事上の要衝であり、また、古代、出雲寺が建立されて以来、仏閣を建立するにふさわしい地とされてきた。

② **覚愉**　覚瑜とも。字は住心、出阿。文章生康房の子。本書によれば、保元三年〈一一五八〉～天福元年正月三十日〈一二三三・三・一二〉（『浄土伝灯総系譜』巻下には、天福九年正月三十日没とあるが、天福年間に九年はない）。『善導和尚類聚伝』一巻、『十誓讃』一巻などを著す。

③ **平ノ氏右馬助貞房**　平貞盛六代の孫で、従五位下上総守平兼季の子。従五位上。左馬助とも伝えられる。庄田の姓を名乗った。

④ **文章ノ生康房**　貞房の子で伊勢守。庄田を号す。

⑤ **薗城寺**　近江国にある天台宗寺門派の総本山。長等山三井寺と号す。はじめ御井寺といったが、のちに三井寺と改める。延暦寺の山門に対して寺門という。貞観六年十二月〈八六

五〉、延暦寺の別院となったが、延暦寺第三世座主円仁（慈覚大師）の門弟と、園城寺中興円珍の門弟が争ったことに端を発して、両門弟分離し、山門・寺門と称するようになった。

⑥ **良慶法眼**　園城寺の学僧。良明に師事して台教を学ぶ。正治二年〈一二〇〇〉本寺大学頭となり、勅して法眼に叙せられる。嘉承二年〈一一〇七〉～建久二年〈一一九一〉、八十五歳。

⑦ **慶範法印**　園城寺の僧。真円に師事。久寿二年〈一一五五〉～承久三年〈一二二一〉、六十七歳。

二六ウ

① **善導ニヨラハ願行具足シテ…称名ナリト**　善導の『観無量寿仏経疏』「玄義分」に「問曰。願行之義有何差別。答曰。如経中説。但有其行行即孤亦無所至。但有其願願即虚亦無所至。要須願行相扶所為皆剋。」（大正蔵経三七・二五〇a・一七五三）とあり、また「今此観経中十声称仏即有十願十行具足。云何具足。言南無者即是帰命。亦是発願廻向之義。言阿弥陀仏者即是其行。以斯義故必得往生。」（同、二五〇a～b）とある。

② **若我成仏…必得往生**　一〇オ①参照。

二七オ

① **聖覚**　藤原通憲の孫。澄憲法印の子。安居院に住したので安居院の法印とも呼ばれた。比叡山竹林房の静厳に仕える。唱導に名声を得た。『唯信鈔』（三一オ①参照）の著者。仁安二年〈一一六七〉～文暦二年三月五日〈一二三五・三・二五〉。二一オ⑤⑥および系図一参照。

② **天暦二年**　当年は西暦九四八年、戊申の年にあたるため、文暦二年の誤写かと思われる。

③ **真ノ弟子**　『四十八巻伝』第十七には、「真弟」とある。また『円光大師行状画図翼賛』巻十七には「骨肉ヲ分タル実子ヲ己カ弟子ニシタルヲ真弟ト云」（『浄土宗全書』巻十六）と記されている。

④ **静厳法印**　比叡山東塔北谷八部尾竹林房の住侶。『円光大師行状画図翼賛』巻五十七には「竹林房静厳法山僧ノ筆記ニ云ク松井ノ法橋長耀ノ附弟也俗姓以下未タレ詳ナラス考ニ大系図一ヲ贈太上大臣良門公冬嗣六男十代之後信濃ノ守伊綱之孫山門無官仁季之真弟也」とある。『日本大師先徳明匠記』参照。

二七ウ

① **九条ノ禅定殿下**　九条兼実。久安五年〈一一四九〉～承元元年〈一二〇七〉。建仁二年〈一二〇二〉剃髪出家。戒師源空。

② **託麻ノ法印証賀**　『円光大師行状画図翼賛』巻五十九に「託麻法眼證賀、九巻伝ニ託摩法印證賀トアリ東鑑ニ寛喜三年十月六日〈一二三一・一一・一〉宅摩左近ノ将監為行御願寺ヲ建ラルヘキノ地ヲ図絵スナトアリ」等とある。

③ **後京極殿**　九条良経。嘉應元年〈一一六九〉～建永元年

〈一二〇六〉。兼実二男。

二八オ

① **礼盤**　仏を礼するために登る座。須弥壇の正面にあって、前に経机があり、右に磬、左に柄香炉のための台を置く。宗派によって異称がある。

② **先師法印力降雨**　『興福寺略年代記』に「承安四年五月廿四日〈一一七四・六・二五〉最勝講。初日澄憲法印祈雨之説法。即甘雨降。当座任大僧都」とあり、『古今著聞集』巻二・六十「澄憲法印祈雨の事」や『古事談』三にもこの記事がある。

二八ウ

① **大論ノ第九**　『大智度論』巻九（大正蔵経九・一二一c～一二二b・一五〇九）による。途中省略、異同がある。

二九ウ

① **興起経**　『仏説興起行経』上に「以何因縁　世尊頭痛　以何因縁　世尊骨節疼痛　以何因縁　世尊脊背強」（大正蔵経四・一六四c・一九七）とある。

② **大論二十三**　『大智度論』巻二十三（大正蔵経二三・二二九c～二三〇a・一五〇九）による。

三〇オ

① **三井ノ大阿闍梨**　慶祚〈九五五～一〇一九〉のことか。俗姓は中野氏、師元の子。余慶僧正に師事して顕密を学び、大阿闍梨に任ぜられ園城寺に住す。寛仁三年十二月十二日〈一〇一九・一・九〉没、六十五歳。『古事談』三に「恵心僧都与慶祚阿闍梨互契可告遷化期之由送年月之間大阿闍梨為後夜之行法。」とある。

三一オ

① **唯信鈔**　聖覚によって承久二年〈一二二一〉に書かれたもので、他力念仏往生の要義を述べたもの。一巻。

② **往生極楽ノ別因…念仏往生トス**　『唯信鈔』に「往生極楽ノ別因ヲサタメムトスルニ…コレヲ念仏往生トス」（大正蔵経八三・九一一a～b・二六七五）とある。

三二オ

① **次ニ本願ノ文ニイハク…口称ノ義ヲアラハサムトナリ**　『唯信鈔』に「ツキニ本願ノ文ニイハク…口称ノ義ヲアラハサムトナリ」（大正蔵経八三・九一三c～九一四a・二六七五）とある。

三二ウ

① **具足十念…生死之罪**　『観無量寿経』（大正蔵経一二・三四六a・三六五）。但し、大正蔵経では「無量寿仏」を「阿弥陀仏」、また「称名故」を「称仏名故」とする。

三三オ

① **法印明禅**　18ウ①参照。

② **藤原ノ成頼**　権中納言顕頼の三男。出家の後、高野宰相入

道と称された。保延二年〈一一三六〉～建仁二年〈一二〇二〉。

③ **智海法印**　生没年未詳。天台宗檀那流澄豪の門人。東塔西谷林泉房に住す。藤原基房の子で六十八代天台座主承円の灌頂を行う。毘沙門堂殿とも号す。『日本大師先徳明匠記』参照。

④ **仙雲法印**　生没年未詳。法曼流の住侶方、戒実房静然の流れを受ける。

⑤ **但州の御文**　一〇オ④参照。

三三ウ

① **六時礼讃善導云…続即生**　一般には『往生礼讃偈』（大正蔵経四七・四三九a～b・一九八〇）。唐の善導撰。本書引用のものと異同がある。

② **文殊般若**　『文殊師利所説摩訶般若波羅蜜経』のことか。同巻下（大正蔵経八・七三一b・二三二）に「善男子善女人欲入一行三昧。応処空閑捨諸乱意　不取相貌繫心一仏専称名字」とある。

三四オ

① **阿弥陀経ノ略記**　『阿弥陀経略記』源信撰。大正蔵経には、「言聞説阿弥陀仏執持名号者。観彼無量光明等義。称名心念耳。今勧勝因。故如是説。非全遮」とある。（大正蔵経五七・六七九a・二二一〇）。

② **小阿弥陀経ノ執持名号ノ文**　『仏説阿弥陀経』に「舎利弗。若有善男子善女人。聞説阿弥陀仏。執持名号。若一日。若二日。若三日。若四日。若五日。若六日。若七日。一心不乱。其人臨命終時。阿弥陀仏与諸聖衆。現在其前。是人終時心不顛倒。即得往生阿弥陀仏極楽国土。」（大正蔵経一二・三四七b・三六六）とある。

③ **往生要集下恵心云**　『往生要集』巻下「大文第八　念仏証拠」（大正蔵経八四・七七a・二六八二）。

④ **阿弥陀ノ四十八願ノ中第十八ノ願**　『仏説無量寿経』巻上に「設我得仏。十方衆生至心信楽。欲生我国乃至十念。若不生者不取正覚。」（大正蔵経一二・二六八a・三六〇）とある。

⑤ **西方要決慈恩云**　『西方要決釈疑通規』のこと。唐の慈恩大師窺基の撰と伝えるが、古来その撰の真偽を巡っては議論がある。引用はその第九、『仏説阿弥陀経』についての注釈の部分（大正蔵経四七・一〇七b～c・一九六四）である。慈恩は玄奘の弟子、法相宗の祖。高宗永淳元年慈恩寺の翻経院にて没、五十一歳。

三四ウ

① **観経疏善導第一云**　善導撰の『観無量寿仏経疏』「玄義分」。大正蔵経には、「今此観経中十声称仏即有十願十行具足。云何具足。言南無者即是帰命。亦是発願廻向之義。言阿弥陀仏者即是其行。以斯義故必得往生。」（大正蔵経三七・二五〇

a～b・一七五三)。

② **往生要集下云**　『往生要集』巻下「大文第八　念仏証拠」（大正蔵経八四・七六c・二六八二）。

三五オ

① **四分律行事抄**　『四分律行事抄』は、『四分律刪繁補闕行事鈔』のこと。その巻下四　第二十六（大正蔵経四〇・一四四a・一八〇四）からの引用であるが、かなり異同がみられる。終南山の道宣は、南山律宗の開祖。

三五ウ

① **浅略称名蔵**　未詳。あるいは良忠の『四帖疏浅略鈔』を指すか。伝存不明。

② **外書曰　占従二人言**　漢語の「占三従二」の意か。

三六ウ

① **尚書曰…器貴新**　「尚書」は『書経』のこと。『書経』「盤庚」には、「人惟求旧、器非求旧、惟新」とあり、『十三経注疏』にはこの箇所に「人遅任古賢。言人貴旧器貴新汝不徒是不貴旧」とある。

② **律伝**　未詳

③ **一ノ比丘有テ…得見水白鶴**　『根本説一切有部毘奈耶雑事』巻四十に、「時阿難陀与諸苾芻在竹林園。有一苾芻而説頌曰。若人寿百歳　不見水白鶴　不如一日生　得見水白鶴」（大正蔵経二四・四〇九c・一四五一）とある。

三七オ

① **時ニ阿難聞キオハリテ…カクノコトク**　『根本説一切有部毘奈耶雑事』巻四十に、「時阿難陀聞已告彼苾芻曰。汝所誦者大師不作是語。然仏世尊作如是説。若人寿百歳　不了於生滅　不如一日生　得了於生滅　汝今応知。」（大正蔵経二四・四一〇a・一四五一）とある。

② **ソノ時ニカノ比丘…阿難老朽テ言ニ虚妄多云々**　『根本説一切有部毘奈耶雑事』巻四十に、「彼聞教已便告其師。師曰阿難陀老闇　無力能憶持　出言多忘失　未必可依信　汝但依旧如是誦持。時尊者阿難陀。覆来聴察見依謬説。」（大正蔵経二四・四一〇a・一四五一）とある。

③ **阿難聞テ悲泣シテ云…即入滅スト云々**　未詳。

三七ウ

① **六度**　六波羅蜜のこと。

三八オ

① **阿弥陀如来…利生トス**　『仏説無量寿経』巻上（大正蔵経一二・二六七a～二六九c・三六〇）を意訳したもの。

三九オ

① **衆所智識**　『仏説阿弥陀経』冒頭部には、「如是我聞。一時仏在舎衛国祇樹給孤独園。与大比丘僧千二百五十人倶。皆是大阿羅漢。衆所知識。」（大正蔵経一二・三四六b・三六六）とある。

② **念々…滅シ**　『仏説観無量寿仏経』に「称仏名故。於念念中。除八十億劫生死之罪」（大正蔵経一二・三四六a・三六五）とある。

三九ウ

① **法照禅師ノ…瓦礫変成金**　二オ①～③参照。

四〇オ

① **三賢十聖**　三賢とは、ここでは修行者のうち小乗の五停心位・別相念住位・総相念住位の位に達した人のこと。十聖とは、菩薩が修行すべき五十二の段階のうち、特に第四十一位から第五十二位までの十地のことを指す。

四〇ウ

① **五百侍女発…皆当往生**　『仏説観無量寿仏経』（大正蔵経一二・三四六b・三六五）の引用。

② **七万諸尺種…面奉無量寿**　『大宝積経』巻第七十六に「浄飯王等七万釈種。得無生法忍。」とあり、それに続く偈の中に「人中命終已　此釈種決定　得生安楽国　面奉無量寿」とある。この部分の抜粋か（大正蔵経一一・四三三b～c・三一〇）。

③ **如来滅度後ノ…往生安楽国**　『入楞伽経』巻第九の引用。大正蔵経には「如来滅度後」と「於南大国中」の間に「未来当有人　大恵汝諦聴　有人持我法」（大正蔵経一六・五六九a・六七一）とある。

④ **龍樹**　龍猛、龍勝とも。一五〇～二五〇年頃。大乗仏教の基盤を確立した思想家。中観派の祖。日本では、南都六宗、天台、真言をあわせた八宗の祖とされる。主著は、『中論頌』。

四一オ

① **天親菩薩**　世親〈四〇〇～四八〇頃〉。インド瑜伽行唯識派の論師であり、唯識説の大成者。世親の著作といわれる『無量寿経優波提舎願生偈』（浄土論）は中国・日本の浄土教で重視され、浄土真宗ではこの書によって世親を真宗七祖の第二とする。

② **小角**　念仏を数える用具をいうか。

四一ウ

① **恵日法師**　中国唐代の浄土教慈愍流の祖。長安二年〈七〇二〉に南海地方からインドに入り、十三年間にわたり仏跡を巡拝、梵本を求め、高僧を歴訪した。ガンダーラで観音の霊告をうけ、開元七年〈七一九〉に長安に帰り、浄土教を普及させた。玄宗より慈愍三蔵の号を賜った。永隆元年〈六八〇〉～天宝七年〈七四八〉。

② **大足**　中国唯一の女帝則天武后の在位中の年号。西暦七〇一年。

③ **崑崙仏誓師子**　崑崙国・室利仏逝・師子国のこと。崑崙国とは現在のヴェトナム南部、カンボジア、タイ、マレー半島、ビルマ南部、スマトラ、ジャワなどを含む南海諸国を総称し

たもの。室利仏逝は現在のスマトラ島南部パレンバン付近にあった。師子国は現在のスリランカ。

四二オ

① **健駄羅国** ガンダーラ。現在のパキスタン西北部ペシャワールおよびその周辺地域を指す。

② **開元七年** 中国唐代、七一九年。

③ **梵夾** 梵篋のこと。多羅樹の葉である貝葉に針で写経したものを重ね、板で上下をはさみ、縄でこれを結んだもの。

四二ウ

① **月支** または月氏。中国の春秋戦国の頃、中央アジアで活躍した遊牧民族。

② **玄奘三蔵** 仁寿二年〈六〇二〉～麟徳元年〈六六四〉。貞観三年〈六二九〉天山北路よりインドに入り、貞観十九年〈六四五〉天山南路を経て帰着。訳経七六部一三四七巻。

③ **霊樹山** 耆闍崛山。霊鷲山。法華経、無量寿経をはじめ、多くの大乗教典の会座となったと伝える。

④ **祇園寺** 祇樹給孤独園精舎。この間の事情は『大唐西域記』巻六「宝羅伐悉底国」の条（大正蔵経五一・八九九a～c・二〇八七）に記載がある。

⑤ **商那和須** 商那和修。生没年未詳。インドにおける付法蔵第三祖。中インド王舎城に生まれる。善根により舎那衣を着して胎内より出、出家するに及んでその衣は法服となり、受戒の後さらに変じて九条の袈裟となったと伝える。

四三オ

① **当来之世経道滅** 『仏説無量寿経』巻下には、「当来之世経道滅盡。我以慈悲哀愍。特留此経住百歳。」（大正蔵経一二・二七九a・三六〇）とある。

② **後漢ノ明帝ノ永平十年** 西暦六七年、丁卯。

③ **摂摩騰竺法蘭** 「摂摩騰」「竺法蘭」は、いずれも中国後漢代、仏教流入期の伝説上の梵僧。

④ **白馬寺** 後漢の明帝永平年間、蔡愔・秦景等天竺に遣わされ、摩騰・法蘭の二沙門に遭い、相率いて洛陽に帰る。帝深くこれを敬い、洛陽城西雍門外に精舎を建てて白馬寺と称した。中国における寺院の嚆矢と伝える。

⑤ **四十二章経** 後漢摂摩騰訳。訳者については異説がある。他に二種の異本がある。

⑥ **安世高** 安息国王正后の太子。名は清、世高は字。後漢の桓帝建和二年に洛陽に至る。訳出経典九十五部、百十五巻。生没年未詳。

四三ウ

① **支婁讖** 支婁迦讖。後漢代、月氏出身の僧、生没年未詳。

② **平等覚経** 『無量清浄平等覚経』の略称。『無量寿経』異訳五存の一つ。後漢の支婁迦讖訳とされるが、魏の帛延訳とする説もある。

③ **恵遠禅師**　慧遠。東晋代の僧。廬山の白蓮社の祖。その高風を慕い四方より来集する者、百二十三人、彭城の劉遺民・予章の雷次宗・雁門の周続之・新蔡の畢顕之・南陽の宗炳等はその主だった人々であると伝える。これらの人々については、『梁高僧伝』巻六「釈恵遠伝」（大正蔵経五〇・三五七c～三六一b・二〇五九）に記載がある。

④ **外ノ六経ニ通ジ**　慧遠は儒学および老荘思想、とりわけ老子に通じていたと伝えられる。

⑤ **彭城ノ劉遺民**　「彭城」は現在の江蘇省。劉遺氏は東晋の隠士、名は程之。

⑥ **予章雷次宗**　「予章」は現在の江西省。雷次宗は宋の儒者、名は仲倫。

⑦ **雁門周続之**　「雁門」は現在の山西省。周続之は宋の隠士、名は道祖。

⑧ **新蔡畢穎之**　「新蔡」は現在の河南省の二カ所に存在した。畢顕之の名は『梁高僧伝』巻六に出るが、未詳。

⑨ **南陽ノ宗炳**　宋の隠士、名は少文。慧遠を慕い、碑を寺門に建立した。

⑩ **晋ノ義煕十二年**　東晋安帝。西暦四一六年、丙辰。

⑪ **恵永**　慧永。恵遠とともに道安法師の門に学ぶ。廬山西林の僧。『梁高僧伝』巻六「釈恵永伝」（大正蔵経五〇・三六二a～b・二〇五九）に記載がある。

⑫ **僧済**　『梁高僧伝』巻六「釈僧済伝」（大正蔵経五〇・三六二b・二〇五九）、『六学僧伝』巻二十四（卍新纂続蔵経七七・二八〇a・一五二二）に記載があるが、出自未詳。

⑬ **嘉祥寺ノ恵虔**　「嘉祥寺」は浙江省会稽。恵虔は東晋の僧。嘉祥寺において写経・講説を事とした。『梁高僧伝』巻五「釈恵虔伝」（大正蔵経五〇・三五七b～c・二〇五九）『仏祖統紀』巻二十七（大正蔵経四九・二七三a・二〇三五）に記載がある。

⑭ **長安ノ僧叡**　東晋の僧。関中四聖の一。鳩摩羅什に学ぶ。『梁高僧伝』巻六「釈僧叡伝」（大正蔵経五〇・三六四a～b・二〇五九）に記載がある。

四四オ

① **江陵曇鑑**　「江陵」は現在の湖北省江陵。曇鑑は『梁高僧伝』巻七「釈曇鑑伝」（大正蔵経五〇・三七〇a・二〇五九）、『仏祖統紀』巻二十七（大正蔵経四九・二七三a・二〇三五）、『六学僧伝』巻二十一（卍新纂続蔵経七七・二五四c・一五二二）に記載がある。

② **交趾曇弘**　「交趾」は現在のベトナム北部。曇弘は『梁高僧伝』巻十二「釈曇弘伝」（大正蔵経五〇・四〇五c・二〇五九）、『六学僧伝』巻九（卍新纂続蔵経七七・一四八c～一四九a・一五二二）に記載がある。

③ **霊遠寺ノ法琳**　唐代の僧。幼くして出家、三論を学び次い

で儒・外・九部百家を学す。のち仏門に復し、当時盛んであった廃仏の論に対して論を張り、護法に努力した。貞観十四年〈六四〇〉没、六十九歳。『梁高僧伝』巻十一「釈法琳伝」（大正蔵経五〇・四〇二a～b・二〇五九）、『仏祖統紀』巻二十七（大正蔵経四九・二七三b～c・二〇三五）に記載がある。

④ **高座寺恵進**　『梁高僧伝』巻十二「釈恵進伝」（大正蔵経五〇・四〇七c～四〇八a・二〇五九）、『仏祖統紀』巻二十七（大正蔵経四九・二七三a～b・二〇三五）に記載がある。それぞれ「年四十忽悟心自啓。遂爾離俗止京師高座寺」（『梁高僧伝』）、「斉永明初。於揚州高座寺。発願誦法華」（『仏祖統紀』）の記載がある。

⑤ **正覚寺ノ法悦**　『梁高僧伝』巻十一「釈法悦伝」（大正蔵経五〇・四一二b～四一三a・二〇五九）、『六学僧伝』巻十（卍新纂続蔵経七七・一五二a～b・一五二二）に記載がある。双方の伝に「止京師正覚寺」という記述がみられる。

⑥ **南澗寺ノ恵超**　慧超。唐代、不空三蔵の嗣法相続弟子。南海を航して印度に渡り、東・中・北の三天竺を跋渉して開元十五年〈七二七〉十一月安西州に帰来した。生没年不詳。

⑦ **南岳思禅師**　慧思。天台宗の第二祖、南岳大師。天台の教えにおいて、学解が偏重されていたため行法と一致させることに力を注いだ。陳の太建九年〈五七七〉没、六十四歳。

⑧ **玄中寺曇鸞**　九オ②参照。

⑨ **智者大師**　天台大師智顗。天台宗の祖。隋の開皇十七年〈五九七〉没、六十歳。

⑩ **麻訶止観ニ…端坐正向**　『摩訶止観』第二上に「随一仏方面端座正向」（大正蔵経四六・一一b・一九一一）とある。

⑪ **妙楽**　妙楽は唐代の僧湛然、妙楽は大師号。天台宗の第九祖、中興の英匠と称される。建中三年〈七八二〉没。七十二歳。

⑫ **随一佛方面等者…為一唯**　妙楽の著『止観輔行伝弘決』第二之一（大正蔵経四六・一八二b～c・一九一二）。但し、大正蔵経では「随一仏方面等者。随向之方必須正西。若障起念仏所向便故。経雖不局令向西方。障起既令専称一仏諸教所讃多在弥陀。故以西方而為一準」とある。

四四ウ

① **白楽天**　白居易。中国、中唐の詩人。号は香山居士また酔吟先生、字は楽天。大暦二年〈七七二〉～会昌六年〈八四六〉。官吏の職にあったが、晩年は詩と酒と琴を三友とする生活を送った。その詩は平易明快で、「長恨歌」「琵琶行」などは広く民衆に愛され、日本にも早くから伝わって、平安朝文学などに大きな影響を与えた。「奏中吟」「新楽府」など、社会や政治の腐敗を批判した社会詩もある。詩文集に『白氏文集』がある。

② **代宗ノ時大暦六年**　西暦七七一年、辛亥。

③ **武宗ノ時会昌六年**　西暦八四六年、丙寅。

④ **風痺ノヤマヒニヲカサレテ**　『白氏長慶集』巻七十（『四部叢刊』四十一による）の「画西方幀記」によるか。「画西方幀記」には、「白居易当衰暮之歳中風痺之疾乃捨俸銭三万命工人杜宗敬按阿弥陀無量寿二経画西方世界一部高九尺広丈有三尺弥陀尊仏坐中央観音勢至二大士侍左右」とある。

四五オ

① **記ヲ製**　『白氏長慶集』巻七十「画西方幀記」に「諦観此娑婆世界微塵衆生無賢愚無貴賤無幻艾有起心帰佛者挙手合掌必先嚮西方怖厄苦悩者開口発声必先念阿弥陀仏又範金合土刻石織文乃至印水聚沙童子戯者莫不率以阿弥陀仏為上首不知其然而然由是而観是彼如来有大誓願於此衆生此衆生有大因縁於彼国土明矣不然者東南北方過去見在未来佛多矣何独如是哉」とある。また、『白氏長慶集』巻六十一には「繍西方幀讃并序」を収載する。

② **無量寿経下云…略説之耳**　『仏説無量寿経』巻下の抜粋と思われるが、省略・書き換えが多い（大正蔵経一二・二七八b～c・三六〇）。

四五ウ

① **善導曰…亦無窮**　『依観経等明般舟三昧行道往生讃』（『般舟讃』）に「浄土荘厳無有盡　願往生　十方生者亦無窮無量楽」（大正蔵経四七・四五三b・一九八一）とある。

② **恵心曰…無数仏土来**　『往生要集』上本「大文第二」に「或見衆生如駛雨従十方世界生。或見聖衆如恒沙。従無数佛土来」（大正蔵経八四・四一c・二六八二）とある。

四六オ

① **曠劫ヨリコノカタ…シラス**　『観無量寿仏経疏』「散善義」の「二者深心。言深心者。即是深信之心也。亦有二種。一者決定深信自身現是罪悪生死凡夫。曠劫已来常没常流転。無有出離之縁。」（大正蔵経三七・二七一a・一七五三）によるか。

四六ウ

① **世ノウサニ…ナサケナリケル**　『長明集』一一一に「濃州虎浜といふ山に引こもり侍し比参学のともからとふらひきたりけるに　世のうさにかへたる山のさひしさをとはぬそ人のなさけなりけり」とある（『私家集大成』）。

② **弘安六年五月二十二日**　西暦一二八三年六月一八日。

③ **山直郷**　『和名抄』（二十巻本）巻六に「和泉郡山直　也末多倍」とある。現在の大阪府岸和田市の大津川南支源流域。

④ **安楽寺**　『大日本寺院総覧』（大正五年、明治出版社）に「安楽寺・泉南郡山直下村中」とある。

⑤ **所迎法師**　未詳。

系図

本系図は『明義進行集』の本文を基本に、『尊卑分脈』を参照して作成した。
『明義進行集』に関係がないと思われる人物については、男女にかかわらず「・」で記すにとどめた。
系図中に＊のマークを付したものは、『明義進行集』本文の記述に依る。

［系図一］

- 高階経敏　長門守。正四下。
  - 通憲　藤原実兼長男。
  - 敏覚　東大寺別当。

- 藤原実兼　加賀掾　本名敏範
  - 通憲　日向守少納言。信西。＊少納言入道。長門守高階経敏の養子になり改姓。但し子孫は本姓に帰る。
    - 俊憲　近江権守。参議。従三。
      - ・
      - ・
      - 信憲　興福寺別当。僧正。
      - ・
    - 貞憲　飛騨摂津守。少納言。権右中弁。
      - ・
      - ・
      - ・
      - ・
      - 貞慶　解脱上人。＊解脱房。
      - ・
  - ・

是憲　少納言。本名高伊。信濃入道。円照。遊蓮上人。＊遊蓮房。

澄憲　少納言法印大僧都。＊安居院ノ法印。

　聖覚　法印権大僧都。安居院ノ法印。

覚憲　権僧正。興福寺別当。

明遍　権大僧都。＊空阿弥陀仏。＊空阿弥陀。

勝賢　東大寺別当。権僧正。＊醍醐ノ座主。

【系図二】

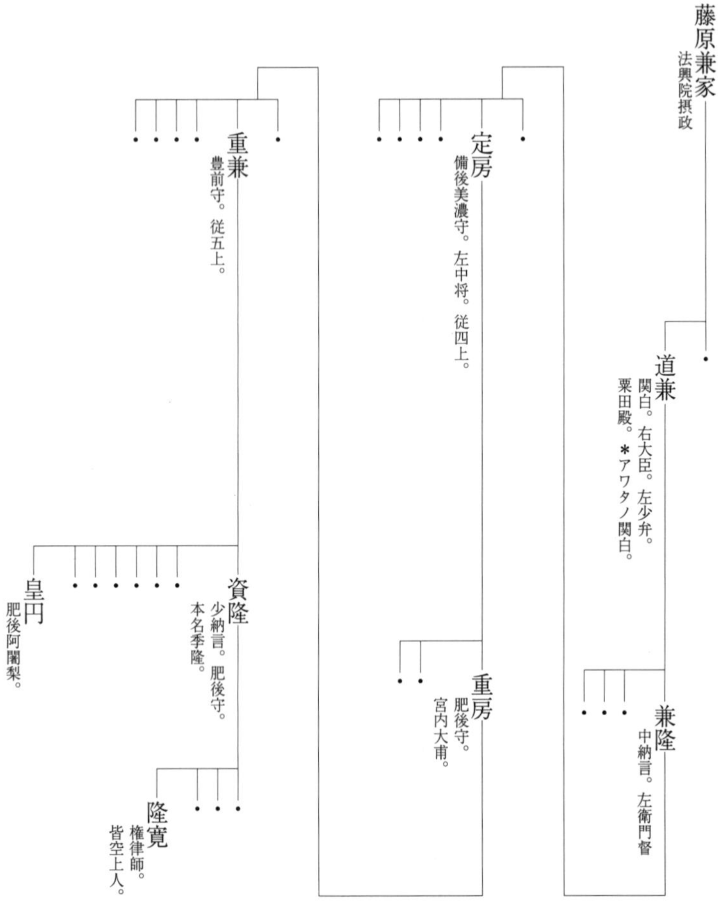
藤原兼家
法興院摂政
道兼
関白。右大臣。左少弁。
粟田殿。*アワタノ関白。
兼隆
中納言。左衛門督
定房
備後美濃守。左中将。従四上。
重房
肥後守。
宮内大甫。
重兼
豊前守。従五上。
資隆
少納言。肥後守。
本名季隆。
皇円
肥後阿闍梨。
隆寛
権律師。
皆空上人。

解　題

中嶌　容子

『明義進行集』は、法然房源空の孫弟子に当たる敬西房信瑞が著した法然門流の言行録である。大正七年八月に黒板勝美博士によって発見され、その伝存が確認された。発見の経緯は『歴史地理』（大正八年六月）に報告されている。当時の状況が知られるので、煩を厭わず引用する（段落を私に設けた）。

大正七年八月七日勝美京都府下旅行の序を以て史料蒐集の爲め大阪府下に出張を命ぜらる、乃ち史料編纂補助囑託三成重敬を随行し、同月十九日京都府下宇治郡醍醐村三寶院を發し、同日大阪府南河内郡天野村金剛寺に到り、滯在三日にして同二十三日同寺を辭し復た三寶院に歸れり、今左に概略を述べて報告とす、

金剛寺の古文書記録類は、去る明治十九年以來既に兩三度採訪を經たりと雖ども、今回同寺の承諾を得、その古文書を一冊とし大日本古文書家わけ第七として出版せんとするに當り、猶ほ更に根本的調査の必要を生じ、同寺に出張することゝなれり、而して同寺住職鹽崎琢脩師がすべて寶藏經藏等に藏弃せらるゝものを、特に開放して展觀せしめられたる好意は、勝美のこゝに深く謝する所なり、先づ同寺に於て新に發見せるものを數ふれば、

別冊目録に具載する如く、古文書約百七十通、記録類一十四點、文集類六點、經疏聖教類三十九點、著述類十三點に及べり、

明義行集は、未だ學界に知られざる珍書にして、今第二、第三の合本一冊を存するに過ぎざるも、浄土宗を開きし法然上人の化導に隨ひて、念佛門に入りし高野僧都明遍、白河上人信空、安居院聖覺以下名僧の事蹟を述べたる片假名文の傳記なりその弘安六年五月の書寫にかゝるを觀れば、著述當時を去る遠からざるものといふべし

（中略）

『明義進行集』はこの金剛寺に伝えられる巻第二、第三が唯一の伝本であり、『国書総目録』に掲載されている、東京大学史料編纂所等の諸本は総て金剛寺本の透写本である。[1] 従って異本と呼ぶべき本は現時点では存在しない。大谷大学蔵本（以下「大谷本」と称す）は、大正十年五月に写されたものである。平成八年に金剛寺本を調査させていただいたところ、保存状態は良好であるものの、金剛寺本では虫損により判読不明の部分が、今からおよそ八十年前に写された大谷本で逆に補える場合のあることがわかり、翻字では大谷本を参看している。

次に金剛寺本『明義進行集』の書誌を記す。

外　題　明義進行集巻第二　并巻第三
内　題　明義進行集巻第二
尾　題　明義進行集巻第三
表　紙　本文共表紙

見返し　原装、裏打なし
寸　法　縦二九・〇糎、横二一・五糎
装　丁　列葉装
巻　数　二巻一帖
丁　数　四六丁
行　数　一〇～一四行
本　文　漢字片仮名交り
料　紙　楮紙
蔵書印　「天野山金剛寺」の朱印（一丁オ右下）
識　語　　古人云

世ノウサニカエタル山ノスマイヲルトワヌソ人ノナサケナリケル

干時弘安六年五月廿二日於

泉州山直郷多治米村安楽寺之砌為仏法興隆　　書写畢

願以書写功徳力　（我等ゝゝ）廻向二親及法界　　所迎法師之

共生西方極楽界　　頓證菩提利群生　　僧恵鏤之

（四六丁ウ）

識語に見られる山直郷は『倭名類聚鈔』（二十巻本）巻六「和泉郡」に「山直　也末多倍」とある。現在の大阪府岸和田市の大津川南支源流域にあたる。多治米村は、岸和田市田治米町の辺と推察される。安楽寺について、伊藤祐晃氏は「敬西房信瑞著明義進行集について」[2]において、「泉南郡山直下村に現今本派に属する安楽寺と號する寺刹あり」と言われている。『大日本寺院總覧』[3]に記載のある安楽寺（泉南郡山直下村中）がこれに当たると考えられる。

僧恵鏝の名は表紙にも記されており、本書は恵鏝の書写と考えられる。識語の「古人云……」の和歌と表紙見返しにある和歌は、本文とは別筆である。こちらは所迎法師の筆であろう。恵鏝・所迎法師は、ともに伝未詳である。本書は、恵鏝によって安楽寺で書写され、所迎法師を経て金剛寺の蔵書となったと考えられるが、その経緯の詳細は明らかでない。

『明義進行集』は発見当初から、先学によって以下の点が検討されてきた。

①筆者
②成立時期
③『和語燈録』等に見られる「進行集」／「信行集」の名で引用されている典籍との関係
④伝存しない巻一の内容
⑤『明義進行集』と法然の諸伝との関係

次に、先行研究を以上の点から整理する。

『明義進行集』の著者が信瑞であることは、夙に橋川正氏が「明義進行集とその著者[4]」において、以下の点から論証されている。まず、隆寛の条の「信瑞同宿ノ昔ミツカラカタテノタマヒシハ……」（八ウ）、空阿弥陀仏の条の「信空上人ノタマハク空阿弥陀仏ヲハ世ニハ無智ノ人トオモヘレトモ……云々コノコトヒトニアヒテノ給ヒシヲ信瑞マノアタリ聞事度々ナリ」（一六オ）はともに信瑞自らの経歴を語るもので第三者の見聞を記したとは考えられないこと。次に、空阿弥陀仏の条の「先師法蓮上人イハク……」（一六オ）から法蓮房信空の弟子が著者であり、信瑞もまた信空の弟子であることが『法水分流記』から確認できること。そして、信空の条、信空遷化後の供養における明禅（信空の弟子）の説法を記した後に見られる「信瑞幸ニ中陰ニハヘリテマノアタリコノコトヲ聞キ……」（一九ウ）の記述、また「信瑞同宿ノ昔シ決定往生ノ用心ヲ尋申シ、答ニ……」（一九ウ）という記述からも信瑞が信空の弟子であることが明らかであること。これらの内部徴証から『明義進行集』の著者が信瑞であることは疑いないとされている。

信瑞は『法水分流記』によると、法蓮房信空の弟子であると同時に長楽寺隆寛の弟子であるとの位置づけがなされている。いずれにしても法然房源空の孫弟子である。事蹟は詳らかでないが、『明義進行集』の他に『浄土三部経音義集』『廣疑瑞決集』『泉涌寺不可棄法師伝』の著書がある。また、佚書ながら『法然上人伝』を選したことが知られている（四十八巻伝第二十六）。

『明義進行集』を除くこれら信瑞の著書については、望月信亨氏の「敬西房信瑞の著書[5]」に委しい。特に『浄土三部経音義集』については、橋本進吉氏が「信瑞の浄土三部経音義集に就いて[6]」という一文で紹介され、また、佐賀東周氏は「松室釈文と信瑞音義[7]」において『浄土三部経音義集』に触れておられる。

信瑞の没年月日は、『法水分流記』には「弘安二十亡」とあることから、弘安二年（一二七九）十月と考えられる。『明義進行集』の執筆年は未詳であるが、没年順に配列されている僧伝の最後に位置する明禅の没年が仁治三年（一二四二）であり、これが成立の上限と考えられる。

ところで、『進行集』なる書の存在は大正七年の本書発見以前から知られていた。『和語燈録』巻四「十二問答」末尾に「この問答の問をは。進行集には。禅勝房の問といへり。」の記述があり、同書巻五「諸人伝説の詞」の中の隆寛・信空の条には、それぞれ「進行集よりいてたり」の割注が見られる（『浄土宗全書』九）。このうち『明義進行集』に対応する記述を見出すことができるのは、巻第五の隆寛の条のみであるが[8]、橋川氏は「明義進行集追考[9]」において、対応する記述が見られないのは金剛寺本が巻一を欠くためとし、やはり『和語燈録』所引の「進行集」を『明義進行集』と判断されている。そして『和語燈録』編纂の文永十二年（一二七五）を『明義進行集』成立の下限とされている。

いずれにしろ、弘安六年書写の金剛寺本は、信瑞の没年からそれほど時を経ていない、比較的成立に近い時期に書写された本であるということになる。

上記の通り、金剛寺本『明義進行集』は完本でなく、巻二、三のみである。そして、巻二冒頭の記述から、巻一には法然の事蹟が書かれていたと推測されることから、この巻一と上述の信瑞撰の法然上人伝との関係が論じられている。伊藤祐晃氏は、前掲論文の中で、伝存しない『明義進行集』の巻一がそれに相当するものであろうとし、橋川氏は醍醐本法然上人伝記（以下、『醍醐本』と称す）と信瑞の法然上人伝との間には離し難い関係があると見ておられる。[10]更に、井川定慶氏は「信瑞の法然上人伝と明義進行集巻第一に就いて」[11]で、上述した『和語燈録』の十二問答のうち、末尾を除く十一の問答が『醍醐本』に見られることから、『醍醐本』を『明義進行集』巻一の「稿本の原本か稿本に極少の交ぜったもの」とされている。一方、三田全信氏は、「法然上人傳の成立史的研究序説」の「参考六『黒谷上人伝』（信瑞本）及び『明義進行集』[12]」の中で、『明義進行集』の、伝記というよりも語録を主とした編輯要領から考えて、やはり『明義進行集』巻一と法然上人伝とは別個のものであると考えられ、その上で、澄圓の『獅子伏象論』が信瑞の法然上人伝にほとんど拠っているとされている。[13]

諸説一致しているのは、巻一にはおそらく法然房源空の事蹟が記されていたであろうという点である。現在考えられる『明義進行集』の構成は、次のようである。

巻一　法然房源空の事蹟（？）
巻二　他宗から源空に帰依し無観称名を行じた僧の言行
　一　禅林寺僧都静遍
　二　高野ノ僧都明遍
　三　長楽寺律師隆寛
　四　空阿弥陀仏
　五　白河上人信空
巻三　他宗から源空に帰依し無観称名を行じた僧の言行・続き
　六　出雲路ノ上人覚愉

七　安居院法印聖覚
八　毘沙門堂法印明禅
問答体で説く無観称名の義
一　阿難入滅についての問答
二　智恵を撥無して無観の称名のみを行ずることについての問答
三　智恵を撥無して無観の称名のみを行ずることについての問答・続き
四　「三」に関し、「浄土門は愚痴に還る」の意についての問答
五　「三」に関し、「智恵の体其の裏にあり」の意についての問答
六　行者の善悪による功徳の浅深についての問答
七　念仏教流布の時間的空間的広がりについての問答
一　如来在世の念仏行
二　天竺正法の念仏行
三　天竺像法の念仏行
四　震旦の念仏行
五　念仏行による他方界よりの往生
八　「七」続き・末法の念仏行についての問答

『明義進行集』が全何巻の書であったかは不明であるが、望月信亨氏「信瑞の明義進行集と無観称名義」(14)は、右に

「問答体で説く無観称名の義」とした箇所（三五ウ以降）を跋文とされており、井川定慶氏も同じく巻三で完結していると見ておられる。(15) 現存する『明義進行集』は巻二・巻三の合本であるため原本の各巻尾の形式は定かでないが、巻三の巻尾には望月氏が跋文とされた一篇の後に、丁を改めて更に『観経疏』の引用と跋文が見られ、尾題の後に恵鏤の識語があるので、巻三で完結しているように見える。

ところが、良栄の『往生礼讃私記見聞』中巻には「敬西坊ト云人実名ハ信瑞信行集ト云文ヲ造二七巻一中ニ初ニハ以二和歌一為二出離ノ道ヲ一捨二綺語ノ和言ヲ一取二實語ヲ一集二諸家無常釈教ノ和歌ヲ一……」（『浄土宗全書』四）という記述が見られることから、三田氏は『明義進行集』が七巻であったとされている。(16)

さて、『明義進行集』を典拠とすると見られている記述には、先述の『和語燈録』以外にも、現存する本文に対応する記述を見出せないものがある。『真宗法要典拠』巻七「改邪鈔」の「賀古ノ教信」の項に見られる「進行集云賀古教信ハ本興福寺ノ英傑也……」という記述である。これは、先の『和語燈録』に引かれている信空上人の言行とともに、本書が巻一を欠くために見出せないのであると考えられているが、これらの「進行集」が『明義進行集』であり、巻一が法然上人の事蹟を記しているという蓋然性が高いなら、『明義進行集』巻一にこれらがすべて収められ巻三で完結していたと考える必要はない。もっとも『往生礼讃私記見聞』に見られるのは「信行集」であるので、別に「信行集」なる七巻の書が存在したのかも知れず、ともかくも憶測の域を出ない。

『明義進行集』を引用していると考えられるのは、これらのみではない。法然上人の伝記のうち、『九巻伝』と『四十八巻伝』には、明らかに『明義進行集』に拠っている部分があることを望月氏が指摘されている。(17) 即ち『九巻伝』第五の上「隆寛律師給選択事」、第五の下「瘧病事」「明遍参小松殿事」、第九の下「明禅法印往生事」等、『四十八巻伝』第十六の明遍、第十七の聖覚、第四十の静遍、第四十一の明禅、第四十三の信空、第四十四の隆寛、第四十八の空阿弥陀仏、また第四十四の遊蓮房（本書「明遍」の条、七オ）である。それぞれの本文を列挙することはしないが、これらの記述を本書と比較すると確かに類似した記述が認められる。『四十八巻伝』は、現在確認できる範囲で、本書の八人の言行について参考にしたことになる。(18)

以上の研究史を踏まえ、次に本書の書承関係に関する若干の補足を加えておく。

『明義進行集』に言行の記されている八人の中、明遍・聖覚・明禅等は後の説話集にもその名が記載されている。明遍は『撰集抄』巻九「実房十一歳為母諷誦造給事付明遍事」、『沙石集』（梵舜本）巻一ノ三「出離ヲ神明ニ祈事」、巻十本ノ四「俗士遁世シタル事」(19)、同十「妄執ニヨリテ魔道ニ落タル事」、『雑談集』巻五ノ七「寺ノ門ノ金剛ノ事」、『今物語』三十六「蓮華谷の責め念仏」(20)に、聖覚は『沙石集』巻六ノ八「説教師下風讃タル事」、同十五「聖覚ノ施主分ノ事」、巻十本ノ四「俗士遁世シタル事」、明禅は『沙石集』巻四ノ九「道心タラム人執心ノゾクベキ事」に触れられている。また、『私聚百因縁集』巻七には源空の弟子として隆寛、明遍、明禅、住心（覚愉）の名が記されている。(21)しかしながら、本書の記載とこれらの説話集の記述に類似点はなく、本書との書承関係があるとは考えにくい。

ところで、本書と、『九巻伝』、及び『四十八巻伝』との間に書承関係が認められることは上述の通りである。ここで、その書承関係のあり方を今少し委しく見ておくことにする。記述内容の一致する箇所が比較的多い聖覚の条を例にとって、『九巻伝』『四十八巻伝』と本書の重なる記述を整理し、比較してみたのが、次頁の表である。それぞれの資料について、事項の記述の有無を「○」「×」で示している。

事　項（配列は『明義進行集』に基づく）	九巻伝	四十八巻伝
聖覚は澄憲の真弟なり	×	○
元久二年八月に源空瘧病を患う	○	○
月輪禅定殿下、証賀に善導の真影を図絵せしむ	○	○
後京極殿、善導の真影の銘を書く	○	○
月輪禅定殿下、聖覚に導師としての参勤を命ず	○	○
翌朝、聖覚も瘧日なれど参勤す	○	○
聖覚と源空、瘧の時刻について語る	○	×
瘧を落とせしこと、聖覚第一の高名なり	○	○
善導の浄土宗を興すは末代悪世の根機に相応す	○	×
源空の化導、仏意に叶う	○	○
聖覚の祈禱にて、善導の御影の御前に異香薫ず	○	○
釈尊も衆生と同じくせし時は病悩を受く	○	○
三井寺の大阿闍梨、地獄について恵心と論ず	○	×
聖覚、雅成親王の不審に答う	×	○

『九巻伝』「瘧病事」に記載されている三井寺の大阿闍梨と恵心僧都との対話を、『四十八巻伝』第十七では欠き、その一方で『四十八巻伝』に記されている雅成親王の請文を『九巻伝』は欠いているなど、取り入れられた『明義進

行集』の記述には、違いが見られる。つまり、『四十八巻伝』は、『九巻伝』所載の本書の記述をそのまま取り入れたわけではなく、『九巻伝』『四十八巻伝』それぞれに本書を取り入れたことが窺える。

さて、以上のように本書は後の法然伝に少なからず影響を与えているのであるが、逆に本書が先行する文献に拠ったという徴証は得られないであろうか。

『明義進行集』に先立つと考えられる法然の伝記は多くないが、『醍醐本』には、次のような比較的類似した記事が見られる[22]。先述した源空の瘧病の記述に相当する箇所である。

『醍醐本』[23]

或時上人有瘧病種々療治一切不叶于時月輪禪定殿下大歎之云　我圖繪善導御影於上人前供養之
此由被仰遣安居僧都許御返事云聖覺同日同時瘧病仕事候　雖然爲御師匠報恩可參勤仕　但早旦可被
始御佛事云々自辰時始説法　未時説法畢導師上人共瘧病落畢　又其説法大師者(旨カ)大師釋尊同衆生時者恒受
病惱給況凡夫血肉身云何无其憂雖然淺智愚鈍衆生者不顧此道理　定懷不信之思歟上人化導已稱佛意
面遂往生者千萬々々　然者諸佛菩薩諸天龍神　爭不歎衆生不信四天王可守佛法者　必可(癒カ)喩我大師上人
病惱給也　善導御影前異香薫云々　僧都云　故法印下雨擧名　聖覺身此事尤奇特云々　世間人大驚生不思議思云々

この記事に該当する『明義進行集』の記述は次の通りである（漢字の新旧は影印を基に私に判断した）。

元久二年八月ノ比シラカハノ二階坊ニシテ上人瘧病ヲシイタシテコマツトノヘカヘリ給ヌ　門弟等オノ〳〵アヒカタテイハク　イサ念仏ヲ申シテオトシタテマツラムトイフヒトモアリ　上人ノ御房へカヽルホトノモノニハワレラカチカラカナハシ若シ又結縁ノ為ニマイレルカトイフ人モアリ　九条ノ禅定殿下此事ヲキコシメシサハキテノタマハク　吾レ案シタリ善導ヲ圖繪シタテマツリテ上人ノマヘニシテ供養シタテマツラムト　スナハチ託麻ノ法印證賀ウケタマハリテコレラカキ進ス　後京極殿ソノ銘ヲアソハス　聖覚御導師ニ參勤スヘキヨシオホセラル　オホセニヨリテ翌日拂曉ニコマツトノニ參入シテマウシタマウ　聖覚モオナシク瘧病ノ事候カシカモケフハヲコリヒニテ候也何時ハカリヲコラセヲハシマシ候ヤラムト　上人コタヘテイハク　申時ハカリニヲコリ候ナリト　聖覚ハマタイクヲコリ候ナリト　サルホトニ九条殿ヨリ善導ナラヒニ布施等ヲクリツカハシタリ　イソケ〳〵トテ香花燈明トヽノヘテミノハシメニ登礼盤サルノヲハリニ下座　六ヲコリトイフヒニアタリテサハヤカニヲチ給ヌ　自嘆シテイハク　先師法印カ降雨聖覚カケウノコト第一ノ高名ナリト云々　見聞ノ道俗随喜セストイフコトナシ　上人イハク　ケフノ御説法コソ真實ニ貴ク候ツレ一心ニ聴聞シ候ヒツルニヨリテオチ候ヌト云々ソノ説法ノ大旨ハ善導和尚諸宗ノ教相ニヨラスシテ浄土宗ヲ興シ一向専修ノ行ヲ立テ無観稱名ノ義ヲヒロメ給事末代悪世機根ニ相應シテ順次ニ生死ヲハナルヘキヲモフキノ至　大師釈尊モトキ〳〵病悩ヲウケテ療治ヲモチヰタマヒキ　況ヤ凡夫血肉ノ身何テカソノ義ナカラムヤ　然ヲ此ノ道理ヲシラサル淺智愚鈍ノモノ定テ疑心ヲイタカムカ　上人ノ化道若仏意ニ叶テ順次ニ往生ヲトケ給フヘクハ　衆生利益ノ諸仏菩薩仏法守護ノ諸天善神　且ハ所化ノ疑心ヲタヽムカタメ　且ハ仏法ノ威驗ヲアラハサムカタメ　ワカ本師上人ノ病悩ヲヤメ給ヘト云々　トキニ善導ノ真影ノ御前ニ異香薫スト云々　［以下略、空白を私に設けた］

（二七丁ウ～二八丁ウ）

傍線を施した部分が、『醍醐本』と本書との類似した箇所である。瘧病の記事としては『醍醐本』の記述が法然伝に現れる最も古いもののようである。もっとも、書かれている事柄が類似しているというだけで、本書が『醍醐本』を取り入れたと考えるには、日時をはじめとして一致しない点が多い。

しかしながら、「善導御影前異香薫云々」(『醍醐本』)「トキニ善導ノ真影ノ御前ニ異香薫スト云々」(『明義進行集』)という記事に関しては、いずれも「云々」で締め括られ、また、文中に発話者が認められないことから、両本ともに伝聞を記したか、なんらかの文献に拠った可能性がある。これは、当時すでに人口に膾炙した話であったのかも知れない。いずれにしろ、現時点では『明義進行集』所載の言行録が拠ったと考えられる先行文献[24]は特定できない。

註

(1)『国書総目録』に掲載されている大正大学蔵本は、平成八年三月現在、欠本である。
(2)『仏教学雑誌』第三巻第四号、大正十一年五月。
(3)大正五年、明治出版社。
(4)『仏教研究』第二巻第四号、大正十年十月。
(5)『仏書研究』第五号、大正四年一月。
(6)『仏書研究』第十二号、大正四年八月。
(7)『仏教学雑誌』第一巻第三号、大正九年十月。
(8)望月信亨氏は、『和語燈録』巻五の法然上人と明遍の問答、及び「白川消息よりいでたり」と註されている信空の伝記は、それと記されていないが、『明義進行集』を典拠としていると指摘されている。
(9)『仏教研究』第三巻第二号、大正十一年四月。

（10）註（9）論文。なお、『醍醐本』には「見聞書勢観房（出カ）」の署名がある。この勢観房は、法然の門弟源智（嘉永二年〈一一八三〉～暦仁元年〈一二三八〉）と目される。永年『廣疑瑞決集』の筆者と考えられてきた人物である。『廣疑瑞決集』は、大正二年に名古屋の円輪寺で発見され、信瑞の著作であることが明らかになっている。『醍醐本』が信瑞の法然上人伝と近しいということは、『廣疑瑞決集』の筆者が源智と取り違えて伝えられたことを考え合わせても興味深い。

（11）『仏教学雑誌』第三巻第七号、大正十一年八月。

（12）『法然上人伝の成立史的研究』研究篇（法然上人伝研究会編、平成三年十二月復刻版）所収。

（13）三田氏論文では、信瑞の法然上人伝を『獅子伏象論』が転用しているとなっているものの、この法然上人伝は現存せず、それを転用しているという根拠は明らかでない。また、同論文中には、信瑞の没年について「『進行集』によれば「仁治三年ミツノヘトラ五月二日入滅時年七十七」とある」と註するなどの不正確な記述が見られる。これは本書巻三第八「毘沙門堂法印明禅」の入滅の日付である。

（14）『仏教学雑誌』第三巻第三号、大正十一年四月。

（15）前掲論文、註（11）参照。

（16）前掲論文、註（12）参照。

（17）前掲論文、註（14）参照。

（18）覚愉は選択集に違背したため『四十八巻伝』の弟子の伝に記載がないのであろうという望月氏の指摘（註（14）論文）がある。

（19）『沙石集』巻十本ノ四記載の信西十三回忌の八講については、名畑応順氏によって、史実として不審であるとの指摘がなされている（「明遍僧都の研究」『仏教研究』第一巻第三号、大正九年）。

（20）『今物語』では「空阿弥陀仏」と記されている。或いは、本書巻二第四の「空阿弥陀仏」か。

（21）列挙した説話集のテキストは次の通りである。

『撰集抄』……続群書類従第三二下　四七八～四八〇頁

『沙石集』……岩波日本古典文学大系

六三〜六五頁（明遍）、一九五〜一九六頁（明禅）、二六七〜二六八頁（聖覚）、二八二〜二八三頁（聖覚）、
四一一〜四一二頁（聖覚・明遍）、四二八頁（明遍）

『私聚百因縁集』……大日本仏教全書一四八　一一六頁

『今物語』……中世の文学（三弥井書店）　一五三〜一五五頁

『雑談集』……中世の文学（三弥井書店）　一八七頁

（22）この他、『明義進行集』の記事で、先行すると考えられる法然の伝記と重なるものには、隆寛が源空から選択集を授けられる条りがあり、『四巻伝』『琳阿本』等に見られる。だが、直接これらを参考にしたとは言い難い相違がある。

『四巻伝』

権律師隆寛　小松殿参向の時　上人御堂の後戸に出對給て一巻の書を持て隆寛律師の胸間に指入　依二月輪殿之仰一所レ撰選擇集也（『法然上人傳の成立史的研究』対照篇所収）

『琳阿本』

権律師隆寛小松殿に参向の時に　上人御堂のうしろとに出むかひて一巻の書を隆寛律師のむねのあひたにさしいれたまふ　月輪殿の仰によりてえらふところの選擇集これなり（同書所収）

『明義進行集』

元久元年三月十四日コマツトノ、御堂ノウシロニシテ上人フトコロヨリ選擇集ヲ取出シテヒソカニサツケ給フコトハニイハク　コノ書ニノスル處ノ要文等ハ善導和尚ノ浄土宗ヲタテタマヘル肝心ナリハヤク書寫シテ披覽ヲフヘシモシ不審アラハタツネトヒ給ヘト　タ、シ源空カ存生ノ間ハ披露アルヘカラス死後ノ流行ハナムノコトカアラムト　コレヲモチカヘリテ隆寛ミツカラフテヲソム　イソキ功ヲオエムカタメニ三ツニヒキハケテ尊性昇蓮ニ助筆セサセテオナシキ廾六日ニ書寫シオハテ本ヲハ返上シテシツカニ披覽スルニ不審アレハカナラス上人ノ許ヘ参シテヒラキ、　然レハマサシク選擇集ヲ付属セラレタルモノハ隆寛ナリト云々（九丁オ〜ウ）

（23）『法然上人傳の成立史的研究』対照篇（法然上人伝研究会編、平成三年十二月復刻版）所収。
また、この『醍醐本』の記述は『琳阿本』に酷似している。

（24）本稿において「問答体で説く無観称名の義」と分類した箇所については、『梁高僧伝』等、参考にしたと見られる史料が指摘できる。「補註」四三丁ウ他参照。

あとがき

『明義進行集』の輪読は、昭和六十二年四月、故渡辺貞麿教授の提唱によって、大谷大学大学院仏教文化専攻生の内、国文学を主領域とする大学院生のための勉強会として始まった。

教員、特別研修員、大学院満期退学者、大学院生、併せて十数名の輪読会であったと記憶する。

当初の使用本は大谷大学図書館所蔵の、河内金剛寺本の影写本であった。

一通り読み終えたところで、出版方針の検討が行われたが、その決着を見ないまま渡辺貞麿教授の逝去という事態が出来し、校訂作業は中断の止むなきに至った。

必然的に事業は、中核を荷っていた会員数名の属する大谷大学文学史研究会に受け継がれた。

しかしながら業は、前記輪読会の成果を基とするものである。ここに輪読会を指導していただいた先生方、輪読会参加者の氏名を掲げる（〔　〕は輪読会当時の旧姓）。

故 渡辺 貞麿　（昭和六十二年度〜平成三年度）
片岡 了　（昭和六十二年度〜平成三年度）
石橋 義秀　（昭和六十二年度〜平成三年度）
沙加戸 弘　（昭和六十二年度〜平成三年度）
後小路 薫　（昭和六十二年度〜平成三年度）

赤瀬　知子　（昭和六十二年度〜平成三年度）
新間　水緒　（昭和六十二年度〜六十三年度）
浅見　緑〔田村〕　（平成元年度〜二年度）
秋月　勝友　（平成元年度〜三年度）
石川　稔子〔条〕　（昭和六十二年度〜六十三年度）
入柿　徹　（昭和六十二年度〜平成二年度）
菊池　政和〔土門〕　（昭和六十二年度〜平成三年度）
黒田　寿栄〔宮田〕　（昭和六十二年度〜六十三年度）
小菓　史和　（昭和六十三年度〜平成元年度）
近藤加奈子　（平成元年度〜二年度）
田尻　紀子　（昭和六十二年度）
中川　眞二　（昭和六十二年度〜平成三年度）
中嶌　容子　（平成元年度〜三年度）
橋本　章彦　（昭和六十三年度〜平成三年度）
橋本　真澄　（昭和六十三年度）
林　まどか〔荒巻〕　（昭和六十三年度〜平成元年度）
村上　雅美　（平成元年度〜二年度）

和讃の研究	多屋頼俊著	一一六五〇円
歎異抄新註	多屋頼俊著	三八八三円
源氏物語の研究	多屋頼俊著	一四五六三円
説教の歴史的研究	関山和夫著	七二八二円
日本霊異記の思想	入部正純著	五二〇〇円
沙石集の構造	片岡　了著	一〇〇〇〇円

価格税別

法　藏　館

執筆者紹介

大谷大学文学史研究会

沙加戸　弘（大谷大学教授）
石川　稔子（中部大学・東海学園大学非常勤講師）
黒田　寿栄（大谷大学大学院修了）
田尻　紀子（愛知女子短期大学助教授）
中川　眞二（大谷大学大学院修了）
中嶌　容子（大谷大学短期大学部助手）
吉田ひろの（花園高等学校教諭）
米田　晴行（大谷大学文学部卒業）

索引協力

西端　幸雄（大阪樟蔭女子大学教授）

作業分担（＊は作業責任者）

影　印　＊沙加戸　弘　田尻　紀子　中川　眞二
　　　　米田　晴行

翻刻・補註　石川　稔子　黒田　寿栄　沙加戸　弘
　　　　＊田尻　紀子　中川　眞二　中嶌　容子
　　　　吉田ひろの

解　題　中嶌　容子

索　引　＊西端　幸雄　石川　稔子　黒田　寿栄
　　　　田尻　紀子　中川　眞二　中嶌　容子
　　　　吉田ひろの

明義進行集　影印・翻刻

二〇〇一年三月三十一日　初版第一刷発行

編　者　大谷大学文学史研究会

発行者　西村七兵衛

発行所　株式会社法藏館
京都市下京区正面通烏丸東入
郵便番号　六〇〇-八一五三
電話　〇七五-三四三-〇〇三〇（編集）
〇七五-三四三-五六五六（営業）

印刷　中村印刷　製本　古川製本所

© Otani University Society for Japanese Literary History 2001 *Printed in Japan*

ISBN 4-8318-7527-9 C3015

乱丁・落丁本の場合はお取り替え致します。

語彙索引

【凡例】

本索引は、『明義進行集』本文篇所収の漢文表記以外のすべての語の、歴史的仮名遣い・五十音順による検索に資するものである。ただし、本文篇はカタカナ表記になっているが、本索引では、便宜的に平仮名表記に改めた。

本索引の構成は、まず、見出し語を掲げ、次行以下に一文字下げで、本文表記のままの語形を示した。なお、本文に明らかに誤りがあると判断したものには、(ママ)(衍)を付し、補読したものには、(補読)を付した。

語の所在の示し方は、まず、本文篇の丁数・表裏を示し、その後に行数を示した。なお、丁数として、Hで表示したものは表紙を、Mで表示したものは表紙見返しを意味する。

なお、本文篇において、欠損のため、判読できないものは、末尾にその一覧を掲げた。

―あ―

ああ(感)
　于戯　15ｵ-10・15ｵ-11
　嗟　37ｵ-8
あいぐわん【愛玩】
　愛玩　16ｳ-8
　→いつしんあいぐわん
あいぐわんす【愛玩】(サ変)
　愛玩し(用)　16ｳ-2
あいりやうなり【哀亮】(形動)
　哀亮に(用)　16ｳ-5
あうし【奥旨】
　奥旨　38ｳ-11
あかす【明】(四段)
　あかさ(未)　5ｳ-6
　明さ(未)　43ｵ-12
　あかし(用)　14ｳ-12
　明し(用)　29ｳ-7
　明す(体)　38ｳ-2
あかりしやうじ【明障子】
　あかり障子　3ｳ-4
あき【秋】
　秋　21ｳ-6
あきときのきやう【顕時卿】
　顕時の卿　17ｳ-2
　→ちゆうなごんのあきときのきやう
あきらかなり【明】(形動)
　明に(用)　38ｳ-11
　明なり(止)　43ｳ-3
あく【悪】
　あく　14ｵ-12
　悪　14ｵ-8・14ｵ-10・23ｳ-12・23ｳ-12・24ｵ-10・24ｳ-1・35ｵ-11
　→じふあく
あく【明】(下二段)
　あくる(体)　39ｵ-3
あく【開】(下二段)　→ひきあく
あぐ【上】(下二段)　→あげつくす
あくぎやう【悪行】
　悪行　37ｵ-10
あくぐわんす【握翫】(サ変)
　握翫し(用)　27ｵ-5
あくせ【悪世】　→まつだいあくせ
あくにん【悪人】
　悪人　24ｵ-7・24ｵ-11
あぐゐのほふいん【安居院法印】
　安居院の法印　6ｳ-8
　→ちようけんほふいん
あぐゐのほふいんせいかく【安居院法印聖覚】
　安居院法印聖覚　27ｵ-6
あげつくす【上尽】(四段)
　あけつくす(止)　44ｵ-5
あさ【朝】　→あさゆふ
あさし【浅】(形容)
　あさく(用)　32ｳ-6
　浅(止)　33ｵ-12
　あさき(体)　5ｳ-11・18ｵ-11
　浅き(体)　18ｵ-12
あさゆふ【朝夕】
　あさゆふ　21ｳ-1
　→てうせき
あし【悪】(形容)
　あしき(体)　19ｵ-11
あじやり【阿闍梨】
　阿闍梨　30ｵ-3・30ｵ-6・30ｵ-7・30ｵ-11
　→くわうゑんあじやり・みゐのだいあじやり

あす【明日】　→けふあす
あせ【汗】
汗　7ウ-3
あそばす【遊】(四段)
あそはす(止)　27ウ-10
あそん【朝臣】→さだいべんふぢはらのゆきたかのあそん・しもつけのかみふぢはらのあそん・せうなごんすけたかあそん・せうなごんふぢはらのみちのりのあそん・ゆきたかのあそん
あたひ【値】
あたひ　39ウ-11
あたふ【能】(四段)
あたは(未)　39オ-2
あたらし【新】(形容)
新(体)　36ウ-5
→ことあたらし
あたり【辺】　→へん・まのあたり
あたる【当】(四段)
あたり(用)　28オ-6・36ウ-9
あたれ(已)　10オ-4
あつ【当】(下二段)
あて(用)　9ウ-13
あづかる【与】(四段)
あつかり(用)　11ウ-12
あつし【篤】(形容)
あつから(未)　11ウ-13
あつみち【敦通】　→ろつかくのちゆうじやうにふだうあつみち
あつむ【集】(下二段)
あつむ(止)　35ウ-5
あと【跡】
あと　7ウ-4
跡　4ウ-4・43ウ-11
あな(感)
あな　30オ-9
あながちなり【強】(形動)
強(用)　18ウ-6
あなどる【侮】(四段)
あなとら(未)　20オ-5
あなん【阿難】
阿難　36ウ-9・36ウ-10・37オ-1・37オ-3・37オ-4・37オ-6・37オ-6・37オ-7・37オ-8・37オ-11・37ウ-2
あに【兄】
兄　8オ-8・33オ-13
あに【豈】(副)
あに　14オ-7・36オ-6・40オ-4・41オ-2
豈に　37オ-10
あの【彼】(連語)
あの　19オ-10
あはす【合】(下二段)　→みあはす
あはたのくわんぱく【粟田関白】
あはたの関白　8オ-7
あはれむ【憐】(四段)
あはれみ(用)　33ウ-12
あひ【相】(接頭)　→あひかたる・あひたづぬ・あひつづ・あひふる・あひへだつ・あひまじふ
あひかたる【相語】(四段)
あひかた(用)　17オ-8・27ウ-4
あひだ【間】
あいた　17オ-12
あひた　9ウ-10・24オ-4・30オ-8・30ウ-5
間　7ウ-6・9ウ-3・18ウ-7・18ウ-9・19ウ-6・20オ-8・30ウ-7・31ウ-5・41オ-7・41オ-7
→しかるあひだ
あひたづぬ【相尋】(下二段)
相尋(用)　18ウ-7
あひつづく【相続】(四段)
あひつゝき(用)　14オ-9
あひふる【相触】(下二段)
相触(用)　18ウ-8
あひへだつ【相隔】(下二段)
相隔(用)　42ウ-5
あひまじふ【相交】(下二段)
あひましへ(用)　11オ-7
相交(用)　18ウ-9
あふ【逢・会】(四段)
あい(用)　22オ-10
あひ(用)　5オ-3・14ウ-5・15オ-6・16オ-7・20ウ-6・40ウ-5・44ウ-9
あう(体)　5オ-7
あへ(已)　46オ-2
あふ【合】(四段)　→さうらひあふ・さたしあふ・まうしあふ・よろこびあふ・ゐあふ
あふぐ【仰】(四段)
あふき(用)　19ウ-5
あをき(用)　14ウ-9
仰き(用)　11ウ-11・39オ-11
仰く(体)　15ウ-6
あまねく【普】(副)
あはねく　31ウ-7
あまねく　41ウ-12・42ウ-4・43オ-6
あみきやう【阿弥経】
阿弥経　15オ-7
→あみだきやう

あみだ【阿弥陀】
阿弥陀　13ウ-5・31ウ-4・34オ-9・34ウ-6・44ウ-12
→くうあみだ
あみだきやう【阿弥陀経】
阿弥陀経　8ウ-6・8ウ-10・8ウ-13・34オ-1
→あみきやう・せうあみだきやう
あみだによらい【阿弥陀如来】
阿弥陀如来　38オ-6
あみだぶつ【阿弥陀仏】
阿弥陀仏　19オ-9・20ウ-5・20ウ-8・21オ-6・21オ-7・21オ-8・21ウ-5・24オ-1・41オ-10・41オ-12
→うちのくうあみだぶつ・くうあみだぶつ・なむあみだぶつ・むちのくうあみだぶつ
あめ【雨】
あめ　14オ-11
あやし【怪・奇】(形容)
あやし(語幹)　20オ-6
あやしむ【怪・奇】(四段)
あやしみ(用)　30オ-11
あやまち【過・誤】
あやまち　20オ-8・35ウ-11・36オ-2
あやまる【誤】(四段)
誤(止)　33オ-12
あらあら【粗】(副)
粗　35ウ-4
あらし【荒】(形容)
あらき(体)　14オ-11
あらず(連語)
非(止)　17オ-2
非れ(已)　7ウ-3
あらたなり【新】(形動)
新に(用)　40ウ-5
あらたむ【改】(下二段)
あらため(用)　1オ-3・26ウ-1
あらはす【表・顕】(四段)
あらはさ(未)　28ウ-6・32ウ-11
あらはし(用)　14ウ-8
あらはす(止)　13オ-5・14ウ-2・14ウ-4・32ウ-5
表(止)　7ウ-4
あらはなり【顕】(形動)
あらはに(用)　20ウ-11・22オ-1
あらはなり(止)　35ウ-3
あらはる【現・顕】(下二段)
あらはれ(用)　15ウ-4・20ウ-8
あらふ【洗】(四段)
洗(用)　18ウ-4
浴(用)　18ウ-4
あり【有】(ラ変)
あら(未)　2オ-4・3ウ-3・9ウ-3・9ウ-4・13オ-11・13オ-13・13ウ-4・13ウ-4・13ウ-5・14オ-1・14オ-6・14オ-6・14オ-7・15ウ-7・15ウ-8・15ウ-10・15ウ-11・19ウ-12・22ウ-4・23オ-13・23ウ-5・23ウ-5・24オ-6・31ウ-10・32ウ-4・34オ-6・36オ-5・36ウ-2・36ウ-4・37オ-1・37ウ-6・40オ-4・44ウ-11
有(未)　25ウ-5
有ら(未)　38ウ-4
あ(用)　14オ-8・46オ-2
あり(用)　1ウ-5・3オ-3・6ウ-13・7オ-8・13ウ-1・13ウ-2・15ウ-11・17オ-3・17ウ-10・18ウ-3・19オ-7・21オ-9・23ウ-7・26ウ-1・26ウ-4・26ウ-8・30オ-8・30オ-12・36オ-10・36ウ-6・37ウ-1・37ウ-3・42オ-1
有(用)　36ウ-11・37ウ-4・39オ-5・43オ-10
あり(止)　4オ-11・4ウ-7・6オ-2・10オ-7・13オ-4・13ウ-2・16ウ-4・22オ-4・22ウ-10・23オ-7・23オ-8・23オ-10・23ウ-11・24オ-11・24ウ-4・27オ-1・27オ-5・27ウ-5・27ウ-7・34ウ-5・34ウ-7・35ウ-3・36ウ-5・37ウ-4・37ウ-5・37ウ-13・39ウ-4・40オ-10・42オ-4
有(止)　22ウ-9・22ウ-11・28ウ-11・35オ-2・35オ-11・39オ-4・39ウ-3
有り(止)　10オ-3
ある(体)　3オ-5・4オ-12・4ウ-13・6ウ-5・6ウ-10・9ウ-4・10オ-5・10ウ-11・11ウ-3・12オ-4・12オ-6・12オ-8・13オ-9・16オ-6・20オ-8・24オ-5・24オ-12・24ウ-11・24ウ-12・25ウ-4・34ウ-7
ある(衍)(体)　13オ-10
有(体)　10ウ-2・18ウ-6・38ウ-8
有る(体)　22オ-6・46オ-4
あれ(已)　4ウ-2・9ウ-7・19オ-2・22オ-10・24ウ-2
→あらず・ありがたし・かかり・かるがゆゑに・しからずは・しかり・しかるあひだ・しかるべし・しかるを・しかれども・しかれば・やらむ
ありがたし【有難】(形容)
ありかたし(止)　4ウ-10
ありき【歩】
ありき　7ウ-11
ある【或】(連体)
ある　3オ-11・17ウ-8・41オ-1
或　4ウ-8・4ウ-13・5オ-10・5ウ-7・5ウ-12・6オ-3・6オ-7・6オ-10・6ウ-1・18オ-7・35オ-11
あるいは【或】(接)
あるいは　23オ-5・23オ-5・23オ-5・25オ-5・29ウ-12・29ウ-12
或　30ウ-11・30ウ-11
或は　23オ-6・25オ-5・41オ-7・41オ-7

あるじ【主】
主　21オ-5
→いへあるじ・ぬし
あん【案】
案　38オ-9
あんず【案】(サ変)
案し(用)　27ウ-8・39ウ-11
安する(体)　42ウ-2
案する(体)　8オ-9・15ウ-11・22ウ-10
あんせいかう【安世高】
安世高　43オ-12
あんぢす【安置】(サ変)
安置せ(未)　41ウ-2
あんていぐわんねん【安貞元年】
安貞元年　8オ-6
あんていにねん【安貞二年】
安貞二年　15オ-4・17オ-5
あんどん【暗鈍】　→ぐちあんどん
あんない【案内】　→ふちあんない
あんに【暗】(副)
暗に　42ウ-6
あんやう【安養】
安養　43ウ-9
あんらくじ【安楽寺】
安楽寺　46ウ-4
あんらくしふ【安楽集】
安楽集　5ウ-1・14オ-8
あんらくなり【安楽】(形動)
安楽に(用)　11オ-1

―い―

い【意】
意　19オ-1・38ウ-11
→ぎよい・じじやうごいまうねんふき・たいい・ぶつい・みつい
いうしす【遊止】(サ変)
遊止す(止)　43ウ-7
いうせんす【優贍】(サ変)
優贍し(用)　26オ-9
いうよ【有余】　→ごじふいうよ・しじふいうよ
いうれんばう【遊蓮房】
遊蓮房 6ウ-1・6ウ-4・6ウ-5・7オ-7・7オ-9・7ウ-9・8オ-2
→こいうれんばう・これのり・につせう
いかう【意巧】
意巧　17ウ-1
いかう【已講】
已講　2ウ-2
いかが【如何】(副)
いかか　3ウ-11・4オ-1・4ウ-2・13ウ-3・19オ-5・19ウ-1・20ウ-3・21ウ-7
いかでか【如何】(連語)
いかてか　10ウ-11・13オ-9・15ウ-7・39オ-9
何てか　28ウ-3
いかなり【如何】(形動)
いかに(用)　3ウ-7・4ウ-10・7ウ-7・19オ-12・23ウ-3
いかなる(体) 3ウ-2・23ウ-2・24オ-1・25オ-3・46オ-2
いかにいはむや【如何況】(連語)
いかにいはむや　24ウ-1
何況や　12オ-4
いかにもいかにもして【如何如何】(連語)
いかにもいかにもして　12オ-10
いかやうなり【如何様】(形動)
いかやうに(用)　18ウ-2・30ウ-6
いかん【如何】(副)
いかむ　5オ-13・16ウ-4・37ウ-12・39オ-4
いかん　38ウ-7・38ウ-10
如何　42ウ-5
いき【息】
いき　7オ-5
いぎ【異義】
異儀　36ウ-8
異義　12ウ-5・15ウ-12・35ウ-5・36オ-1・36オ-11・36オ-12
→せうぶんいぎ
いきやう【異香】
異香　28ウ-8
いく【生】(上二段)
生(用)　37オ-10
いくおこり【幾起】
いくをこり　28オ-3
いくさ【軍】
いくさ　24ウ-10
いくどうごん【異口同言】
異口同言　36オ-9
いくばく【幾許】(副)
いくはく　41ウ-5
いくわん【衣冠】
衣冠　18オ-2
いげ【以下】
已下 12ウ-2・14ウ-3・14ウ-4・36オ-11・37ウ-3・37ウ-4
いご【以後】
以後　19オ-7・46オ-3
いごふ【意業】
意業　27オ-3

いざ(感)
　いさ　27ｳ-5
いささか【聊】
　いささか　16ｳ-7
　聊　7ｳ-10・17ｵ-2・33ｳ-1
いささかも【聊】(連語)
　いささかも　15ｳ-6
　聊も　4ｵ-4・30ｳ-10
いじやう【以上】
　已上　12ｳ-13・14ｳ-1・14ｳ-11・16ｳ-12・21ｳ-10・25ｳ-4・35ｳ-4・39ｳ-9・40ｳ-5・40ｳ-12・44ｵ-9・44ｳ-2・45ｵ-8
いせのくに【伊勢国】
　伊勢国　26ｵ-5
いそがし【忙】(形容)
　いそかしけれ(已)　23ｳ-8
いそぐ【急】(四段)
　いそき(用)　9ｳ-5
　いそけ(命)　28ｵ-5・28ｵ-5
いた【板】　→いたぶき
いだく【抱】(四段)
　いたか(未)　28ｳ-4
いたす【致】(四段)
　いたさ(未)　18ｵ-3・19ｵ-3・24ｳ-4
　いたし(用)　1ｳ-8・15ｳ-5
　至し(用)　21ｳ-3
　いたす(体)　23ｳ-4
いだす【出】(四段)
　いたし(用)　3ｳ-6・6ｳ-6
　出し(用)　4ｵ-6
　出す(止)　16ｳ-5
　→きりいだす・しいだす・とりいだす
いただき【頂】
　頂　7ｳ-3・42ｵ-8
いたづらごと【徒事】
　いたつらこと　22ｳ-4
いたづらなり【徒】(形動)
　いたつらに(用)　21ｳ-4
いたぶき【板葺】
　いたふき　2ｳ-7
いたむ【痛】(四段)
　痛(体)　38ｳ-6
いたり【至・到】
　至　28ｳ-1
いたる【至・到】(四段)
　いたり(用)　41ｳ-10・43ｳ-2・44ｳ-5
　至(用)　32ｳ-2・40ｵ-1・42ｵ-6
　いたる(止)　23ｵ-12・24ｳ-1
　至る(体)　42ｵ-4・42ｵ-12
いち【一】
　一　30ｵ-2・36ｳ-6・36ｳ-11
いちいち【一々】
　一々　40ｳ-1
いちぎ【一義】
　一義　42ｳ-6
いちぎやう【一形】
　一形　14ｵ-12・14ｳ-4
いちぐわん【一願】
　一願　39ｳ-5
いちげ【一偈】
　一偈　2ｵ-1
いちじ【一時】
　いちち　26ｵ-4
　一時　10ｵ-11・44ｵ-3
いちじふさんねん【一十三年】
　一十三年　41ｳ-11
いちぞく【一族】
　一族　8ｵ-2
いちだい【一代】
　一代　37ｳ-13
いちだいしよけう【一代諸教】
　一代諸教　44ｳ-3
いちだう【一堂】
　一堂　2ｳ-8
いちぢやう【一定】(副)
　一定　5ｵ-5・7ｳ-8・16ｵ-6・30ｵ-4
いちぢやうにしやく【一丈二尺】
　一丈二尺　45ｵ-1
いちぢやうよ【一丈余】
　一丈余　42ｵ-7
いちぢやうわうじやう【一定往生】
　一定往生　5ｳ-12
いちどう【一同】　→たぶんいちどう
いちどうなり【一同】(形動)
　一同なる(体)　42ｵ-11
いちに【一二】
　一二　13ｳ-2
いちにち【一日】
　一日　10ｵ-10・10ｳ-7・12ｵ-12
いちにん【一人】
　一人　20ｵ-2
　→ひとり
いちねん【一念】
　一念　7ｵ-4・11ｳ-8・12ｵ-3・12ｵ-12・21ｳ-5・22ｵ-12
　→いちねんす・いちねんたねん・いつしよういちねん・ほつけいちねんずいき

いちねんす【一念】(サ変)
一念し(用) 7ｵ-5
いちねんたねん【一念多念】
一念多念 16ｵ-8
いちぶつ【一仏】
一仏 44ｳ-3・44ｳ-4
いちぶつしよせつ【一仏所説】
一仏所説 38ｵ-2
いちほつしん【一発心】
一発心 46ｵ-3
いちまん【一万遍】
一万 12ｳ-2
いちまんべん【一万遍】
一万遍 41ｵ-6
いちもんふつう【一文不通】
一文不通 5ｵ-7・22ｳ-9
いちるい【一類】
一類 37ｳ-1・37ｳ-3・37ｳ-4
いちろん【一論】 →さんきやういちろん
いつ【何時】
いつ 22ｵ-5
→いつとなし
いづ【出】(下二段)
いて(未) 43ｳ-10・3ｵ-11・26ｵ-6・28ｳ-10・39ｵ-10
出(用) 7ｳ-4
いつか【五日】 →さんぐわつのいつか
いつかう【一香】 →いつしきいつかうむひちゆうだう
いつかう【一向】(副)
一向 13ｳ-7・13ｳ-7
いつかうせんじゆ【一向専修】
一向専修 28ｵ-11
いつかうに【一向】(副)
一向に 1ｳ-11・6ｳ-10・13ｳ-5・13ｳ-6・13ｳ-8・13ｳ-10・25ｳ-4・41ｵ-9
いつかうねんぶつ【一向念仏】
一向念仏 7ｵ-3・8ｳ-12
いつき【一器】
一器 1ｵ-9
いつきやう【一境】
一境 25ｵ-7
いつくわん【一巻】
一巻 7ｵ-2・7ｵ-2・8ｳ-10・8ｳ-10・8ｳ-11・8ｳ-12・12ｳ-5・35ｳ-2
いつけう【一教】
一教 36ｵ-10
いつさい【一切】
一切 14ｵ-13・20ｵ-3・30ｳ-7・31ｵ-10・31ｳ-2・31ｳ-3
いつさいきやう【一切経】
一切経 16ｵ-2・44ｵ-6
いつさいきやうろん【一切経論】
一切経論 26ｵ-8
いつさいに【一切】(副)
一切に 3ｵ-7
いつさう【一相】
一相 25ｵ-8
いつさん【一山】
一山 27ｵ-10
いつしう【一州】 →にほんいつしう
いつしきいつかうむひちゆうだう【一色一香無非中道】
一色一香無非中道 13ｳ-3
いつしやう【一生】
一生 14ｵ-8・16ｵ-11・41ｵ-7・41ｵ-7
いつしやうがい【一生涯】
一生涯 24ｳ-8
いつしやうざうあく【一生造悪】
一生造悪 11ｳ-10・14ｳ-1
いつしゆ【一種】
一種 35ｳ-11
いつしゆう【一宗】
一宗 36ｵ-9
いつしよういちねん【一称一念】
一称一念 30ｳ-9
いつしん【一心】
一心 10ｳ-9・11ｵ-1・11ｵ-4・13ｳ-3・13ｳ-4・13ｳ-4・13ｳ-5・13ｳ-6・13ｳ-6・13ｳ-7・13ｳ-7・13ｳ-8・13ｳ-9・13ｳ-10・13ｳ-11・13ｳ-12・13ｳ-12・13ｳ-12・14ｵ-1・46ｵ-4
いつしんあいぐわん【一心愛玩】
一心愛玩 16ｳ-8
いつしんせんねん【一心専念】
一心専念 13ｵ-8・14ｵ-4
いつしんせんねんみだみやうがう【一心専念弥陀名号】
一心専念弥陀名号 13ｵ-7
いつしんに【一心】(副)
一心に 7ｳ-3・25ｵ-9・28ｵ-9
いつしんふらん【一心不乱】
一心不乱 10ｵ-11・10ｳ-7・10ｳ-10
いつすん【一寸】
一寸 19ｵ-9
いつせ【一世】
一世 16ｵ-11・39ｵ-7
いつせんきうひやくじふにん【一千九百十人】

一千九百十人　41ｵ-6
いつせんじふろくねん【一千十六年】
一千十六年　43ｵ-6
いつせんろつぴやくごじふよさい【一千六百五十余歳】
一千六百五十余歳　41ｳ-7
いつつ【五】
五　45ｵ-10
いつてう【一朝】
一朝　18ｵ-6
いつてつ【一轍】
一轍　8ｵ-11
いつとうなり【一等】(形動)
一等に(用)　16ｳ-11
いつとなし【何時無】(形容)
いつとなく(用)　24ｵ-12
いつぴやくにじふさんにん【一百二十三人】
一百二十三人　43ｳ-8
いつぷくはん【一幅半】
一幅半　7ｳ-11
いつぽふ【一法】
一法　43ｵ-5
いづもぢ【出雲路】
いつもち　26ｵ-7
いづもぢのしやうにんかくゆ【出雲路上人覚愉】
出雲路の上人覚愉　26ｵ-2
いづれ【何】
いつれ　15ｵ-5・23ｵ-10・25ｵ-6・41ｳ-12
何　43ｵ-3
何れ　42ｵ-1・42ｵ-1・42ｵ-9
いと(副)
いと　9ｵ-2
いとふ【厭】(四段)
いとい(用)　41ｳ-12
いとま【暇】
いとま　4ｳ-5・23ｳ-7・23ｳ-9
いなや【否】(連語)
いなや　30ｳ-6
いぬ【寝】(下二段)
いね(用)　17ｳ-7
いぬ【往】(ナ変)　→いんじ
いのち【命】
命ち　14ｵ-9・39ｵ-9
いのり【祈】
祈　10ｳ-1
いのる【祈】(四段)
いのり(用)　11ｳ-3
いのる(ママ)(用)　11ｵ-11
祈る(体)　42ｵ-6
いは【岩】　→いはむろ
いはく【曰】(連語)
いはく　2ｳ-5・3ｵ-8・4ｵ-3・5ｳ-7・5ｳ-12・6ｵ-3・6ｵ-7・6ｵ-10・6ｳ-1・6ｳ-9・9ｳ-1・10ｵ-10・11ｵ-1・12ｳ-7・14ｵ-8・17ｵ-1・17ｵ-8・17ｳ-9・17ｳ-12・18ｵ-7・18ｳ-4・18ｳ-12・19ｵ-8・20ｳ-10・21ｳ-8・23ｵ-6・24ｵ-8・24ｵ-10・25ｵ-1・25ｵ-7・27ｵ-2・27ｳ-5・28ｵ-2・28ｵ-7・28ｵ-9・28ｳ-9・30ｵ-5・30ｵ-12・30ｳ-7・31ｵ-9・32ｵ-9・32ｵ-10・37ｳ-13・41ｵ-1
いわく　1ｵ-10
謂　36ｵ-11
云　Mｵ-3・10ｳ-6・20ｳ-3・33ｳ-4・34ｵ-1・34ｵ-7・34ｵ-11・34ｳ-1・34ｳ-9・35ｵ-6・35ｵ-11・36ｳ-11・37ｵ-4・37ｵ-8・40ｳ-2・40ｳ-4・40ｳ-10・45ｵ-11・46ｳ-1
云く　4ｳ-8・14ｵ-10・17ｳ-3・21ｳ-8・21ｳ-11・21ｳ-13・25ｵ-2・30ｵ-8・36ｳ-11・37ｵ-1・37ｵ-7・39ｳ-7・39ｳ-11・42ｵ-2
曰　35ｳ-8・36ｳ-3・36ｳ-10・36ｳ-11・38ｵ-6・38ｳ-10・39ｵ-4・39ｵ-4・39ｳ-3・40ｵ-10・42ｳ-5・45ｳ-10・45ｳ-11
曰く　1ｳ-8・3ｳ-6・3ｳ-7・3ｳ-11・3ｳ-12・3ｳ-12・4ｳ-9・4ｳ-13・4ｳ-13・5ｵ-10・5ｵ-13・6ｵ-11・13ｵ-6・13ｳ-3・26ｵ-10・26ｳ-5・28ｳ-10・28ｳ-11・29ｳ-7・32ｳ-1・33ｵ-10・37ｵ-7・37ｳ-7・37ｳ-12・38ｵ-5・38ｳ-10・39ｳ-4・40ｵ-7・41ｳ-12・42ｳ-4
いはふ【祝】(四段)
いわへ(ママ)(用)　16ｳ-1
いはむや【況】(副)
いはむや　5ｳ-5・6ｵ-8・18ｵ-10・24ｳ-8・36ｳ-4
況　40ｵ-2
況や　20ｵ-8・23ｵ-12・24ｳ-6・28ｳ-2・36ｳ-5・39ｵ-1・43ｵ-4
→いかにいはむや
いはむろ【石室】
石室　43ｵ-11
いはゆる【所謂】(連体)
所謂　2ｵ-2
いはゆる　23ｵ-8・23ｵ-10・37ｳ-2・43ｵ-7
いはれ【謂】
いはれ　22ｳ-4・22ｳ-10
いひ【謂】
謂　35ｳ-3
いふ【言】(四段)
いは(未)　1ｵ-4・4ｵ-13・4ｳ-3・15ｵ-6・16ｵ-3・20ｳ-1・20ｳ-7・21ｳ-5・23ｳ-2・27ｳ-2・30ｵ-2

云(未)　4ウ-8
云は(未)　39ウ-1
言(未)　18オ-13・18オ-13
いひ(用)　13オ-7・15オ-10・15ウ-10・21オ-12・25オ-5・34オ-5・36オ-5・36オ-5・37オ-11・44ウ-3
いう(止)　2オ-3・5オ-10・6オ-9・15ウ-3・25オ-6
いふ(止)　13オ-8・14オ-4・24ウ-5・24ウ-7・24ウ-8・25オ-10・34ウ-8・36オ-4・36ウ-4・36ウ-5・41オ-2・43オ-4
謂(止)　18ウ-10
云(止)　17ウ-4・19オ-5
い(体)　22オ-13・25オ-7・25オ-8・26ウ-5・26ウ-6
いう(体)　2オ-3・3オ-7・5ウ-10・6オ-2・7オ-6・12オ-7・15ウ-2・17ウ-1・19オ-8・24オ-2・26オ-10・26ウ-1・32オ-11・39オ-3・6オ-5・11オ-11・13ウ-3・14ウ-2・14ウ-3・15オ-5・15ウ-8・18オ-12・19ウ-10・21ウ-4・22オ-4・23オ-6・27ウ-5・27ウ-7・28オ-6・28オ-8・28ウ-9・30オ-6・31ウ-6・32オ-10・34ウ-5・34ウ-6・35オ-4・36オ-2・36オ-6・36ウ-2・38ウ-10・39ウ-2・40ウ-7・42オ-3・42オ-5・42ウ-4・44ウ-6
云(体)　33ウ-3・35オ-2・41ウ-5・42ウ-3
言ふ(体)　35ウ-10
いへ(已)　4オ-5・13オ-6・15ウ-5・15ウ-5・16オ-3・18オ-2・20ウ-11・21ウ-8・25オ-6・32オ-11・32ウ-3・32ウ-5・32ウ-8・32ウ-8・34オ-6・36オ-4・37ウ-2・38オ-3・38ウ-3・38ウ-6・38ウ-8・39オ-4・39オ-8・44ウ-4
云へ(已)　30ウ-8・32ウ-11・32ウ-11・43ウ-3
→いかにいはむや・いはく・いはむや・いはれ・いはゆる・いへども・しかりといへども
いへ【家】
家　20オ-5・20オ-12・39ウ-10
いへあるじ【家主】
家主　21オ-4
いへども【雖】(連語)
雖　7ウ-3・33オ-12
→しかりといへども
いま【今】
いま　1ウ-10・3オ-7・3オ-9・8オ-9・15ウ-11・30オ-10・30ウ-3・36オ-4・42ウ-11・43オ-5・46オ-2
今　1オ-4・1ウ-11・8ウ-12・13オ-13・13ウ-3・19ウ-13・25ウ-5・26ウ-1・30オ-9・32オ-9・32オ-11・35オ-3・35ウ-5・36ウ-9・37ウ-4・37ウ-5・37ウ-13・38ウ-5・40ウ-1・42ウ-2・42ウ-6・42ウ-12
いま【今】(副)
いま　7オ-4
います【坐】(四段)
います(止)　15ウ-2・42オ-4
いまだ【未】(副)
いまた　3ウ-5・17オ-8・19オ-3・19オ-5・42オ-6
未　33オ-12
いみじ【甚】(形容)
いみしき(体)　20オ-4
いやし【賤】(形容)
賤き(体)　19オ-3
いよいよ【愈々】(副)
いよいよ　14オ-3・14オ-4・45オ-9
いらい【以来】
已来　40オ-7・42ウ-11
いる【入】(四段)
いら(未)　3ウ-1・4ウ-4・43ウ-11
入ら(未)　11オ-10
入(用)　1オ-10・7ウ-2・17ウ-7・38ウ-11
入る(止)　26オ-7
→たづねいる
いる【入】(下二段)
いれ(用)　3オ-13
入(用)　3オ-13・3ウ-1
→ききいる・しんじいる・ととのへいる・まうしいる
いろ【色】
色　15ウ-6
いん【因】
因　5ウ-4・31オ-12・34オ-6・41オ-7
いんぎん【慇懃】
慇懃　9オ-10
いんぎんなり【慇懃】(形動)
慇懃に(用)　44オ-8
いんぐわ【因果】
因果　41オ-11
いんじ【淫事】
婬事　12オ-8・23オ-5
いんじ【往】(連体)
去し　20ウ-2・21ウ-6
いんぜふ【引接】
引接　6オ-4・12オ-5・25ウ-5・34ウ-5
いんとんこく【隠遁国】
隠遁国　26ウ-3

―う―

う【有】
有　30オ-7
う【宇】　→ぎよう・ばうう
う【得】(下二段)
え(未)　7オ-11

え(用) 6ウ-13・7オ-8・7オ-10・7ウ-6・7ウ-8・25ウ-3・27オ-1・36オ-7
得(用) 20ウ-12
う(止) 14ウ-1
得(止) 39オ-7・39ウ-5
うる(体) 4ウ-12・7オ-13・11ウ-9・29ウ-6・38ウ-11・39オ-12
→おもひえがたし・こころう・こころえわく・しう・しるしう・をりう
うう【植】(下二段)
植へ(用) 39オ-7
うかがふ【窺】(四段)
窺(未) 36オ-10
うかかひ(用) 26オ-5
うかかう(体) 30ウ-2
うかぶ【浮】(下二段)
うかへ(用) 41ウ-9
うがる【憂】(四段) →ものうがる
うきよ【憂世】
うきよ Mオ-5
うく【受】(下二段)
うけ(未) 22オ-5
うけ(用) 4オ-12・8オ-12・8ウ-2・14ウ-11・20オ-10・27ウ-1・28ウ-2・28ウ-9・28ウ-10・41ウ-11・44ウ-9
受(用) 5オ-7
請け(用) 1オ-8
うけたまはる【承】(四段)
うけたまはり(用) 4オ-4・27ウ-10
承り(用) 19ウ-5・30オ-9
承(止) 10オ-12
うけぶみ【請文】
請文 10ウ-6・12ウ-4・30ウ-7・33ウ-2
うごかす【動】(四段)
蕩(未) 17オ-1
うさ【憂】
うさ 46ウ-2
うさう【有相】
有相 5ウ-3・5ウ-4
うし【憂】(形容) →うきよ・うさ・ものうがる
うしろ【後】
うしろ 9オ-12
うす【失】(下二段)
うせ(未) 7オ-1・7オ-9
→きえうす
うたがひ【疑】
疑 23ウ-5・24オ-6・32オ-10・32オ-12・40オ-6・40ウ-1
疑ひ 23オ-2
うたがふ【疑】(四段)
うたかは(未) 30ウ-4・39ウ-10
疑は(未) 25ウ-5
疑ひ(用) 12オ-12
疑(止) 11ウ-13
疑(体) 14ウ-10
疑ふ(体) 12オ-2・14オ-5・22オ-12
うち【内】
うち 18オ-10・18オ-11
中 30ウ-8・34オ-9・37ウ-7
内 15ウ-13・21ウ-7・39ウ-6・43オ-4
うち【打】(接頭) →うちすつ・うちとく
うぢ【氏】 →たひらのうぢうまのすけさだふさ
うちくだく【打砕】(四段)
打ちくたか(未) 19オ-13
うちすつ【打捨】(下二段)
打捨て(未) 19ウ-2
うちとく【打解】(下二段)
うちとけ(用) 9オ-2
うちのくうあみだぶつ【有智空阿弥陀仏】
有智の空阿弥陀仏 15ウ-3
うつ【打】(四段)
打た(未) 19オ-8
打(用) 19オ-12
→うちくだく
うつす【移】(四段)
うつさ(未) 10ウ-12
うつせ(已) 1オ-9
うつは【器】
器 40オ-1
うつはもの【器】
器 17オ-2
うなづく【領】(四段)
うなつか(未) 6ウ-7
うばい【優婆夷】
優婆夷 23オ-10
うばそく【優婆塞】
優婆塞 23オ-10
うへ【上】
うへ 3オ-1・10オ-4・21ウ-4
上 25オ-7・38ウ-12・39オ-3・41ウ-9
→そのうへ
うまのすけ【右馬助】 →たひらのうぢうまのすけさだふさ
うまる【生】(下二段)
むまれ(未) 14オ-10
生(未) 42オ-2
生れ(未) 12ウ-8・42オ-9
むまれ(用) 4オ-11・44ウ-7

生(用)　38オ-12・40ウ-5
生れ(用)　16オ-12・26オ-11
むまる(止)　4ウ-12・26ウ-5・38オ-2
生る(止)　31オ-11・38オ-12
生れ(已)　31ウ-3
うみ【海】
海　41ウ-9
うめく【呻】(四段)
うめき(用)　15オ-12
うやまふ【敬】(四段)
うやまう(体)　8オ-3
うら【裏】
裏　38ウ-8・39オ-4・39オ-9
うるはし【麗】(形容)
うるはしく(用)　20ウ-14
うるはしき(体)　21オ-7
うれひ【憂】
憂　29ウ-5
うろ【有漏】
有漏　39オ-10
うんじふす【雲集】(サ変)
雲集する(体)　17ウ-6
うんでいばんり【雲泥万里】
雲泥万里　36ウ-1
うんぬん【云々】(連語)
云々 1ウ-11・2ウ-6・2ウ-11・3オ-11・4オ-5・4ウ-3・5ウ-5・6オ-12・7オ-6・7ウ-6・9オ-10・9ウ-9・9ウ-13・10オ-5・11オ-2・16オ-7・16ウ-3・17オ-2・17オ-10・17ウ-5・18オ-1・18オ-8・18ウ-1・22ウ-6・26ウ-5・27オ-1・27オ-4・27ウ-3・28オ-8・28オ-10・28ウ-7・28ウ-8・30オ-11・30ウ-3・32ウ-9・35オ-11・37オ-7・37オ-11

―え―

えい【栄】
栄　43ウ-7
えいがい【嬰咳】
嬰咳　7ウ-10
えいくう【叡空】
ゑい空　20オ-9
叡空　18オ-3
えいくうしやうにん【叡空上人】
叡空上人　17ウ-2・17ウ-3
えいざん【叡山】
叡山　8オ-7
えいざんとうたふ【叡山東塔】
叡山東塔　27オ-8・33オ-3
えいへいじふねん【永平十年】
永平十年　43オ-7
えいゆう【英雄】
英雄　1オ-2
えう【要】
要　4ウ-7・12ウ-2・26ウ-4・31オ-5・31ウ-10
えうく【要句】
要句　21ウ-14
えうだう【要道】
要道　17ウ-5
えうぼふ【要法】
要法　46オ-2
えうもん【要文】
要文　9ウ-1・35ウ-2
えがたし【得難】(形容)　→おもひえがたし
えこ【依怙】
依怙　18オ-6
えしやう【依正】
依正　37ウ-10
えぶ【閻浮】
閻浮　41ウ-12
えふす【依附】(サ変)
依附する(体)　8オ-11
えらぶ【選】(四段)
えらは(未)　32オ-4・38オ-12
簡(未)　31オ-5
簡う(止)　35オ-4
えん【縁】
縁　46オ-1
→ざふえん・じしよしよえん・ぞうじやうえん
えんしよく【艶色】
艶色　17オ-1
えんすい【淵粋】
渕粋　1オ-9

―お―

おいくつ【老朽】(上二段)
老朽(用)　37オ-4・37オ-7
おうか【謳歌】　→さいめいおうか
おうしようむりやうじゆぶつ【応称無量寿仏】
応称無量寿仏　32ウ-5
おうず【応】(サ変)
応(用)　33オ-11
おきゐる【起居】(上一段)
おき居(用)　30オ-7
おく【奥】

をく　Mオ-1
おく【置】(四段)
おき(用)　3オ-6
置く(止)　43オ-10
→おもひおく・ここにおいて・こころおく・さしおく・において・においては・においてをや
おく【起】(上二段)
をき(用)　17ウ-7
→おきゐる
おくりつかはす【送遣】(四段)
をくりつかはし(用)　28オ-4
おくる【送】(四段)
おくり(用)　12オ-4
送り(用)　19ウ-3
おこす【興】(四段)
おこし(用)　20オ-12
をこし(用)　20オ-5
興し(用)　28オ-11
おこす【発】(四段)
おこし(用)　1ウ-2・1ウ-6・3オ-4・5オ-6・20ウ-8・24ウ-10・38オ-10
をこし(用)　20ウ-7
発し(用)　31ウ-6・32オ-1・37ウ-9・43ウ-9
おこたり【怠】
をこたり　11ウ-12
おこたる【怠】(四段)
をこたら(未)　12オ-5
をこたる(体)　16オ-13
おこなひ【行】
おこなひ　20オ-9
おこなふ【行】(四段)
おこなは(未)　2ウ-5・24オ-11
おこり【起】　→いくおこり・むおこり
おこりび【瘧日】
をこりひ　28オ-1
おこる【起】(四段)
をこら(未)　28オ-2
をこり(用)　28オ-3
おこる(止)　10ウ-11
おこれ(已)　16ウ-2
おごる【驕・奢】(四段)
おこら(未)　18オ-2
おそし【遅】(形容)
おそく(用)　3オ-9
をそく(用)　17ウ-7
おそらくは【恐】(副)
恐　36オ-10
おそる【恐】(下二段)
おそれ(用)　13ウ-10
をそれ(用)　11ウ-1・35ウ-4
恐(用)　30ウ-11
おそれ【恐】
恐　18ウ-7
おそれぞんず【恐存】(サ変)
おそれ存し(用)　30オ-10
おつ【落】(上二段)
おち(用)　28オ-10
をち(用)　28オ-7・30オ-5・30ウ-1
おつてごんじやう【追言上】
追言上　31オ-3
おと【音】
おと　16ウ-7
をと　Mオ-2
→おん
おとうと【弟】
おとうと　2オ-10・6ウ-4
おとす【落】(四段)
おとし(用)　27ウ-5
おどろく【驚】(四段)
おとろき(用)　9オ-3
おなじ【同】(形容)
同し(から)(未)　16ウ-10
おなしく(用)　28オ-1・38オ-2・46オ-5
をなしく(用)　40オ-9
同(用)　44オ-1・44オ-2
同く(用)　39ウ-3・40オ-11・40ウ-5・40ウ-7・42ウ-2・43ウ-12
同しく(用)　23オ-9
同し(止)　5オ-11・8オ-3・39オ-9
おなしき(体)　9ウ-6
同き(体)　23オ-4・25オ-5・43オ-12・44オ-1
おなしけれ(已)　13ウ-12
をなしけれ(已)　11オ-4
おのおの【各々】
おのおの　27ウ-4
おのが【己】(連語)
己か　37オ-4
自か　37ウ-3・37ウ-5
おのづから【自】(副)
おのつから　4ウ-7
おはします【在】(四段)
をはしまし(用)　20ウ-6・20ウ-8
をはします(体)　17ウ-13
おはしませ(已)　6ウ-11
おはしませ(命)　34ウ-5

おはします【在】(補動)
をはしまし(用)　28オ-2
おはす【在】(四段)
座す(体)　29ウ-5
おはす【在】(下二段)
おはする(体)　3オ-12
おふ【追】(四段)　→おつてごんじやう
おほかみ【狼】　→こらう
おほきなり【大】(形動)
大に(用)　37ウ-11
大なる(体)　1ウ-7
おほし【多】(形容)
おほかり(用)　40ウ-8
おほく(用) 24オ-2・40ウ-1・41オ-3・44ウ-3・45オ-10
多(用)　33ウ-1
多く(用)　20ウ-14・41ウ-2
おほし(止)　1オ-4・4ウ-8・14ウ-12・24オ-8・30オ-1
ををし(止)　5ウ-2
多(止)　37オ-7
多し(止)　1ウ-1
ををき(体)　24オ-6
おほけれ(已)　14オ-6・23オ-8
おぼしめす【思召】(四段)
をほしめす(体)　31ウ-8
おほす【仰】(下二段)
おほせ(未)　3オ-11・27ウ-11・30ウ-6
→おほせくだす・たづねおほす・はかりおほす
おほす【負】(下二段)
ををせ(用)　43オ-8
おぼす【思】(四段)　→おぼしめす
おほせ【仰】
おほせ　17ウ-9・27ウ-11
おほせくだす【仰下】(四段)
仰下(未)　18ウ-8
おほちくはし【橋名】
おほちくはし　3オ-1
おほやけ【公】
おほやけ　23ウ-7
おぼゆ【覚】(下二段)
おほへ(未)　7オ-3
覚(未)　18ウ-12
おほへ(用)　8オ-1・9ウ-10・19ウ-12
おほゆれ(已)　4ウ-3
おほよそ【大凡】(副)
おほよそ　6オ-7・18オ-6・24オ-6・25オ-10
おほらかなり(形動)
おほらかに(用)　4オ-3
おぼろけなり【朧】(形動)
おほろけなら(未)　6ウ-12
おもし【重】(形容)
をもく(用)　12オ-10・12オ-14
をもき(体)　24ウ-6・33ウ-12
おもて【表】
表　38ウ-8・39オ-8
おもて【面】
面　3ウ-5
おもひ【思】
おもひ　13オ-12
思　42オ-9
おもひえがたし【思得難】(形容)
おもひえかたし(止)　6オ-5
おもひおく【思置】(四段)
おもいおく(体)　3オ-7
おもひがく【思懸】(下二段)
おもひかけ(未)　15ウ-9
おもひかへす【思返】(四段)
思ひかへす(体)　3オ-5
おもひさだむ【思定】(下二段)
おもひさため(用)　20ウ-3
おもひみる【思見】(上一段)
おもひみ(未)　6オ-8
おもひよる【思寄】(四段)
おもひよら(未)　6オ-9
おもふ【思】(四段)
おもは(未)　6オ-11・12ウ-8・15ウ-10
をもは(未)　12ウ-9・16ウ-7・32ウ-5
思は(未)　42オ-9
おもひ(用)　1ウ-3・6オ-6・6ウ-5・7オ-1・7オ-9・7ウ-4・12オ-2
おもふ(ママ)(用)　35ウ-8
をもひ(用)　1ウ-7・20ウ-14
思ひ(用)　42オ-9
おもふ(止)　6オ-13・22オ-12・26ウ-2・36ウ-3・36ウ-10
をもう(止)　5オ-9
をもふ(止)　39ウ-2
おもう(体)　6オ-8
おもふ(体)　14オ-3・19ウ-7・19ウ-12・22オ-3・22ウ-12・30ウ-4・32オ-2・37ウ-5・38ウ-7
おもへ(已)　15ウ-7・16オ-5・33オ-5
おもぶき【趣】
をもふき　28ウ-1
→おもむき
おもへらく【思】(連語)
おもへらく　33オ-5
おもむき【趣】

趣　33ウ-1
趣き　26ウ-2
→おもぶき
おゆ【老】(上二段)　→おいくつ
およそ【凡】(名・副)
およそ　26ウ-6
凡　42オ-12
凡そ　40オ-3
および【及】(接)
及ひ　22オ-13
およぶ【及】(四段)
およは(未)　22オ-7・44ウ-6
及(未)　19ウ-2・36ウ-2
およひ(用)　12ウ-5
をよひ(用)　42オ-4
及(用)　35ウ-4
及ひ(用)　3ウ-12・22ウ-8
及(体)　30オ-8
→しりおよぶ
おろかなり【愚】(形動)
愚なら(未)　36ウ-5
愚(止)　36ウ-3
おん【音】
音　16ウ-5
→おと
おんこころ【御心】
をむこころ　19ウ-1
おんこころざし【御志】
御志　9オ-5
おんこと【御事】
御事　19ウ-4・19ウ-6
おんごん【厭欣】
厭欣　26ウ-5
おんごん【慇懃】　→いんぎん
おんごんなり【慇懃】(形動)　→いんぎんなり
おんたづね【御尋】
御尋　18ウ-2・33オ-10
おんふみ【御文】
御文　18ウ-4・18ウ-8・31オ-2・33オ-8
おんみ【御身】
おむみ　9オ-4

―か―

か【処】(接尾)　→すみか
か【日】(接尾)　→ぎえんじふにねんはちぐわつむいか・くぐわつここぬかのひ・ごぐわつふつか・さんぐわつじふよつか・さんぐわつのいつか・はちぐわつとをか
か(助)
か　3オ-9・3ウ-2・3ウ-9・4ウ-9・4ウ-13・6ウ-5・9ウ-4・9ウ-12・18ウ-2・22ウ-5・23オ-4・23ウ-5・24オ-6・27ウ-7・29ウ-6・30オ-6・30ウ-6・31ウ-10・31ウ-12・32オ-5・32オ-8・32オ-11・35オ-5・35ウ-1・39ウ-4・42オ-1・42オ-9・43オ-3
歟　10オ-11・10オ-12・10ウ-1・18ウ-11・19オ-1・31オ-6・33ウ-1・40オ-8
→いかでか・かの・たれか・てか・にか・をか
が(助)
か　2オ-1・2ウ-2・2ウ-6・3ウ-6・4オ-3・4オ-12・5オ-1・5オ-2・5オ-6・5オ-7・5ウ-1・6オ-13・6ウ-1・6ウ-2・6ウ-4・6ウ-4・6ウ-4・8オ-10・8オ-11・9オ-2・9ウ-3・9ウ-5・11ウ-6・12オ-3・12ウ-5・13オ-1・13ウ-2・13ウ-2・14オ-1・15ウ-7・15ウ-12・15ウ-13・16オ-4・16ウ-8・16ウ-8・18オ-10・18オ-12・20オ-4・20ウ-1・20ウ-8・21オ-2・21オ-7・21ウ-6・22オ-9・24ウ-2・25オ-4・26オ-4・27ウ-6・28オ-1・28オ-7・28オ-7・28ウ-4・28ウ-6・28ウ-6・30ウ-1・30ウ-2・31ウ-4・32オ-3・35ウ-5・35ウ-9・35ウ-11・37オ-1・38オ-5・38オ-8・38ウ-8・39ウ-6・39ウ-11・40オ-1・41オ-1・41オ-8・41ウ-1・41ウ-3・41ウ-8・42オ-11・42ウ-9
→おのが・かるがゆゑに・わが・わがみ
かい【戒】
戒　18オ-7・19オ-4
かい【界】　→しやばせかい・たはうかい・なむごくらくせかい・にんがい・よくかい
かいぎやう【戒行】
戒行　23オ-13
かいげんしちねん【開元七年】
開元七年　42オ-13
かいげんす【開眼】(サ変)
開眼し(用)　19オ-10
かいし【戒師】
戒師　18オ-6
かいしや【開遮】
開遮　44オ-10
かいしんのたに【戒心谷】
戒心のたに　8オ-8
かう【香】
香　7ウ-5・7ウ-5
かう【講】　→わうじやうかう
かう【斯】(副)
かう　4オ-4・4オ-4
→かく

かうう【降雨】
降雨　28オ-7
かうがんす【向顔】(サ変)
向顔せ(未)　17ウ-10
かうき【高貴】
高貴　15ウ-5
かうげ【香花】
香花　28オ-5・43ウ-9
かうげ【高下】
高下　39ウ-12
かうざじ【高座寺】
高座寺　44オ-1
かうし【交趾】
交趾　44オ-1
かうじ【講師】
講師　2ウ-2
かうしやうなり【高声】(形動)
高声に(用)　7オ-4・7ウ-5・30オ-7
かうしやうねんぶつ【高声念仏】
高声念仏　7オ-12
がうす【号】(サ変)
号(止)　2ウ-1・26オ-5・42ウ-1
号す(止)　2ウ-9・35ウ-3
かうそう【高僧】　→かうそうでん・かうそうめいし・めいとくかうそう
かうそうでん【高僧伝】
高僧伝　44オ-4
かうそうめいし【高僧名士】
高僧名士　43ウ-5
かうて【斯】(連語)　→とてもかうても
かうぶる【蒙】(四段)
蒙る(体)　9オ-10
→かぶる
かうみやう【高名】
高名　28オ-8
→ちとくかうみやう
かうや【高野】
高野　2オ-8・3オ-10・4ウ-4・15ウ-2
かうやさん【高野山】
高野山　3オ-8
かうりう【交流】
交流　15オ-12
かうりやう【江陵】
江陵　44オ-1
かうゐ【高位】
高位　1ウ-10
かうゑんなり【高遠】(形動)
高遠に(用)　19オ-2
かかはる【係・関】(四段)
かかはれ(ママ)(用)　40オ-5
かがみる【鑑】(上一段)
かかみ(用)　1ウ-10
かかり【斯】(ラ変)
かから(未)　16オ-1
かかる(体)　21オ-8・22オ-7・24オ-5・27ウ-6・30オ-9
かかる【掛】(四段)
掛かり(用)　16ウ-10
かきまゐらす【書参】(下二段)
かき進す(止)　27ウ-10
かぎりなし【限無】(形容)
かきりなし(止)　3ウ-3
かぎる【限】(四段)
かきら(未)　22オ-6・23ウ-5・40オ-9・40オ-10・45オ-10
かきり(用)　38ウ-1
かく【斯】　→かう・かかり・かくて・かくのごとし・かくばかり・とてもかうても
かく【書】(四段)
かか(未)　12オ-6
→かきまゐらす
かく【描】(四段)
かき(用)　45オ-1
かく(止)　1ウ-3
かく【欠】(下二段)
かけ(用)　22ウ-7
かく【懸】(下二段)
かけ(用)　7ウ-12・7ウ-13・10ウ-8・10ウ-9・10ウ-12・14オ-13・23ウ-9
かく(止)　16ウ-3
かけよ(命)　42オ-9
→おもひがく
がくしやう【学生】
学生　3オ-9・6ウ-2・22オ-9
がくす【学】(サ変)
学せ(未)　5オ-2・36オ-10・38ウ-11
学す(止)　2ウ-1・18オ-4
がくそう【学窓】
学窓　17ウ-7
がくだう【学道】
学道　17ウ-4
かくて【斯】(副)
かくて　30オ-4
かくとく【覚徳】
覚徳　30ウ-2
かくのごとし【如此】(連語)
かくのことく(用)　3オ-6・16オ-1・18オ-1・19オ-8

・37オ-3
如此(用)　14ウ-4・18ウ-8・22ウ-2・23オ-6・39オ-12
如此(止)　31ウ-3・35ウ-11・40オ-2・42ウ-3
かくのごとき(体)　5ウ-1
かくばかり【斯】(連語)
かくはかり　19ウ-11
かくゆ【覚愉】　→いづもぢのしやうにんかくゆ
かげ【影】
影　43ウ-10
がけんぜり【我見是利】
我見是利　13オ-4
かさなる【重】(四段)
かさなら(未)　12オ-1
かさぬ【重】(下二段)
かさね(用)　12オ-5
かさねて【重】(副)
かさねて　7ウ-7
重　31オ-8
重て　36ウ-6
かざる【飾】(四段)
厳(体)　18ウ-4
かし(助)
かし　21ウ-5
→ぞかし
かしやう【嘉祥】
嘉祥　5ウ-3
かしやうじ【嘉祥寺】
嘉祥寺　43ウ-12
かず【数】
かす　10オ-4・23ウ-11・41オ-9
数　9ウ-12
数す　41ウ-5
かぜ【風】
風　14オ-11・16ウ-6・16ウ-11
→まつかぜ
かせふ【迦葉】
迦葉　37オ-8・37ウ-1
かた【方】
かた　23ウ-13・24オ-4
→かたがた・このかた・しもつかた・はじめつかた
かた【形】　→かたのやう
かたがた【旁】(副)
かたかた　10オ-5
旁　33オ-13
かたし【固】(形容)
かたく(用)　3オ-11・17オ-11・19ウ-3・36オ-6・38オ-4
かたし【難】(形容)
かたし(止)　13オ-7・22オ-8
→ありがたし・おもひえがたし・けつしがたし・しやうじがたし・しりがたし・ぞんじがたし・のぞみがたし・はなれがたし・まぬかれがたし・わうじやうしがたし
かたじけなさ【辱・忝】
かたしけなさ　9オ-5
かたち【容貌】
かたち　16ウ-9
かたち【形】
形　23オ-4・40オ-1
形ち　39オ-9
かたのやう【形様】(連語)
かたの様　3ウ-9
かたはら【傍】
かたはら　9オ-8
かたはらごと【傍事】
かたはらこと　25オ-12
かたる【語】(四段)
かたら(未)　7オ-2
かた(用)　1オ-10・5ウ-12・6オ-3・6オ-7・6ウ-1・8ウ-5
かたり(用)　7オ-12・26オ-10
かたる(止)　37オ-4
→あひかたる
かぢ【鍛冶】
加治　20オ-7
かぢん【家塵】
家塵　8ウ-2
かつがつ【且々】(副)
かつかつ　31ウ-8・37ウ-9
がつしやうこざす【合掌胡座】(サ変)
合掌胡座し(用)　7ウ-2
がつしやうす【合掌】(サ変)
合掌し(用)　7ウ-5
かつは【且】(副)
かつは　2ウ-7・2ウ-7
且は　28ウ-5・28ウ-6
かなし【悲】(形容)
かなしく(用)　30オ-5
かなしび【悲】
悲ひ　36ウ-9
かなしむ【悲】(四段)
かなしみ(用)　13ウ-9
かなしむ(用)　38オ-8
かなしむ(止)　14オ-8・14オ-8
かなふ【適】(四段)
かなは(未)　27ウ-6
かなひ(用)　12オ-3

叶(用)　28ウ-4
叶ひ(用)　21オ-2・21オ-4・21オ-6
かなう(止)　4ウ-9・4ウ-10・6オ-7・6オ-13・19オ-12
かなふ(体)　24ウ-3
かならず【必】(副)
かならす　5オ-4・5オ-10・5オ-12・7オ-13・9ウ-8・11ウ-10・12オ-8・20オ-8
必　26ウ-4・35ウ-9
必す　14ウ-7・14ウ-7・15ウ-5・16オ-12・16ウ-3・22ウ-8・22ウ-11・23ウ-5・23ウ-9・24ウ-1・24ウ-3
かぬ【兼】(下二段)　→かねそなふ・かねて
かぬ【難】(下二段)　→ききかぬ
かね【鐘】
かね　19オ-8
かね【金】　→こがね
かねそなふ【兼備】(下二段)
かねそなへ(用)　16ウ-8
兼備へ(用)　18ウ-10
かねて【予】(副)
かねて　2ウ-3・8ウ-2・27オ-9
かの【彼】(連語)
かの　1オ-2・8オ-13・12ウ-8・12ウ-8・35ウ-7・37オ-3・38オ-1
彼　10オ-11・18ウ-9・18ウ-12
彼の　26ウ-3
かの(助)
歟之　18ウ-6
かは【川】
河　18オ-12
かはゆし【愛】(形容)
かはゆき(体)　7ウ-9
かはら【瓦】
瓦　25オ-4
かはりめ【変目】
かはりめ　38ウ-9
かはる【変・代】(四段)
かはり(用)　14オ-1・21オ-14
かはれ(已)　21オ-14
かひなげなり【甲斐無】(形動)
甲斐なけなる(体)　7ウ-10
かふ【変】(下二段)
かえ(用)　46ウ-2
がふごす【合期】(サ変)
合期せ(未)　27オ-3
がふす【合】(サ変)
合し(用)　44ウ-10
かぶる【被・蒙】(四段)
かふら(未)　34オ-9
かふり(用)　14ウ-7
→かうぶる
かべ【壁】
かへ　2ウ-8
かへす【返】(四段)
反し(用)　25オ-4
→おもひかへす・かへすがへす・とりかへす
かへすがへす【返々】(副)
返々　19オ-11
かへつて【却】(副)
かへて　1ウ-5・5ウ-10
かへりみる【顧】(上一段)
かへりみ(未)　11ウ-5
かへる【帰】(四段)
かえり(用)　Mオ-5
かへり(用)　16オ-11・26オ-7・27ウ-4
→もちかへる
かへる【返】(四段)
還(用)　38オ-2・38ウ-6・38ウ-10
還る(止)　42オ-12
還る(止)　39オ-3
→かへつて・かへりみる
かみ【神】
神　10オ-12
かみ【国守】　→しなののかみこれのり・しもつけのかみふぢはらのあそん・ながとのかみたかしなのつねとし
かみ【督】　→さゑもんのかみふぢはらのみちすゑのきやう
かやうなり【斯様】(形動)
かやうに(用)　19ウ-3
から(助)　→おのづから・てづから・みづから
かる【借】(四段)
から(未)　16ウ-4
かる【駆】(四段)
かる(体)　9オ-9
かるがゆゑに(接)
かるかゆへに　5オ-12
かるか故に　39オ-3
かれ【彼】
かれ　7ウ-8・30ウ-3・35ウ-1
かれこれ【彼此】
彼此　16オ-8
かれら【彼等】
彼等　14ウ-13・40ウ-8
かろくにねん【嘉禄二年】
嘉禄二年　21ウ-6
かろむ【軽】(下二段)

かろむる(体)　12オ-4・12オ-13
かん【漢】　→ごかん
かんえう【肝要】
肝要　33オ-10・33オ-11・33ウ-3
がんか【巌下】
嵒下　43ウ-4
かんこく【漢国】
漢国　43オ-11
かんさひやくたん【奸詐百端】
奸詐百端　13ウ-9
かんじん【肝心】
肝心　2オ-6・9ウ-2
かんすい【寒水】
寒水　7ウ-3
かんたんす【感嘆】(サ変)
感嘆せ(未)　19ウ-9
かんなり【閑】(形動)
閑に(用)　25オ-8
がんもく【眼目】
眼目　39ウ-11
がんもん【雁門】
雁門　43ウ-6

―き―

き【機】
機　41オ-2
き【記】
記　26ウ-3・40ウ-6・45オ-1
き(助動)
き(止)　1ウ-6・6ウ-6・7オ-1・7オ-2・7オ-3・7オ-9・7ウ-8・8ウ-8・8ウ-10・9オ-1・9オ-11・9ウ-8・19オ-7・19ウ-2・20オ-10・26ウ-1・26ウ-4・28ウ-2
し(体)　5オ-2・6ウ-7・6ウ-13・6ウ-13・7オ-1・7オ-2・7オ-8・7オ-9・7オ-12・8ウ-5・9オ-1・9オ-2・9オ-6・9ウ-10・10オ-1・16オ-4・16オ-7・17ウ-3・18オ-8・18ウ-3・19オ-11・19オ-11・19オ-12・19ウ-5・19ウ-6・19ウ-9・19ウ-11・20オ-1・20オ-1・20ウ-6・20ウ-8・21ウ-2・21ウ-5・30オ-10・37オ-5・37オ-12・38オ-7・40ウ-10・41オ-9・41ウ-6・41ウ-7・43オ-6・43ウ-1・44ウ-6
し(補読)(体)　18ウ-7
しか(已)　3オ-3・6ウ-12・8ウ-6・9オ-3・19オ-11・19オ-13・19オ-13・19ウ-2・20オ-13
→いんじ
ぎ【義】
儀　18ウ-5
義　1オ-4・2オ-3・4ウ-7・5オ-13・5ウ-7・5ウ-10・5ウ-1・9ウ-10・10オ-12・10ウ-10・11オ-2・11オ-5・13ウ-2・13ウ-13・14ウ-3・14ウ-12・15オ-7・20オ-7・20ウ-1・20ウ-2・22オ-1・25ウ-4・25ウ-5・26ウ-1・26ウ-9・27ウ-2・28オ-12・28ウ-3・30オ-6・30オ-7・30ウ-3・30ウ-4・30ウ-10・32ウ-11・33オ-7・34ウ-5・35ウ-3・35ウ-4・36オ-1・36オ-8・36オ-9・36オ-11・36オ-11・36ウ-7・38オ-5・38オ-6・38ウ-2・38ウ-3・38ウ-3・39ウ-2・40オ-6
→いぎ・いちぎ・じぎ・しやうぎ・しんぎ・せうぶんいぎ・とくしやうさいはうのぎ・にぎ・むさうのぎ
ぎ【魏】
魏　44オ-3
きういう【旧友】
旧友　4オ-5
きうす【休】(サ変)
休(未)　7ウ-3
きうひやくねん【九百年】
九百年　41オ-3
きえ【帰依】
帰依　16オ-1
きえうす【消失】(下二段)
きえうせ(未)　12オ-2
きえのぞく【消除】(四段)
きへのそき(用)　14ウ-1
ぎえん【義淵】
義淵　26オ-5
ぎえんじふにねんはちぐわつむいか【義熙十二年八月六日】
義熙十二年八月六日　43ウ-11
ぎがく【妓楽】
妓楽　2ウ-10
ききいる【聞入】(下二段)
ききいれ(未)　20ウ-5
ききいる(止)　22ウ-5
ききかぬ【聞難】(下二段)
ききかね(用)　15ウ-8
ききやう【亀鏡】
亀鏡　18ウ-11
ききをはる【聞終】(四段)
聞きをはり(用)　37オ-1
きく【聞】(四段)
聞(未)　15ウ-6・30ウ-4
聞か(未)　36ウ-9・36ウ-10
きき(用)　1ウ-1・3ウ-2・15オ-7・18オ-1・18オ-8・30オ-2・30ウ-1・37オ-10・42オ-3・42オ-5
聞(用)　5ウ-7・14ウ-5・17オ-1・19ウ-9・30ウ-3・37オ-8・37オ-12・37ウ-5

聞き(用)　19ウ-11
聞(体)　16オ-8
聞け(已)　37オ-6
ぎげ【義解】
義解　41オ-4
きこしめしさわぐ【聞召騒】(四段)
きこしめしさはき(用)　27ウ-7
きこゆ【聞】(下二段)
きこえ(用)　17ウ-6・34オ-12・35オ-5
きこん【機根】
機根　11オ-12・11ウ-1・11ウ-4・28オ-12
ぎじやうさんざう【義浄三蔵】
義浄三蔵　16ウ-9
ぎしん【疑心】
疑心　28ウ-4・28ウ-6
きしんろん【起信論】
赴(ママ)信論　5ウ-5
きす【帰】(サ変)
帰せ(未)　14オ-12
帰し(用)　1ウ-5・19オ-3
帰する(体)　1ウ-1
きせい【祈誓】
祈誓　42オ-5
きせん【貴賤】
貴賤　15オ-8
きた【北】
きた　3オ-1
ぎだう【義道】
義道　38ウ-5
きただに【北谷】
北谷　27オ-8
きたる【来】(四段)
来り(用)　19オ-10
ぎつしや【牛車】
牛車　3オ-5
きぬ【絹】
絹　2ウ-6
→びけん
きのえさる【甲申】
甲申　1オ-6
きのとひつじ【乙未】
乙未　27オ-7
きのふ【昨日】
昨日　19ウ-3
きはまりなし【極無】(形容)
無極し(止)　22オ-6
極り無き(体)　19ウ-12
きはみ【極】
極　46オ-3
きはむ【極】(下二段)
きはめ(用)　38オ-1
極(用)　30ウ-12
きふく【帰伏】
帰伏　33オ-7・33オ-7
きふくす【帰伏】(サ変)
帰伏する(体)　16オ-6
きみ【君】
きみ　8オ-3
→やしなひぎみ
きみやう【帰命】
帰命　34ウ-5
ぎもん【疑問】
疑問　35ウ-8
きやう【境】
境　42ウ-5
きやう【経】
経 6オ-4・7オ-2・8ウ-8・8ウ-11・11ウ-3・12オ-6・18ウ-12・22オ-1・22オ-1・22ウ-3・23ウ-6・43オ-8・43オ-9
→あみきやう・あみだきやう・いつさいきやう・くわんぎやう・くわんのんぎやう・こうききやう・さうくわんぎやう・さんきやういちろん・さんぶきやう・しじふにしやうぎやう・せうあみだきやう・にきやう・にふりようがきやう・びやうどうがくきやう・ほうしやくきやう・ほけきやう・むりやうじゆきやう・むりやうじゆきやうげ・もんじゆもんぎやう・ろくきやう
きやう【卿】　→あきときのきやう・さゑもんのかみふぢはらのみちすゑのきやう・さんぎふぢはらのしげよりきやう・だいなごんたひらのよりもりきやう・ちゆうなごんのあきときのきやう・むねゆききやう
ぎやう【行】
行　1ウ-9・4ウ-9・4ウ-10・7オ-13・9オ-8・9ウ-9・10オ-7・10オ-10・11オ-7・13オ-4・15オ-1・18ウ-13・28オ-11・31オ-10・31ウ-3・34オ-5・34ウ-7・35ウ-1・38オ-7・40ウ-7・42オ-1
→あくぎやう・かいぎやう・くしゆれんぎやう・ぐわんぎやう・ごんぎやう・ざふぎやう・じぎやうけた・じふぐわんじふぎやう・しやうぎやう・しやうぎやうしやうごふ・しよぎやう・じよぎやう・しよぐぐわんぎやう・しようみやうぎやう・じりきしゆぎやう・しんぎやう・ちぎやう・ちやうさいぼんぎやう・とくぎやう・にぎやう・ねんぶつしゆぎやう・ぶつだうしゆぎやう・

まんぎやう・よぎやう・ろくどまんぎやう
きやうごくどの【京極殿】 →ごきやうごくどの
ぎやうごふ【行業】
行業 26オ-10
ぎやうじ【行事】
行事 42ウ-6
ぎやうじや【行者】
行者 2ウ-4・13オ-13・22ウ-7・38ウ-6・39ウ-3・40オ-4
きやうしよ【経疏】 →どうきやうしよ
ぎやうず【行】(サ変)
行せ(未) 16オ-4・40ウ-2・40ウ-10・41ウ-6・41ウ-7・43オ-6
行(用) 33オ-13
行し(用) 1オ-3・14ウ-11・16オ-1・33オ-9・41オ-6・41オ-7
行す(止) 14ウ-13・27オ-5・40オ-9・40オ-12・42ウ-3・42ウ-4
行する(体) 1ウ-11・13オ-6・14オ-6・23オ-7・40ウ-8
きやうそ【慶祚】 →みゐのだいあじやり
ぎやうぢゆうざぐわ【行住坐臥】
行住坐臥 23ウ-2・31オ-5・32オ-3
ぎやうにん【行人】
行人 5ウ-3・8ウ-7
ぎやうぼふ【行法】
行法 2ウ-7・30オ-4
きやうろん【経論】
経論 35オ-2
→いつさいきやうろん・しよきやうろん
きやうろんぶん【経論文】
経論文 44オ-8
きやくでん【客殿】
客殿 3ウ-4
きやくむごく【喜躍無極】
喜躍無極 42オ-3
ぎやへい【瘧病】
瘧病 27ウ-4・28オ-1
きゆ【消】(下二段) →きえうす・きえのぞく
きゆう【旧】
旧 36ウ-4
きゆうせん【弓箭】
弓箭 20オ-4
きよ【居】
居 43ウ-10
ぎよい【御意】
御意 21オ-6
ぎよう【御宇】
御宇 41ウ-9
きようきようきんげん【恐々謹言】
恐々謹言 10ウ-3
きようくわうきんげん【恐惶謹言】
恐惶謹言 12ウ-3・31オ-1・31オ-8・33ウ-1
きよしよ【居処】
居処 15オ-8・16オ-3
きよまる【清】(四段)
きよまる(止) 12オ-12
きよむ【清】(下二段)
きよめ(用) 11オ-2
きよもり【清盛】 →へいだいしやうこくぜんもん・へいだいしやうこくのぜんもん
きらふ【嫌】(四段)
きらは(未) 25オ-2・25オ-3・32オ-4・35オ-3
きらう(体) 34オ-6
きりいだす【切出】(四段)
切出(用) 18ウ-9・18ウ-12
ぎりよ【疑慮】
疑慮 42ウ-3
きる【切】(四段)
きり(用) 22オ-3
ぎをんじ【祇園寺】
祇園寺 42ウ-8
きん【金】 →こがね
きんぎよく【金玉】
金玉 39ウ-11
きんげん【謹言】 →きようきようきんげん・きようくわうきんげん

―く―

く【苦】
苦 10ウ-2・22オ-5・42オ-1
く【口】
口 27オ-2・35オ-3
く【句】 →えうく・しちごんはつく・しちじふく・ほつく・もんく
く【消】(下二段)
け(用) 14ウ-7
く【来】(カ変)
来(用) 26ウ-4
く【ク語法】(接尾) →いはく・おそらくは・おもへらく・のたまはく
くう【空】
空 13ウ-13・14オ-1
くうあみだ【空阿弥陀】
空阿弥陀 6ウ-3
→みやうへん

くうあみだぶつ【空阿弥陀仏】
空阿弥陀仏　5オ-1・5オ-5・15オ-3・15ウ-2・16オ-5
→うちのくうあみだぶつ・みやうへん・むちのくうあみだぶつ
くうしやうにん【空上人】
空上人　36オ-6・39ウ-10
→げんくうしやうにん・ほふねんしやうにん
くうちゆう【空中】
空中　42オ-7
くうやしやうにん【空也上人】　→こうやしやうにん
くかん【苦艱】
苦艱　11ウ-4
くきやうす【究竟】(サ変)
究竟せ(未)　37ウ-8
くぐわつここぬかのひ【九月九日】
九月ここぬかのひ　17オ-5
ぐぐわん【弘願】
弘願　14ウ-5
くけつ【口決】　→めんじゆくけつ
くご【公御】
公御　33オ-12
くざい【九罪】
九罪　28ウ-10
くさう【苦相】
苦相　29ウ-6
ぐしや【愚者】
愚者　36ウ-8・39ウ-3
くしやく【九尺】
九尺　45オ-1
くしゆれんぎやう【久修練行】
久修練行　30オ-1
くしよう【口称】
口称　13ウ-7・32ウ-11・39ウ-5
くしようざんまい【口称三昧】
口称三昧　18ウ-5
くしようねんぶつ【口称念仏】
口称念仏　38ウ-12
くじん【工人】
工人　44ウ-12
ぐじんなり【弘深】(形動)
弘深なり(止)　32オ-2
ぐす【具】(サ変)
具せ(未)　23オ-2・32ウ-2
具し(用)　7ウ-11
具す(止)　22ウ-8
具する(体)　22ウ-11
ぐそく【具足】　→ぼんなうぐそく
ぐそくす【具足】(サ変)
具足し(用)　11ウ-9・26ウ-5
→ぼんなうぐそくす
くだく【砕】(四段)　→うちくだく
くだす【下】(四段)　→おほせくだす
くだる【下】(四段)
下(用)　43ウ-2
くだんの【件】(連体)
くたむの　2ウ-6・2ウ-11・8ウ-7
件の　19ウ-2
くち【口】
口　6オ-9・16ウ-10・21オ-10・21オ-12・21ウ-5・25ウ-2・32ウ-4・34ウ-7
ぐち【愚痴】
愚痴　38オ-2・38オ-11・38ウ-6・38ウ-7・38ウ-8・38ウ-10・39オ-3
ぐちあんどん【愚痴暗鈍】
愚痴暗鈍　36オ-8・39オ-8・39ウ-1
くつ【崛】　→しゆらくつ
くつ【朽】(上二段)　→おいくつ
ぐづう【弘通】
弘通　26ウ-4
くでう【九条】
九条　42ウ-9
くでうどの【九条殿】
九条殿　28オ-4
くでうのぜんぢやうでんか【九条禅定殿下】
九条の禅定殿下　27ウ-7
くどく【功徳】
功徳　11ウ-9・22ウ-1・30ウ-8・34オ-12・34ウ-6・37ウ-10・38ウ-4・39ウ-4・40オ-3・40オ-5
→むじやうくどく
ぐどん【愚鈍】
愚鈍　13ウ-8
→せんちぐどん・ぢよくせぐどん
くに【国】
くに　12ウ-8
国　21オ-5・41ウ-12・42オ-9
→いせのくに
くねんす【九念】(サ変)
九念し(用)　7オ-4
くはし【詳・妙】(形容)
くはしから(未)　19ウ-8
くはしく(用)　1ウ-3
委しく(用)　9オ-3
くび【首】
くひ　7ウ-12
くほん【九品】

九品　7ウ-1・33オ-13
くまん【九万遍】
九万　12ウ-1
くむ【汲】(四段)
くま(未)　8オ-13
くむ(止)　26オ-6
くも【雲】
雲　12オ-5
くやうす【供養】(サ変)
供養し(用)　27ウ-9・43ウ-9
供養する(体)　19オ-7
くらくらと(副)
くらくらと　6オ-8
くらし【暗】(形容)
闇く(用)　15ウ-13
くらゐ【位】
位　20ウ-7
くりき【功力】
功力　12オ-2
くるし【苦】(形容)
苦(未)　18ウ-12
くるま【車】
車　17ウ-4
くろだに【黒谷】
黒谷　17ウ-2
くわい【和易】
和易　16ウ-6
くわいしや【悔謝】
悔謝　1ウ-8
くわいしやうろくねん【会昌六年】
会昌六年　44ウ-8
くわいす【会】(サ変)
会し(用)　28ウ-11
会す(止)　13ウ-3
くわいよう【懐孕】
懐孕　17オ-11
くわうごう【皇后】　→そくてんくわうごう
くわうごふ【曠劫】
曠劫　46オ-1
→むしくわうごふ
ぐわうじやうしや【求往生者】
求往生者　36ウ-6
くわうだい【広大】
広大　11ウ-9
くわうちやうじよぜつ【広長舒舌】
広長舒舌　13オ-4
くわうてい【皇帝】　→げんそうくわうてい
くわうみやう【光明】
光明　9ウ-12・13オ-3・34オ-4
くわうみやうさん【光明山】
光明山　3オ-4・26オ-7
くわうゑん【皇円】
皇円　8オ-10・8ウ-1
くわうゑんあじやり【皇円阿闍梨】
皇円阿闍梨　8オ-8
くわこげんざい【過去現在】
過去現在　22オ-13
くわこぜんしやう【過去前生】
過去前生　24オ-4
くわこちやう【過去帳】
過去帳　6オ-10
くわしや【火舎】
火舎　7ウ-4
ぐわつ【月】　→ぎえんじふにねんはちぐわつむいか・くぐわつここぬかのひ・げんきうにねんはちぐわつ・こうあんろくねんごぐわつにじふににち・ごぐわつふつか・さんぐわつじふよつか・さんぐわつのいつか・しぐわつにじふにち・じふいちぐわつにじふさんにち・じふにぐわつじふくにち・じふにぐわつじふさんにち・じふにぐわつじふはちにち・しやうぐわつ・しやうぐわつさんじふにち・しやうぐわつじふごにち・はちぐわつとをか・ろくぐわつ・ろくぐわつじふろくにち
くわらく【花洛】
花洛　26オ-7
くわん【巻】　→いつくわん・さんくわん・しじふはちくわん・じつくわん・すうくわん
くわん【観】　→しきさうくわん・につさうくわん・むさうのくわん
ぐわん【願】
願　5オ-6・13オ-10・13オ-11・14ウ-9・20ウ-9・20ウ-9・24ウ-2・26ウ-1・26ウ-5・27オ-1・31ウ-6・31ウ-7・32オ-1・32オ-2・34オ-9・38オ-10・38オ-11・42オ-2・42オ-9
→いちぐわん・ぐぐわん・しじふはちぐわん・じふぐわんじふぎやう・せいぐわん・だいじふはちのぐわん・たりきほんぐわん・ぢゆうぐわん・ほつぐわんゑかう・ほんぐわん・ほんぐわんごくち・みだのほんぐわん・みやうぐわん
くわんぎやう【観経】
観経　5ウ-6・5ウ-8
ぐわんぎやう【願行】
願行　26ウ-5・26ウ-6・34ウ-8

→しよぐぐわんぎやう
くわんぎやうしよ【観経疏】
観経疏　34ウ-1
ぐわんごうじ【元興寺】
元興寺　2ウ-3
くわんざつ【観察】　→らいじゆくわんざつ
くわんじん【勧進】
勧進　35ウ-7・36オ-12
→ごくわんじん
くわんじんす【勧進】(サ変)
勧進し(用)　12ウ-11
くわんず【観】(サ変)
観せ(未)　6オ-8・25オ-8・37ウ-10
観し(用)　32ウ-3・34オ-4
観(体)　38ウ-5
観する(体)　25オ-8・33ウ-11
ぐわんす【願】(サ変)
願する(体)　22ウ-2
くわんねん【観念】
観念　38オ-8
ぐわんねん【元年】　→あんていぐわんねん・げんきうぐわんねん・てんぷくぐわんねん
くわんのん【観音】
観音　2ウ-9・11ウ-12・15オ-11・42オ-4・42オ-7・42オ-11・42ウ-2・42ウ-10・42ウ-12
くわんのんぎやう【観音経】
観音経　11オ-8
くわんのんじ【観音寺】
観音寺　3オ-1
くわんのんしよじ【観音所持】
観音所持　13オ-3
くわんぱく【関白】　→あはたのくわんぱく
くわんぶつ【観仏】
観仏　38ウ-1
くわんぶつざんまい【観仏三昧】
観仏三昧　21オ-11・21オ-13・25オ-5・25オ-7・25ウ-3・38ウ-12
くわんぽふ【観法】
観法　21オ-9・25ウ-1・33ウ-12・34オ-6
くわんぽふす【観法】(サ変)
観法せ(未)　21オ-12
観法する(体)　21オ-11
くわんむりやうじゆきやう【観無量寿経】
観無量寿経　21ウ-8・32オ-12・40ウ-2
ぐわんりき【願力】
願力　4オ-2・9オ-9・12オ-1・12オ-3・22オ-7・22オ-11
→たりきしんじつじようぶつぐわんりき
くん【訓】
訓　8ウ-11
くんず【薫】(サ変)
薫す(止)　28ウ-8
くんせい【葷腥】
葷腥　17オ-11

―け―

げ【解】
解　37ウ-9
げ【外】
外　43ウ-3
げ【偈】
偈　36ウ-11・37オ-4・37オ-5
→いちげ・しやうげ・じやげ・ぶつげ
げ【下】　→むりやうじゆきやうげ・わうじやうえうしふげ
げ(接尾)　→かひなげなり・ゆゆしげなり
けい【刑】　→ざんけい
けいきよく【荊棘】
荊棘　42ウ-8
けいくつ【敬屈】
敬屈　15ウ-5
けいさい【敬西】　→しんずい
けいし【京師】
京師　15オ-7
けいしす【経始】(サ変)
経始しす(用)　26オ-8
けいはんほふいん【慶範法印】
慶範法印　26オ-6
けいびやくす【啓白】(サ変)
啓白せ(未)　19オ-12
けう【稀有】
けう　28オ-7
けう【教】
教　11オ-4・36オ-10・43ウ-4
→いちだいしよけう・いつけう・けうさう・けうしゆ・けうぼふ・けうもん・しやうげう・たいけう・ねんぶつけう・よけう
けうくん【教訓】
教訓　9オ-10
けうさう【教相】
教相　28オ-11・38オ-4
けうしゆ【教主】
教主　42オ-2
けうぼふ【教法】
教法　43オ-7
けうまん【矯慢】
矯慢　15ウ-6

けうもん【教文】
教文　23オ-2
けうもん【教門】
教門　5ウ-6
けうやうぶも【孝養父母】
孝養父母　31オ-10
けさ【袈裟】
袈裟　42ウ-9・42ウ-12
→ぬのげさごろも
げざ【下座】
下座　28オ-6
けしき【気色】
気色　15ウ-10
げしやう【下生】　→げぼんげしやう
げしよ【外書】
外書　35ウ-8
けしん【化身】
化身　44ウ-6
けた【化他】　→じぎやうけた
けだい【懈怠】
懈怠　9ウ-11・30ウ-11
→しんにけだい・らんだけだい
けだう【化導】
化導　1オ-2・35ウ-7・36オ-12
化道　28ウ-4
げだう【外道】
外道　5オ-11
げだつばう【解脱房】
解脱房　6ウ-4
→ぢやうけいしやうにん
けちえん【結縁】
結縁　18オ-1・27ウ-6・29ウ-12
げつ【月】　→じちげつ
けつぎす【決疑】(サ変)
決疑す(止)　33オ-7
けつさい【潔斎】　→ごしやうじんけつさい
げつし【月支】
月支　42ウ-5
けつしがたし【決難】(形容)
難決(体)　42ウ-6
けつす【決】(サ変)
決せ(未)　40ウ-1
けつぢやう【決定】
決定　3ウ-10・4ウ-13
けつぢやうす【決定】(サ変)
決定(用)　30ウ-9
けつぢやうわうじやう【決定往生】
決定往生　6オ-1・13オ-5・13オ-12・20オ-1
けつぢやうわうじやうす【決定往生】(サ変)
決定往生する(体)　25ウ-3
けつにく【血肉】
血肉　28ウ-2
げに【実】(副)
実に　5ウ-2・17ウ-9・39オ-12・42ウ-4
けねんさうぞく【繋念相続】
繋念相続　18ウ-5
けふ【今日】
けふ　28オ-1・28オ-9
今日　1ウ-8
けふあす【今日明日】
けうあす　9オ-4
げぼん【下品】
下品　11ウ-5・12ウ-2
げぼんげしやう【下品下生】
下品下生　32ウ-1
げぼんのしつち【下品悉地】
下品の悉地　4ウ-12・4ウ-12
けまう【希望】
け望　8ウ-3
けみやう【仮名】
仮名　23ウ-1
けむ(助動)
けむ(止)　40ウ-7・40ウ-8
げゆう【外用】
外用　38ウ-4
けらいす【化来】(サ変)
化来し(用)　15ウ-12
けらく【快楽】
快楽　8ウ-4
けり(助動)
けり(止)　1ウ-5・3オ-6・6ウ-3・6ウ-9・7ウ-10・8オ-2・15ウ-11
ける(体)　2オ-7・2ウ-5・4オ-10・4オ-11・7オ-10・7オ-12・9オ-5・16オ-1・26ウ-7・26ウ-8・27ウ-2・30ウ-1・46ウ-2
けれ(已)　3オ-10・3オ-13・30オ-3・30オ-12
けん【憲(勝賢)】
憲　1オ-8
けん【見】
見　5オ-11
けん【件】　→しちけん
けん【絹】　→びけん
けん【県】　→しんていけん
げん【言】
言　14ウ-4・36ウ-3・37オ-7
けんかく【懸隔】　→てんちけんかく

げんきうぐわんねん【元久元年】
元久元年　9オ-12
げんきうにねんはちぐわつ【元久二年八月】
元久二年八月　27ウ-3
げんくう【源空】
源空　3ウ-12・8ウ-9・9ウ-3・20オ-9
げんくうしやうにん【源空上人】
源空上人　1オ-2・3オ-12・15オ-6・17オ-6・18オ-3・18オ-4・18オ-5・26ウ-6・27ウ-1
→くうしやうにん・ほふねんしやうにん
けんご【堅固】　→しんじつけんご
けんごなり【堅固】(形動)　→だうしんけんごなり
げんざい【現在】
現在　10オ-12・10ウ-2
→くわこげんざい
けんざつす【間雑】(サ変)　→たさうけんざつす
げんざん【見参】
見参　3オ-13・18オ-1
げんじやうさんざう【玄奘三蔵】
玄奘三蔵　42ウ-7・42ウ-11
けんしゆう【顕宗】
顕宗　33オ-4・36オ-9
げんしよう【現証】
現証　13ウ-2
げんしん【源心】　→ゑしんそうづ
げんしん【現身】
現身　39オ-7
げんしんわうじやう【現身往生】
現身往生　41オ-8・41ウ-1
げんず【現】(サ変)
現し(用)　36ウ-7・42オ-5・42オ-7
げんぜ【現世】
現世　11オ-8・11オ-10・11オ-13・11ウ-4
けんぜんなり【顕然】(形動)
顕然なる(体)　23ウ-11
げんそうくわうてい【玄宗皇帝】
玄宗皇帝　42ウ-1
けんぞく【眷属】
眷属　26オ-11・40ウ-7
けんだらこく【健駄羅国】
健駄羅国　42オ-3
げんちゆうじ【玄中寺】
玄中寺　44オ-3
げんとく【現徳】
現徳　7オ-13
けんどんはかい【慳貪破戒】
慳貪破戒　31ウ-1
けんもん【見聞】
見聞　28オ-8
けんもんす【見聞】(サ変)
見聞し(用)　40ウ-8
げんらい【還来】
還来　42ウ-11

―こ―

こ【子】
子　1オ-7・2ウ-1・8オ-7・17オ-9・17オ-9・18オ-2・33オ-3
→ひじりご・ほふしご・まご
こ【故】(接頭)　→こいうれんばう
こ【小】(接頭)　→こほふし・こわらは
ご【期】
期　22オ-5・46オ-4
ご【呉音】
呉　8ウ-10
ご【後】　→ごかん・ごきやうごくどの・さいご・しご・ぜんご・にふめつご・めつご
ご【語】　→じつご・ぶつご
ご【御】(接頭)　→ごくわんじん・ございゐ・ごしこう・ごしやうじんけつさい・ごしよさ・ごせつぽふ・ごぜん・ごそく・ごだうし・ごてうづ・ごねん・ごねんぶつ・ごばう・ごようじん・ざいごはん・りつしごばう
ごい【其意】　→じじやうごいまうねんふき
こいうれんばう【故遊蓮房】
故遊蓮房　7オ-12
こう【功】
功　9ウ-5・11ウ-11・24ウ-7
こうあんろくねんごぐわつにじふにこち【弘安六年五月二十二日】
弘安六年五月二十二日　46ウ-3
こうききやう【興起経】
興起経　29ウ-4
こうぎやうす【興行】(サ変)
興行する(体)　40オ-7
こうくわい【後会】
後会　4オ-6
こうしやう【公請】
公請　3オ-5・3オ-6
こうだい【後代】
後代　15ウ-6・44ウ-11
こうぼふだいし【弘法大師】
弘法大師　1オ-7

こうめつ【興滅】 →ゆいほふこうめつ
こうやしやうにん【空也上人】
空也上人 16オ-2
こうりゆう【興隆】 →ぶつぽふこうりゆう
ごかいじふぜん【五戒十善】
五戒十善 41オ-7
こがね【黄金】
金 19オ-9・19オ-12・25オ-4
ごかん【後漢】
後漢 43オ-7
ごきやうごくどの【後京極殿】
後京極殿 27ウ-10
ごぎやく【五逆】
五逆 24ウ-5・24ウ-6
→ごぎやくじふあく・ごぎやくじんぢゆう・じふあくごぎやく
ごぎやくじふあく【五逆十悪】
五逆十悪 32ウ-1
→じふあくごぎやく
ごぎやくじんぢゆう【五逆深重】
五逆深重 11ウ-10
こく【国】 →いんとんこく・かんこく・けんだらこく・こくわう・しちじふよこく・しよこく・たいこく・てんぢくこく・ゑこく
こくう【虚空】
虚空 16ウ-10
ごくち【極致】 →ほんぐわんごくち
ごくらく【極楽】
極楽 3ウ-8・7ウ-11・11ウ-10・12ウ-7・13ウ-5・15ウ-12・20ウ-12・20ウ-14・21オ-2・21オ-5・21ウ-3・22ウ-1・23オ-1・26ウ-2・37ウ-10・38オ-2・38ウ-4・40ウ-8・41オ-3・41オ-5・41オ-8・41オ-11・45オ-1
→ごくらくじやうど・なむごくらくせかい・わうじやうごくらく・わうじやうごくらくのしやうぎやうのへん
ごくらくじやうど【極楽浄土】
極楽浄土 16ウ-6・21オ-8
ごくらくせかい【極楽世界】 →なむごくらくせかい
ごくらくろくじさん【極楽六時讃】
極楽六時讃 8オ-1
こくわう【国王】
国王 20ウ-6
ごぐわつ【五月】 →こうあんろくねんごぐわつにじふにち
ごぐわつふつか【五月二日】
五月二日 33オ-2
ごくわんじん【御勧進】
御勧進 6ウ-10
ここ【此処】
ここ 20オ-11・26オ-8
→ここに・ここにおいて・ここにして・ここをもて
ここち【心地】
ここち 12オ-11
心地 30オ-11
ここに【爰】(接)
ここに 17ウ-1・18オ-7
ここにおいて(連語)
於是 7ウ-1
ここにして(連語)
ここにして 2ウ-9
ごこふ【五劫】
五劫 31ウ-5・38オ-9
こころ【心】
こころ 2オ-1・3オ-5・4ウ-2・6オ-3・10オ-5・11オ-2・11オ-3・14オ-2・14オ-3・16ウ-3・16ウ-12・20ウ-7・20ウ-11・20ウ-13・21オ-14・21ウ-3・22オ-3・22ウ-4・22ウ-12・22ウ-13・24ウ-10・25オ-11・31ウ-12・32オ-8・33ウ-10・36オ-6・36ウ-2・46オ-5
心 Mオ-4・1ウ-2・1ウ-6・3ウ-11・5オ-4・5オ-13・5ウ-13・10オ-11・10ウ-8・10ウ-9・10ウ-12・12オ-2・14オ-13・16ウ-5・17オ-1・21オ-4・22オ-12・23オ-2・23ウ-9・25オ-7・26ウ-5・30ウ-11・34ウ-6・35ウ-10・37オ-6・38ウ-10・39オ-4
→おんこころ・おんこころざし・こころう・こころえわく・こころおく・こころざし・こころにくし・しん・ふたごころ・みこころ
こころう【心得】(下二段)
こころへ(未) 35オ-4
心え(未) 32オ-12・2オ-1・4オ-2・8ウ-13
こころふ(止) 31ウ-7
こころえわく【心得分】(下二段)
こころへわく(止) 21ウ-7
こころおく【心置】(四段)
こころをき(用) 9オ-2
こころざし【志】
こころさし 14ウ-13・19ウ-7・23ウ-4
→おんこころざし
こころにくし【心憎】(形容)
こころにくく(用) 6ウ-5
ここをもて【此処】(連語)
ここをもて 13オ-13・14オ-1・14オ-11・20オ-11
是以 39ウ-6
ここん【古今】
古今 37ウ-2

ございゐ【御在位】
御在位　17ウ-8
こざす【胡座】(サ変)　→がつしやうこざす
ごさん【五三】
五三　13ウ-2
ごしこう【御祇候】
御祇候　9オ-4
ごしちにち【五七日】
五七日　19オ-6
こじつ【故実】
故実　19ウ-5・20オ-3・20オ-7・20オ-10
こじつさうでん【故実相伝】
故実相伝　20オ-4
こじつども【故実共】
故実とも　20オ-10
ごじふいうよ【五十有余歳】
五十有余　3オ-3
ごじふく【五十九歳】
五十九　1オ-6
ごじふよねん【五十余年】
五十余年　18オ-9
こしやう【故障】
故障　24ウ-4・24ウ-4
ごしやう【後生】
後生　10ウ-2
ごしやうじんけつさい【御精進潔斎】
御精進潔斎　31オ-6
ごしよさ【御所作】
御所作　31オ-4・31オ-7
こじん【古人】
古人　46ウ-1
ごしん【五辛】
五辛　23オ-5
ごす【期】(サ変)
期す(止)　37ウ-8・43ウ-10
期する(体)　3ウ-8・9オ-8・13ウ-9・13ウ-10
ごせ【後世】
後世　6ウ-9・8ウ-9・11ウ-1・11ウ-4・17オ-9
ごせつぽふ【御説法】
御説法　28オ-9
ごぜん【御前】
御前　8ウ-7・19オ-13・28ウ-8
こそ(助)
こそ　2オ-6・4ウ-3・11オ-11・18オ-1・20オ-12・22オ-10・28オ-9・30オ-5・30オ-10
→てこそ・とこそ・にこそ・にてこそ・ばかりこそ・ばこそ
ごそく【御息】
御息　17ウ-12
こぞつて【挙】(副)
こそて　1オ-10・8オ-2
ごだい【五代】
五代　8オ-7
ごだいごりん【五大五輪】
五大五輪　13ウ-4
ごだうし【御導師】
御導師　27ウ-11
こたふ【答】(下二段)
こたへ(用)　4オ-1・4ウ-7・11ウ-6・28オ-2
答(用)　3ウ-7・3ウ-12・4ウ-9・4ウ-13・5オ-13・6オ-11・13ウ-3・21ウ-8・23オ-6・25オ-6・26ウ-5・28ウ-10・36ウ-11・37オ-7・37ウ-12・38オ-6・38ウ-10・39オ-4・39ウ-4・40オ-10・42ウ-5
こたへ【答】
答　20オ-1・42オ-11
ごちしよじやう【五智所成】
五智所成　39オ-5・39オ-12
こつ【骨】　→ひじりこつ・ほね
ごてうづ【御手水】
御手水　31オ-7
ごてん【五天】
五天　41ウ-4
ごてんぢく【五天竺】
五天竺　41ウ-3
こと【事・言】
こと　1ウ-1・3オ-7・3オ-7・3ウ-2・3ウ-3・3ウ-8・4ウ-6・4ウ-13・5オ-5・5ウ-3・5ウ-3・5ウ-11・6オ-1・6ウ-5・6ウ-6・6ウ-7・6ウ-13・6ウ-13・7オ-8・7オ-9・7オ-10・7ウ-2・7ウ-6・8オ-3・8オ-11・8ウ-8・9オ-5・9オ-9・9オ-10・9オ-11・9ウ-4・9ウ-10・10オ-7・10ウ-9・10ウ-11・11オ-2・11オ-4・11オ-9・11オ-13・11ウ-13・12オ-6・13オ-7・14オ-7・14オ-10・14ウ-1・14ウ-8・15オ-5・15オ-12・15ウ-1・15ウ-8・15ウ-11・16オ-7・16オ-13・17ウ-10・18オ-1・18オ-2・18オ-11・19ウ-11・19ウ-13・20オ-4・20ウ-3・20ウ-4・21ウ-2・21ウ-3・22オ-4・22オ-10・22オ-11・22ウ-3・22ウ-11・23オ-7・23ウ-2・23ウ-4・23ウ-13・24ウ-3・24ウ-11・24ウ-12・25ウ-2・26オ-10・28オ-7・28オ-8・29ウ-6・30オ-10・30ウ-6・31ウ-5・35ウ-8・37オ-10・40ウ-7・42オ-3・44ウ-9・44ウ-10
言　5ウ-7
事　4オ-3・4オ-8・4ウ-10・5ウ-10・6オ-1・7ウ-6・8オ-3・8ウ-9・9オ-6・10オ-3・10オ-12・10ウ-2・10ウ-2・10ウ-7・11オ-6・11ウ-4・11ウ-5・11ウ-7・12オ-4・12オ-7・12オ-11・13オ-12・14オ-5・14ウ-10・15ウ-6・15ウ-7・16オ-8・16ウ-1・17ウ-5・17ウ-6・17ウ-8・17ウ-1

1・18ウ-2・18ウ-4・19オ-7・19ウ-10・20オ-3・20オ-5・20オ-8・21オ-3・21オ-3・21オ-5・21オ-8・21オ-9・21オ-10・21オ-13・21ウ-3・21ウ-4・21ウ-5・22オ-2・22オ-5・22オ-7・22ウ-8・23オ-6・23オ-7・23ウ-1・24オ-5・24オ-7・24オ-12・24ウ-3・25ウ-3・26ウ-8・27オ-1・27ウ-7・28オ-1・28オ-12・28ウ-9・29ウ-5・30オ-1・30オ-9・31オ-4・31オ-6・33ウ-11・35オ-2・36オ-2・36ウ-8・36ウ-10・37オ-12・37ウ-13・38オ-8・38ウ-2・38ウ-7・39オ-2・39ウ-5・40オ-2・41ウ-5・41ウ-11・41ウ-11・42オ-5・42オ-6・42オ-11・42ウ-3・42ウ-4・42ウ-10・43オ-12・46オ-4
→いたづらごと・おんこと・かたはらごと・ことあたらし・ことども・ことのほかなり・ことば・そぞろごと・ただごと・なにごと・ひがごと・ひとこと

ことあたらし【事新】(形容)
ことあたらし(止) 5オ-1
ことあたらしき(体) 5ウ-1

ごとくなり(助動)
こく(ママ)なる(体) 15ウ-7

ことごとくに【悉】(副)
ことことくに 18オ-6・21ウ-13・43ウ-2
悉くに 22ウ-9・42ウ-12

ことさらなり【殊更】(形動)
ことさらに(用) 19オ-10

ごとし(助動)
ことく(用) 18オ-12・20オ-1・24ウ-12・25オ-4・42オ-9
如く(用) 13オ-6・22オ-1
ことし(止) 4オ-12・14オ-1・16オ-4・18オ-2・18オ-11・18ウ-1・19オ-4・40オ-1
若(止) 7ウ-2
如(止) 8オ-3・33ウ-3
ことき(体) 6オ-12・6オ-13
→かくのごとし・ごとくなり

ことども【事共】
こととも 4ウ-7・20ウ-5・22ウ-4
事とも 26ウ-7

ことなり【異】(形動)
ことなら(未) 14オ-11
ことに(用) 19ウ-4
ことなり(止) 13ウ-13
異なり(止) 37ウ-2

ことなり【殊】(形動)
ことに(用) 16オ-9・43ウ-4
殊(用) 31オ-6

ごとに【毎】(連語)
ことに 16ウ-3

ことのほかなり【事外】(形動)
ことのほかなる(体) 15ウ-8

ことば【言葉】
ことは 3ウ-6・4オ-5・4オ-6・4オ-8・6オ-2・6ウ-6・8オ-12・9ウ-1・13ウ-12・19オ-4
言は 37オ-4
詞 19オ-8・45オ-8

ことわり【理】
ことはり 13オ-1・21オ-8
理 4オ-13・5ウ-8・19オ-11・32オ-11

ことわる【断】(四段)
ことはる(体) 35ウ-9

ごねん【五年】
五年 3オ-7

ごねん【御念】
御念 31オ-6

ごねんぶつ【御念仏】
御念仏 30ウ-7・31オ-4

この【此】(連語)
この 1ウ-1・2オ-3・3ウ-2・4オ-7・4ウ-2・4ウ-5・5オ-3・5オ-13・5オ-13・5ウ-13・6ウ-5・8オ-13・8ウ-11・9ウ-1・10オ-3・10オ-4・10オ-7・10オ-9・11ウ-8・13オ-1・14オ-7・14ウ-3・15ウ-3・16オ-7・16オ-11・16ウ-2・17ウ-5・18オ-5・18ウ-3・19オ-3・19ウ-4・19ウ-6・19ウ-11・20ウ-11・21オ-3・21オ-9・22オ-8・22オ-10・22ウ-13・23オ-2・23ウ-4・25ウ-5・27オ-1・31ウ-5・31ウ-7・31ウ-12・32オ-2・32オ-8・32オ-10・32オ-12・32ウ-9・34オ-9・34オ-12・35オ-1・35ウ-6・36オ-9・36ウ-3・37オ-2・38オ-5・38オ-12・40オ-12・44オ-4・44ウ-4・45オ-10・46オ-2・46オ-3
此 12ウ-3・13ウ-2・17ウ-4・19オ-5・27ウ-7・28ウ-12・31オ-7・35オ-11・39ウ-6・39ウ-10・40オ-7・40ウ-7・41オ-10・43オ-3
此の 19オ-13・23オ-2・26ウ-11・28ウ-3・38オ-2・39オ-7・39ウ-9・40オ-9

このかた【以来】
このかた 46オ-1

このごろ【此頃】
このころ 20ウ-2・23オ-12・25ウ-1

このむ【好】(四段)
このま(未) 4ウ-6

ごばう【御房】
御房 2ウ-6・8ウ-7・9オ-4・27ウ-6
→りつしごばう

こはし【強・剛】(形容)
こはし(止) 24ウ-2

ごはん【御判】 →ざいごはん

ごひやく【五百】
五百　40ウ-7
ごひやくさんじふねん【五百三十年】
五百三十年　41オ-1
ごひやくのじぢよ【五百侍女】
五百侍女　40ウ-5
こふ【恋】(上二段)
こひ(用)　16ウ-7
ごふ【業】
業　4ウ-8・4ウ-9・6オ-1・11オ-7・13オ-11・22ウ-6・31ウ-1
→いごふ・ぎやうごふ・ざいごふ・ざふごふ・しやうぎやうしやうごふ・しやうごふ・じやうごふ・にごふ
ごふ【劫】　→はちじふおくごふ
ごふいん【業因】
業因　39オ-7
こほふし【小法師】
小法師　7ウ-12
こほり【郷】　→やまたへのこほり
こまう【虚妄】
虚妄　37オ-7
こまつどの【小松殿】
こまつとの　3オ-12・9オ-12・27ウ-4・27ウ-12
ごまん【五万遍】
五万　12ウ-2
ごようじん【御用心】
御用心　30ウ-7
こらう【虎狼】
虎狼　42ウ-8
ごりん【五輪】　→ごだいごりん
これ【是】
これ　1ウ-7・2オ-6・4オ-4・5オ-3・5オ-11・5ウ-2・7ウ-13・8オ-3・9ウ-4・10ウ-9・11オ-4・12オ-1・12オ-11・13ウ-5・13ウ-6・13ウ-6・15オ-1・15ウ-1・15ウ-2・15ウ-3・16ウ-3・16ウ-4・16ウ-8・17オ-3・17ウ-1・18オ-8・19ウ-9・20オ-6・20オ-9・20オ-11・21オ-10・21オ-14・21ウ-14・22オ-9・22ウ-10・24ウ-6・25オ-11・30オ-1・30オ-11・30ウ-4・31ウ-3・31ウ-7・32オ-2・32オ-3・32オ-5・32ウ-3・32ウ-5・32ウ-8・32ウ-12・34オ-5・36オ-8・37オ-2・37ウ-4・37ウ-5・37ウ-8・37ウ-11・38オ-10・38ウ-9・40オ-9・40オ-11・40オ-12・41オ-9・41ウ-5・42オ-3・43オ-9・44オ-3・44オ-3・44ウ-4・46オ-2・46オ-5
此　22ウ-3
此れ　40オ-5
是　1ウ-10・13オ-5・13ウ-7・13ウ-8・13ウ-9・13ウ-9・14オ-4・25オ-9・32オ-8・35ウ-5・35ウ-10・36オ-3・37オ-5・37ウ-1・37ウ-7・38オ-3・38オ-10・39オ-12・39ウ-1・40オ-4・40ウ-9・41ウ-2・43オ-11
是れ　22オ-4・22オ-6
之　33オ-11・37オ-7
→かれこれ・これほど・これら
これのり【是憲】　→いうれんばう・しなののかみこれのり
これほど【是程】
これほと　9オ-4
これむねのただよし【惟宗忠義】　→しゆりのすけこれむねのただよし
これら【是等】
これら　27ウ-10
此等　16ウ-1
これん【瑚璉】
瑚璉　33オ-5
ころ【頃】
比　20ウ-2・21ウ-6・27ウ-3
→このごろ・としごろ・ひごろ
ころも【衣】
衣　18ウ-4
→ぬのげさごろも
こわらは【小童】
小童　17ウ-3
こゑ【声】
こえ　16ウ-10
こゑ　16ウ-5
声　30オ-8
ごゑさん【五会讃】
五会讃　24ウ-13
ごゑほふじさん【五会法事讃】
五会法事讃　2オ-5・39ウ-7
こんあん【今案】
今案　20オ-7
こんがうざ【金剛座】
金剛座　42ウ-10
こんがふす【混合】(サ変)
混合せ(未)　16オ-8
ごんぎやう【勤行】
勤行　18ウ-6
ごんぐ【欣求】
欣求　5ウ-11
こんげん【金言】
金言　43オ-2
ごんごだうだんす【言語道断】(サ変)
言語道断し(用)　40オ-3
こんし【懇志】
懇志　11ウ-5

ごんじや【権者】
権者　16オ-6
こんじやう【今生】
今生　24オ-2
こんじやう【根性】
根性　11オ-12
ごんじやう【言上】　→おつてごんじやう
ごんじやうす【言上】(サ変)　→ちゆうしんごんじやうす
ごんしゆ【勤修】
勤修　16オ-11
こんしん【渾身】
渾身　16ウ-10
ごんしん【権身】
権身　46オ-3
こんず【混】(サ変)
混せ(未)　4オ-8・8オ-4
こんど【今度】
今度　17オ-8
ごんのりつしりゆうくわん【権律師隆寛】
権律師隆寛　12ウ-4
こんぽん【根本】
根本　20ウ-9・37ウ-7
こんりふす【建立】(サ変)
建立し(用)　2ウ-8
こんろん【崑崙】
崑崙　41ウ-9

―さ―

さ【然】(副)
さ　3ウ-9・6ウ-7・17ウ-10・21ウ-5
→さは・さやう
さ(接尾)　→うさ・かたじけなさ・たかさ・ひろさ
ざ【坐】
坐　18ウ-13
ざ【座】
座　16オ-8・19ウ-9
→げざ・こんがうざ・たうざ
さい【最】
最　20オ-7
さい【歳】　→いつせんろつぴやくごじふよさい・さんびやくよさい・しちじふごさい・じふにさい・ろつぴやくよさい
ざい【罪】　→くざい・めつざい
ざいあく【罪悪】
罪悪　10オ-11・13ウ-7
ざいあくしやうじ【罪悪生死】
罪悪生死　22オ-5
さいか【西河】
西河　7ウ-1
さいがく【才学】
才学　5オ-8・26オ-9
さいくわう【西光】
西光　2ウ-6・2ウ-7
→さゑもんのにふだうさいくわう
ざいけ【在家】
在家　23オ-4・23オ-7・23オ-9・23ウ-6・23ウ-11・24オ-5・32オ-4
ざいけん【罪愆】
罪愆　39オ-6
さいご【最後】
最後　6ウ-8・14ウ-3
ざいごはん【在御判】
在御判　10ウ-4
ざいごふ【罪業】
罪業　12オ-1
さいさん【再三】
再三　19オ-11
さいじやう【最上】
最上　30ウ-8
ざいしやう【罪障】
罪障　30ウ-8
ざいしやうじんぢゆう【罪障深重】
罪障深重　38オ-7
さいしよ【最初】
最初　33オ-6
さいしよう【最勝】
最勝　37ウ-12
さいしようくわうゐん【最勝光院】
最勝光院　2ウ-11
ざいせ【在世】
在世　40オ-8・40オ-11
→ざいせしやうざう・によらいざいせ
ざいせしやうざう【在世正像】
在世正像　42ウ-4
さいぜん【最前】
最前　17ウ-11
ざいぢよく【罪濁】
罪濁　3ウ-7
さいてん【西天】
西天　41ウ-3
さいてんぢく【西天竺】
西天竺　41オ-9

さいはう【西方】
西方　2ウ-4・10ウ-8・16オ-9・43ウ-3・44オ-4
→さいはうえうけつ・さいはうじやうど・とくしやうさいはうのぎ
さいはうえうけつ【西方要決】
西方要決　34オ-11
さいはうじやうど【西方浄土】
西方浄土　43ウ-2
さいはひなり【幸】(形動)
幸に(用)　19ウ-10
さいほく【西北】
西北　2ウ-7
さいめいおうか【才名謳歌】
才名謳歌　3オ-3
ざいり【在裏】　→ちたいざいり
ざいゐ【在位】　→ございゐ
さう【左右】
左右　2ウ-8
→さうなし
さう【想】
想　6オ-4・6オ-5
→ふぢやうのさう
さう【相】
相　13オ-6・14ウ-2・15ウ-13・16オ-4・22オ-9・32ウ-1・38ウ-2・38ウ-8・42オ-7・42ウ-7
→いつさう・うさう・けうさう・しきさうくわん・ずいさう・むさう・むさうのぎ・むさうのくわん・むさうりねん
ざう【像】
像　41ウ-2・42オ-4・43オ-9・43オ-10・43ウ-9
→ざいせしやうざう・しやうざう・ぶつざう・もくざう
ざう【蔵】　→せんりやくしようみやうざう
ざうあく【造悪】　→いつしやうざうあく
さうあん【草庵】
草庵　26オ-8
さうおうす【相応】(サ変)
相応し(用)　28オ-12
さうがう【相好】
相好　25オ-8・33ウ-10・39オ-7
さうくわんぎやう【双巻経】
双巻経　5ウ-6
さうぞく【相続】　→けねんさうぞく・さうぞくふだんなり・じふねんさうぞく
さうぞくす【相続】(サ変)　→しんじんさうぞくす
さうぞくふだんなり【相続不断】(形動)
相続不断に(用)　6オ-6
さうでん【相伝】
相伝　20オ-7
→こじつさうでん
さうでんす【相伝】(サ変)
相伝せ(未)　18オ-7・19オ-4
相伝し(用)　18オ-6・18ウ-3・20オ-9
さうなし【左右無】(形容)
左右なかり(用)　3オ-9
さうなく(用)　4オ-8
左右なく(用)　3ウ-5・7ウ-13
無左右(用)　18ウ-6
ざうほふ【像法】
像法　41ウ-7・42ウ-3
さうもく【草木】
草木　17オ-1
さうもん【桑門】
桑門　26オ-7
さうらひあふ【候合】(四段)
さふらいあひ(用)　3ウ-1
さうらふ【候】(四段)
候は(未)　19ウ-1・21オ-9・30オ-10
候(用)　9オ-5・10オ-11・19ウ-6・21ウ-5・28オ-9・30オ-10
候ひ(用)　30オ-10
さふらう(止)　6ウ-7
候(止)　3ウ-1・3ウ-9・3ウ-10・3ウ-10・4オ-3・4オ-4・4オ-4・4オ-4・6ウ-10・10オ-12・10ウ-2・10ウ-3・11オ-5・11オ-9・11オ-12・12オ-3・12ウ-3・18ウ-5・18ウ-5・18ウ-12・19ウ-4・20ウ-4・20ウ-5・20ウ-12・21オ-3・21オ-3・21オ-5・21オ-6・23オ-6・28オ-1・28オ-3・30ウ-8・30ウ-10・30ウ-10・30ウ-12・31オ-1・31オ-4・31オ-6・31オ-7・33ウ-1
候(体)　10オ-11・10オ-12・10ウ-1・17ウ-10・18ウ-6・18ウ-7・18ウ-11・19オ-1・19ウ-7・21オ-7・21オ-8・21オ-9・21オ-10・21オ-14・23オ-4・28オ-1・30オ-6・30オ-6・31オ-5・33ウ-1
候(已)　19ウ-6
候へ(已)　4オ-2・8ウ-12・11オ-11・11オ-13・17ウ-13・18オ-1・19オ-12・19ウ-3・30オ-5
候へ(命)　3ウ-9
さうらふ【候】(補動)
候は(未)　3ウ-11・3ウ-12・4オ-1・6ウ-10・6ウ-11・8ウ-12
候(用)　8ウ-10・9ウ-12・17ウ-3・19オ-9・19オ-11・19オ-11・19オ-11・19オ-13・19オ-13・19ウ-2・19ウ-2

・19ウ-3・19ウ-5・28オ-10・30オ-4・30オ-5・30オ-9
候ひ(用)　28オ-9
侯(止)　3ウ-7・6ウ-12・8ウ-12・10ウ-9・11オ-8・18ウ-6・18ウ-8・18ウ-9・18ウ-13・20ウ-3・25オ-6・28オ-2・30オ-4・31オ-5・33オ-11・33オ-11
侯(体)　11オ-7・18ウ-9・20ウ-2・20ウ-5・21オ-11・28オ-3・30オ-9
侯(已)　18ウ-13
候へ(已)　3ウ-11・11オ-4・30オ-11
ざうろん【造論】
造論　41オ-4
さうゐす【相違】(サ変)
相違し(用)　1ウ-4
さかしばむ【賢】(四段)
さかしはう(用)　5オ-4
さかしらす【賢】(サ変)
さかしらし(用)　15ウ-9
さかりなり【盛】(形動)
さかりなら(未)　16オ-2
さかりに(用)　27オ-5・40オ-12
さかりなり(止)　15ウ-4
さかりなる(体)　43オ-5
さき【先】
さき　5ウ-4・33オ-7・37オ-6・38オ-5・40ウ-6
先　18ウ-5
さきさま【先様】
さきさま　3ウ-3
さくら【桜】　→やまざくら
ざぐわ【坐臥】　→ぎやうぢゆうざぐわ
さごふ【作業】
作業　13オ-9
ささぐ【捧】(下二段)
ささけ(未)　11オ-9
さしおく【差置】(四段)
さしをき(用)　8ウ-13・38オ-9
ざしよ【坐所】
坐所　35オ-11
さす【指・差】(四段)
指し(用)　38ウ-2
→おんこころざし・こころざし・さしおく・させる
さす(助動)
させ(用)　6オ-11・9ウ-6・20ウ-5
ざす【座主】　→だいごのざすしようけん
させる【然】(連体)
させる　21オ-3・30オ-10
さた【沙汰】
沙汰　26ウ-8
さだいべんふぢはらのゆきたかのあそん【左大弁藤原行隆朝臣】
左大弁藤原のゆきたかの朝臣　17オ-6
さたしあふ【沙汰合】(四段)
沙汰しあひ(用)　17ウ-13
さだふさ【貞房】　→たひらのうぢうまのすけさだふさ
さだまる【定】(四段)
さたまれ(已)　4オ-7・39ウ-11
さだむ【定】(下二段)
さため(未)　16オ-3・31オ-12
さため(用)　9ウ-11
定め(用)　15オ-8
→おもひさだむ・さだめて
さだめて【定】(副)
さためて　36オ-2・44ウ-4
定　10オ-12・38ウ-9
定て　28ウ-4・40ウ-6・42ウ-11
定めて　6ウ-11・10オ-5・13オ-12・14ウ-1・15ウ-11・39オ-11
さづく【授】(下二段)
さつけ(用)　9オ-13・20オ-10・40ウ-6
さつく(止)　13オ-3
さつくる(体)　17ウ-7
授(命)　17ウ-5
さて【然】(副)
さて　1ウ-11・19ウ-3・21オ-10・26ウ-3・30オ-6
さて【然】(接)
さて　4オ-1・31ウ-12
さとる【悟】(四段)
さとり(用)　32ウ-9
さは【然】(連語)
さは　30オ-6
さはやかなり【爽】(形動)
さはやかに(用)　1オ-3・28オ-6・30オ-11・39ウ-10
さはり【障】
さはり　5オ-2・10ウ-1・14ウ-1・23オ-8・24オ-6・33ウ-11
障　30ウ-9
さふ【支・障】(下二段)
さへ(未)　35ウ-2
ざふえん【雑縁】
雑縁　11オ-8
ざふぎやう【雑行】
雑行　10ウ-1・11オ-6・11オ-7・11オ-9
ざふごふ【雑業】
雑業　11オ-7

さま【様】
さま　15ウ-10・20ウ-4
→さきさま・さまざま・のちざま・ひとつさま
さまざま【様々】
様々　22ウ-3
さやう【然様】(連語)
さ様　6ウ-12
さらさら【更々】(副)
さらさら　12オ-8
さらなり【更】(形動)　→ことさらなり
さらに【更】(副)
さらに　22オ-1・23オ-3・32ウ-3
更　31オ-4
さらば【然】(接)
さらは　19オ-13
さり【然】(ラ変)
さる(体)　8ウ-7・22ウ-8・22ウ-11・30ウ-3
→さらば・さるは・さるほどに・されども・されば・さればとて
さる【申時】
さる　28オ-6
→きのえさる・さるのとき
さる【去】(四段)
さら(未)　16ウ-10
さるのとき【申時】
申時　28オ-3
さるは【然】(接)
さるは　4オ-7
さるほどに【然程】(接)
さるほとに　28オ-4
されども【然】(接)
されとも　11ウ-4
されば【然】(接)
されは　5オ-5・19ウ-1・30オ-5・35オ-3
さればとて【然】(連語)
されはとて　12オ-11
さわぐ【騒】(四段)　→きこしめしさわぐ
さゑもんのかみふぢはらのみちすゑのきやう【左衛門督藤原通季卿】
左衛門のかみ藤原の通季の卿　17オ-10
さゑもんのにふだうさいくわう【左衛門入道西光】
左衛門入道西光　2ウ-4
さん【山(廬山)】
山　43ウ-12
さん【山】　→いつさん・えいざん・えいざんとうたふ・かうやさん・くわうみやうさん・さんぞう・しゆうなんざん・せん・たいざん・とうざん・ろざん
さんえ【三衣】　→さんね
さんぎふぢはらのしげよりきやう【参議藤原成頼卿】
参議藤原の成頼卿　33オ-3
さんきやういちろん【三経一論】
三経一論　9オ-6
さんぎやうをり【三行折】
三行をり　8ウ-5
さんきんす【参勤】(サ変)
参勤す(止)　27ウ-11
さんぐわつじふよつか【三月十四日】
三月十四日　9オ-12
さんぐわつのいつか【三月五日】
三月の五日　27オ-7
さんくわん【三巻】
三巻　8ウ-10
ざんけい【斬刑】
斬刑　2ウ-5
さんけんじつしやう【三賢十聖】
三賢十聖　40オ-4
さんざう【三蔵】
三蔵　41ウ-12・42オ-1・42ウ-2・43ウ-3
→ぎじやうさんざう・げんじやうさんざう・じみんさんざう
さんじ【三字】
三字　13オ-11・13ウ-7・31ウ-4・32オ-2・34ウ-6
さんじ【三時】　→りやうさんじ
さんじふく【三十九歳】
三十九　7オ-5
さんじふにち【三十日】　→しやうぐわつさんじふにち
さんじふよねん【三十余年】
三十余年　4ウ-4・43ウ-10
さんしゑ【三四廻】
三四廻　26オ-7
さんしん【三心】
三心　21ウ-7・21ウ-14・22ウ-2・22ウ-7・22ウ-11・23オ-2
さんしん【散心】
散心　4オ-11・4オ-12・4オ-13
→ししうさんしん
さんす【讃】(サ変)
讃し(用)　42ウ-2
さんず【参】(サ変)
参せ(未)　9オ-1
参し(用)　9ウ-8・26ウ-7
さんずん【三寸】

三寸　7ウ-4
さんぜんしちひやくにじふごしゆ【三千七百二十五首】
三千七百二十五首　44ウ-10
さんぞう【山僧】
山僧　17ウ-6
さんたふ【三塔】
三塔　17ウ-6
さんたん【讃嘆】
讃嘆　19オ-3
さんだん【三段】
三段　19ウ-9
さんぢ【散地】
散地　4オ-11
さんど【三度】　→りやうさんど
さんにふす【参入】(サ変)
参入し(用)　27ウ-12
さんにん【三人】
三人　35ウ-9・35ウ-9
さんね【三衣】
三衣　18オ-5
さんねん【三年】　→ぢやうおうさんねん・にんぢさんねん
さんびやくよさい【三百余歳】
三百余歳　41オ-1
さんぶきやう【三部経】
三部経　5ウ-7・6オ-1
さんぼう【三宝】
三宝　43オ-11・46オ-4
ざんまい【三昧】　→くしようざんまい・くわんぶつざんまい・ししゆざんまい・じやうざざんまい・にじふござんまい・ねんぶつざんまい
さんまん【三万】
三万　44ウ-12
さんまん【三万遍】
三万　12ウ-1
さんまんごせんきうひやくにん【三万五千九百人】
三万五千九百人　41オ-10・41ウ-1
さんまんごせんべん【三万五千遍】
三万五千返　9オ-1
さんらん【散乱】
散乱　30ウ-11
さんらんそどう【散乱麁動】
散乱麁動　13オ-8
さんろん【三論】
三論　5オ-3
さんろんしゆう【三論宗】
三論宗　2ウ-1
さんゑ【三会】
三会　2ウ-2・3オ-10

―し―

し【師】
師　1オ-9・1ウ-9・8オ-9・14ウ-9・17ウ-7・18オ-3・25ウ-5・26オ-9・33オ-4・33オ-4・35オ-11・37オ-4・37オ-4・37オ-7・43ウ-5
→かいし・けいし・こうぼふだいし・こほふし・しんごんし・せんし・そし・たいししやくそん・だうし・ほふし・ほふせうぜんじ・ほんし・りつし
し(助)　→なほし
じ【自】
自　15オ-11
じ【事】　→いんじ・ぎやうじ・しゆじ・せじ・せんじ・たじ・ばんじ・ぶつじ・まいじ・よじ・りやうじ・わうじ
じ【字】　→さんじ・じふにじ・みやうじ・もじ
じ【寺】　→あんらくじ・かうざじ・かしやうじ・ぎをんじ・ぐわんごうじ・くわんのんじ・げんちゆうじ・しやうがくじ・ぜんくわうじまうで・ぜんりんじ・ちやうらくじ・とうだいじ・なんかんじ・にんなじ・はくばじ・ほつしようじ・ほふぢゆうじ・ほんじ・りやうをんじ・をんじやうじ
じ【時】　→いちじ・しよくじ・すいじ・せんじ・たうじ・どうじ・べつじ・りやうさんじ・ろくじらいさん・ろくじらいさんねんぶつ
じ(助動)
し(止)　2オ-4・14オ-10・19オ-8・19ウ-7・27ウ-6
しいか【詩歌】
詩歌　8ウ-2
しいだす【為出】(四段)
しいたし(用)　27ウ-4
しう【州】　→せんしう・たんしう・ていしう・にほんいつしう
しう【為得】(下二段)
しへ(用)　3ウ-8・5オ-5
しういうす【周遊】(サ変)
周遊し(用)　15オ-7
しうぞくし【周続之】
周続之　43ウ-6

しえうなり【至要】(形動)
至要なり(止)　35オ-2
じおん【慈恩】
慈恩　34オ-11
しか【然】　→しかして・しかのみならず・しかも
しかい【四海】
四海　27オ-10
しがう【諡号】
諡号　8ウ-7
しかして【然而】(接)
然而　18ウ-6
しかのみならず【然】(連語)
しかのみならす　29ウ-4・42ウ-9
しかも【然】(接)
しかも　28オ-1
しからず【然】(連語)
しからす　31ウ-9
しからずは【然】(接)
しからすは　5オ-11
然らすは　39オ-9
しからば【然】(接)
然は　43オ-1
しかり【然】(ラ変)
しから(未)　16オ-6・18オ-8・19オ-5
しかり(止)　19ウ-13・29ウ-5・42ウ-5・43オ-4
然り(止)　18オ-13
しかりといへども【然雖】(連語)
しかりといへとも　42ウ-6
しかるあひだ【然間】(接)
然間　9オ-11
しかるべし【然】(連語)
しかるへから(未)　4オ-13
可然(体)　35ウ-11
しかるを【然】(接)
しかるを　4ウ-12・8ウ-11・13オ-8・42ウ-11
然るを　19オ-3
然を　22ウ-8・28ウ-3・37ウ-1
しかれども【然】(接)
しかれとも　2オ-4・4ウ-6・5ウ-2・7ウ-10・26オ-9
しかれば【然】(接)
しかれは　5ウ-10・18オ-4・36オ-5
然　10ウ-12・13オ-2
然れは　9ウ-8
しき【式】
式　16ウ-2
しき【識】
識　37ウ-6
じぎ【自義】
自義　37ウ-2
しきさうくわん【色相観】
色相観　5ウ-8
じぎやうけた【自行化他】
自行化他　36オ-1
しきりに【頻】(副)
連に　42オ-1
しく【如】(四段)
しか(未)　6オ-6
しぐわつにじふにち【四月二十日】
四月二十日　1オ-6
しくわん【止観】　→てんだいしくわん・まかしくわん
しげし【繁】(形容)
しけく(用)　14オ-6
しけき(体)　35ウ-4
しけけれ(已)　20オ-11
しげよりきやう【成頼卿】　→さんぎふぢはらのしげよりきやう
しげる【繁・茂】(四段)
しけれ(已)　42ウ-9
じげんばう【慈眼房】　→えいくう・えいくうしやうにん
しご【死後】
死後　9ウ-4
しこう【祇候】
祇候　8ウ-7・17ウ-8
→ごしこう
しごく【至極】
至極　9ウ-13・25オ-10・26ウ-4
しこん【紫金】
紫金　42オ-7
じこん【耳根】
耳根　27オ-3
しさい【子細】　→ふちしさい
しし【獅子】
師子　41ウ-10
ししう【四修】
四修　22ウ-7
ししうさんしん【四修三心】
四修三心　22ウ-6
ししちにち【四七日】
四七日　19オ-6
しじふいうよ【四十有余歳】
四十有余　26オ-6
しじふにしやうぎやう【四十二章経】
四十二章経　43オ-10・43オ-11

しじふはち【四十八】
四十八　10ｵ-4
しじふはちくわん【四十八巻】
四十八巻　8ｳ-6
しじふはちぐわん【四十八願】
四十八願　20ｳ-8・34ｵ-9
しじやう【至誠】
至誠　7ｳ-4
じしやう【自性】　→みやうせんじしやう
じじやうごいまうねんふき【自浄其意妄念不起】
自浄其意妄念不起　13ｳ-10
しじやうしん【至誠心】
至誠心　22ｵ-1・22ｳ-12
しじやうなり【熾盛】(形動)
熾盛に(用)　37ｵ-9
ししゆ【四種】　→ししゆざんまい
しじゆ【侄寿】
侄寿　41ｵ-1
ししゆう【四宗】
四宗　33ｵ-12
じしゆう【自宗】
自宗　38ｳ-12
ししゆざんまい【四種三昧】
四種三昧　44ｵ-9
じしよ【時処】　→じしよしよえん・ふろんじしよ
じしよしよえん【時処諸縁】
時処諸縁　31ｵ-5・32ｵ-4
ししん【至心】
至心　5ｳ-13・6ｵ-2
じしん【自身】
自身　2ｳ-7・9ｵ-9・13ｳ-6
じす【辞】(サ変)
辞せ(未)　19ｳ-7
辞し(用)　3ｵ-8
しぜんなり【自然】(形動)　→じねんなり
した【下】
下　38ｳ-6
しだい【次第】
次第　1ｵ-4
じたいす【辞退】(サ変)
辞退(止)　3ｵ-11
したがふ【随・従】(四段)
したかは(未)　3ｵ-5・36ｵ-1
したかひ(用)　11ｵ-5・11ｳ-2・27ｵ-9・35ｳ-10・36ｵ-9・36ｳ-1・37ｳ-10・40ｵ-1・43ｵ-1・43ｳ-7
随(用)　1ｵ-2・1ｵ-8・8ｳ-1・35ｳ-4
随ひ(用)　41ｵ-2
したかふ(止)　35ｳ-10
随ふ(止)　37ｵ-5
したかふ(体)　35ｳ-7・35ｳ-10
従(体)　12ｳ-10
したく【私宅】
私宅　44ｳ-8
したたむ【認】(下二段)
したため(用)　1ｳ-3
しだん【師檀】
師檀　17ｳ-2
じたんす【自嘆】(サ変)
自嘆し(用)　28ｵ-7
じちげつ【日月】
日月　39ｳ-12
しちけん【七件】
七件　33ｳ-3
しちごんはつく【七言八句】
七言八句　2ｵ-6
しちじふく【七十句】
七十句　44ｳ-10
しちじふごさい【七十五歳】
七十五歳　44ｳ-9
しちじふし【七十四歳】
七十四　15ｵ-4
しちじふしち【七十七歳】
七十七　33ｵ-2
しちじふよこく【七十余国】
七十余国　42ｵ-13
しちじふろく【七十六歳】
七十六　26ｵ-3
しちせんごじふくにん【七千五十九人】
七千五十九人　41ｵ-5・41ｵ-8
しちぢゆうほうじゆ【七重宝樹】
七重宝樹　16ｳ-6
しちにち【七日】
七日　10ｵ-10・10ｳ-7・12ｵ-13・42ｵ-6・42ｵ-6
しちねん【七年】　→かいげんしちねん
しちひやくにん【七百人】
七百人　41ｵ-11
しちひやくねん【七百年】
七百年　41ｵ-1
しちへん【七篇】
七篇　12ｳ-6
しちまん【七万】
七万　40ｳ-7
しちまんしやくしゆ【七万釈種】
七万尺種　40ｳ-5

しちまんべん【七万遍】
七万反　12ウ-1
七万返　33オ-9
しぢゆう【止住】
止住　7オ-6
じぢよ【侍女】　→ごひやくのじぢよ
じちゐき【日域】
日域　37ウ-4
じちんわじやう【慈鎮和尚】
慈鎮和尚　8ウ-7
しつ【室】
室　17オ-10
じつ【日】　→すうじつ・よくじつ
しづかなり【静】(形動)
しつかに(用)　9ウ-7・32ウ-3・39ウ-2
→かんなり
しつかひす【師仕】(サ変)
師つかひし(用)　2オ-11
じつくわん【十巻】
十巻　18オ-10
じつご【実語】
実語　13オ-4
じつしやう【十声】
十声　32ウ-11
じつしやう【十聖】　→さんけんじつしやう
じつたび【十度】
十度ひ　21オ-1
しつち【悉地】　→げぼんのしつち・じやうぼんのしつち・ちゆうぼんのしつち
じつち【実智】
実智　5オ-11
しつと【嫉妬】
嫉妬　1ウ-2・1ウ-6
じつに【実】　→げに
じつぱう【十方】
十方　12オ-13
じつぱうじやうど【十方浄土】
十方浄土　4ウ-11
じつぱうしゆじやう【十方衆生】
十方衆生　20ウ-12
じつぺん【十遍】
十返　24ウ-7・24ウ-11・32オ-12・32ウ-2・32ウ-8・39ウ-6
しづむ【沈】(四段)
しつみ(用)　12オ-10
して(助)
して　3オ-3・4オ-5・7ウ-9・7ウ-12・8オ-4・9ウ-11・11ウ-2・12オ-3・12オ-14・16ウ-5・19オ-2・19ウ-2・21オ-12・25オ-8・28オ-11・30オ-4・33ウ-11・37オ-4・39オ-2・46オ-4
→ここにして・として・にして・にしても
しどけなし(形容)
しとけなく(用)　21ウ-1
しな【品】
品　39ウ-12
しなののかみこれのり【信濃守是憲】
信濃のかみこれのり　7オ-7
しぬ【死】(ナ変)
死に(用)　30オ-4
じねんなり【自然】(形動)
自然に(用)　14ウ-1・16ウ-5
しのぶ【忍】(四段)
しのふ(止)　37オ-10
しばし【暫】(副)
しはし　22オ-9
しばらく【暫】(副)
しはらく　3オ-5・36オ-4・36ウ-5・38ウ-8
じひ【慈悲】
慈悲　42オ-2
しふ【集】　→あんらくしふ・せんじふ・せんちやくしふ・みやうぎしんぎやうしふ・わうじやうえうしふげ
しぶ【四部】
四部　23オ-9
じふ【十】
十　38オ-12・38オ-12
じふあく【十悪】
十悪　24ウ-6
→ごぎやくじふあく・じふあくごぎやく
じふあくごぎやく【十悪五逆】
十悪五逆　30ウ-8
→ごぎやくじふあく
じふいちぐわつにじふさんにち【十一月二十三日】
十一月二十三日　12ウ-4
じふぎ【十疑】
十疑　5ウ-1
じふくにち【十九日】　→じふにぐわつじふくにち
じふぐわんじふぎやう【十願十行】
十願十行　34ウ-7
じふごにち【十五日】
十五日　41オ-11
→しやうぐわつじふごにち
じふごへん【十五遍】
十五遍　44オ-6

じふさんにち【十三日】 →じふにぐわつじふさんにち
じふさんにん【十三人】
十三人 41オ-9
じふしかでう【十四箇条】
十四箇条 21ウ-6
しふじみやうがう【執持名号】
執持名号 34オ-4
しふしん【執心】
執心 1オ-3・33オ-9・40オ-5
しふす【執】(サ変)
執す(止) 38ウ-9
じふぜん【十善】 →ごかいじふぜん
じふにぐわつじふくにち【十二月十九日】
十二月十九日 31オ-2
じふにぐわつじふさんにち【十二月十三日】
十二月十三日 8オ-6
じふにぐわつじふはちにち【十二月十八日】
十二月十八日 33ウ-2
じふにさい【十二歳】
十二歳 17ウ-5・18オ-9
じふにじ【十二字】
十二字 14ウ-3
じふねん【十念】
十念 11ウ-10・12オ-4・12オ-12・14オ-9・21ウ-5・24ウ-7・32オ-10・32オ-11・32ウ-8・34ウ-7
じふねん【十年】 →えいへいじふねん
じふねんさうぞく【十念相続】
十念相続 14ウ-3
じふはちにち【十八日】 →じふにぐわつじふはちにち
じふまん【十万遍】
十万 12ウ-1
じふよつか【十四日】 →さんぐわつじふよつか
じふよねん【十余年】
十余年 17ウ-11
じふろくにち【十六日】 →ろくぐわつじふろくにち
じぶん【時分】
時分 40オ-8・40オ-12
しぶんりつぎやうじせう【四分律行事抄】
四分律行事抄 35オ-6
しまく【為負】(下二段)
しまくる(体) 23ウ-13
しまづのただとき【島津忠時】 →しゆりのすけこれむねのただよし
しまん【四万遍】
四万 12ウ-1
しまんにせんきうひやくごじふくにん【四万二千九百五十九人】
四万二千九百五十九人 41ウ-4
じみんさんざう【慈愍三蔵】
慈愍三蔵 42ウ-1
しむ(助動)
しめ(未) 31ウ-4
しめ(用) 12ウ-3・14オ-12・34オ-9
令(用) 17ウ-3・31オ-7
しむ(止) 17オ-10・30ウ-9・37ウ-10
しむる(体) 16ウ-6
しめす【示】(四段)
しめし(用) 15ウ-13・16オ-4
しもつかた【下方】
しもつかた 43ウ-8
しもつけのかみふぢはらのあそん【下野守藤原朝臣】
下野守藤原の朝臣 20ウ-1
じもん【自門】
自門 19オ-2
しや【舎】 →しやうじや・だうしや・ばうじや
しや【者】 →ぎやうじや・ぐしや・ぐわうじやうしや・ごんじや・そんじや・だうしんじや・ちしや・ねんぶつしや・むしや
しやう【性】
性 39オ-10
しやう【生】
生 4オ-12・5オ-7・46オ-3
しやう【学生】 →もんじやうのしやう
しやう【姓】 →ぞくしやう
じやう【浄】
浄 19オ-1・23ウ-2
じやう【状】
状 6ウ-9・17ウ-3・18ウ-12・19オ-5・20ウ-1・33オ-10
→せいじやう・まうしじやう
しやうえ【正依】
正依 9オ-7
しやうがい【生涯】 →いつしやうがい
しやうがく【正覚】
正覚 14オ-10
しやうがくじ【正覚寺】
正覚寺 44オ-2
しやうぎ【正義】
正義 37ウ-4
じやうぎ【常儀】
常儀 18ウ-5
しやうぎやう【正行】
正行 12ウ-9・13オ-1・25ウ-1

しやうぎやうしやうごふ【正行正業】
正行正業　13オ-5・14ウ-10
しやうぎやうのへん【正行篇】　→わうじやうごくらくのしやうぎやうのへん
しやうぐわつ【正月】
正月　44ウ-7
しやうぐわつさんじふにち【正月三十日】
正月三十日　26オ-3
しやうぐわつじふごにち【正月十五日】
正月十五日　15オ-4
しやうぐわんす【賞翫】(サ変)
賞翫す(止)　1ウ-6
しやうげ【正偈】
正偈　37ウ-3
しやうげう【正教】
正教　37オ-9
しやうげう【聖教】
聖教　18オ-5・24オ-7
じやうけん【情見】
情見　36オ-10・36オ-12
しやうごふ【正業】
正業　12ウ-10・13オ-2・38ウ-12
→しやうぎやうしやうごふ
じやうごふ【浄業】
浄業　33オ-13
しやうごん【荘厳】
荘厳　38ウ-4
じやうごんほふいん【静厳法印】
静厳法印　27オ-9
しやうざう【正像】
正像　40オ-8・40オ-12
→ざいせしやうざう
じやうざざんまい【常坐三昧】
常坐三昧　44オ-10
しやうじ【生死】
生死　3ウ-7・10オ-11・20オ-8・22オ-8・23オ-11・24オ-7・28ウ-1・38オ-1・38オ-8
→ざいあくしやうじ・しやうじるてん・しゆつりしやうじのみち
しやうじ【障子】　→あかりしやうじ
しやうじがたし【成難】(形容)
成しかたし(止)　13オ-9
成しかたけれ(已)　33ウ-12
しやうじや【精舎】
精舎　43ウ-8
しやうじやう【清浄】
清浄　17ウ-1
しやうじやう【声々】
声々　39オ-6
しやうじゆ【聖衆】
聖衆　11ウ-12・15ウ-12
じやうじゆ【成就】
成就　38オ-6
じやうじゆす【成就】(サ変)
成就し(用)　11ウ-6
成就する(体)　4ウ-9
しやうしよ【尚書】
尚書　36ウ-3
しやうしよ【章疏】
章疏　26オ-8
しやうじよ【正助】
正助　13オ-1
しやうじよう【誠証】
誠証　40ウ-9
じやうじようゐん【上乗院】
上乗院　1オ-8
→にんなじ
しやうじるてん【生死流転】
生死流転　22オ-6
しやうじん【精進】　→ごしやうじんけつさい・にんにくしやうじん
しやうじんなり【精進】(形動)　→ゆうみやうしやうじんなり
しやうず【生】(サ変)
生せ(未)　20ウ-14
生(止)　11オ-1
生す(止)　5ウ-5・16オ-11・32ウ-3
じやうず【成】(サ変)
成せ(未)　11オ-3
じやうせつ【常説】
常説　35オ-2
じやうそく【上足】
上足　17オ-7・18ウ-8
しやうだう【正道】
正道　38オ-1
しやうだう【聖道】
聖道　8オ-11・38ウ-10
しやうだうしよがく【聖道所学】
聖道所学　18オ-9
しやうだうもん【聖道門】
聖道門　9オ-4・11オ-2・26ウ-6・38オ-1
しやうたのしんし【庄田進士】
庄田の進士　26オ-5
しやうぢやう【正定】
正定　13オ-11
じやうづ【常途】

常途　38オ-4
じやうど【浄土】
浄土　5オ-10・5ウ-5・6オ-2・7ウ-1・8オ-11・8ウ-4・9オ-5・9ウ-13・14オ-12・14ウ-8・14ウ-12・15オ-1・16オ-10・18オ-8・18オ-11・19ウ-4・22オ-8・22オ-12・22ウ-1・23ウ-8・26ウ-3・27ウ-1・32ウ-3・33オ-6・35オ-12・36オ-7・38オ-1・42オ-2・42オ-10・43オ-12・44ウ-5・46オ-4
→さいはうじやうど・ごくらくじやうど・じつぱうじやうど・じやうどほふもん・なんぱうじやうど
じやうどくわんだう【浄土観堂】
浄土観堂　43ウ-4
じやうどしゆう【浄土宗】
浄土宗　2オ-6・8オ-10・9オ-6・9ウ-2・10ウ-10・14ウ-9・18オ-10・25オ-10・27オ-4・28オ-11
じやうどしんしゆう【浄土真宗】
浄土真宗　35ウ-6
じやうどのもん【浄土門】
浄土の門　38ウ-6
→じやうどもん
じやうどほふもん【浄土法門】
浄土法門　19オ-4
じやうどもん【浄土文】
浄土文　7ウ-4
じやうどもん【浄土門】
浄土門　1オ-10・38オ-2・38ウ-10・38ウ-11
→じやうどのもん
しやうなわす【商那和須】
商那和須　42ウ-9
しやうにん【上人】
上人　1ウ-8・3ウ-1・3ウ-3・3ウ-7・3ウ-12・4オ-1・9オ-3・9オ-13・9ウ-8・15オ-5・15ウ-3・16ウ-2・17オ-6・18オ-7・18オ-8・18ウ-3・18ウ-9・19オ-3・19オ-5・26オ-4・26ウ-9・27ウ-1・27ウ-3・27ウ-6・27ウ-9・28オ-2・28オ-8・28ウ-4・28ウ-7・36オ-11・37ウ-4
→いづもぢのしやうにんかくゆ・えいくうしやうにん・くうしやうにん・げんくうしやうにん・こうやしやうにん・しらかはしやうにんしんくう・しんくうしやうにん・ぢやうけいしやうにん・ほふねんしやうにん・ほふれんしやうにん
しやうにん【聖人】
聖人　9オ-8
しやうねん【正念】　→りんじゆうしやうねん
じやうねん【常念】
常念　31オ-5
じやうぶつ【成仏】　→そくしんじやうぶつ
じやうへん【静遍】
静遍　1ウ-11
→じやうへんそうづ・そうづじやうへん
じやうへんそうづ【静遍僧都】
静遍僧都　20オ-11
しやうぼふ【正法】
正法　40ウ-10・41ウ-5
じやうぼん【上品】
上品　11ウ-1・12ウ-1
じやうぼんのしつち【上品悉地】
上品の悉地　4ウ-11
しやうもん【正文】
正文　18ウ-12
しやうらい【将来】
将来　8オ-12
しやうりやう【聖霊】
聖霊　1ウ-9・19ウ-4・19ウ-6
じやうゑ【浄穢】
浄穢　39ウ-12
しやか【釈迦】
釈迦　12オ-13・43オ-8
しやかによらい【釈迦如来】
釈迦如来　13オ-4
じやぎ【邪義】
邪義　37ウ-5
じやぎ【邪偽】　→とんじんじやぎ
しやきやう【舎兄】
舎兄　18ウ-7
しやく【尺】　→いちぢやうにしやく・くしやく
しやく【釈】　→てんだいしやく
しやくしゆ【釈種】　→しちまんしやくしゆ
しやくす【釈】(サ変)
釈せ(未)　22オ-2・22オ-4・32オ-12
釈し(用)　22ウ-5・25オ-5・44オ-11
釈す(止)　34オ-4
釈する(体)　33ウ-13
しやくぜんじ【綽禅師】
綽禅師　7ウ-1
しやくそん【釈尊】
釈尊　38ウ-1・43オ-2・43オ-6
→たいししやくそん
じやくなん【若男】
若男　32オ-4
じやくによ【若女】
若女　32オ-4
しやくもん【釈門】
釈門　33オ-5

じやげ【邪偈】
邪偈　37ｵ-6･37ｳ-3
しやけい【舎兄】　→しやきやう
じやけう【邪教】
邪教　37ｵ-10
じやけん【邪見】
邪見　37ｵ-8･37ｳ-1
じやけんなり【邪見】(形動)
邪見に(用)　13ｵ-12
じやしやう【邪正】
邪正　36ｳ-10･37ｳ-2･37ｳ-6
しやす【遮】(サ変)
遮せ(未)　38ｵ-5･38ｳ-5
しやば【娑婆】
娑婆　16ｵ-10
しやばせかい【娑婆世界】
娑婆世界　43ｵ-3
しやべつ【差別】
差別　40ｵ-1
しゆ【種】→しゆじゆ・にしゆ
しゆ【首】→さんぜんしちひやくにじふごしゆ
じゆ【頌】
頌　16ｳ-10･16ｳ-12
しゆう【宗】
宗　11ｵ-5･38ｳ-11
→いつしゆう・けんしゆう・さんろんしゆう・ししゆう・じしゆう・じやうどしゆう・じやうどしんしゆう・しよしゆう・たしゆう・てんだいしゆう・ねんぶつしゆう・ほんしゆう・みつしゆう
しゆう【衆】
衆　15ｵ-8
→しよしゆう
しゆうえん【終焉】
終焉　7ｵ-6
しゆうなんざん【終南山】
終南山　35ｵ-6
じゆうふ【従不】
従不　36ｵ-2
じゆき【受記】
受記　40ｳ-6
しゆぎやう【修行】
修行　11ｵ-3･35ｵ-2･42ｳ-7
→じりきしゆぎやう・ねんぶつしゆぎやう・ぶつだうしゆぎやう
しゆくぜん【宿善】
宿善　8ｵ-12･46ｵ-2
しゆご【守護】　→ぶつぽふしゆご
しゆじ【衆事】
衆事　16ｵ-12
しゆじやう【主上】
主上　17ｳ-9
しゆじやう【衆生】
衆生　14ｵ-8･31ｳ-8･33ｳ-11･38ｵ-6･38ｳ-7･39ｵ-7･41ｵ-2
→じつぱうしゆじやう・しゆじやうりやく
しゆじやうりやく【衆生利益】
衆生利益　28ｳ-5
しゆしやすし【修易】(形容)
修しやすき(体)　35ｵ-1
しゆじゆ【種々】
種々　11ｵ-7
しゆしよう【殊勝】
殊勝　11ｳ-5
しゆしよちしき【衆所智識】
衆所智識　39ｵ-3
しゆす【修】(サ変)
修せ(未)　41ｵ-9
修し(用)　5ｵ-10･19ｵ-6･40ｳ-7
修す(止)　2ｳ-10
修する(体)　39ｵ-9
修すれ(已)　24ｳ-1
じゆす【誦】(サ変)
誦(用)　36ｳ-11
誦し(用)　2ｵ-6･8ｵ-1･10ｵ-9･15ｵ-10･27ｵ-1･37ｵ-12
誦す(止)　37ｵ-3･37ｵ-6
誦する(体)　16ｳ-1･37ｵ-1
誦せよ(命)　37ｵ-5
じゆず【数珠】
珠数　12ｵ-9
しゆぜんゐん【修禅院】
修禅院　7ｵ-11
じゆだう【儒道】
儒道　36ｵ-10
しゆつけ【出家】
出家　7ｵ-5･11ｳ-2･17ｳ-5･23ｵ-6･23ｵ-8･23ｳ-5･23ｳ-6･32ｵ-4
しゆつせ【出世】
出世　26ｵ-11･35ｳ-11
しゆつせす【出世】(サ変)
出世せ(未)　1ｵ-2
出世し(用)　41ｵ-3
出世す(止)　41ｵ-1
じゆつなし【術無】(形容)
術無く(用)　30ｵ-4

無術(体)　6ｵ-1
しゆつり【出離】
出離　2ｳ-7・4ｳ-8・17ｵ-2・17ｳ-5・26ｵ-9・46ｵ-1
しゆつりしやうじのみち【出離生死道】
出離生死のみち　1ｳ-4
しゆにく【酒肉】
酒肉　23ｵ-5
しゆゆ【須臾】
須臾　10ｳ-11・16ｵ-11
じゆゆう【受用】
受用　39ｵ-4
じゆゆうちゑ【受用智恵】
受用智恵　39ｵ-11
じゆらく【聚落】
聚落　4ｳ-4
しゆらくつ【修羅崛】
修羅崛　4ｳ-12
しゆりのすけこれむねのただよし【修理亮惟宗忠義】
修理亮惟宗の忠義　21ｳ-6
じゆんじ【順次】
順次　5ｵ-6・28ｳ-1・28ｳ-4
→じゆんじわうじやう
じゆんじゆく【純熟】　→ちどじゆんじゆく
じゆんじゆくす【純熟】(サ変)
純熟せ(未)　19ｵ-2
純熟し(用)　8ｳ-3
じゆんじわうじやう【順次往生】
順次往生　11ｳ-6
じゆんず【順】(サ変)
順せ(未)　13ｵ-10・13ｵ-11
じゆんぽん【純本】
純本　15ｳ-1
しよ【書】
書　9ｳ-1・12ｳ-5・14ｳ-12
→げしよ・しよども
しよ【疏】
疏　22ｵ-2
→しやうしよ・どうきやうしよ
しよ【所】　→しよしよ
しよ【初】(接頭)　→しよたいめん
しよ【諸】(接頭)　→いちだいしよけう・じしよしよえん・しよぎやう・しよきやうろん・しよこく・しよしゆう・しよてんぜんしん・しよとく・しよにん・しよふぜん・しよぶつ・しよぶつぼさつ・ふぞくしよぶつ
じよ【自余】
自余　4ｳ-10
しよあん【所案】
所案　1ｳ-4
しよう【勝】
勝　36ｵ-5
しよう【証】
証　7ｵ-8・7ｵ-10・7ｵ-11・7ｳ-8・28ｳ-10・36ｵ-7・40ｳ-1・40ｳ-2・40ｳ-10・41ｳ-7・42ｳ-4・43ｵ-6・45ｵ-10
しよう【称】　→むくわんのしよう
しようあい【鐘愛】
鐘愛　17ｳ-2
しようが【証賀】　→たくまのほふいんしようが
しようぎ【証義】
証義　2ｳ-3・33ｵ-12
しようくわす【勝過】(サ変)
勝過せ(未)　42ｵ-10
しようけん【勝賢】　→だいごのざすしようけん
しようこ【証拠】
証拠　23ｳ-11・30ｵ-2
しようさう【証相】
証相　7ｳ-7
しようじやう【証誠】
証誠　13ｵ-5・38ｳ-1
じようしやう【縄床】
縄床　25ｵ-7
しようじん【昇進】
昇進　3ｵ-9
しようす【称】(サ変)
称せ(未)　14ｵ-9
称(用)　34ｵ-4
称し(用)　2ｵ-4・11ｵ-8・41ｵ-10
称する(体)　32ｳ-4・34ｵ-5
称すれ(已)　4ｵ-2・34ｳ-7
称せよ(命)　5ｳ-9・33ｳ-13
しようす【証】(サ変)
証せ(未)　39ｵ-11
証する(体)　24ｵ-7
じようず【乗】(サ変)
乗し(用)　4ｵ-2・22ｵ-8
しようせう【勝少】
勝少　36ｵ-5
しようちたぶん【勝智多分】
勝智多分　36ｵ-12
しようねん【称念】
称念　34ｵ-6
しようねんす【称念】(サ変)
称念する(体)　38ｵ-11
称念すれ(已)　39ｵ-5

しようみやう【称名】
称名　6オ-4・6オ-12・9オ-8・11ウ-1・12オ-3・12オ-5・12オ-13・13オ-1・13オ-3・13オ-3・13オ-4・13オ-5・13オ-6・14ウ-4・14ウ-6・14ウ-7・15ウ-1・16オ-4・18ウ-2・18ウ-4・26ウ-6・32ウ-8・33オ-9・34オ-9・34ウ-7・35ウ-1・38オ-10・39オ-1
→しようみやうぎやう・しようみやうす・しようみやうねんぶつ・せんりやくしようみやうざう・むくわんしようみやう・むくわんのしようみやう
しようみやうぎやう【称名行】
称名行　5ウ-8
しようみやうす【称名】(サ変)
称名す(止)　12オ-10
称名する(体)　6オ-6
しようみやうねんぶつ【称名念仏】
称名念仏　11オ-10・11ウ-7・25オ-11・25ウ-4・26ウ-8・33オ-10・33ウ-3
しようやうす【称揚】(サ変)
称揚せ(未)　31ウ-6
しようやく【勝益】
勝益　39オ-12
しようれつ【勝劣】
勝劣　9オ-9・36オ-3・36ウ-1
しようれん【昇蓮】
昇蓮　9ウ-6
しよえん【諸縁】　→じしよしよえん
しよがく【所学】　→しやうだうしよがく
しよき【所期】
所期　44オ-4
しよぎやう【諸行】
諸行　38オ-9・42オ-10
じよぎやう【助行】
助行　25オ-12
しよぎやうちゆう【諸行中】
諸行中　35オ-1
しよきやうろん【諸経論】
諸経論　44オ-6
しよく【食】
食　42オ-6
しよぐぐわんぎやう【所求願行】
所求願行　5オ-12
しよくじ【食時】
食時　18ウ-12・18ウ-13
しよくす【食】(サ変)
食せ(未)　17オ-12
しよくわん【所観】
所観　16ウ-12
しよけ【所化】
所化　28ウ-6
しよけう【諸教】　→いちだいしよけう
しよげうほふし【所迎法師】
所迎法師　46ウ-7
しよこく【諸国】
諸国　40オ-8・40オ-11・41ウ-10・42ウ-2
しよさ【所作】
所作　9ウ-11・30ウ-5・33オ-9
→ごしよさ
しよじ【所持】　→くわんのんしよじ
しよしう【所修】
所修　22オ-13
しよしや【書写】
書写　46ウ-5
しよじやう【所成】　→ごちしよじやう・ほんぐわんしよじやう
しよじやく【書籍】　→しよせき
しよしやしをはる【書写終】(四段)
書写しおは(用)　9ウ-7
しよしやす【書写】(サ変)
書写し(用)　9ウ-2
しよしゆう【諸宗】
諸宗　1オ-2・28オ-10・36オ-7・36オ-9・38ウ-10
しよしゆう【諸衆】
諸衆　44オ-3
しよしよ【所々】
処々　44オ-7
しよしん【初心】
初心　7オ-3
しよせき【書籍】
書籍　7オ-2・18オ-10
しよせつ【所説】　→いちぶつしよせつ
じよぜつ【舒舌】　→くわうちやうじよぜつ
しよせん【所詮】(副)
所詮　4オ-2
→せんずるところ
しよぞん【所存】
所存　4オ-6・26ウ-2
しよたいめん【初対面】
初対面　4オ-7
しよてんぜんしん【諸天善神】
諸天善神　28ウ-5
しよとく【諸徳】
諸徳　35ウ-4
しよども【書共】
書とも　27オ-5
しよにん【諸人】

諸人　17ウ-13
じよひつす【助筆】(サ変)
助筆せ(未)　9ウ-6
しよふぜん【諸不善】
諸不善　32ウ-1
しよぶつ【諸仏】
諸仏　12オ-14・13オ-4・14オ-11・31ウ-6・31ウ-10・37ウ-7
→しよぶつぼさつ・ふぞくしよぶつ
しよぶつぼさつ【諸仏菩薩】
諸仏菩薩　28ウ-5
しよめつす【所滅】(サ変)　→しんぎやうしよめつす
しよもん【疏文】
疏文　22オ-1
しよらう【所労】
所労　6ウ-8・30オ-2
しらかは【白河】
しらかは　27ウ-3
しらかはしやうにんしんくう【白河上人信空】
白河上人信空　17オ-4
→しんくうしやうにん・ぜんじひじり・ほふれんしやうにん・やまのぜんじどの
しりおよぶ【知及】(四段)
しりをよは(未)　7オ-10
しりがたし【知難】(形容)
しりかたし(止)　41ウ-5
じりきしゆぎやう【自力修行】
自力修行　14オ-5
じりきとくだう【自力得道】
自力得道　11オ-4
しりやう【資粮】
資粮　39オ-8
しる【知】(四段)
しら(未)　20オ-3・20ウ-4・21オ-14・21ウ-4・22オ-10・22ウ-9・22ウ-11・28ウ-3・31オ-11・46オ-2
知(未)　18オ-11・18ウ-1・26オ-10
しり(用)　5オ-8・5オ-9・13ウ-8・18オ-13・21ウ-3・39ウ-9・43ウ-2
知(用)　15ウ-12・39オ-11・40ウ-6・42ウ-12
しる(止)　5オ-11・5オ-12・40ウ-7・42オ-10
知(止)　32ウ-9・39オ-7
しる(体)　29ウ-6・39オ-2
知(体)　39ウ-5
知る(体)　40オ-4
しれ(已)　20オ-7
→しりおよぶ・しりがたし
しるし【印】
しるし　24ウ-12
しるしう【記得】(下二段)
しるしえ(未)　41ウ-3
しるす【記】(四段)
しるし(用)　12ウ-5・21ウ-7・41オ-4
記す(止)　17オ-3・20オ-11
しるす(体)　41ウ-4
しるせん【支婁讖】
支婁讖　43ウ-1
しろ【城】
城　42オ-4
しわうてん【四王天】
四王天　26オ-11
→しわうてん
しゐ【思惟】
思惟　38オ-9
しゐしをはる【思惟終】(四段)
思惟しおはり(用)　31ウ-5
しん【信】
信　10オ-3・10オ-5・19ウ-5・22オ-4・22オ-8・45オ-8
しん【心】
心　34オ-4
→いちほつしん・いつしんあいぐわん・いつしんせんねん・いつしんせんねんみだみやうがう・いつしんふらん・かんじん・こころ・さんしん・しじやうしん・ししん・しふしん・しよしん・しんじつしん・しんじん・じんしん・だうしん・ふとくしん・むしん・ようじん・ゑかうほつぐわんしん
しん【晋】
晋　43ウ-11
→しんてう
しん【真】
真　27オ-8
しん【身】
身　27オ-2・28ウ-11・35オ-3
→けしん・げんしん・げんしんわうじやう・ごんしん・しんしん・そくしんじやうぶつ・とうじん・にくしん・ぶつしん・ほつしやうしん・ほつしん・ゆいしきほつしん
しん【辛】　→ごしん
しんえい【真影】　→しんねい
しんぎ【深義】
深義　16オ-3
しんぎやう【信行】
信行　25ウ-5・38ウ-3
しんぎやうしよめつす【心行所滅】(サ変)
心行所滅し(用)　40オ-3

しんくう【信空】
信空　18オ-9・18オ-11・20オ-9
→しらかはしやうにんしんくう
しんくうしやうにん【信空上人】
信空上人　16オ-4・18オ-4・18ウ-7・33オ-6
→しらかはしやうにんしんくう・ぜんじひじり・ほふれんしやうにん・やまのぜんじどの
じんくわん【深観】
深観　39オ-1
しんけん【信憲】　→そうじやうしんけん
じんご【尽期】
尽期　38オ-8
しんごん【真言】
真言　4ウ-11
しんごんし【真言師】
真言師　1オ-10
しんごんぢやうすい【真言定水】
真言定水　26オ-6
しんさい【新蔡】
新蔡　43ウ-6
しんさい【信西】　→せうなごんにふだう
しんし【参差】　→はいりふしんし
しんし【進士】　→しやうたのしんし
しんじいる【進入】(四段)
進入(未)　18ウ-12
しんじいる【進入】(下二段)
進入(用)　18ウ-9
しんじつ【真実】
真実　4オ-9・46オ-4
しんじつけんご【真実堅固】
真実堅固　30ウ-9
しんじつじよう【真実乗】　→たりきしんじつじようぶつぐわんりき
しんじつしん【真実心】
真実心　22オ-2
しんじつなり【真実】(形動)
真実に(用)　28オ-9
しんじやすし【信易】(形容)
信しやすき(体)　22オ-11
しんしゆ【進趣】
進趣　9ウ-9
しんじゆ【信受】
信受　30ウ-10
しんしゆう【真宗】　→じやうどしんしゆう
しんじゆす【信受】(サ変)
信受する(体)　36ウ-8
しんじゆんす【信順】(サ変)
信順し(用)　33オ-7
しんしようねん【信称念】
信称念　38ウ-5
しんしん【真身】
真身　39オ-5
しんじん【信心】
信心　22オ-4
じんしん【深心】
深心　22オ-3・22ウ-13
じんじん【甚深】
甚深　3ウ-2・15ウ-9・20オ-10
しんじんさうぞくす【心々相続】(サ変)
心々相続(用)　11オ-1
じんじんなり【甚深】(形動)
甚深なり(止)　5ウ-2
しんず【信】(サ変)
信せ(未)　40オ-6
信し(用)　14ウ-5・19ウ-11・20ウ-13・23ウ-4・34オ-5・34オ-9・35ウ-7・38オ-11・39オ-5・39オ-12・41オ-11
信す(止)　14ウ-9・22オ-6
信する(体)　5オ-4・13ウ-8・22オ-7・22オ-8・22ウ-13・37ウ-4・37ウ-5・39ウ-10
信せよ(命)　36ウ-1
→しんじやすし
しんず【進】(サ変)
進す(止)　2ウ-6
→しんじいる
しんずい【信瑞】
信瑞　8ウ-4・16オ-7・19ウ-10・19ウ-13
しんたん【震旦】
震旦　42オ-12・43オ-6
晨旦　40オ-8・40オ-11
しんぢゆう【心中】
心中　9オ-3
じんぢゆう【深重】　→ごぎやくじんぢゆう・ざいしやうじんぢゆう
しんていけん【新鄭県】
新鄭県　44ウ-7
しんてう【晋朝】
晋朝　43ウ-2
しんにけだい【瞋恚懈怠】
瞋恚懈怠　31ウ-2
しんねい【真影】
真影　28ウ-8
しんぷ【信不】
信不　36オ-6
しんめい【神明】
神明　11オ-8
しんようぼんけう【真容梵夾】

真容梵夾　42オ-13
じんり【深理】
深理　38ウ-2
じんりよく【人力】
人力　16ウ-4
じんりん【人倫】
人倫　4オ-5
しんわう【親王】　→まさなりしんわう
じんゐ【深位】
深位　25ウ-5
しんゑんばう【心円房】
心円房　1ウ-11

―す―

す【為】(サ変)
せ(未)　6オ-11・6オ-12・6オ-13・6ウ-9・11ウ-2・15オ-5・15オ-7・25ウ-2・31ウ-2・31ウ-5・40オ-9・41オ-8・46オ-4・46オ-5
せ(補読)(未)　35オ-11
し(用)　1オ-9・1ウ-9・3オ-4・3ウ-7・3ウ-11・4オ-1・5ウ-12・6オ-8・6オ-11・6オ-12・7ウ-13・8オ-9・9オ-3・9オ-7・9オ-7・9オ-8・12ウ-9・18オ-1・18オ-3・18オ-3・19オ-8・19ウ-3・21オ-9・34オ-4・40ウ-2
す(止)　1ウ-9・4ウ-2・9オ-7・12オ-14・13オ-1・13オ-2・15オ-8・15ウ-1・20オ-7・22オ-8・25ウ-1・26オ-9・31ウ-1・32オ-9・33オ-9・34オ-10・35ウ-9・36ウ-5・37ウ-1・37ウ-8・37ウ-12・38オ-11・38ウ-3・39ウ-11・43ウ-5・44オ-4
為(止)　18ウ-5
する(体)　Mオ-5・3オ-7・7ウ-13・10ウ-1・12ウ-10・14オ-1・31オ-9
すれ(已)　5ウ-4・12オ-6・25オ-3・31オ-10・31オ-11・31オ-12・31ウ-2・42オ-5
→あいぐわんす・あくぐわんす・あんず・あんぢす・いうしす・いうせんす・いかにもいかにもして・いちねんす・うんじふす・えふす・おうず・かいげんす・かうがんす・がうす・がくす・がつしやうこざす・がつしやうす・がふごす・がふす・かんたんす・きうす・きす・きぶくす・ぎやうず・くきやうす・ぐす・ぐそくす・くねんす・くやうす・くわいす・くわんじんす・くわんす・くわんず・ぐわんす・くわんぼふす・くんず・けいしす・けいびやくす・けつぎす・けつしがたし・けつす・けつぢやうす・けつぢやうわうじやうす・けらいす・げんず・けんもんす・こうぎやうす・ごす・こんがふす・ごんごだうだんす・こんず・こんりふす・さうおうす・さうでんす・さうゐす・さかしらす・さたしあふ・さんきんす・さんす・さんず・さんにふす・しいだす・しう・しういうす・じす・じたいす・じたんす・しつかひす・しふす・しまく・しやうぐわんす・しやうじがたし・じやうじゆす・しやうず・しやくす・しやす・しゆしやすし・しゆす・じゆす・しゆつせす・じゆんじゆくす・じゆんず・しようくわす・しようす・しようず・じようず・しようねんす・しようみやうす・しようやうす・しよくす・しよしやしをはる・しよしやす・じよひつす・しゐしをはる・しんぎやうしよめつす・しんじいる・しんじやすし・しんじゆす・しんじゆんす・しんじんさうぞくす・しんず・しんず・ずいきす・すゐす・せうらんす・ぜす・せつぼふす・せふれふす・せんずるところ・せんちやくす・そうじて・そうじては・ぞんじがたし・ぞんず・ぞんねんす・たいしゆつす・たいす・たいす・たいてんす・たいめんす・だういんす・たうできす・たくす・たさうけんざつす・たつす・たんざす・だんず・だんず・だんぜつす・ぢす・ちやうず・ちやうだいす・ちやうもんす・ちやくす・ちゆうしんごんじやうす・ちゆうしんす・ぢゆうす・ちゆうぶす・つうず・つうだつす・づす・ていはつす・てうけんす・てきす・でんじゆす・とうざんす・とくきんせいくす・とくしんす・なんず・にふめつす・ねんず・ねんぶつす・はいす・はくつうす・はす・はつぶす・はんす・ひきふす・ひす・ひばうす・ひらんす・ひろうす・ふくようす・ふしんす・ふぞくす・ふんべつす・へうす・べつして・へんじやうす・へんず・へんゑす・ぼくす・ほつしんす・ぼつす・ほつとくす・ほんしやうす・ぼんなうぐそくす・ほんやくす・むず・めいず・めつす・めつぼつす・めんねす・もくよくす・やくす・ゆいごんす・よういす・らいねんす・らいりんす・りかうす・りくわんす・りけんす・りす・りやくす・るてんす・るふす・れいす・ろくす・ろんず・わうじやうしがたし・わうじやうす・ゑかうす・ゑしやくす

す(助動)
せ(未)　7ウ-12
せ(用)　3ウ-1・20ウ-9・28オ-2
す(止)　18オ-8
→あそばす
ず(助動)
さら(未)　12オ-5・12オ-7・36ウ-2・41オ-3・42オ-10
さり(用)　7オ-2・7オ-10・7ウ-8・9オ-2
す(用)　4ウ-3・4ウ-4・7ウ-12・8オ-1・9オ-9・11ウ-2・11ウ-2・12オ-6・12オ-6・12オ-7・12オ-13・14ウ-6・15オ-5・15オ-6・15オ-7・16オ-3・16オ-3・16ウ-9・18オ-2・18オ-12・20ウ-5・21オ-12・22オ-11・23ウ-1・23ウ-12・25オ-2・25オ-3・25オ-7・25オ-8・27オ-3・28オ-11・33ウ-11・36オ-10・40オ-9・40オ-10・40オ-12・45オ-10
不(用)　10ウ-2・11オ-9・15ウ-6・17オ-1・17ウ-4・18オ-13・18ウ-3・18ウ-6・18ウ-12・18ウ-13・19ウ-2・20オ-7・31オ-4・31オ-5
す(止)　2オ-4・3オ-11・3ウ-12・4オ-13・4ウ-4・4ウ-6・4ウ-11・4ウ-13・5ウ-6・5ウ-11・6オ-6・6オ-7・6オ-8・6オ-9・6オ-12・6オ-13・8ウ-12・9ウ-4・11オ-3・12オ-4・13ウ-4・13ウ-4・13ウ-5・14オ-1・14オ-6・14オ-6・14オ-7・15オ-6・15オ-7・15ウ-8・15ウ-11・16オ-6・16オ-8・16ウ-4・16ウ-10・17オ-8・17オ-12・17ウ-7・18オ-3・19オ-3・19オ-5・19ウ-8・19ウ-10・19ウ-12・20オ-6・20オ-11・21オ-9・21ウ-1・21ウ-14・22オ-3・22オ-6・22オ-7・22ウ-12・23オ-13・23ウ-2・23ウ-6・24ウ-4・24ウ-5・24ウ-7・24ウ-7・24ウ-8・25ウ-4・26ウ-9・28オ-8・29ウ-6・30ウ-4・31オ-10・31オ-11・31ウ-10・32オ-4・32オ-4・32オ-5・32ウ-4・34オ-6・35オ-3・35オ-3・35ウ-2・35ウ-4・36オ-3・36オ-5・37オ-1・37オ-12・38オ-4・38オ-5・38オ-12・38ウ-5・38ウ-9・39ウ-12・40オ-4・41ウ-3・42オ-3・43オ-12・43ウ-11・43ウ-11・44オ-5・44ウ-6・46オ-2
不(止)　7ウ-3・11オ-3・11ウ-13・12オ-9・16ウ-10・18オ-11・18ウ-13・30ウ-9・30ウ-10・35オ-11・36ウ-2・38オ-12
ず(補読)(止)　33オ-12
さる(体)　4ウ-9・5ウ-9・8オ-4・10ウ-12・11ウ-5・12オ-8・13オ-11・14オ-2・14オ-3・17ウ-11・20オ-3・23オ-3・23ウ-2・24ウ-6・25ウ-2・28ウ-3・31オ-11・32ウ-5・35ウ-1・36オ-10・39オ-2・39ウ-6・40オ-6・42オ-7
ぬ(体)　3ウ-5・4オ-8・11オ-3・12オ-5・15ウ-9・15ウ-10・20オ-5・20ウ-4・21オ-14・21ウ-4・22オ-10・22ウ-9・44ウ-3・46ウ-2
不(体)　17オ-2・18オ-13・18ウ-1・18ウ-8・18ウ-12・26オ-10・37ウ-13・38ウ-1
され(已)　13オ-8・14ウ-7
ね(已)　16オ-11・20オ-2・22ウ-11・24ウ-1・27オ-3
され(命)　30ウ-4
→あらず・しかのみならず・しからず・しからずは・ずは
ずい【隋】　→ずいてう
ずいき【随喜】
随喜　19ウ-12
→ほつけいちねんずいき
ずいきす【随喜】(サ変)
随喜せ(未)　28オ-8
随喜し(用)　9オ-5・22ウ-1・30ウ-3
随喜す(止)　8ウ-1・45オ-9
ずいさう【瑞相】
瑞相　13ウ-1
すいじ【睡時】
睡時　18ウ-13
ずいてう【隋朝】
隋朝　44オ-6
ずいぶんに【随分】(副)
随分に　26ウ-4
すいれつなり【衰劣】(形動)
衰劣に(用)　37オ-4
すうえう【枢要】
枢要　43ウ-4
すうくわん【数巻】
数巻　14ウ-12
すうじつ【数日】
数日　17ウ-6
すうじつかど【数十ヶ度】
数十ケ度　9オ-11
すうじふよぶ【数十余部】
数十余部　44オ-8
すうにん【数人】
数人　36ウ-7
すうはん【崇班】
崇班　1ウ-10
すうへん【数遍】
数反　12ウ-1
数遍　9オ-11
すぐ【過】(上二段)
すき(未)　16ウ-9
すき(用)　21オ-5・21オ-6・24オ-4・24オ-5・41ウ-10・42ウ-10
すくなし【少】(形容)
すくなから(未)　21オ-1
すくなく(用)　44ウ-10
すくなき(体)　14オ-7・20オ-3
すぐに【直】(副)

すくに　27ウ-2
すくふ【援・救】(四段)
援は(未)　38オ-8
救(体)　7ウ-2
すぐる【優】(下二段)
すくれ(用)　34オ-5
すけ【助・亮】　→しゆりのすけこれむねのただよし・たひらのうぢうまのすけさだふさ
すけたか【資隆】→せうなごんすけたかあそん
すこし【少】(形容)
すこしき(体)　42ウ-9
すこしも【少】(副)
すこしも　6オ-9
すこぶる【頗】(副)
すこふる　5オ-13
すじつ【数日】　→すうじつ
ずす【誦】(サ変)　→じゆす
すすむ【進】(四段)
すすみ(用)　9オ-11
すすむ【勧】(下二段)
すすめ(未)　6オ-4・7オ-4・24ウ-9・27オ-4・41オ-3
すすめ(用)　5ウ-9・14オ-12・14ウ-10・15オ-8・33ウ-11
すすむる(体)　10オ-3・10オ-7・32ウ-6・34オ-5・35オ-2・37ウ-11
すすめ【勧】
すすめ　13オ-10・32ウ-2
すつ【捨】(下二段)
すて(未)　11ウ-2・31ウ-2
すて(用)　1ウ-10・3オ-4・4オ-13・11オ-13・13ウ-6・20ウ-7・25オ-4・33オ-9・39オ-11・43ウ-7・44ウ-12
すつ(止)　2オ-3
→うちすつ・なげすつ
すでに【既】(副)
すてに　13オ-10・20オ-9・23オ-2・26ウ-1・30オ-4・37ウ-8
既に　29ウ-5・42オ-12
すなはち【即】(名・副)
すなはち　4オ-10・8オ-3・8ウ-13・10ウ-9・11オ-4・14ウ-3・27ウ-9
則　10ウ-12・11ウ-3・11ウ-9・13オ-2・17ウ-1・22ウ-13・35ウ-5・38オ-3・39オ-3・39オ-4・40ウ-9・43オ-10・43オ-11・43ウ-4
則ち　30オ-11
即　16ウ-9・17ウ-4・32ウ-3・37オ-11・37ウ-3・37ウ-8・38オ-12・38オ-12
ずは(連語)
すは　5オ-6・13オ-11・14オ-10・16オ-1・24オ-11
→しからずは
すべて【統・総】(副)
すへて　4ウ-4・8オ-2・27オ-10
すます【澄】(四段)
すまし(用)　11オ-3
すまひをり【住居】(ラ変)
すまいをる(体)　46ウ-2
すみか【住処】
すみか　12オ-14・15オ-8・42ウ-8
すみぞめ【墨染】
墨染　17ウ-4
すみやかなり【速】(形動)
すみやかに(用)　39オ-7
速(用)　17ウ-4
すむ【澄】(四段)
すめ(已)　39ウ-12
すむ【住】(四段)　→すみか
すら(助)
すら　40オ-2
すゐす【推】(サ変)
推せ(未)　42ウ-7
推す(止)　43オ-1
推する(体)　30オ-12
すん【寸】　→いつすん・さんずん

―せ―

せ【瀬】
せ　18オ-12・18ウ-1
せい【精】
精　40オ-1
せい【斉】
斉　44オ-1
せいえう【精要】
精要　35ウ-6
せいかく【聖覚】
聖覚　27ウ-2・27ウ-11・28オ-1・28オ-3・28オ-7
→あぐゐのほふいん・あぐゐのほふいんせいかく・ほふいんせいかく
せいくす【精苦】(サ変)　→とくきんせいくす
せいぐわん【誓願】
誓願　38オ-10
せいさく【製作】
製作　31オ-9
せいざん【西山】
西山　7オ-6

せいし【勢至】
勢至　2ウ-9・15オ-11
せいじやう【誓状】
誓状　19オ-8・19ウ-1・19ウ-3
せいまい【西邁】
西邁　42オ-12
せいむ【世務】
世務　13オ-9
せいりやうだい【清涼台】
清涼台　43オ-10
せう【少】
少　36オ-5・36ウ-1
せう【抄】　→ゆいしんせう
せうあみだきやう【小阿弥陀経】
小阿弥陀経　34オ-4
せうかく【小角】
小角　41オ-9
せうじよう【小乗】
小乗　13ウ-13・43オ-12
せうせう【少々】(副)
少々　33オ-11
せうそうづ【少僧都】
少僧都　3オ-10
せうそこ【消息】
消息　6ウ-8
せうなごんすけたかあそん【少納言資隆朝臣】
少納言資隆朝臣　8オ-7
せうなごんにふだう【少納言入道】
小納言入道　8オ-2
少納言入道　7オ-7
→せうなごんふぢはらのみちのりのあそん
せうなごんふぢはらのみちのりのあそん【少納言藤原通憲朝臣】
少納言藤原の通憲の朝臣　2オ-10
→せうなごんにふだう
せうぶん【少分】　→せうぶんいぎ・れつゑせうぶん
せうぶんいぎ【少分異義】
少分異義　35ウ-7
せうらん【照覧】
照覧　1ウ-9
せうらんす【照覧】(サ変)
照覧し(用)　46オ-5
せかい【世界】
世界　40オ-9・40オ-12・45オ-10
→しやばせかい・なむごくらくせかい
せきとく【碩徳】
碩徳　38ウ-11
せけん【世間】
世間　4オ-4・4オ-6・6ウ-2・6ウ-11・13オ-13・20オ-3・35ウ-11・40オ-2
せし【狭】(形容)　→ところせし
せじ【世事】
世事　4ウ-4
せじざいわうぶつ【世自在王仏】
世自在王仏　20ウ-6
→せじざいわうぶつ
せじん【世人】
世人　2オ-3
ぜす【是】(サ変)
是す(止)　37ウ-2・37ウ-3・37ウ-5
せそん【世尊】
世尊　35オ-11・37オ-8
せちなり【切】(形動)　→せつなり
せつ【説】
説　13オ-6・25オ-6・42オ-11
→いちぶつしよせつ・じやうせつ
せつ【砌】
砌　42ウ-8・46ウ-4
せつしやう【殺生】
殺生　23オ-5
せつしゆ【接取】　→みだせつしゆ
せつな【刹那】
刹那　10ウ-11
せつなり【切】(形動)
切なり(止)　14オ-4・36ウ-9
せつぽふ【説法】
説法　19オ-7・19ウ-8・28オ-10・42ウ-8
→ごせつぽふ
せつぽふす【説法】(サ変)
説法し(用)　42オ-5
説法す(止)　41オ-2
せつまとう【摂摩騰】
摂摩騰　43オ-8
せふれふす【渉猟】(サ変)
渉猟す(止)　26オ-9
せめて(副)
せめて　21オ-1
ぜり【是利】　→がけんぜり
せん【千】
千　13ウ-2
せん【詮】
詮　12ウ-2・32ウ-12
せん【山】　→さん・りやうじゆせん
せん【銭】　→ぼうせん
ぜん【善】

善　23ウ-12・23ウ-12・23ウ-13・24オ-11・24ウ-1
ぜんあく【善悪】
善悪　23ウ-13・31ウ-3・32オ-5・39ウ-4・40オ-5
せんいつなり【専一】(形動)
専一なら(未)　16ウ-6
せんうんほふいん【仙雲法印】
仙雲法印　33オ-4
せんえう【詮要】
詮要　2オ-1・4ウ-8・6オ-4・9ウ-13・20ウ-1・26ウ-8
ぜんかうりしやう【善巧利生】
善巧利生　38オ-3
せんぎ【先規】
先規　15ウ-6
ぜんくうほふし【善空法師】
善空法師　19オ-6
ぜんくわうじまうで【善光寺詣】
善光寺まうて　3オ-11
せんげ【遷化】
遷化　19オ-5
ぜんご【前後】
前後　4オ-4・44ウ-10
ぜんごん【善根】
善根　8ウ-3・22オ-13・22ウ-1・30ウ-8
せんさばんべつなり【千差万別】(形動)
千差万別なる(体)　11オ-12
せんざふ【専雑】
専雑　13オ-2
せんし【先師】
先師　3オ-6・16ウ-12・21ウ-1
→せんしほふいん
せんじ【先時】
先時　44ウ-10
せんじ【浅事】
浅事　40オ-2
ぜんじ【禅師】　→しやくぜんじ・ぜんじひじり・ほふせうぜんじ・ゑをんぜんじ
せんしう【泉州】
泉州　46ウ-4
ぜんじどの【禅師殿】　→やまのぜんじどの
ぜんじひじり【禅師聖】
禅師ひしり　17ウ-6
→しらかはしやうにんしんくう・しんくうしやうにん・ほふれんしやうにん・やまのぜんじどの
せんじふ【撰集】
撰集　35ウ-2
せんしほふいん【先師法印】
先師法印　27オ-9・28オ-7
せんしやう【専精】
専精　14オ-13
ぜんしやう【前生】　→くわこぜんしやう
せんじゆ【専修】
専修　15ウ-1・25オ-11
→いつかうせんじゆ・せんじゆねんぶつ
せんじゆねんぶつ【専修念仏】
専修念仏　25オ-10
せんしよう【専称】
専称　13オ-2
せんじよう【先蹤】
先蹤　16ウ-9
せんしん【浅深】
浅深　9オ-10・14オ-1・39ウ-4・40オ-5
ぜんしん【善神】　→しよてんぜんしん
せんずるところ【所詮】(連語)
詮するところ　8ウ-11
→しよせん
ぜんだう【善導】
善導　7オ-13・9オ-6・13オ-10・14ウ-8・18ウ-13・26ウ-5・27ウ-8・28オ-4・28ウ-8・33ウ-3・34ウ-1・44ウ-5・45ウ-10
ぜんだうわじやう【善導和尚】
善導和尚　9ウ-1・12ウ-10・21オ-11・21ウ-10・22ウ-5・24ウ-12・25オ-10・28オ-10・32ウ-9
せんだつ【先達】
先達　18ウ-10
せんちぐどん【浅智愚鈍】
浅智愚鈍　28ウ-3
ぜんちしき【善知識】
善知識　14ウ-5・24ウ-9・32ウ-2
ぜんぢやうでんか【禅定殿下】　→くでうのぜんぢやうでんか
せんちやくしふ【選択集】
撰択集　1ウ-1・33オ-6
選択集　1ウ-2・1ウ-3・1ウ-6・1ウ-7・9オ-13・9ウ-8
せんちやくす【染着】(サ変)
染着し(用)　11ウ-4
ぜんつうだうり【善通道理】
善通道理　36オ-3
せんてつ【先哲】
先哲　35ウ-5
せんとく【先徳】
先徳　6オ-12
せんねん【専念】　→いつしんせんねん・いつしんせんねんみだみやうがう
せんぴ【先非】
先非　1ウ-9

せんぼん【千品】
　千品　39ｳ-5
ぜんなく【善悪】　→ぜんあく
ぜんまく【善悪】　→ぜんあく
ぜんもん【禅門】
　禅門　17ｳ-11
　→へいだいしやうこくぜんもん・へいだいしやうこくのぜんもん
せんりやくしようみやうざう【浅略称名蔵】
　浅略称名蔵　35ｳ-3
ぜんりんじ【禅林寺】
　禅林寺　1ｵ-5

—そ—

そ【疏】　→しやうしよ・しよ・しよもん・どうきやうしよ
そ(助)
　そ　10ｳ-9・11ｵ-11・16ｵ-10・36ｳ-1・38ｵ-5
ぞ(助)
　そ　12ｵ-2・24ｵ-2・33ｳ-13・46ｳ-2
　→ぞかし・たれぞや・とぞ・なんぞ・ばかりぞ・もぞ
そう【僧】
　そう　20ｳ-7
　僧　11ｵ-2・46ｳ-9
　→かうそうでん・かうそうめいし・さんぞう・そうぞく・にそう
そう【宋】
　宋　44ｵ-1
そうえい【僧叡】
　僧叡　43ｳ-12
そうさい【僧済】
　僧済　43ｳ-12
そうじて【総】(副)
　惣して　5ｳ-10・14ｳ-12・36ｵ-7・42ｵ-12・44ｳ-9
そうじては【総】(副)
　惣しては　38ｵ-7
そうじやう【僧正】
　僧正　1ｵ-8・9ｵ-4
　→そうじやうしんけん・だいそうじやう
ぞうじやうえん【増上縁】
　増上縁　13ｳ-10
そうじやうしんけん【僧正信憲】
　僧正信憲　7ｵ-11
そうぞく【僧俗】
　僧俗　23ｵ-12・43ｳ-8
そうたい【惣体】
　惣体　39ｵ-5
そうづ【僧都】
　僧都　1ｵ-7・2ｵ-10・3ｵ-2・3ｳ-4・3ｳ-9・3ｳ-10・3ｳ-12・4ｵ-3・4ｵ-7・4ｵ-10・4ｳ-2・5ｵ-1
　→じやうへんそうづ・せうそうづ・そうづみやうへん・ゑしんそうづ
そうづじやうへん【僧都静遍】
　僧都静遍　1ｵ-5
そうづみやうへん【僧都明遍】
　僧都明遍　2ｵ-8
そうへい【宗炳】
　宗炳　43ｳ-7
ぞかし(助)
　そかし　30ｵ-6
ぞく【俗】
　俗　4ｵ-8・8ｵ-4・43ｳ-11
　→ぞくしやう・そうぞく・だうぞく
ぞく【族】　→いちぞく
ぞくしやう【俗姓】
　俗姓　26ｵ-4
そくしんじやうぶつ【即身成仏】
　即身成仏　4ｳ-11
そくてんくわうごう【則天皇后】
　則天皇后　41ｳ-8
そくなん【息男】
　息男　17ｵ-7
そし【祖師】
　祖師　7ｳ-4・9ｵ-7
そしり【謗】
　そしり　19ｵ-3
そぞろごと【漫事】
　そそろ事　22ｳ-3
そどう【麁動】　→さんらんそどう
そとば【卒都婆】
　卒都婆　12ｵ-7
そなはる【備】(四段)
　備はり(用)　34ｳ-8
そなふ【備】(下二段)
　備(止)　33ｵ-12
　→かねそなふ
その【其】(連語)
　その　1ｵ-4・1ｳ-10・2ｵ-1・4ｵ-13・4ｳ-7・5ｳ-2・5ｳ-5・6ｳ-7・6ｳ-9・7ｵ-11・7ｳ-5・7ｳ-6・7ｳ-7・8ｳ-1・11ｵ-5・11ｵ-12・12ｳ-6・13ｵ-5・14ｵ-1・14ｳ-13・15ｳ-8・16ｳ-1・16ｳ-9・17ｵ-10・17ｵ-11・19ｳ-4・19ｳ-9・20ｳ-1・20ｳ-10・21ｵ-4・22ｵ-5・22ｳ-4・22ｳ-10・23ｵ-4・23ｳ-11・24ｵ-7・24ｳ-2・24ｳ-11

・26オ-7・26オ-8・26ウ-1・27ウ-10・28オ-10・28ウ-3・28ウ-10・30ウ-4・36ウ-10・37オ-3・37オ-6
其　5オ-1・9オ-1・10オ-12・11オ-12・23ウ-11・30ウ-9・31オ-6・33オ-7・33ウ-1・38ウ-8・39オ-2・39オ-3・41オ-5・42ウ-4
其の　16ウ-3・16ウ-5・21オ-5・30オ-1・37ウ-9・38オ-11・39オ-4・40オ-2・40オ-3・41ウ-4・42オ-4・42ウ-1
そのうへ(接)
そのうへ　5オ-12
そふ【祖父】
祖父　17オ-7
そぶん【疏文】　→しよもん
そへなし【故無】(形容)
そへなき(体)　20ウ-5・21ウ-4
そむ【染】(下二段)
そめ(用)　22オ-3
そむ(止)　9ウ-5
→すみぞめ
そむく【背】(四段)
背(止)　30ウ-12
そむく(体)　12オ-13・12オ-14
そむけ(已)　13オ-10・37ウ-12
そもそも【抑】(接)
そもそも　7ウ-9
抑　1オ-2・14ウ-13・33オ-11・40オ-7
ぞや(助)　→たれぞや
そらなり【空・虚】(形動)
そらに(用)　22ウ-11
それ【其】
それ　3ウ-9・3ウ-12・4オ-1・5ウ-4・19ウ-1・36オ-4
其　38オ-8
それ【夫】(接)
夫　12ウ-7・19オ-2・37オ-11・37ウ-7・39オ-4
それにとりて(連語)
それに取て　3ウ-11
其に取て　3ウ-10
ぞんじがたし【存知難】(形容)
難存知(用)　10オ-11
そんじや【尊者】
尊者　37オ-7
そんしやう【尊性】
尊性　9ウ-6
ぞんじやう【存生】
存生　9ウ-3
ぞんず【存】(サ変)
存し(用)　3ウ-9・3ウ-10
存す(止)　30ウ-6
存する(体)　9オ-3・17オ-2
→おそれぞんず・ぞんじがたし
ぞんねんす【存念】(サ変)
存念(用)　18ウ-6

―た―

た【他】
他　16ウ-11・19ウ-4
→ほか
た【多】
多　36オ-5・36ウ-1
だい【台】
台　42ウ-8
→せいりやうだい・らんだい・れんだい
だい【代】　→いちだい・こうだい・ぢゆうだい・はちだい
だいあじやり【大阿闍梨】　→みゐのだいあじやり
たいい【大意】
大意　9オ-6
だいいち【第一】
第一　1オ-5・4オ-3・7ウ-10・12ウ-6・17オ-8・21ウ-7・28オ-8・34ウ-1・37オ-11・37ウ-8・44オ-10
だいいちようじん【第一用心】
第一用心　9ウ-10
だいく【第九】
第九　28ウ-10
たいけう【台教】
台教　8オ-9
だいご【第五】
第五　17オ-4
たいこく【大国】
大国　41ウ-3
だいごのざすしようけん【醍醐座主勝賢】
醍醐の座主勝賢　1オ-7
たいざん【大山】
大山　42オ-4・42ウ-2
だいさん【第三】
第三　8オ-5
→まきだいさん
たいし【大旨】
大旨　28オ-10
たいし【大師】　→こうぼふだいし・たいししやくそん・ちしやだいし
だいし【大士】
大士　25ウ-5

だいし【第四】
第四　15ｵ-3
たいししやくそん【大師釈尊】
大師釈尊　28ｳ-1
だいしだん【第四段】
第四段　23ｵ-4
だいしち【第七】
第七　27ｵ-6
だいじなり【大事】(形動)
大事なる(体)　23ｵ-11
だいじふいち【第十一】
第十一　7ｵ-7
だいじふし【第十四】
第十四　2ｵ-10
だいじふしち【第十七】
第十七　31ｳ-6
だいじふのだん【第十段】
第十の段　25ｵ-5
だいじふはち【第十八】
第十八　20ｳ-9･31ｳ-12
だいじふはちのぐわん【第十八願】
第十八の願　34ｵ-9
たいしやう【大聖】
大聖　38ｵ-3
だいしやうこく【大相国】　→へいだいしやうこくぜんもん・へいだいしやうこくのぜんもん
たいしゆつ【退出】
退出　4ｵ-10
たいしゆつす【退出】(サ変)
退出(止)　4ｵ-5
だいじよう【大乗】
大乗　5ｵ-11･13ｳ-13
→どくじゆだいじよう
たいす【退】(サ変)
退せ(未)　16ｵ-11
たいす【対】(サ変)
対し(用)　9ｵ-9
対す(止)　6ｳ-2
だいせう【大小】
大小　14ｳ-12
たいせつ【大切】
大切　6ｵ-2
たいせつなり【大切】(形動)
大切なる(体)　6ｵ-3
たいぜん【大漸】
大漸　27ｵ-2
たいそう【代宗】
代宗　44ｳ-6
だいそうじやう【大僧正】
大僧正　8ｳ-6
たいそく【大足・年号】
大足　41ｳ-9
だいたう【大唐】
大唐　9ｵ-6
だいちどろん【大智度論】　→だいろん
たいてん【退転】
退転　46ｵ-3
たいてんす【退転】(サ変)
退転し(用)　30ｵ-4
だいなごんたひらのよりもりきやう【大納言平頼盛卿】
大納言平頼盛卿　1ｵ-7
だいなごんにふだうみつより【大納言入道光頼】
大納言入道光頼　6ｳ-3
だいに【第二】
第二　2ｵ-8･24ｵ-8
→まきだいに
だいはち【第八】
第八　33ｵ-1
たいはん【大半】
大半　15ｵ-1
だいひ【大悲】
大悲　14ｵ-11
だいほつとく【大法得】
大法得　37ｳ-1
たいめん【対面】
対面　4ｵ-6･17ｳ-11
→しよたいめん
たいめんす【対面】(サ変)
対面し(用)　8ｳ-9
たいやう【対揚】
対揚　6ｳ-3
だいり【大利】
大利　13ｳ-9･39ｵ-6
たいりやく【大略】(副)
大略　19ｳ-8
だいれきろくねん【大暦六年】
大暦六年　44ｳ-7
だいろく【第六】
第六　26ｵ-2
だいろん【大論】
大論　28ｳ-10･29ｳ-6
たう【唐】
唐　41ｳ-8･44ｳ-5

→だいたう・たうてう
たう【唐音】
唐　8ウ-10
だう【堂】　→いちだう・じやうどくわんだう・だうしや・だうたふ・ひかりだう・びしやもんだうほふいんみやうぜん・ぶつだう・みだう
だう【道】　→えうだう・がくだう・ぎだう・げだう・しやうだう・じゆだう・ぶつだう・まだう・ろくだう
だういんす【導引】(サ変)
導引せ(未)　31ウ-8
だうくわ【道果】
道果　24オ-7
たうざ【当座】
当座　4オ-10
たうじ【当時】
当時　4ウ-8・23オ-4
だうし【導師】
導師　19オ-7・27オ-10・44オ-3
→ごだうし
だうしや【堂舎】
堂舎　3オ-1
だうしやく【導綽】
導綽　9オ-7・14オ-8・14ウ-8・44ウ-5
だうしん【道心】
道心　3オ-4・19オ-2・21ウ-4
だうしんけんごなり【道心堅固】(形動)
道心堅固に(用)　8オ-4
だうしんじや【道心者】
道心者　4オ-9・4ウ-5
たうせい【当世】
当世　15オ-1
だうせん【道宣】
道宣　35オ-6
だうぞく【道俗】
道俗　4ウ-6・28オ-8
だうたふ【堂塔】
堂塔　12オ-7
だうだんす【道断】(サ変) →ごんごだうだんす
たうち【当地】
たう地　2ウ-11
だうぢやう【道場】
道場　7ウ-1・15オ-8・16ウ-3・18ウ-4
たうてう【唐朝】
唐朝　22ウ-8・23ウ-10
たうできす【盪滌】(サ変)
盪滌し(用)　16ウ-5
だうり【道理】
道理　2オ-3・2オ-4・13ウ-2・14オ-5・14オ-6・14オ-6・28ウ-3
→ぜんつうだうり
たかさ【高】
たかさ　45オ-1
たかしなのつねとし【高階経敏】　→ながとのかみたかしなのつねとし
たがひに【互】(副)
たかひに　3ウ-5
たがふ【違】(四段)
たかは(未)　23オ-3・26ウ-9・27オ-3
たかひ(用)　22オ-9
たかふ(止)　30ウ-4
→とりたがふ
たがふ【違】(下二段)
たかへ(未)　8オ-1
たから【宝】
宝　43ウ-9
たく【宅】
宅　44ウ-7
たくしよ【謫所】
謫所　10オ-10
たくす【託】(サ変)
託する(体)　30オ-1
たくはふ【蓄】(下二段)
蓄ふ(止)　39オ-8
たぐひ【類】
たくひ　31ウ-2・44ウ-10
類　36オ-5・36オ-8
類ひ　38オ-7
たくまのほふいんしようが【託麻法印証賀】
託麻の法印証賀　27ウ-9
たくみなり【巧】(形動)
たくみなり(止)　8ウ-2
たくむ【巧】(四段)
たくみ(用)　1ウ-6
たさうけんざつす【他想間雑】(サ変)
他想間雑(体)　11オ-2
たし(助動)
たく(用)　3ウ-1・18オ-1
たき(体)　3オ-13・6オ-3・9オ-3
たじ【他事】
他事　18ウ-9・39オ-1
たしなむ【嗜】(四段)
嗜(用)　37ウ-9
たしゆう【他宗】
他宗　9オ-9・39オ-1

たすく【助】(下二段)
たすけ(用) 6オ-6
たせう【多少】
多少 36オ-2・36オ-4・36オ-5
ただ【只】(副)
たた 4オ-2・5オ-8・5オ-8・5ウ-9・6オ-5・6オ-9・6オ-12・8ウ-4・8ウ-11・9オ-8・13ウ-5・15ウ-1・21ウ-2・23ウ-5・24ウ-2・32ウ-4・32ウ-6・38オ-5・44ウ-3・46オ-4
只 2オ-4・5ウ-8・6オ-2・13オ-3・13オ-3・13オ-4・13オ-5・14オ-12・16オ-4・16ウ-4・21オ-10・21オ-12・21ウ-3・23ウ-3・25オ-3・25オ-9・31オ-5・31オ-7・31ウ-4・32ウ-8・33ウ-12・34オ-5・37オ-5・37ウ-11・38ウ-1・42オ-9
唯 18ウ-5・18ウ-12・21ウ-14・39オ-1
ただごと【徒事・只事】
たたこと 19ウ-12
ただし【但】(接)
たたし 1ウ-6・5オ-1・9ウ-3・36オ-2・43オ-11
但 31オ-6・38ウ-3・38ウ-5・43オ-1
但し 12オ-9・15ウ-7・23オ-12・41ウ-1
ただし【正】(形容)
たたしう(用) 18オ-3
ただちに【直】(副)
たたちに 22オ-10
直 33ウ-1
ただびと【只人】
たたひと 15ウ-11
ただよし【忠義】 →しゆりのすけこれむねのただよし
たち【達】(接尾) →ひじりたち
たちどころに【立所】(副)
たちところに 24ウ-12
たちまち【忽】(副)
忽 39オ-10
たぢめむら【多治米村】
多治米村 46ウ-4
たつ【断】(四段)
たた(未) 15ウ-13・28ウ-6・35ウ-5
たち(用) 8ウ-4・17オ-12
たつ(体) 42オ-6
たつ【立】(四段) →たちどころに・ついたち・なかだち
たつ【建・立】(下二段)
たて(未) 12オ-7
たて(用) 2ウ-9・9オ-6・9ウ-2・12ウ-6・14ウ-9・21オ-12・30オ-7・30オ-7・36オ-11・36ウ-8・38オ-7・43ウ-9
立て(用) 28オ-11・38ウ-2
たつ(止) 38ウ-8
立(止) 38オ-6
立つ(止) 43オ-9
たつる(体) 15オ-1
→たてまつる・たてわく・つくりたつ・みたつ
たつす【達】(サ変)
達し(用) 42オ-13
達する(体) 32オ-11
たつとむ【尊】(四段)
たとむ(体) 8オ-3
→たふとぶ
たづぬ【尋】(下二段)
たつね(未) 26ウ-7
たつね(用) 7オ-1・7オ-8・7ウ-7・8オ-13・26オ-9・28ウ-9
尋(用) 6ウ-11・20オ-1・20ウ-3・21ウ-7・37オ-8
尋ね(用) 17ウ-12
たつぬれ(已) 16ウ-9
→あひたづぬ・たづねいる・たづねおほす・たづねとふ・たづねみる
たづね【尋】 →おんたづね
たづねいる【尋入】(四段)
たつね入(用) 4ウ-6
尋ねいり(用) 30ウ-2
尋入る(体) Mオ-1
たづねおほす【尋仰】(下二段)
たつねおほせ(未) 10オ-10
たづねとふ【尋問】(四段)
たつねとひ(用) 9ウ-3
たづねみる【尋見】(上一段)
原(已) 39オ-4
たつみ【辰巳】
たつみ 2ウ-11
たてまつる【奉】(四段)
たてまつる(止) 42ウ-1・43オ-9
たてまつる【奉】(補動)
たてまつら(未) 12ウ-9・27ウ-5・27ウ-9
たてまつり(用) 8ウ-8・8ウ-9・15オ-6・19オ-10・19ウ-6・20ウ-6・27ウ-8・40ウ-5・41オ-12・44ウ-9
奉り(用) 19ウ-3・19ウ-5
奉(体) 42オ-1
たてわく【立分】(下二段)
たてはけ(用) 21オ-11
たとひ【仮令】(副)
たとひ 5オ-10・36ウ-6・43オ-4
縦使ひ 14ウ-4
設ひ 14オ-12・41オ-2
たとへば【例】(副)
たとへは 4オ-12・21オ-4

譬　39ウ-11
たに【谷】　→かいしんのたに・きただに・くろだに・にしたに
だにも(助)
たにも　4ウ-9・4ウ-12・5ウ-11・6オ-5・6オ-8・6オ-13・24オ-3
→てだにも・ばかりだにも・をだにも
たにん【他人】
他人　22オ-13
たねん【多年】
多年　11ウ-5
たねん【多念】
多念　15ウ-1
→いちねんたねん
たのむ【頼】(四段)
たのみ(用)　9オ-9・11ウ-8・11ウ-11・14ウ-6・23ウ-3・23ウ-8
たのむ(止)　14ウ-10・14ウ-10
たはうかい【他方界】
他方界　40オ-10・40ウ-1・45オ-10
たび【度】　→じつたび・たびたび・ひとたび
たびたび【度々】
度々　7ウ-6・16オ-8
たひらのうぢうまのすけさだふさ【平氏右馬助貞房】
平の氏右馬助貞房　26オ-4
たひらのきよもり【平清盛】　→へいだいしやうこくぜんもん・へいだいしやうこくのぜんもん
たひらのよりもりきやう【平頼盛卿】　→だいなごんたひらのよりもりきやう
たふ【塔】　→えいざんとうたふ・さんたふ・だうたふ
たふ【堪】(下二段)
たへ(未)　5ウ-9・37ウ-9
たへ(用)　24ウ-3
たうる(体)　11ウ-2
たぶつ【他仏】
他仏　10オ-12・10ウ-12
たふとし【尊・貴】(形容)
貴と(語幹)　30オ-9
貴かり(用)　30ウ-1
貴く(用)　28オ-9
たふとき(体)　17ウ-9
貴き(体)　19オ-2・30オ-9
たふとぶ【尊・貴】(四段)
貴ひ(用)　15ウ-6・42ウ-1
貴(止)　36ウ-4
→たつとむ
たぶん【多分】
多分　35ウ-10・35ウ-10・35ウ-11・36オ-1・36オ-11
→しようちたぶん・たぶんいちどう
たぶんいちどう【多分一同】
多分一同　35ウ-7
たまはる【給】(補動)　→うけたまはる
たまふ【給】(補動)
給は(未)　9オ-2
たまひ(用)　28ウ-2
給(用)　19ウ-11・20オ-10・27ウ-4・28オ-7・30オ-2・30オ-3・30オ-11・33オ-11・44ウ-6
給ひ(用)　16オ-1・38オ-7・42ウ-12
たまう(止)　27ウ-12
たまふ(止)　5オ-4・14オ-12
給(止)　6オ-11・12ウ-3・31オ-7
給ふ(止)　20ウ-5・28ウ-5・28ウ-9・40ウ-6・42オ-5
給(体)　4オ-8・28オ-12・28ウ-10・33ウ-13・36オ-9・41オ-4
給ふ(体)　3ウ-4・9オ-6・9ウ-1・32ウ-10・42ウ-10
たまへ(已)　4ウ-7・9ウ-2・14ウ-9・14ウ-10・24ウ-13・25オ-5・44ウ-5
給へ(已)　12ウ-5・16オ-3・18オ-6・20ウ-8・20ウ-9・31ウ-6・31ウ-9・38オ-10・42ウ-2・44オ-11
たまへ(命)　6オ-6・46オ-5
給へ(命)　1ウ-10・3ウ-1・9ウ-3・19ウ-7・28ウ-7
→のたまはく・のたまふ
ため【為】
ため　2ウ-4・2ウ-7・2ウ-7・5ウ-9・9ウ-5・15ウ-13・18オ-1・22ウ-11・28ウ-6・28ウ-6・29ウ-12・30オ-1・31ウ-4・41ウ-8
為　8オ-9・9オ-7・9オ-8・11オ-8・12ウ-5・18オ-4・27ウ-7・30ウ-2・35ウ-5・38オ-8・46ウ-4
ために【為】(接)
ために　27オ-4・40ウ-6
たもちやすし【保易】(形容)
たもちやすく(用)　32オ-3
たもつ【保】(四段)
たもち(用)　41オ-8
たもん【他門】
他門　19オ-2
たもん【多聞】
多聞　37オ-11
たやすし【容易】(形容)
たやすから(未)　31オ-10
たやすく(用)　18オ-13
たゆ【絶】(下二段)
絶(未)　20オ-7

たへ(用)　7ｵ-5
たより【便】
たより　23ｵ-7・25ｳ-3・35ｵ-2
だらに【陀羅尼】
陀羅尼　11ｳ-3
たり(助動)
たら(未)　5ｵ-5・8ｵ-12・12ｵ-10・17ｵ-9・20ｳ-12・20ｳ-12・21ｵ-4・22ｵ-10
たり(用)　3ｵ-13・6ｳ-8・6ｳ-12・7ｵ-3・8ｳ-8・19ｳ-11・30ｵ-3
たり(止)　2ｵ-1・5ｳ-5・6ｵ-4・7ｳ-4・9ｳ-12・12ｳ-6・13ｵ-6・16ｳ-12・18ｵ-2・22ｵ-4・23ｳ-7・26ｳ-3・27ｳ-8・28ｵ-5・33ｵ-8・34ｵ-12・35ｵ-1・35ｵ-4・39ｵ-2・39ｵ-8・42ｳ-10
たる(体)　1ｵ-4・2ｵ-1・2ｳ-6・3ｳ-2・4ｵ-11・4ｵ-12・5ｵ-4・5ｵ-6・5ｳ-10・6ｳ-5・6ｳ-13・7ｵ-8・7ｵ-9・7ｵ-10・7ｵ-11・7ｳ-6・7ｳ-8・7ｳ-11・9ｵ-2・9ｳ-9・9ｳ-13・12ｵ-3・14ｵ-1・14ｳ-2・14ｳ-8・14ｳ-11・14ｳ-12・15ｵ-8・15ｳ-10・16ｳ-8・17ｳ-9・18ｵ-13・20ｵ-6・20ｵ-10・20ｵ-12・20ｳ-3・21ｵ-5・21ｵ-6・21ｳ-7・22ｵ-9・22ｵ-9・22ｳ-1・22ｳ-6・23ｳ-10・24ｵ-4・24ｵ-5・27ｵ-1・28ｳ-10・30ｳ-1・30ｳ-7・30ｳ-12・33ｳ-11・34ｵ-5・34ｵ-9・44ｳ-9・46ｳ-2
たり(ママ)(体)　35ｵ-5
為(体)　18ｳ-10
たれ(已)　13ｳ-1・16ｳ-8・18ｵ-7・19ｵ-4・22ｳ-7・23ｳ-6・25ｳ-3・27ｵ-4・44ｳ-4
→まうねんたり
たりき【他力】
他力　13ｳ-6・14ｵ-5・14ｳ-6
たりきしんじつじようぶつぐわんりき【他力真実乗仏願力】
他力真実乗仏願力　13ｳ-11
たりきほんぐわん【他力本願】
他力本願　10ｳ-12
たる【垂】(下二段)
たれ(用)　1ｳ-9
たれ【誰】
たれ　3ｳ-1・22ｳ-5
たれか【誰】(連語)
たれか　36ｳ-2
たれぞや【誰】(連語)
たれそや　30ｳ-1
だん【段】
段　21ｳ-7
→さんだん・だいしだん・だいじふのだん
だん【談】
談　11ｵ-4
だん【男】　→なん
たんさい【短才】
短才　18ｳ-6
たんざす【端坐】(サ変)
端坐し(用)　25ｵ-7
たんしう【但州】
但州　10ｵ-10・33ｵ-8
だんず【断】(サ変)
断し(用)　23ｵ-12
だんず【談】(サ変)
談し(用)　8ｳ-9・15ｵ-1
談(止)　33ｵ-6
談す(止)　16ｳ-11
だんぜつす【断絶】(サ変)
断絶す(止)　37ｵ-9
たんせんなり【旦千】(形動)
旦千なり(止)　44ｵ-5

―ち―

ち【智】
智　36ｳ-4・36ｳ-5
ち【地】　→たうち
ぢ【路】　→いづもぢ
ぢかい【持戒】
持戒　38ｵ-9・39ｳ-3
→ふせぢかい
ちかいほふいん【智海法印】
智海法印　33ｵ-4
ちかし【近】(形容)
ちかく(用)　4ｳ-5
ちかひ【誓】
誓　43ｳ-9・46ｵ-3
ちかふ【誓】(四段)
ちかひ(用)　31ｳ-9・42ｵ-6
ちから【力】
ちから　14ｵ-2・27ｳ-6
力　7ｳ-3・19ｳ-2・30ｳ-9・35ｵ-12
力ら　3ｳ-12・24ｳ-2
ちぎ【智顗】　→ちしやだいし
ちぎやう【智行】
智行　18ｳ-9・30ｵ-12
ちぎり【契】
ちきり　17ｳ-2
ちぎる【契】(四段)
ちきら(未)　36ｵ-6
ちきり(用)　4ｵ-7

ぢくほふらん【竺法蘭】
竺法蘭　43オ-8
ちくりん【竹林】
竹林　36ウ-11
ちくりんばう【竹林房】
竹林房　27オ-8
ちぐわん【智願】
智願　13ウ-8
ぢげ【地下】
地下　38ウ-4
ちけんばう【知見坊】
知見坊　8オ-8
ぢごく【地獄】
地獄　12オ-14・30オ-5・30オ-5・30オ-7
ちしき【知識】
知識　41ウ-10・42オ-11
→しゆしよちしき・ぜんちしき
ちしや【智者】
智者　4ウ-5・6ウ-11・39ウ-3
→ちしやだいし
ぢじやう【地上】
地上　38ウ-4
ちしやだいし【智者大師】
智者大師　44オ-6
ぢす【持】(サ変)
持せ(未)　7オ-2
ちたいざいり【智体在裏】
智体在裏　39ウ-1
ちち【父】
ち丶　18オ-2
父　8オ-8
→ぶも
ちとく【智徳】
智徳　19オ-2
ちとくかうみやう【智徳高名】
智徳高名　30オ-1
ちどじゆんじゆく【智度純熟】
智度純熟　39ウ-1
ちにん【智人】
智人　15ウ-5
ぢぼん【持犯】
持犯　38オ-12
ちやう【帳】　→くわこちやう
ぢやう【定】
定　21オ-1・35ウ-9
ぢやう【丈】　→いちぢやうにしやく
ちやうあん【長安】
長安　42オ-13・43ウ-12
ぢやうおうさんねん【貞応三年】
貞応三年　1オ-6・2オ-9・20ウ-2
ぢやうぐわん【貞観】
貞観　7ウ-1
ぢやうけいしやうにん【貞慶上人】
貞慶上人　2オ-11
→げだつばう
ちやうさいぼんぎやう【長斎梵行】
長斎梵行　4ウ-5
ちやうず【長】(サ変)
長し(用)　37オ-9
ぢやうすい【定水】　→しんごんぢやうすい
ちやうだいす【頂戴】(サ変)
頂戴し(用)　1ウ-7
ちやうなん【長男】
長男　17オ-6
ちやうもんす【聴聞】(サ変)
聴聞し(用)　28オ-9
ぢやうよ【丈余】　→いちぢやうよ
ちやうらくじ【長楽寺】
長楽寺　8オ-5
ちやくす【着】(サ変)
着(止)　17ウ-4
ちやくたい【着帯】
着帯　17オ-11
ちやくちやう【滴打】
滴打　16ウ-11・16ウ-11
ちゆう【中(年中)】
中　7ウ-1・41ウ-9
ちゆう【中】　→しよぎやうちゆう
ぢゆう【住】
住　18ウ-13
ちゆういん【中陰】
中陰　19ウ-10
ぢゆうぐわん【重願】
重願　11ウ-11
ちゆうげん【中間】
中間　19オ-6
ちゆうじやうにふだうあつみち【中将入道敦通】
→ろつかくのちゆうじやうにふだうあつみち
ちゆうしん【注進】
注進　33オ-11・33オ-13
ちゆうしんごんじやうす【注進言上】(サ変)
注進言上す(止)　12ウ-2
ちゆうしんす【注進】(サ変)
注進せ(未)　33オ-10・33ウ-3

ぢゆうす【住】(サ変)
住せ(未) 13オ-12
住し(用) 2オ-11・4ウ-4・26オ-5・26オ-8・41オ-12
住す(止) 2ウ-3
ぢゆうだい【重代】
重代 20オ-4・20オ-12
→ひぢゆうだい
ちゆうだう【中道】 →いつしきいつかうむひちゆうだう
ぢゆうぢゆうに【重々】(副)
重々に 14オ-1
ちゆうてん【中天】
中天 41ウ-3
ちゆうてんぢく【中天竺】
中天竺 41オ-4
ちゆうなごんのあきときのきやう【中納言顕時卿】
中納言のあきときの卿 17オ-7
ぢゆうにん【住人】
住人 26オ-5
ぢゆうばう【住坊】
住坊 2ウ-7
ちゆうぶす【中風】(サ変)
中風し(用) 27オ-2
ちゆうぼん【中品】
中品 11ウ-4・12ウ-1
ちゆうぼんのしつち【中品悉地】
中品の悉地 4ウ-11
ぢゆうりよ【住侶】
住侶 8オ-8・27オ-9・33オ-4
ちようけんほふいん【澄憲法印】
澄憲法印 2オ-10・7オ-7・27オ-8
→あぐゐのほふいん
ちよく【勅】
勅 43オ-9
ちよくくわん【勅喚】
勅喚 33オ-11
ぢよくせぐどん【濁世愚鈍】
濁世愚鈍 38オ-7
ちよじゆつ【著述】
著述 27オ-4
ちりばかり(副)
ちりはかり 8オ-4・11ウ-13・12オ-2
ちる【散】(四段)
ちら(未) Mオ-5
ちる(体) 3ウ-11・4ウ-2
ちれ(已) 4オ-1
ちゑ【智恵】
知恵 3オ-3
智恵 14オ-5・14オ-5・25オ-2・37オ-4・37ウ-7・37ウ-8・37ウ-11・37ウ-12・38オ-1・38オ-5・38ウ-8・39オ-4・39オ-5
→じゆゆうちゑ・なまぢゑ
ちん【陳】
陳 44オ-2
ちんかい【珍海】
珍海 2ウ-2

―つ―

つ(接尾) →いつつ・ひとつ・ひとつさま・ふたつ・みつ・よつ
つ(助) →おのづから・しもつかた・てづから・はじめつかた・みづから
つ(助動)
て(未) 5ウ-12
つ(止) 3ウ-8・5オ-5・6オ-11・6オ-12・15ウ-10・37ウ-6
つる(体) 3オ-9・3ウ-10・4オ-4・4ウ-3・19ウ-8・28オ-10・30オ-10・37オ-12・38ウ-12
つれ(已) 28オ-9
ついたち【一日】
一日 31オ-6
ついで【序】
ついて 3オ-12・26ウ-7
つう【通】
通 36ウ-7
つうず【通】(サ変)
通(未) 38ウ-1
通し(用) 13ウ-13・43ウ-3
つうだつす【通達】(サ変)
通達し(用) 16オ-3・36オ-7
つかうまつる【仕】(四段)
仕(用) 37オ-12
つかはす【遣】(四段)
つかはし(用) 6ウ-8
つかはす(体) 17ウ-3
→おくりつかはす
つかひ【使】
使 36オ-6
つかふ【使】(四段)
つかい(用) 22ウ-6
つかふ【仕】(下二段)
つかへ(未) 3オ-11
つかへ(用) 23オ-10
→つかうまつる

つかる【疲】(下二段)
　つかれ(用)　38オ-10
つき【月暦】　→ついたち・つきづき・まいつき
つぎ【次】
　次　4オ-6・17オ-3・31ウ-12・32オ-9・36ウ-5
つきづき【月々】
　つきつき　12オ-4
つく【付】(四段)
　つい(用)　16ウ-8
　つき(用)　25オ-6・32オ-10
　付(用)　2オ-3・15ウ-8・22オ-4・27オ-4・42ウ-6
　つく(体)　13ウ-6
つく【突】(四段)　→うなづく・なづく
つく【尽】(上二段)
　つき(未)　14オ-3
　尽き(用)　39オ-10
　つく(止)　8ウ-2
　竭くる(体)　7ウ-3
つく【付】(下二段)
　つけ(用)　11ウ-13・12オ-1
　→なづく・につけて
つぐ【告】(下二段)
　告(用)　37オ-1
つくす【尽】(四段)
　つくし(用)　20ウ-13
　→あげつくす
つくりたつ【造立】(下二段)
　つくりたて(未)　17ウ-1
つくりつもる【造積】(四段)
　つくりつもれ(已)　24オ-4
つくる【造】(四段)
　つくら(未)　12オ-7・24ウ-6
　つく(用)　16ウ-10
　つくり(用)　14オ-10・32ウ-1
　造(用)　43ウ-4
　つくる(止)　14オ-12・24オ-11
　つくる(体)　14オ-10・24ウ-5
　つくれ(已)　24オ-3・24ウ-6・24ウ-9
　造れ(已)　14オ-8
づす【図】(サ変)
　図し(用)　2ウ-8
つたふ【伝】(下二段)
　伝(用)　42オ-8
　つたう(止)　1オ-9
　つたふ(止)　27ウ-1
つちのえね【戊子】
　戊子　15オ-4
づつう【頭痛】
　頭痛　29ウ-5
つづく【続】(四段)　→あひつづく
つつしむ【慎】(四段)
　つゝしみ(用)　12オ-12
つつみもつ【包持】(四段)
　つゝみも(用)　16ウ-3
つとむ【勤】(下二段)
　つとめ(未)　3オ-6
　つとめ(用)　2ウ-3
　つとむ(止)　25ウ-4
　つとむる(体)　24ウ-2
　つとむれ(已)　16オ-10
つとめ【勤】
　つとめ　6ウ-9・21オ-6・21オ-7・22ウ-13
　勤　10ウ-1・10ウ-2・11ウ-2
つとめて【早朝】
　つとめて　17ウ-7
つねとし【経敏】　→ながとのかみたかしなのつねとし
つねに【常】(副)
　つねに　2オ-4・2オ-7・2ウ-9・9オ-1・10オ-9・14オ-13・26ウ-11・27ウ-1・46オ-1・46オ-1
　常に　15オ-8・16オ-11
　毎　7ウ-2
づねん【頭燃】
　頭燃　7ウ-2
つひに【終】(副)
　ついに　3オ-11・33オ-6・41ウ-10
　つひに　1ウ-10・2ウ-10・26オ-6
　遂に　16ウ-10
つまびらかなり【詳】(形動)
　つはひらかに(用)　15オ-5
　詳(用)　33オ-12
　→つばびらかなり
つみ【罪】
　つみ　11ウ-9・12オ-14・14オ-10・14ウ-4・14ウ-7・23ウ-3・24オ-5・24オ-11・24ウ-5・24ウ-9・25オ-2
　罪　24オ-3
つむ【積】(四段)
　つま(未)　24ウ-7
　つみ(用)　11ウ-12
つむ【詰】(下二段)　→みつむ
つもる【積】(四段)
　つもり(用)　4ウ-8
　→つくりつもる
つよし【強】(形容)
　つよく(用)　12オ-11
　つよき(体)　22オ-11

つらつら(副)

つらつら　32ｵ-1

つらなる【列】(四段)

つらなり(用)　19ｳ-9

ーてー

て【手】

て　18ｵ-11

手　8ｳ-6・42ｵ-8

→ごてうづ・てづから

て(助)

て　1ｵ-2・1ｵ-3・1ｵ-3・1ｵ-4・1ｵ-8・1ｵ-9・1ｵ-10・1ｳ-1・1ｳ-1・1ｳ-2・1ｳ-2・1ｳ-3・1ｳ-3・1ｳ-4・1ｳ-5・1ｳ-5・1ｳ-6・1ｳ-7・1ｳ-7・1ｳ-8・1ｳ-8・1ｳ-9・1ｳ-9・1ｳ-10・1ｳ-11・2ｵ-3・2ｵ-4・2ｵ-6・2ｵ-11・2ｵ-11・2ｳ-5・2ｳ-8・2ｳ-9・2ｳ-10・3ｵ-4・3ｵ-4・3ｵ-6・3ｵ-8・3ｵ-9・3ｵ-10・3ｵ-10・3ｵ-11・3ｵ-13・3ｳ-2・3ｳ-4・3ｳ-4・3ｳ-5・3ｳ-5・3ｳ-6・3ｳ-6・3ｳ-8・3ｳ-9・3ｳ-10・3ｳ-10・4ｵ-1・4ｵ-2・4ｵ-2・4ｵ-6・4ｵ-7・4ｵ-10・4ｵ-13・4ｳ-4・4ｳ-6・4ｳ-6・4ｳ-8・4ｳ-8・4ｳ-13・5ｵ-3・5ｵ-5・5ｵ-7・5ｵ-7・5ｵ-9・5ｵ-9・5ｵ-10・5ｳ-7・5ｳ-7・5ｳ-12・6ｵ-3・6ｵ-6・6ｵ-7・6ｵ-8・6ｵ-10・6ｳ-1・6ｳ-6・7ｵ-4・7ｵ-4・7ｵ-5・7ｳ-1・7ｳ-2・7ｳ-4・7ｳ-5・7ｳ-5・7ｳ-7・7ｳ-12・7ｳ-13・8ｵ-1・8ｵ-1・8ｵ-9・8ｵ-13・8ｳ-1・8ｳ-2・8ｳ-3・8ｳ-4・8ｳ-5・8ｳ-6・8ｳ-8・8ｳ-9・8ｳ-12・8ｳ-13・9ｵ-1・9ｵ-3・9ｵ-5・9ｵ-8・9ｵ-9・9ｵ-9・9ｵ-10・9ｵ-11・9ｵ-13・9ｳ-2・9ｳ-5・9ｳ-6・9ｳ-6・9ｳ-7・9ｳ-7・9ｳ-8・9ｳ-11・10ｵ-9・10ｵ-10・10ｳ-8・10ｳ-12・11ｵ-1・11ｵ-1・11ｵ-2・11ｵ-3・11ｵ-5・11ｵ-10・11ｵ-13・11ｳ-3・11ｳ-4・11ｳ-6・11ｳ-8・11ｳ-9・11ｳ-10・11ｳ-11・11ｳ-12・12ｵ-1・12ｵ-2・12ｵ-5・12ｵ-10・12ｳ-2・12ｳ-5・12ｳ-11・12ｳ-11・13ｳ-1・13ｳ-6・13ｳ-8・13ｳ-9・13ｳ-10・13ｳ-13・14ｵ-4・14ｵ-8・14ｵ-9・14ｵ-9・14ｵ-12・14ｵ-13・14ｳ-1・14ｳ-5・14ｳ-5・14ｳ-5・14ｳ-6・14ｳ-7・14ｳ-7・14ｳ-9・14ｳ-11・14ｳ-11・15ｵ-6・15ｵ-7・15ｵ-7・15ｵ-10・15ｵ-10・15ｵ-11・15ｵ-12・15ｵ-12・15ｳ-4・15ｳ-5・15ｳ-8・15ｳ-8・15ｳ-12・15ｳ-13・16ｵ-2・16ｵ-4・16ｵ-7・16ｵ-8・16ｵ-11・16ｳ-2・16ｳ-3・16ｳ-5・16ｳ-5・16ｳ-8・16ｳ-10・16ｳ-10・16ｳ-10・17ｵ-1・17ｵ-3・17ｵ-8・17ｵ-9・17ｳ-6・17ｳ-7・17ｳ-7・17ｳ-10・17ｳ-12・17ｳ-13・18ｵ-1・18ｵ-3・18ｵ-3・18ｵ-8・18ｳ-3・18ｳ-9・18ｳ-10・19ｵ-3・19ｵ-5・19ｵ-6・19ｵ-8・19ｵ-10・19ｵ-10・19ｵ-10・19ｵ-11・19ｵ-12・19ｳ-3・19ｳ-5・19ｳ-6・19ｳ-8・19ｳ-9・19ｳ-10・19ｳ-12・20ｵ-10・20ｳ-1・20ｳ-7・20ｳ-7・20ｳ-7・20ｳ-8・20ｳ-8・20ｳ-12・20ｳ-14・21ｵ-9・21ｵ-9・21ｵ-11・21ｵ-12・21ｳ-3・21ｳ-3・21ｳ-7・21ｳ-8・21ｳ-13・22ｵ-3・22ｵ-4・22ｵ-5・22ｵ-12・22ｳ-1・22ｳ-5・23ｵ-5・23ｵ-6・23ｵ-7・23ｵ-11・23ｳ-3・23ｳ-4・23ｳ-7・23ｳ-8・23ｳ-9・24ｵ-1・24ｵ-12・24ｳ-3・24ｳ-9・24ｳ-10・24ｳ-10・25ｵ-4・25ｵ-4・25ｵ-6・25ｵ-7・25ｳ-2・25ｳ-3・26ｵ-5・26ｵ-6・26ｵ-7・26ｵ-8・26ｵ-9・26ｵ-9・26ｵ-10・26ｵ-11・26ｵ-11・26ｳ-1・26ｳ-2・26ｳ-4・26ｳ-4・26ｳ-5・26ｳ-7・26ｳ-8・27ｵ-1・27ｵ-2・27ｵ-2・27ｵ-4・27ｵ-5・27ｵ-9・27ｳ-4・27ｳ-5・27ｳ-5・27ｳ-8・27ｳ-9・27ｳ-10・27ｳ-12・27ｳ-12・28ｵ-2・28ｵ-5・28ｵ-6・28ｵ-7・28ｵ-10・28ｵ-12・28ｳ-2・28ｳ-4・28ｳ-9・28ｳ-9・28ｳ-11・29ｵ-6・29ｵ-6・29ｳ-7・30ｵ-2・30ｵ-7・30ｵ-7・30ｵ-8・30ｵ-10・30ｵ-12・30ｳ-1・30ｳ-2・30ｳ-3・30ｳ-3・30ｳ-9・31ｳ-3・31ｳ-5・31ｳ-10・32ｵ-1・32ｵ-10・32ｵ-10・32ｳ-2・32ｳ-2・32ｳ-3・32ｳ-4・32ｳ-9・32ｳ-9・32ｳ-12・33ｵ-6・33ｵ-6・33ｵ-7・33ｵ-7・33ｵ-9・33ｵ-10・33ｳ-12・34ｵ-4・34ｵ-4・34ｵ-5・34ｵ-5・34ｵ-9・34ｳ-8・35ｳ-4・35ｳ-7・36ｵ-7・36ｵ-7・36ｵ-8・36ｵ-9・36ｵ-10・36ｵ-11・36ｳ-6・36ｳ-7・36ｳ-8・36ｳ-9・36ｳ-9・36ｳ-11・37ｵ-1・37ｵ-1・37ｵ-4・37ｵ-7・37ｵ-8・37ｵ-8・37ｵ-8・37ｵ-9・37ｵ-10・37ｵ-11・37ｵ-12・37ｳ-1・37ｳ-3・37ｳ-3・37ｳ-4・37ｳ-4・37ｳ-5・37ｳ-9・37ｳ-10・37ｳ-11・38ｵ-2・38ｵ-5・38ｵ-8・38ｵ-9・38ｵ-10・38ｵ-11・38ｳ-1・38ｳ-2・38ｳ-6・38ｳ-11・39ｵ-5・39ｵ-5・39ｵ-10・39ｵ-10・39ｵ-11・39ｵ-12・39ｳ-4・39ｳ-6・39ｳ-11・39ｳ-12・40ｵ-1・40ｵ-1・40ｵ-2・40ｵ-3・40ｵ-5・40ｵ-6・40ｳ-1・40ｳ-5・40ｳ-8・41ｵ-2・41ｵ-3・41ｵ-5・41ｵ-6・41ｵ-8・41ｵ-10・41ｵ-11・41ｵ-11・41ｵ-12・41ｵ-12・41ｳ-9・41ｳ-10・41ｳ-10・41ｳ-11・41ｳ-12・41ｳ-12・42ｵ-1・42ｵ-2・42ｵ-3・42ｵ-4・42ｵ-5・42ｵ-5・42ｵ-6・42ｵ-6・42ｵ-7・42ｵ-7・42ｵ-8・42ｵ-8・42ｵ-11・42ｵ-12・42ｵ-13・42ｵ-13・42ｳ-1・42ｳ-5・42ｳ-6・43ｵ-1・43ｵ-7・43ｵ-8・43ｵ-10・43ｵ-10・43ｵ-10・43ｳ-2・43ｳ-2・43ｳ-4・43ｳ-7・43ｳ-7・43ｳ-9・43ｳ-9・43ｳ-9・43ｳ-10・44ｵ-6・44ｵ-11・44ｳ-3・44ｳ-7・44ｳ-10・44ｳ-11・44ｳ-12・44ｳ-12・44ｳ-12・45ｵ-1・46ｵ-1

て(補読)　3ｳ-7・3ｳ-12・3ｳ-12・4ｳ-8・4ｳ-9・4ｳ-13・5ｵ-10・5ｵ-13・6ｵ-11・13ｵ-6・13ｳ-3・17ｳ-4・26ｳ-5・28ｳ-10・33ｵ-13・33ｳ-1・35ｳ-4・36ｳ-10・36ｳ-11・36ｳ-11・37ｵ-7・37ｳ-7・37ｳ-12・38ｵ-5・38ｵ-6・38ｳ-10・38ｳ-10・39ｵ-4・39ｵ-4・39ｳ-3・39ｳ-4・40ｵ-7・40ｵ-10・42ｳ-4・42ｳ-5

而　17オ-1・17オ-2・33オ-12・33オ-12
→いかにもいかにもして・おつてごんじやう・かくて・かさねて・かねて・かへつて・ここにおいて・ここにして・ここをもて・こぞつて・さだめて・さて・さればとて・しかして・せめて・そうじて・そうじては・それにとりて・てか・てこそ・てだにも・ては・ても・として・とて・とても・とてもかうても・なほもて・において・においては・においてをや・にして・にしても・につけて・にて・にてこそ・にては・にても・ばかりにて・はじめて・べつして・まして・もちて・もつてのほか・もて・よつて・よりて
で(助)
て　30オ-10
→では
てい【体】
体　4オ-8・38ウ-8・39オ-2・39オ-4
てい【帝】　→めいてい
ていしう【鄭州】
鄭州　44ウ-7
ていはつす【剃髪】(サ変)
剃髪(用)　17ウ-4
てう【朝】
朝　43ウ-12
→いつてう・しんてう・ずいてう・たうてう
でう【条】
条　5オ-1・5オ-13・5ウ-3・11オ-12・18ウ-7・33オ-13
→じふしかでう
てうけんす【朝見】(サ変)
朝見し(用)　43オ-8
てうせい【超世】
超世　14ウ-5・38オ-10
てうせき【朝夕】
朝夕　43ウ-4
→あさゆふ
てうづ【手水】　→ごてうづ
てか(助)
てか　3ウ-7・46オ-2
てききよ【的拠】
的拠　42ウ-3
てきす【敵】(サ変)
敵し(用)　9オ-10
てこそ(助)
てこそ　13オ-12
でし【弟子】
弟子　2ウ-2・8オ-10・14ウ-9・18オ-4・18ウ-8・23オ-9・23オ-13・23ウ-1・27オ-2・27オ-8・29ウ-5
→ぶつでし
てだにも(助)
てたにも　24ウ-8
てづから【手】(副)
てつから　16ウ-2
ては(助)
ては　5オ-1・15ウ-10・37ウ-1・44ウ-5
→そうじては・とては・においては
では(助)
ては　6ウ-12
ても(助)
ても　Mオ-4・11ウ-13・12オ-1・37ウ-9
→とても・とてもかうても
てらす【照】(四段)
照す(止)　13オ-3
てる【照】(四段)
照(用)　15ウ-13
でん【伝】
伝　35オ-11
→かうそうでん・りつでん・わうじやうでん
でんか【殿下】　→くでうのぜんぢやうでんか
てんじやう【天井】
天井　30オ-8
でんじゆす【伝受】(サ変)
伝受せ(未)　18オ-10
伝受する(体)　8オ-10
てんじんぼさつ【天親菩薩】
天親菩薩　41オ-3
てんだい【天台】
天台　5ウ-1・26オ-5・44ウ-3
てんだいしくわん【天台止観】
天台止観　24オ-8
てんだいしやく【天台釈】
天台釈　9ウ-9
てんだいしゆう【天台宗】
天台宗　8オ-9
てんち【天地】　→てんちけんかく
てんぢく【天竺】
天竺　37ウ-3・40オ-8・40オ-11・40ウ-10・41ウ-5・41ウ-7・41ウ-10・41ウ-12・42ウ-2・42ウ-4
→ごてん・ごてんぢく・さいてん・さいてんぢく・ちゆうてんぢく・てんぢくこく・にてんぢく・ぼんてんぢく
てんぢくこく【天竺国】
天竺国　42ウ-6
てんちけんかく【天地懸隔】
天地懸隔　38オ-3

てんぷくぐわんねん【天福元年】
天福元年　26オ-3
でんぼふ【伝法】
伝法　4ウ-6
てんりやくにねん【天暦二年】
天暦二年　27オ-7

―と―

と(副)　→とてもかうても
と(助)
と　1オ-2・1オ-9・1ウ-2・1ウ-5・1ウ-6・1ウ-7・1ウ-9・1ウ-9・1ウ-10・1ウ-11・1ウ-11・2オ-2・2オ-3・2オ-4・2ウ-1・2ウ-6・2ウ-9・2ウ-11・3オ-5・3オ-7・3オ-9・3ウ-1・3ウ-8・3ウ-8・3ウ-9・3ウ-10・3ウ-12・3ウ-12・4オ-1・4オ-3・4オ-5・4オ-13・4ウ-3・4ウ-3・4ウ-9・4ウ-13・4ウ-13・5オ-2・5オ-4・5オ-7・5オ-9・5オ-10・5オ-13・5ウ-4・5ウ-5・5ウ-6・5ウ-9・5ウ-12・6オ-1・6オ-2・6オ-3・6オ-6・6オ-6・6オ-8・6オ-10・6オ-11・6オ-11・6オ-12・6オ-14・6ウ-3・6ウ-9・6ウ-10・6ウ-12・7オ-1・7オ-1・7オ-1・7オ-4・7オ-6・7オ-6・7オ-8・7オ-9・7ウ-3・7ウ-8・8オ-9・8ウ-13・9オ-5・9オ-7・9オ-7・9オ-10・9ウ-3・9ウ-4・9ウ-9・9ウ-10・9ウ-10・9ウ-13・10オ-5・10オ-7・10ウ-12・11オ-1・11オ-11・12オ-2・12オ-7・12オ-14・12ウ-6・12ウ-8・12ウ-9・12ウ-9・12ウ-10・13オ-1・13オ-2・13オ-6・13オ-7・13オ-8・13ウ-3・14オ-1・14オ-4・14オ-10・14ウ-1・14ウ-3・14ウ-9・14ウ-11・15オ-5・15オ-8・15オ-10・15オ-11・15ウ-1・15ウ-2・15ウ-3・15ウ-4・15ウ-5・15ウ-5・15ウ-10・15ウ-11・16オ-3・16オ-5・16オ-6・16オ-7・16ウ-3・17オ-2・17オ-10・17ウ-1・17ウ-2・17ウ-2・17ウ-9・17ウ-10・17ウ-10・17ウ-10・18オ-1・18オ-2・18オ-3・18オ-8・18オ-11・18ウ-1・18ウ-2・18ウ-5・18ウ-10・19オ-5・19オ-8・19オ-10・19オ-11・19オ-12・19オ-13・19ウ-2・19ウ-7・19ウ-10・19ウ-12・20オ-7・20ウ-3・20ウ-7・20ウ-9・20ウ-9・20ウ-11・20ウ-14・21オ-2・21オ-10・21オ-11・21オ-13・21ウ-3・21ウ-5・21ウ-7・22オ-2・22オ-2・22オ-3・22オ-4・22オ-5・22オ-6・22オ-8・22オ-8・22オ-12・22オ-13・22ウ-1・22ウ-2・22ウ-9・22ウ-11・22ウ-12・22ウ-13・23オ-1・23オ-6・23オ-9・23オ-11・23ウ-7・24オ-2・24オ-2・24ウ-8・24ウ-11・25オ-4・25オ-4・25オ-5・25オ-5・25オ-6・25オ-6・25オ-7・25オ-8・25オ-9・25オ-12・25ウ-1・25ウ-4・26オ-5・26オ-9・26オ-10・26オ-11・26ウ-1・26ウ-2・26ウ-2・26ウ-5・26ウ-5・26ウ-6・26ウ-6・27オ-1・27オ-3・27オ-4・27ウ-2・27ウ-3・27ウ-3・27ウ-5・27ウ-7・27ウ-9・28オ-2・28オ-3・28オ-3・28オ-6・28オ-8・28オ-8・28オ-10・28ウ-7・28ウ-8・28ウ-9・29ウ-6・30オ-2・30オ-5・30オ-5・30オ-6・30オ-6・30オ-6・30オ-11・30ウ-3・30ウ-6・30ウ-8・31オ-5・31オ-9・31オ-10・31オ-11・31オ-12・31オ-12・31ウ-1・31ウ-1・31ウ-2・31ウ-5・31ウ-5・31ウ-6・31ウ-8・31ウ-9・31ウ-12・32オ-1・32オ-9・32オ-9・32オ-10・32オ-11・32オ-11・32オ-12・32オ-12・32ウ-3・32ウ-5・32ウ-6・32ウ-6・32ウ-8・32ウ-8・32ウ-11・32ウ-11・32ウ-11・33オ-5・33オ-9・33オ-12・33ウ-3・33ウ-13・33ウ-13・34オ-4・34ウ-5・34ウ-6・34ウ-7・35オ-2・35オ-4・35オ-4・35オ-5・35ウ-3・35ウ-8・35ウ-9・36オ-4・36オ-4・36オ-5・36オ-5・36ウ-1・36ウ-2・36ウ-4・36ウ-5・36ウ-10・36ウ-12・37オ-3・37オ-5・37オ-11・37オ-11・37ウ-1・37ウ-1・37ウ-2・37ウ-8・37ウ-12・37ウ-12・38オ-1・38オ-1・38オ-2・38オ-10・38オ-11・38ウ-3・38ウ-3・38ウ-7・38ウ-8・38ウ-10・38ウ-12・39オ-3・39オ-4・39オ-8・39オ-9・39ウ-1・39ウ-1・39ウ-5・39ウ-11・40ウ-7・40ウ-7・41オ-1・41オ-2・41ウ-5・42オ-1・42オ-2・42オ-3・42オ-3・42オ-5・42オ-8・42オ-9・42オ-10・42ウ-1・42ウ-3・42ウ-4・42ウ-8・43オ-4・43ウ-3・43ウ-5・43ウ-8・43ウ-10・44オ-4・44オ-10・44ウ-3・44ウ-4・44ウ-4・46オ-4
と(補読)　16ウ-11・32ウ-9・35オ-11
と(ママ)　18ウ-13・18ウ-13
と(衍)　5オ-7・35ウ-9
→いつとなし・くらくらと・さればとて・しかりといへども・とこそ・として・とぞ・とて・とても・との・とは・とばかり・とも・とや・とを・ほそぼそと・ほれぼれと・われと
ど【土】
土　12ウ-7
ど【度】　→こんど・すうじつかど・りやうさんど・ろくど・ろくどまんぎやう
とう【等】(接尾)
等　2オ-6・2ウ-3・5ウ-1・5ウ-2・5ウ-6・8オ-12・9ウ-1・16ウ-11・16ウ-12・18ウ-4・22ウ-8・23オ-5・25オ-12・27オ-2・27ウ-4・28オ-4・29ウ-5・29ウ-12・33ウ-10・34オ-4・36ウ-6・36ウ-11・38オ-9・38ウ-4・38ウ-4・39ウ-3・40ウ-7・41オ-8・41ウ-10・42ウ-1・43ウ-7・44オ-5・44オ-8
どう【同】
同　36オ-11
とうき【東帰】
東帰　42オ-12
どうきやうしよ【同経疏】
同経疏　21ウ-10
とうくわく【東郭】

東郭　44ウ-7
どうごん【同言】　→いくどうごん
とうざいなんぼく【東西南北】
東西南北　16ウ-11
とうざん【登山】
登山　17ウ-5
とうざんす【登山】(サ変)
登山(用)　17ウ-4
どうじ【同時】
同時　1オ-2・15ウ-1
どうじゆく【同宿】
同宿　8ウ-4・18オ-9・19ウ-13
とうじん【等身】
等身　2ウ-8
とうだいじ【東大寺】
東大寺　2オ-11・2ウ-3
とうたふ【東塔】　→えいざんとうたふ
とうと【東都】
東都　44ウ-8
とうどう【等同】
等同　36オ-3・36オ-4
とうなん【東南】
東南　41ウ-9
とうばう【東方】
東方　10ウ-8
とうほく【東北】
東北　42オ-4
どうほふ【同法】
同法　8オ-10・18オ-4
とうみやう【灯明】
灯明　28オ-5
とうりやう【棟梁】
棟梁　15ウ-1
とうりん【等倫】
等倫　3オ-3
とが【咎】
とか　1ウ-7
どが【度我】
度我　34ウ-5・34ウ-5
とかしなし【未詳】(形容)
とかしなく(用)　25ウ-2
とき【時】
とき　3オ-8・3ウ-1・20ウ-8・26ウ-6・27オ-7・35ウ-9・35ウ-9・40オ-1・43ウ-5
時　1オ-6・2オ-9・2ウ-5・3オ-3・4オ-6・4ウ-7・5ウ-12・6オ-3・6オ-7・6ウ-1・6ウ-7・6ウ-8・7オ-3・8オ-1・8オ-6・8ウ-7・12オ-8・12オ-12・14オ-9・15オ-4・15ウ-5・15ウ-8・16オ-9・17オ-5・17ウ-3・17ウ-8・17ウ-11・18オ-2・18ウ-2・18ウ-4・19オ-11・20ウ-6・20ウ-12・23ウ-3・24ウ-9・24ウ-11・26オ-3・32ウ-2・33オ-2・35オ-4・35ウ-1・36オ-8・37オ-1・37オ-3・37オ-6・38オ-7・40ウ-10・41ウ-5・41ウ-7・42ウ-3・42ウ-7・43ウ-11・44ウ-7・44ウ-8
時き　26ウ-4
→さるのとき・ときどき・ときに・とりのとき・みとき
ときどき【時々】
時々　10ウ-11・11ウ-12
ときとき　28ウ-1
ときに【時】(副)
ときに　17ウ-5・28ウ-8
于時　46ウ-3
ときをはる【説終】(四段)
説きおはり(用)　42オ-10
とく【徳】
徳　13オ-5・14オ-5・40オ-2・42ウ-1
とく【説】(四段)
とか(未)　8ウ-12
説(未)　23ウ-6
とき(用)　33ウ-13
説き(用)　22オ-2・44オ-11
とく(体)　32ウ-1
説け(已)　21オ-13・29ウ-5・32ウ-6
→ときをはる
とく【解】(下二段)　→うちとく
とぐ【遂】(下二段)
とけ(未)　5オ-6・42オ-3
とけ(用)　1オ-4・2ウ-2・14ウ-11・28ウ-5・42オ-12
とく(止)　23ウ-4・24オ-1
とくる(体)　23ウ-10・34ウ-8
→とげをはんぬ
とくぎやう【徳行】
徳行　15ウ-4
とくきんせいくす【篤勤精苦】(サ変)
篤勤精苦する(体)　7ウ-2
とくしやう【得生】
得生　5ウ-3
とくしやうさいはうのぎ【得生西方義】
得生西方の義　12ウ-6
どくじゆだいじよう【読誦大乗】
読誦大乗　31オ-11
とくしん【得心】　→ふとくしん
とくしんす【得心】(サ変)
得心(用)　44ウ-5
とくだう【得道】　→じりきとくだう

とげをはんぬ【遂終】(連語)
とけおはぬ(止) 2ウ-11
とこ【床】
床 12オ-10
とこそ(助)
とこそ 4オ-2・8ウ-11・20オ-13・23ウ-6・27オ-4
ところ【所】
ところ 3オ-12・3ウ-4・7オ-6・8ウ-2・9オ-8・15オ-5・16オ-6・17オ-2・17ウ-8・21オ-4・24オ-3・30オ-6・33オ-7・38ウ-5・44オ-5
処 6オ-2・7ウ-13・9ウ-1・18ウ-8・26オ-7・35オ-4・37ウ-13・40オ-4・43オ-3
所 10ウ-10・32ウ-12・37オ-12・39オ-3・41オ-2
→せんずるところ・たちどころに・ところせし・ところに
ところせし【所狭】(形容)
ところせく(用) 22ウ-3
ところに(連語)
ところに 30ウ-3
処に 26オ-10
とし【歳】
とし 44ウ-9
年 1オ-6・2オ-9・8オ-6・15オ-4・17オ-5・26オ-3・27オ-7・33オ-2・43ウ-11
とし【年】
とし 3オ-11
年 19オ-9・33オ-12
年し 17ウ-2
→としごろ・としどし
とし【疾】(形容)
とく(用) 17ウ-7
とき(体) 14オ-11
としごろ【年頃】
年来 19ウ-5
として(助)
として 17オ-9・18オ-5・18オ-9・36オ-6・38オ-3・38ウ-5・39ウ-10・41オ-9・43ウ-4
としどし【年々】
としとし 12オ-4
どす【度】(サ変)
度(体) 41オ-2
とぞ(助)
とそ 2オ-7・44ウ-6
とそう【杜宗】
杜宗 44ウ-12
とて(助)
とて 2オ-1・3オ-5・3オ-7・3ウ-3・4オ-4・6ウ-11・8ウ-7・9オ-6・9ウ-13・10オ-12・11オ-7・11オ-8・17ウ-6・19ウ-1・19ウ-7・19ウ-8・20オ-10・21オ-13・21ウ-14・22ウ-6・24ウ-7・28オ-5・30オ-9・30ウ-2・33ウ-10・38ウ-3・38ウ-6
→さればとて・とては・とても
とては(助)
とては 5オ-8・5オ-8・10ウ-2
とても(助)
とても 24ウ-5
とてもかうても(連語)
とてもかうても 5ウ-13
とどこほる【滞】(四段)
ととこほる(体) 22オ-9
ととのふ【調】(下二段)
ととのへ(用) 2ウ-10・28オ-5
ととのへいる【調入】(下二段)
調入(体) 17ウ-4
とどまる【留・止】(四段)
ととまり(用) 7ウ-13
とどむ【留・止】(下二段)
ととめ(用) 11オ-3
となふ【唱】(下二段)
となへ(未) 5オ-4・25オ-7
唱へ(未) 31ウ-4・39ウ-3
唱(用) 32ウ-3・41オ-5
となふ(止) 11ウ-8
唱(止) 32ウ-6
となうる(体) 11ウ-3・13オ-11
となふる(体) 21オ-12・25オ-9
唱(体) 12ウ-9・32オ-3・34ウ-6
唱ふる(体) 25ウ-1
唱る(体) 13ウ-7・24オ-2・25ウ-2
となうれ(已) 23ウ-3
との【殿】 →くでうどの・ごきやうごくどの・こまつどの・べんのとの・やまのぜんじどの
との(助)
との 14ウ-9・40ウ-7
とは(助)
とは 3ウ-9・5オ-2・10ウ-9・11オ-3・11オ-9・20ウ-12・20ウ-12・27オ-3
と者 11オ-1・27オ-8
とばかり(助)
とはかり 5オ-9
とひ【都鄙】
都鄙 4ウ-6
とひ【問】
問 21ウ-8・23オ-6・25オ-6
とふ【訪】(四段)

とわ(未)　46ウ-2
とふ【問】(四段)
とひ(用)　19ウ-4
とふ(用)　6オ-10
問(用)　3ウ-6・3ウ-10・3ウ-12・4オ-8・4ウ-8・4ウ-13・5オ-10・13オ-6・36ウ-10・37ウ-7・38オ-5・38ウ-10・39オ-4・39ウ-3・40オ-7・41ウ-12・42ウ-4
問ふ(止)　37オ-6
問(体)　26ウ-4
問ふ(体)　4ウ-7・35ウ-9
→たづねとふ
とぶらひ【訪】
とふらひ　30オ-2
とぶらふ【弔】(四段)
とふらは(未)　17オ-10
とぶらふ【訪】(四段)
とふらふ(体)　41ウ-10
とほし【遠】(形容)
とをく(用)　42ウ-5
とも【友】
とも　46オ-6
→ともがら
とも(助)
とも　4ウ-10・5オ-10・5ウ-11・6オ-13・7ウ-7・11オ-7・11オ-7・11オ-8・13ウ-13・14オ-4・14オ-12・14ウ-5・20オ-2・24ウ-7・24ウ-8・32オ-3・36オ-1・36ウ-4・36ウ-5・36ウ-7・41オ-2・43オ-4・44ウ-3
ども(助)
とも　3オ-3・3ウ-11・4オ-1・4オ-5・4ウ-2・5ウ-4・6オ-11・11オ-4・11オ-11・12オ-6・13オ-6・13ウ-1・13ウ-12・14オ-7・14オ-9・15ウ-5・15ウ-5・16オ-3・16オ-5・18オ-2・19オ-12・19ウ-3・19ウ-6・20オ-2・20オ-5・21オ-1・22オ-7・22ウ-7・22ウ-11・23オ-8・23ウ-1・23ウ-3・23ウ-8・23ウ-8・24ウ-1・24ウ-4・24ウ-6・24ウ-11・25オ-3・27オ-3・30ウ-8・35ウ-1・36オ-4・37ウ-2・38オ-3・38ウ-8・39オ-8・43ウ-3
共　31ウ-3
→いへども・されども・しかりといへども・しかれども
ども【共】(接尾)　→ことども・こじつども・しよども・ひとども・ものども
ともがら【輩】
ともから　11ウ-10・31ウ-1・32オ-3・36オ-10
輩　41ウ-2
ともに【共】(連語)
ともに　2オ-4・7ウ-11・8オ-10・23オ-9・23オ-13・35ウ-2
共に　5ウ-5・23ウ-6・43ウ-9
与に　16ウ-11
とや(助)
とや　40オ-9
とら【虎】　→こらう
とら【寅時】　→みづのえとら
とらかす【盪】(四段)
とらかさ(未)　30ウ-2
とり【酉時】　→とりのとき
とりいだす【取出】(四段)
取出し(用)　9オ-13
とりかへす【取返】(四段)
とりかへし(用)　15オ-11
とりたがふ【取違】(四段)
とりたかう(止)　21ウ-1
とりのとき【酉時】
酉時き　41オ-11
とる【取】(四段)
とら(未)　14オ-10・31オ-10・31オ-11・45オ-8
とり(用)　5オ-1・12オ-9・12ウ-2・19ウ-5
とる(体)　39ウ-12
取る(体)　20オ-4
とを(助)
とを　37ウ-1
とをか【十日】　→はちぐわつとをか
どんかん【曇鑑】
曇鑑　44オ-1
どんこう【曇弘】
曇弘　44オ-1
とんじんじやぎ【貪瞋邪偽】
貪瞋邪偽　13ウ-9
とんぜい【遁世】
遁世　5オ-1

—な—

な【名】
な　13オ-11
名　5オ-1・20ウ-7・21オ-14・25オ-7・31ウ-6・32ウ-6・37ウ-9・37ウ-9・39オ-12
→なづく・なのる・みな
な(副)
な　36ウ-1
な(助)
な　Mオ-4
ない【内】
内　43ウ-3

ないげ【内外】
内外　18ウ-9
ないし【乃至】(接)
乃至　8オ-12・10ウ-7・20オ-6
ないしよう【内証】
内証　38ウ-4
ないない【内々】
内々　18ウ-3・18ウ-8
なか【中】
なか　1オ-2・2オ-3・5ウ-8・12ウ-6・13オ-2・13ウ-2・13ウ-2・13ウ-7・13ウ-7・14ウ-6・24オ-10・24ウ-1
中　13オ-1・14ウ-6・17ウ-4・22ウ-7・22ウ-8・23ウ-11・24オ-7・25オ-11・30オ-2・36ウ-11・41オ-5・41オ-8・41オ-10・41ウ-1・41ウ-2・43オ-3・44オ-9
→なかだち
ながし【永】(形容)
なかく(用)　3オ-8・8ウ-3・11オ-13・38ウ-7
永(用)　42ウ-3
永く(用)　12オ-14・33オ-9・39オ-11
なかだち【媒】
なかたち　16ウ-7
ながとのかみたかしなのつねとし【長門守高階経敏】
なかとのかみたかはしのつねとし　2ウ-1
ながとのほふいん【長門法印】
長門の法印　2ウ-1
→びんかくほふいん
なかば【半】
なかは　42オ-6
ながら(助)
なから　4オ-13・11ウ-2・22ウ-7・30オ-3
ながらも(助)
なからも　24オ-6
ながる【流】(下二段)
流るる(体)　7ウ-3
ながれ【流】
なかれ　8オ-13
流　1オ-8・1オ-9
なくなく【泣々】(副)
なくなく　1ウ-8
なげすつ【投捨】(下二段)
なけすて(用)　16オ-12
なさけ【情】
なさけ　46ウ-2
なし【無】(形容)
なから(未)　11ウ-12・22ウ-4・28ウ-3
無ら(未)　38オ-8
なかり(用)　6ウ-6・6ウ-13
なく(用)　3オ-3・4オ-5・4オ-8・5オ-4・9ウ-11・11ウ-8・12オ-2・22オ-12・22ウ-4・46オ-4
無く(用)　21ウ-4
なし(止)　3オ-7・5ウ-8・5ウ-8・6ウ-2・9オ-9・9オ-10・15オ-8・15ウ-6・17ウ-8・19ウ-10・21ウ-2・22オ-1・23オ-2・23オ-2・27オ-1・28オ-8・37オ-10・39ウ-4・40オ-2・41ウ-11・42オ-3
無(止)　11オ-2・42オ-11
無し(止)　38ウ-2
なかる(体)　36オ-2
なき(体)　2オ-4・6オ-1・10ウ-9・20ウ-4・21オ-3・22ウ-2・25オ-2・34オ-6・35ウ-11・38ウ-3・42オ-1・46オ-1
無(体)　23オ-13
無き(体)　40オ-1
なけれ(已)　13オ-9・23ウ-7
なかれ(命)　14ウ-10・16オ-13・35ウ-8・36ウ-8・38ウ-7
→いつとなし・かぎりなし・かたじけなさ・かひなげなり・きはまりなし・さうなし・しどけなし・じゆつなし・そへなし・とかしなし・のこりなし・ほどなし・よねんなし
なす【為・成】(四段)
なさ(未)　3オ-10・25オ-4
為(未)　30ウ-9・35オ-11
なし(用)　7ウ-7・17オ-9・32オ-10
為(用)　31オ-5
なす(止)　25オ-5・9ウ-10
成(体)　30ウ-12
→まうしなす
なずらふ【準】(下二段)
なすらへ(用)　32ウ-9
なつ【夏】
夏　20ウ-2
なづ【撫・摩】(下二段)
摩て(用)　42オ-8
なづく【名付】(四段)
なつき(用)　1ウ-11
なづく【名付】(下二段)
名け(用)　14オ-4・23オ-9・38オ-10
なつく(止)　15ウ-4・22ウ-2・23オ-11・25オ-12
名く(止)　11オ-1・12ウ-6
なつくる(体)　14オ-4
など【何故】(副)
なと　17ウ-9
など(助)
なと　6オ-5・6ウ-7

→なども・などを・なんど
なども(助)
なとも　4ウ-11
などを(助)
なとを　15ウ-9・21オ-9
なに【何】
なに　28ウ-10・29ウ-6・35ウ-8
何　39ウ-4
→なにごと・なにびと・なにぶつ・なにゆゑ・なん・なんぞ・なんの
なにごと【何事】
なにこと　6ウ-2・6ウ-9・9ウ-12
何事　19ウ-6・26オ-10
なにびと【何人】
なに人　32オ-5
なにぶつ【何仏】
なに仏　44ウ-3
なにゆゑ【何故】
なにゆへ　32オ-11
なのる【名告】(四段)
なのら(未)　15オ-6
なほ【猶】(副)
なお　24ウ-5
なを　3オ-6・5ウ-4・6オ-5・22ウ-7・24ウ-12・36ウ-4・39オ-1
尚　18ウ-7・33オ-13
猶　10オ-11・18ウ-13・30ウ-10・40オ-5
猶を　4オ-2・43オ-3・43オ-5
→なほし・なほもて
なほざりなり【等閑】(形動)
なをさりなら(未)　22オ-2
なほし【猶】(副)
なをし　23オ-11
なほもて【猶以】(副)
なをもて　11ウ-5
なほる【直】(四段)　→ゐなほる
なまぢゑ【生智恵】
なまちへ　5オ-2
なま智恵　5オ-2
なみ【波】
なみ　16ウ-7
なむ【南無】
南無　34ウ-5
なむあみだぶつ【南無阿弥陀仏】
南無阿弥陀仏　3ウ-7・21オ-1・24オ-2
なむごくらくせかい【南無極楽世界】
南無極楽世界　15オ-10・15オ-11
なやみ【悩】
悩やみ　29ウ-5
ならひ【習・慣】
ならひ　4オ-7
ならびに【並】(接)
ならひに　23ウ-10・28オ-4・30ウ-5・36オ-8・44オ-4
並に　22オ-1・43ウ-7
并　Hオ-1・43オ-9
并に　40オ-8
ならふ【習・慣】(四段)
ならひ(用)　8オ-9・22オ-9
ならへ(已)　27オ-10
ならぶ【並】(四段)
ならひ(用)　23ウ-13
なり(助動)
なら(未)　6ウ-3・12オ-13・17オ-9・20ウ-13・20ウ-13・22ウ-12・40オ-12・42オ-6
なり(用)　46ウ-2
也(用)　7ウ-10
なり(止)　1オ-7・1ウ-11・2オ-5・2オ-11・2ウ-2・2ウ-4・2ウ-6・2ウ-6・3オ-1・3オ-6・4オ-3・4オ-5・4オ-7・4ウ-5・5オ-2・5オ-3・5オ-5・5オ-9・5ウ-3・5ウ-8・5ウ-10・5ウ-11・5ウ-13・6オ-1・6オ-9・6オ-12・6ウ-5・6ウ-7・7オ-2・7オ-3・7オ-7・7オ-13・7ウ-3・7ウ-6・7ウ-9・8オ-4・8オ-8・8オ-10・8オ-10・8オ-12・8ウ-11・8ウ-12・9オ-11・9ウ-2・9ウ-9・9ウ-13・10オ-5・10ウ-10・10ウ-10・11オ-4・11オ-10・11ウ-1・11ウ-3・11ウ-4・11ウ-5・11ウ-6・11ウ-9・12オ-6・12オ-8・12オ-11・12ウ-2・12ウ-7・12ウ-10・13オ-6・13ウ-2・13ウ-2・13ウ-6・13ウ-6・13ウ-7・13ウ-7・13ウ-8・13ウ-9・13ウ-10・13ウ-12・14オ-5・14ウ-2・14ウ-3・14ウ-4・14ウ-8・14ウ-9・14ウ-10・15オ-2・15ウ-1・16オ-7・16オ-8・16オ-11・16ウ-9・17オ-7・17オ-8・17ウ-1・17ウ-5・18オ-5・18オ-6・18オ-10・18オ-12・18ウ-1・18ウ-8・19オ-7・19ウ-8・19ウ-9・20オ-3・20オ-4・20オ-5・20オ-8・20オ-10・20オ-13・21オ-3・21オ-3・21オ-7・21オ-9・21オ-10・21オ-11・21オ-14・21ウ-2・21ウ-3・21ウ-4・21ウ-5・21ウ-13・22オ-1・22オ-3・22オ-5・22オ-8・22オ-11・22オ-12・22ウ-3・22ウ-3・22ウ-4・22ウ-8・22ウ-11・22ウ-12・22ウ-13・23オ-1・23オ-3・23ウ-1・23ウ-10・23ウ-11・24ウ-3・24ウ-12・25オ-5・25オ-8・25オ-9・25オ-11・25ウ-1・25ウ-2・25ウ-4・25ウ-5・26オ-7・26ウ-2・26ウ-6・27オ-9・27オ-10・27ウ-3・28オ-3・28オ-3・28オ-8・31ウ-9・32オ-3・32オ-11・32オ-12・32ウ-4・32ウ-5・32ウ-6・32ウ-8・32ウ-11・33オ-4・33オ-4・33オ-5・33ウ-13・34オ-5・34オ-10・34ウ-6・34ウ-8・34ウ-8・35ウ-6・35ウ-10・36オ-3・36オ-5・36オ-12・36オ-12・36ウ-2・37ウ-9・38オ-2・38ウ-6・38ウ-7・38ウ-9・38ウ-12・39オ-3・39ウ-1・

41オ-2・41ウ-4・41ウ-6・43オ-3・43オ-9・43オ-11・43ウ-12・44ウ-5・46オ-3・46オ-6
なり(補読)(止)　Hオ-2・46ウ-7・46ウ-9
也(止)　1オ-6・1オ-10・5オ-1・6ウ-12・8オ-8・10ウ-3・10ウ-9・11オ-5・11オ-8・11オ-9・11オ-12・12オ-3・12ウ-8・17オ-5・20ウ-4・23オ-9・23オ-10・28オ-1・30ウ-10・31オ-1・31オ-5・31オ-6・31オ-7・34オ-6・37ウ-2・37ウ-7・37ウ-13・38オ-1・38オ-4・38ウ-2・39オ-5・40オ-4・40オ-6・40ウ-9・41オ-9・41ウ-2・42ウ-6・42ウ-11・44オ-4
なる(体)　2ウ-8・3ウ-6・4オ-9・5オ-7・6ウ-4・7ウ-11・8オ-11・15ウ-9・16オ-1・16オ-11・19オ-9・30ウ-3・40オ-1・41ウ-3・42オ-7・44ウ-4・45オ-1
なれ(已)　8ウ-7・10オ-12・10ウ-1・10ウ-2・22オ-7・22オ-7・23ウ-1・23ウ-2・23ウ-3・23ウ-13・24オ-5・25オ-3・29ウ-6・32オ-2・35ウ-1・36ウ-1・39ウ-5・43オ-12
→あいりやうなり・あきらかなり・あながちなり・あらたなり・あらはなり・あんらくなり・いかなり・いかにいはむや・いかにもいかにもして・いかやうなり・いたづらなり・いちどうなり・いんぎんなり・おほきなり・おほらかなり・おぼろけなり・おろかなり・かうしやうなり・かうゑんなり・かひなげなり・かやうなり・かんなり・ぐじんなり・けんぜんなり・ごとくなり・ことさらなり・ことなり・ことのほかなり・さいはひなり・さうぞくふだんなり・さかりなり・さはやかなり・しえうなり・しかのみならず・しじやうなり・しづかなり・じねんなり・じやけんなり・しんじつなり・じんじんなり・すいれつなり・すみやかなり・せつなり・せんいつなり・せんさばんべつなり・そらなり・だいじなり・たいせつなり・だうしんけんごなり・たくみなり・たんせんなり・つばびらかなり・つまびらかなり・なほざりなり・はつかなり・ひそかなり・ひつぢやうなり・ふしぎなり・ふしんなり・ふどうなり・ふらんなり・ぶんみやうなり・べつなり・まことなり・まちまちなり・むじんなり・ゆうみやうしやうじんなり・ゆゆしげなり・わづかなり
なる【成】(四段)
なら(未)　20ウ-9・42オ-9
なむ(用)　5オ-2
なり(用)　5オ-7・7ウ-6・9オ-11・9ウ-12・20ウ-7・22ウ-10・26オ-11・30オ-11・42ウ-8
成(用)　10ウ-1・19オ-9・20ウ-12
なる(止)　6オ-2
成る(止)　23オ-9
なる(体)　24オ-12
なる【鳴】(四段)
なら(未)　18オ-12
なる(体)　18オ-12
なん【何】
なむ　38オ-5
なん【男】
男　2オ-10・7オ-7
→じやくなん・そくなん・ちやうなん
なん【難】
難　11オ-11・11オ-12・28ウ-11・38オ-5
なんがくしぜんじ【南岳思禅師】
南岳思禅師　44オ-2
なんかん【難勘】
難勘　6ウ-4
なんかんじ【南澗寺】
南澗寺　44オ-2
なんきつ【難詰】
難詰　30オ-8
なんぐう【南宮】
南宮　43オ-10
なんぐう【南隅】
南隅　42ウ-10
なんし【男子】
男子　17オ-9
なんし【難思】
難思　14オ-5・14ウ-5
なんず【難】(サ変)
難し(用)　5ウ-7
難す(止)　38オ-4
なんぞ【何】(副)
なむそ　16オ-1・39ウ-10・44ウ-11
何そ　14オ-11・25ウ-5・37ウ-10
何むそ　39ウ-1
なんぢ【汝】
汝　13ウ-10・17オ-8・37オ-1・37オ-5・42オ-8・42オ-9・42オ-10
なんと【南都】
南都　7オ-11
なんど【何故】(副)
なむと　37ウ-6
なんど(助)
なむと　26ウ-3
→など
なんどき【何時】
何時　28オ-2

なんによ【男女】

男女　41オ-5

なんの【何】(連語)

なむの　9ウ-4・11オ-11・23ウ-5・24オ-6・31ウ-10

何の　42オ-1

なんぱうじやうど【南方浄土】

南方浄土　10ウ-8

なんやう【南陽】

南陽　43ウ-6

―に―

に(助)

に　Mオ-5・1オ-2・1オ-2・1オ-2・1オ-4・1オ-8・1オ-9・1オ-10・1ウ-1・1ウ-4・1ウ-5・1ウ-5・1ウ-8・2オ-1・2オ-3・2オ-3・2オ-4・2オ-9・2オ-11・2オ-11・2ウ-3・2ウ-4・2ウ-5・2ウ-6・2ウ-7・2ウ-8・2ウ-8・3オ-2・3オ-4・3オ-5・3オ-6・3オ-7・3オ-8・3オ-9・3オ-10・3オ-10・3オ-12・3オ-12・3オ-12・3オ-13・3ウ-1・3ウ-1・3ウ-3・3ウ-4・3ウ-4・3ウ-9・3ウ-10・4オ-2・4オ-4・4オ-6・4オ-7・4オ-8・4オ-10・4オ-10・4オ-11・4ウ-4・4ウ-4・4ウ-4・4ウ-12・5オ-1・5オ-3・5オ-6・5オ-7・5オ-11・5オ-13・5ウ-1・5ウ-4・5ウ-5・5ウ-6・5ウ-8・5ウ-9・5ウ-9・5ウ-12・5ウ-12・6オ-3・6オ-7・6オ-9・6オ-10・6オ-10・6ウ-1・6ウ-2・6ウ-8・6ウ-9・7オ-1・7オ-2・7オ-4・7オ-4・7オ-6・7オ-6・7オ-9・7オ-11・7ウ-1・7ウ-2・7ウ-3・7ウ-4・7ウ-4・7ウ-6・7ウ-10・7ウ-12・7ウ-13・8オ-3・8オ-4・8オ-6・8オ-9・8オ-10・8オ-10・8オ-11・8オ-11・8ウ-1・8ウ-2・8ウ-6・8ウ-6・8ウ-7・8ウ-8・8ウ-9・8ウ-9・8ウ-10・8ウ-11・9オ-1・9オ-3・9オ-4・9オ-4・9オ-7・9オ-8・9オ-9・9オ-10・9オ-11・9オ-11・9ウ-1・9ウ-1・9ウ-5・9ウ-6・9ウ-6・9ウ-6・9ウ-7・9ウ-10・9ウ-11・9ウ-12・10オ-3・10オ-4・10オ-7・10ウ-8・10ウ-10・10ウ-11・10ウ-12・10ウ-12・11オ-5・11オ-7・11オ-9・11オ-10・11オ-11・11ウ-2・11ウ-4・11ウ-5・11ウ-6・11ウ-8・11ウ-10・11ウ-11・11ウ-11・11ウ-12・11ウ-12・11ウ-12・11ウ-13・12オ-1・12オ-3・12オ-5・12オ-5・12オ-9・12オ-10・12ウ-5・12ウ-5・12ウ-7・12ウ-8・12ウ-10・13オ-1・13オ-1・13オ-3・13オ-4・13オ-6・13オ-10・13オ-10・13オ-11・13オ-12・13オ-13・13オ-13・13ウ-1・13ウ-1・13ウ-2・13ウ-2・13ウ-4・13ウ-4・13ウ-5・13ウ-6・13ウ-7・13ウ-7・13ウ-12・14オ-1・14オ-6・14オ-6・14オ-7・14オ-8・14オ-9・14オ-9・14オ-11・14オ-12・14オ-13・14ウ-5・14ウ-8・14ウ-13・15オ-4・15オ-6・15オ-7・15ウ-1・15ウ-4・15ウ-8・15ウ-10・15ウ-11・15ウ-13・16オ-6・16オ-7・16オ-9・16オ-10・16オ-10・16ウ-4・16ウ-4・16ウ-6・16ウ-8・16ウ-8・16ウ-9・16ウ-10・16ウ-10・16ウ-10・16ウ-11・16ウ-12・17オ-2・17オ-3・17オ-7・17オ-9・17ウ-1・17ウ-3・17ウ-4・17ウ-5・17ウ-6・17ウ-7・17ウ-9・17ウ-12・18オ-1・18オ-5・18ウ-3・18ウ-3・18ウ-4・18ウ-5・18ウ-8・18ウ-12・19オ-3・19オ-6・19オ-6・19オ-8・19オ-10・19ウ-4・19ウ-7・19ウ-9・19ウ-10・19ウ-13・20オ-1・20オ-11・20ウ-1・20ウ-2・20ウ-3・20ウ-6・20ウ-7・20ウ-10・20ウ-12・20ウ-12・20ウ-14・21オ-2・21オ-2・21オ-4・21オ-4・21オ-5・21オ-6・21オ-6・21オ-8・21オ-9・21オ-12・21ウ-2・21ウ-4・21ウ-7・21ウ-8・21ウ-10・21ウ-13・21ウ-13・22オ-1・22オ-2・22オ-3・22オ-3・22オ-4・22オ-5・22オ-7・22オ-8・22オ-9・22オ-9・22オ-10・22オ-11・22オ-13・22ウ-1・22ウ-1・22ウ-3・22ウ-5・22ウ-6・22ウ-8・22ウ-8・22ウ-10・22ウ-10・23オ-2・23オ-2・23オ-4・23オ-4・23オ-7・23オ-7・23オ-8・23オ-9・23オ-10・23オ-12・23ウ-7・23ウ-7・23ウ-9・23ウ-10・23ウ-11・23ウ-13・24オ-2・24オ-2・24オ-2・24オ-3・24オ-5・24オ-7・24オ-8・24オ-10・24オ-12・24ウ-1・24ウ-3・24ウ-9・24ウ-13・25オ-2・25オ-5・25オ-7・25オ-7・25ウ-2・26オ-5・26オ-6・26オ-7・26オ-7・26オ-7・26オ-8・26オ-10・26オ-11・26ウ-2・26ウ-3・26ウ-5・26ウ-8・26ウ-8・26ウ-9・27オ-1・27オ-2・27オ-2・27オ-2・27オ-3・27オ-3・27オ-4・27オ-5・27オ-7・27オ-9・27ウ-1・27ウ-2・27ウ-7・27ウ-11・27ウ-11・27ウ-12・27ウ-12・28オ-5・28オ-6・28オ-6・28オ-10・28オ-11・28オ-12・28ウ-1・28ウ-4・28ウ-4・28ウ-8・28ウ-10・28ウ-11・29オ-6・29オ-6・29オ-6・29オ-6・29オ-8・29オ-8・29ウ-4・29ウ-6・30オ-1・30オ-2・30オ-2・30オ-7・30オ-8・30オ-8・30オ-8・30オ-10・30オ-12・30ウ-1・30ウ-2・30ウ-4・30ウ-5・30ウ-7・30ウ-8・30ウ-8・30ウ-10・30ウ-12・31オ-4・31オ-7・31オ-9・31オ-9・31ウ-3・31ウ-4・31ウ-6・31ウ-6・31ウ-8・31ウ-9・31ウ-10・31ウ-12・31ウ-12・32オ-2・32オ-3・32オ-5・32オ-9・32オ-9・32オ-10・32オ-11・32ウ-1・32ウ-2・32ウ-2・32ウ-3・32ウ-4・32ウ-4・32ウ-8・33オ-2・33オ-6・33オ-6・33オ-7・33オ-8・33オ-10・33オ-10・33ウ-10・33ウ-12・34オ-1・34オ-9・34オ-9・34オ-12・34ウ-5・34ウ-7・34ウ-7・35オ-1・35オ-1・35オ-1・35オ-1・35オ-12・35ウ-5・35ウ-7・35ウ-8・35ウ-10・35ウ-10・35ウ-10・35ウ-11・36オ-1・36オ-5・36オ-7・36オ-9・36オ-9・36オ-10・36ウ-1・36ウ-5・36ウ-6・36ウ-9・37オ-1・37オ-1・37オ-3・37オ-4・37オ-4・37オ-5・37オ-6・37オ-7・37オ-9・37オ-10・37オ-11・37ウ-3・37ウ-4・37ウ-5・37ウ-9・37ウ-11・37ウ-13・38オ-2・38オ-2・38オ-8・38オ-9・38オ-12・38ウ-1・38ウ-6・38ウ-8・38ウ-8・38ウ-8・38ウ-10・38ウ-11・38ウ-11・38ウ-11・39オ-2・39オ-3・39オ-3・39オ-4・39オ-6・39オ-6

・39ｵ-7・39ｵ-7・39ｵ-7・39ｵ-8・39ｵ-10・39ｳ-3・39ｳ-4・39ｳ-4・39ｳ-5・39ｳ-6・39ｳ-6・39ｳ-7・39ｳ-11・39ｳ-11・39ｳ-12・39ｳ-12・39ｳ-12・40ｵ-1・40ｵ-1・40ｵ-4・40ｵ-5・40ｵ-5・40ｵ-9・40ｵ-10・40ｵ-12・40ｳ-1・40ｳ-2・40ｳ-2・40ｳ-5・40ｳ-5・40ｳ-10・40ｳ-10・40ｳ-10・41ｵ-1・41ｵ-2・41ｵ-3・41ｵ-4・41ｵ-4・41ｵ-4・41ｵ-5・41ｵ-5・41ｵ-5・41ｵ-8・41ｵ-8・41ｵ-9・41ｵ-10・41ｵ-11・41ｵ-12・41ｳ-1・41ｳ-2・41ｳ-3・41ｳ-4・41ｳ-5・41ｳ-7・41ｳ-7・41ｳ-8・41ｳ-8・41ｳ-9・41ｳ-9・41ｳ-10・41ｳ-11・41ｳ-12・42ｵ-4・42ｵ-4・42ｵ-4・42ｵ-4・42ｵ-6・42ｵ-6・42ｵ-7・42ｵ-7・42ｵ-7・42ｵ-9・42ｵ-10・42ｵ-11・42ｵ-12・42ｵ-13・42ｵ-13・42ｳ-1・42ｳ-2・42ｳ-2・42ｳ-4・42ｳ-6・42ｳ-10・42ｳ-11・43ｵ-3・43ｵ-5・43ｵ-6・43ｵ-6・43ｵ-7・43ｵ-8・43ｵ-8・43ｵ-10・43ｵ-11・43ｵ-12・43ｳ-2・43ｳ-3・43ｳ-3・43ｳ-4・43ｳ-5・43ｳ-7・43ｳ-9・43ｳ-10・43ｳ-11・43ｳ-11・44ｵ-5・44ｵ-7・44ｵ-7・44ｵ-9・44ｵ-9・44ｵ-10・44ｳ-3・44ｳ-5・44ｳ-6・44ｳ-7・44ｳ-7・44ｳ-8・44ｳ-8・44ｳ-9・44ｳ-11・44ｳ-12・44ｳ-12・45ｵ-10・45ｵ-10・46ｵ-2・46ｳ-2

に(補読)　17ｳ-4・28ｵ-5・30ｳ-12・33ｵ-11・33ｵ-13・33ｳ-3・34ｵ-7・34ｵ-11・34ｳ-1・34ｳ-1・34ｳ-9・35ｵ-11・35ｳ-4・35ｳ-4・36ｳ-3・36ｳ-11・37ｵ-7・40ｳ-2・40ｳ-4

に(ママ)　41ｳ-9

→あんに・いつかうに・いつさいに・いつしんに・かるがゆゑに・げに・ここに・ここにおいて・ここにして・ことごとくに・ごとに・さらに・さるほどに・しきりに・ずいぶんに・すぐに・すでに・それにとりて・たがひに・ただちに・たちどころに・ために・ぢゆうぢゆうに・つねに・つひに・ときに・ところに・ともに・ならびに・において・においては・においてをや・にか・にこそ・にして・にしても・につけて・にて・にてこそ・にては・にても・には・にも・のみに・ばかりに・ばかりにて・ひとへに・ふつに・まさに・までに・もつぱらに・ゆゑに

において(連語)

においひて　5ｳ-3・7ｵ-10・7ｳ-8・25ｳ-5・36ｵ-3・37ｳ-12

にをいて　23ｵ-7・40ｵ-9

に於　30ｳ-11

に於て　36ｵ-1

於　46ｳ-3

→ここにおいて

においては(連語)

におひては　5ｵ-3・26ｳ-8

にをいては　16ｵ-5

においてをや(連語)

においてをや　23ｵ-12

におひてをや　20ｵ-9・36ｳ-4・43ｵ-4

にをいてをや　36ｳ-6

に於をや　40ｵ-3

にか(助)

にか　25ｵ-6・28ｳ-10・42ｵ-1

にかいばう【二階坊】

二階坊　27ｳ-3

にぎ【二義】

二義　16ｳ-4

にきやう【二経】

二経　44ｳ-12

にぎやう【二行】

二行　13ｵ-1

にぎる【握】(四段)

にき(用)　8ｳ-8

にきり(用)　8ｳ-6

にく【肉】　→しゆにく

にくし【憎】(形容)　→こころにくし

にくじき【肉食】

肉食　12ｵ-8

にくしん【肉身】

肉身　25ｵ-4

にくみ【肉味】

肉味　17ｵ-12

にこそ(助)

にこそ　7ｵ-10

にごふ【二業】

二業　27ｵ-2

にさん【二三】

二三　36ｳ-6

にし【西】

にし　7ｳ-13

西　2ｳ-8・20ｳ-13

→にしたに

にしう【二修】

二修　13ｵ-2

にしたに【西谷】

にしたに　33ｵ-3

にして(助)

にして　2ｳ-10・3ｵ-4・7ｵ-5・7ｵ-5・7ｵ-6・9ｵ-12・10ｳ-9・17ｳ-11・19ｵ-8・19ｵ-12・26ｵ-6・27ｳ-3・27ｳ-9・36ｳ-1・36ｳ-11・37ｵ-11

にしても(助)

にしても　8ウ-7
にじふいち【二十一歳】
二十一　7オ-5
にじふいちねん【二十一年】
二十一年　42オ-12
にじふご【二十五歳】
二十五　18オ-9
にじふござんまい【二十五三昧】
二十五三昧　6オ-10
にじふごねん【二十五年】
二十五年　37オ-12
にじふさん【二十三】
二十三　29ウ-6
にじふさんにち【二十三日】　→じふいちぐわつにじふさんにち
にじふにち【二十日】　→しぐわつにじふにち
にじふににち【二十二日】　→こうあんろくねんごぐわつにじふににち
にじふよ【二十余】
二十余　14ウ-4
にじふろくにち【二十六日】
二十六日　9ウ-6
にしやく【二尺】　→いちぢやうにしやく
にしやま【西山】　→せいざん
にしゆ【二種】
二種　23オ-8・28ウ-11・37ウ-13
にそう【二僧】
二僧　43オ-8
にち【日】　→いちにち・こうあんろくねんごぐわつにじふににち・ごしちにち・しぐわつにじふにち・ししちにち・しちにち・じふいちぐわつにじふさんにち・じふごにち・じふにぐわつじふくにち・じふにぐわつじふさんにち・じふにぐわつじふはちにち・しやうぐわつさんじふにち・しやうぐわつじふごにち・まいにち・ろくぐわつじふろくにち
につけて(連語)
につけて　14オ-2・14オ-3
につさうくわん【日想観】
日想観　41オ-12
につせう【日照】
日照　7オ-7
→いうれんばう
につぽん【日本】　→にほん・にほんいつしう
にて(助)
にて 3ウ-5・4オ-3・4ウ-1・6ウ-5・6ウ-11・9オ-2・9オ-4・10ウ-2・11オ-12・11オ-13・12オ-1・12オ-2・12オ-9・14オ-5・14オ-6・15ウ-10・17ウ-13・19オ-13・19ウ-6・20ウ-4・20ウ-4・20ウ-6・21オ-3・21オ-3・21オ-5・21オ-8・21オ-10・21オ-13・21ウ-5・24オ-12・24ウ-11・25ウ-3・28オ-1・31オ-6・34ウ-7・35オ-12・43ウ-9
→にてこそ・にては・にても・ばかりにて
にでうのゐん【二条院】
二條の院　17ウ-8
にてこそ(助)
にてこそ　11オ-2・19ウ-1
にては(助)
にては　12オ-3・21オ-7・21オ-9
にても(助)
にても　21ウ-5
にてんぢく【二天竺】
二天竺　41ウ-4
ににん【二人】
二人　15ウ-2・35ウ-9
にねん【二年】　→あんていにねん・かろくにねん・げんきうにねんはちぐわつ・てんりやくにねん
には(助)
には　Mオ-1・1オ-7・1オ-8・1ウ-4・4オ-4・4オ-6・6オ-2・6オ-6・6オ-11・6ウ-1・6ウ-9・7オ-3・7オ-6・7オ-6・7ウ-12・7ウ-13・8オ-9・8オ-10・8オ-10・8ウ-5・8ウ-9・9オ-8・9ウ-9・11オ-3・12オ-8・13オ-1・13オ-2・13オ-11・15ウ-7・15ウ-11・16オ-5・16ウ-4・16ウ-6・18オ-4・18オ-4・18オ-4・18オ-7・19ウ-12・20オ-11・21オ-3・21ウ-2・22オ-4・22オ-7・22オ-11・22ウ-6・22ウ-7・23オ-13・23ウ-1・23ウ-6・23ウ-12・24ウ-3・24ウ-4・26ウ-3・27オ-1・27ウ-6・29ウ-4・30オ-7・32ウ-10・34オ-4・34オ-6・34オ-6・35オ-3・36オ-3・36オ-4・37オ-1・37ウ-7・38ウ-1・38ウ-3・38ウ-12・39ウ-6
にふだう【入道】　→さゑもんのにふだうさいくわう・せうなごんにふだう・だいなごんにふだうみつより・ろつかくのちゆうじやうにふだうあつみち
にふめつ【入滅】
入滅　1オ-4・1オ-6・2オ-9・8オ-6・15オ-4・17オ-5・18オ-3・26オ-3・27オ-7・33オ-2・36ウ-9・36ウ-10・43オ-6・43ウ-11
にふめつご【入滅後】
入滅後　8ウ-1
にふめつす【入滅】(サ変)
入滅す(止)　37オ-11
にふりようがきやう【入楞伽経】
入楞伽経　40ウ-10
にぼさつ【二菩薩】
二菩薩　15ウ-12

にほん【日本】
日本　22ウ-8・23ウ-10・42ウ-5
にほんいつしう【日本一州】
日本一州　40オ-10
日本一洲　40オ-7
にも(助)
にも　5ウ-8・6オ-1・6オ-4・7ウ-11・10オ-12・10オ-12・10ウ-1・10ウ-8・10ウ-8・10ウ-8・13ウ-13・13ウ-13・14ウ-6・14ウ-6・16ウ-7・22オ-7・22ウ-3・23ウ-9・24オ-10・24ウ-1・25オ-11・27オ-10・36ウ-2
にもん【二門】
二門　38オ-2
にゆうやう【乳養】
乳養　17オ-12
によ【女】　→じやくによ
にようい【如来】
如来 36オ-6・37オ-9・37ウ-3・41オ-1・41ウ-7・41ウ-8
→あみだによらい・しやかによらい・によらいざいせ・むげによらい
によらいざいせ【如来在世】
如来在世　40ウ-2・40ウ-9
にる【似】(上一段)
に(未)　23ウ-1
に(用)　13オ-6・39オ-2・39オ-8
似(用)　16ウ-10
にるい【二類】
二類　36ウ-1
にん【人】　→あくにん・いちにん・いつせんきうひやくじふにん・いつぴやくにじふさんにん・ぎやうにん・さんにん・さんまんごせんきうひやくにん・しちせんごじふくにん・しちひやくにん・じふさんにん・しまんにせんきうひやくごじふくにん・しやうにん・しよにん・すうにん・たにん・ちにん・ぢゆうにん・ににん・ばんにん・びやうにん・ひやくごじふにん・ひやくはちじふにん・わうじやうにん
にんがい【人界】
人界　4オ-12・5オ-7
にんぢさんねん【仁治三年】
仁治三年　33オ-2
にんなじ【仁和寺】
仁和寺　1オ-8
→じやうじようゐん
にんにくしやうじん【忍辱精進】
忍辱精進　31ウ-1
にんりゆう【仁隆】　→ほふいんにんりゆう

―ぬ―

ぬ【寝】(下二段)　→いぬ
ぬ(助動)
な(未)　11ウ-6・16オ-12・30オ-4・30オ-5・30オ-9・31ウ-1・39ウ-9
に(用)　9オ-11・19ウ-5
ぬ(止)　5オ-2・7オ-5・7ウ-6・10ウ-1・15ウ-12・19オ-9・19ウ-3・27ウ-4・28オ-7・28オ-10・30オ-4・30オ-11・31ウ-2・37オ-8・39オ-11・40ウ-6・42ウ-12・42ウ-12
ぬれ(已)　22オ-2・22オ-8・22ウ-10・23ウ-13・35ウ-10
→とげをはんぬ・をはんぬ
ぬく【抜】(四段)
ぬき(用)　12ウ-2・32ウ-12
ぬし【主】
主　Mオ-1
→あるじ
ぬのげさごろも【布袈裟衣】
布袈裟衣　17ウ-4

―ね―

ね【子時】　→つちのえね
ねがふ【願】(四段)
願は(未)　16オ-12・31ウ-4
ねかひ(用)　11オ-10・11オ-13・11ウ-1・13ウ-5・23ウ-8・37ウ-8・40ウ-8
願(用)　11オ-1・41オ-11
ねかう(止)　5オ-10・8ウ-4・16オ-12
ねかふ(止)　31ウ-9
願ふ(止)　43ウ-2
ねかふ(体)　23オ-1
願(体)　35オ-1
願ふ(体)　42オ-2
ねん【年】　→あんていぐわんねん・あんていにねん・いちじふさんねん・いつせんじふろくねん・えいへいじふねん・かいげんしちねん・かろくにねん・きうひやくねん・くわいしやうろくねん・げんきうにねんはちぐわつ・こうあんろくねんごぐわつにじふににち・ごじふよねん・ごねん・ごひやくさんじふねん・さんじふよねん・しちひやくねん・じふよねん・だいれきろくねん・たねん・ぢやうおうさんねん・てんぷくぐわんねん・てんりやくにねん・にじふいちねん・にじふごねん・にんぢさんねん・

ぼねん・まんねん
ねん【念】 →いちねん・いちねんたねん・いつしよういちねん・けねんさうぞく・ごねん・じじやうごいまうねんふき・じふねん・じふねんさうぞく・しんしようねん・たねん・ねんねん・ねんぶつ・ほつけいちねんずいき・ぼんなうまうねん・まうねん・むさうりねん・りんじゆうしやうねん
ねんず【念】(サ変)
念(用) 11オ-1
念し(用) 41オ-12
念する(体) 13ウ-5・14オ-2・32ウ-4・34オ-4
ねんねん【念々】
念々 39オ-6
ねんねんふしや【念々不捨】
念々不捨 13オ-9
ねんぶつ【念仏】
念仏 1ウ-1・1ウ-5・1ウ-5・1ウ-9・1ウ-11・2オ-1・2オ-3・3ウ-11・4オ-3・4ウ-1・4ウ-2・4ウ-5・4ウ-8・4ウ-9・5オ-8・5オ-10・5ウ-7・5ウ-10・6ウ-10・7オ-10・8オ-1・8ウ-10・8ウ-11・9オ-1・10ウ-2・11オ-7・12オ-3・12オ-6・12ウ-1・13オ-13・14オ-6・14ウ-12・15オ-1・16オ-8・16オ-10・16ウ-3・20オ-2・20ウ-1・20ウ-2・20ウ-3・21ウ-2・22ウ-13・24ウ-2・24ウ-7・24ウ-8・24ウ-10・24ウ-11・25オ-3・25ウ-2・26ウ-1・27オ-1・27オ-3・27ウ-5・30ウ-5・30ウ-8・31オ-4・32オ-1・33オ-10・33オ-13・34オ-10・35オ-1・35オ-12・38ウ-7・39オ-7・40ウ-2・40ウ-8・40ウ-10・41オ-6・41オ-7・41オ-9・41ウ-5・41ウ-7・42ウ-3・42ウ-4・43オ-5・43オ-6
→いつかうねんぶつ・かうしやうねんぶつ・くしようねんぶつ・ごねんぶつ・しようみやうねんぶつ・せんじゆねんぶつ・ねんぶつけう・ねんぶつざんまい・ねんぶつしや・ねんぶつしゆう・ねんぶつしゆぎやう・ねんぶつす・ねんぶつわうじやう・みだねんぶつ・ろくじらいさんねんぶつ
ねんぶつけう【念仏教】
念仏教 40オ-7
ねんぶつざんまい【念仏三昧】
念仏三昧 7ウ-8・21オ-13・21オ-13・24ウ-13・25オ-5・25オ-8
ねんぶつしや【念仏者】
念仏者 2オ-6
ねんぶつしゆう【念仏宗】
念仏宗 18ウ-10
ねんぶつしゆぎやう【念仏修行】
念仏修行 40ウ-9
ねんぶつす【念仏】(サ変)
念仏し(用) 5オ-9
念仏す(止) 7ウ-3
念仏する(体) 7ウ-6
念仏すれ(已) 14オ-13・23ウ-9
念仏せよ(命) 27オ-4
ねんぶつわうじやう【念仏往生】
念仏往生 1ウ-2・4ウ-13・5オ-3・11ウ-2・20ウ-9・27ウ-2・31ウ-12・32オ-8

―の―

の(助)
の Mオ-1・Mオ-2・1オ-2・1オ-2・1オ-3・1オ-3・1オ-4・1オ-7・1オ-8・1オ-8・1オ-8・1オ-9・1オ-9・1ウ-2・1ウ-2・1ウ-4・1ウ-4・1ウ-6・1ウ-10・1ウ-10・1ウ-11・2オ-1・2オ-3・2オ-5・2オ-5・2オ-6・2オ-6・2オ-6・2オ-7・2オ-8・2オ-10・2オ-10・2オ-10・2オ-11・2ウ-1・2ウ-2・2ウ-2・2ウ-2・2ウ-3・2ウ-3・2ウ-4・2ウ-4・2ウ-5・2ウ-7・2ウ-7・2ウ-7・2ウ-8・2ウ-8・2ウ-9・2ウ-11・3オ-1・3オ-1・3オ-1・3オ-1・3オ-1・3オ-1・3オ-3・3オ-6・3オ-6・3オ-8・3オ-9・3オ-10・3オ-12・3オ-12・3ウ-1・3ウ-2・3ウ-6・3ウ-7・3ウ-10・3ウ-11・4オ-2・4オ-3・4オ-4・4オ-5・4オ-5・4オ-6・4オ-6・4オ-7・4オ-8・4オ-9・4オ-10・4オ-11・4オ-12・4オ-12・4オ-12・4ウ-2・4ウ-2・4ウ-5・4ウ-6・4ウ-6・4ウ-7・4ウ-8・4ウ-8・4ウ-8・4ウ-9・4ウ-9・4ウ-10・5オ-1・5オ-1・5オ-2・5オ-3・5オ-3・5オ-3・5オ-6・5オ-7・5オ-8・5オ-11・5オ-11・5オ-12・5オ-13・5ウ-1・5ウ-1・5ウ-3・5ウ-3・5ウ-3・5ウ-4・5ウ-5・5ウ-7・5ウ-7・5ウ-8・5ウ-9・5ウ-10・5ウ-13・6オ-1・6オ-2・6オ-4・6オ-4・6オ-5・6オ-7・6オ-9・6オ-10・6オ-12・6オ-12・6オ-12・6ウ-4・6ウ-5・6ウ-8・6ウ-8・6ウ-9・6ウ-11・6ウ-12・6ウ-13・6ウ-13・7オ-3・7オ-7・7オ-7・7オ-8・7オ-8・7オ-10・7オ-11・7オ-11・7オ-11・7オ-12・7ウ-1・7ウ-1・7ウ-1・7ウ-3・7ウ-4・7ウ-4・7ウ-5・7ウ-10・7ウ-10・7ウ-11・8オ-2・8オ-3・8オ-7・8オ-7・8オ-8・8オ-8・8オ-8・8オ-9・8オ-11・8ウ-3・8ウ-4・8ウ-4・8ウ-5・8ウ-5・8ウ-6・8ウ-7・8ウ-9・8ウ-10・9オ-2・9オ-4・9オ-4・9オ-4・9オ-4・9オ-5・9オ-5・9オ-5・9オ-5・9オ-6・9オ-6・9オ-7・9オ-8・9オ-10・9オ-12・9オ-12・9ウ-1・9ウ-1・9ウ-3・9ウ-4・9ウ-8・9ウ-10・9ウ-10・9ウ-10・9ウ-12・9ウ-12・9ウ-13・9ウ-13・10オ-4・10オ-10・10オ-11・10オ-11・10オ-12・10ウ-1・10ウ-2・10ウ-2・10ウ-2・10ウ-8・10ウ-8・10ウ-10・10ウ-10・10ウ-10・10ウ-12・11オ-2・11オ-4・11オ-4・11オ-4・11オ-7・11オ-7・11オ-7・11オ-8・11オ-8・11オ-9・11オ-10・11オ-10・11オ-12・11オ-12・11オ-12・11オ-13・11ウ-1・11ウ-2・11ウ-4・11ウ-4・11ウ-4・

11ウ-5・11ウ-5・11ウ-5・11ウ-9・11ウ-9・11ウ-9・11ウ-10・11ウ-10・11ウ-10・11ウ-12・11ウ-12・11ウ-12・11ウ-13・12オ-1・12オ-1・12オ-2・12オ-3・12オ-5・12オ-5・12オ-5・12オ-8・12オ-9・12オ-11・12オ-12・12オ-13・12オ-13・12ウ-1・12ウ-1・12ウ-5・12ウ-5・12ウ-5・12ウ-6・12ウ-6・12ウ-7・12ウ-8・12ウ-9・12ウ-10・12ウ-10・13オ-1・13オ-1・13オ-2・13オ-2・13オ-2・13オ-3・13オ-3・13オ-3・13オ-4・13オ-4・13オ-4・13オ-4・13オ-5・13オ-5・13オ-5・13オ-6・13オ-6・13オ-10・13オ-10・13オ-11・13オ-11・13オ-11・13オ-12・13オ-13・13ウ-3・13ウ-4・13ウ-4・13ウ-4・13ウ-5・13ウ-6・13ウ-7・13ウ-8・13ウ-8・13ウ-9・13ウ-11・13ウ-12・13ウ-12・13ウ-12・14オ-2・14オ-2・14オ-3・14オ-3・14オ-5・14オ-5・14オ-7・14オ-8・14オ-12・14オ-13・14オ-13・14ウ-2・14ウ-3・14ウ-3・14ウ-4・14ウ-4・14ウ-4・14ウ-4・14ウ-5・14ウ-5・14ウ-5・14ウ-6・14ウ-7・14ウ-8・14ウ-9・14ウ-12・14ウ-12・15オ-1・15オ-1・15オ-1・15オ-5・15オ-5・15オ-7・15オ-8・15オ-8・15オ-10・15オ-12・15ウ-1・15ウ-1・15ウ-2・15ウ-6・15ウ-6・15ウ-6・15ウ-7・15ウ-7・15ウ-7・15ウ-7・15ウ-8・15ウ-9・15ウ-12・15ウ-12・15ウ-12・15ウ-12・15ウ-13・16オ-1・16オ-1・16オ-1・16オ-2・16オ-2・16オ-4・16オ-5・16オ-6・16オ-8・16オ-8・16オ-9・16オ-11・16オ-11・16ウ-1・16ウ-3・16ウ-5・16ウ-6・16ウ-6・16ウ-6・16ウ-7・16ウ-7・16ウ-7・16ウ-9・16ウ-11・16ウ-12・16ウ-12・17オ-2・17オ-6・17オ-6・17オ-8・17オ-10・17オ-11・17オ-11・17オ-12・17ウ-1・17ウ-2・17ウ-2・17ウ-2・17ウ-3・17ウ-4・17ウ-4・17ウ-5・17ウ-7・17ウ-8・17ウ-8・17ウ-9・17ウ-10・17ウ-11・17ウ-11・17ウ-12・17ウ-12・18オ-1・18オ-1・18オ-2・18オ-3・18オ-4・18オ-5・18オ-6・18オ-6・18オ-7・18オ-8・18オ-9・18オ-9・18オ-11・18オ-11・18オ-11・18オ-11・18オ-11・18オ-12・18オ-12・18ウ-1・18ウ-1・18ウ-2・18ウ-2・18ウ-2・18ウ-4・18ウ-4・18ウ-5・18ウ-8・18ウ-9・18ウ-10・19オ-3・19オ-3・19オ-4・19オ-5・19オ-6・19オ-7・19オ-8・19ウ-4・19ウ-4・19ウ-5・19ウ-6・19ウ-11・19ウ-13・20オ-1・20オ-1・20オ-3・20オ-3・20オ-3・20オ-4・20オ-6・20オ-6・20オ-7・20オ-8・20オ-10・20オ-12・20オ-13・20ウ-1・20ウ-2・20ウ-2・20ウ-2・20ウ-3・20ウ-4・20ウ-6・20ウ-9・20ウ-9・20ウ-9・20ウ-11・21オ-2・21オ-4・21オ-4・21オ-4・21オ-5・21オ-6・21オ-8・21オ-13・21ウ-1・21ウ-4・21ウ-6・21ウ-6・21ウ-7・21ウ-14・22オ-1・22オ-1・22オ-2・22オ-4・22オ-5・22オ-6・22オ-6・22オ-7・22オ-9・22オ-9・22オ-10・22オ-11・22オ-11・22オ-11・22オ-13・22オ-13・22ウ-6・22ウ-7・22ウ-8・22ウ-8・22ウ-9・22ウ-10・23オ-4・23オ-6・23オ-6・23オ-7・23オ-8・23オ-9・23オ-9・23オ-12・23オ-13・23ウ-1・23ウ-5・23ウ-9・23ウ-10・23ウ-10・23ウ-11・23ウ-13・24オ-1・24オ-3・24オ-4・24オ-4・24オ-5・24オ-5・24オ-5・24オ-7・24オ-7・24オ-10・24オ-11・24ウ-1・24ウ-2・24ウ-3・24ウ-3・24ウ-5・24ウ-7・24ウ-8・24ウ-9・24ウ-11・24ウ-11・24ウ-12・24ウ-13・25オ-4・25オ-4・25オ-6・25オ-7・25オ-8・25オ-10・25オ-10・25オ-10・25オ-11・25オ-12・25ウ-1・25ウ-4・25ウ-5・25ウ-5・26オ-5・26オ-7・26オ-8・26オ-9・26オ-11・26オ-11・26ウ-2・26ウ-2・26ウ-3・26ウ-3・26ウ-4・26ウ-5・26ウ-6・26ウ-7・26ウ-7・26ウ-7・26ウ-7・26ウ-8・26ウ-8・26ウ-9・27オ-2・27オ-4・27オ-8・27オ-8・27オ-8・27オ-8・27オ-8・27オ-8・27オ-9・27オ-10・27オ-10・27ウ-1・27ウ-1・27ウ-2・27ウ-3・27ウ-3・27ウ-6・27ウ-6・27ウ-7・27ウ-9・28オ-1・28オ-5・28オ-6・28オ-7・28オ-8・28オ-8・28オ-9・28オ-10・28オ-10・28オ-11・28オ-12・28ウ-1・28ウ-2・28ウ-3・28ウ-4・28ウ-5・28ウ-5・28ウ-6・28ウ-6・28ウ-7・28ウ-8・28ウ-8・28ウ-9・28ウ-10・28ウ-11・29オ-7・29ウ-5・29ウ-11・29ウ-12・29ウ-12・29ウ-12・30オ-1・30オ-2・30オ-6・30オ-6・30オ-7・30オ-8・30オ-11・30ウ-1・30ウ-1・30ウ-2・30ウ-3・30ウ-5・30ウ-5・30ウ-5・30ウ-6・30ウ-7・30ウ-8・30ウ-9・30ウ-9・30ウ-11・31オ-4・31オ-4・31オ-4・31オ-6・31オ-9・31オ-9・31オ-10・31オ-10・31ウ-1・31ウ-2・31ウ-2・31ウ-2・31ウ-3・31ウ-4・31ウ-4・31ウ-5・31ウ-5・31ウ-9・31ウ-12・32オ-1・32オ-9・32オ-11・32オ-12・32ウ-1・32ウ-1・32ウ-2・32ウ-2・32ウ-3・32ウ-6・32ウ-8・32ウ-8・32ウ-9・32ウ-11・33オ-3・33オ-3・33オ-3・33オ-4・33オ-4・33オ-4・33オ-5・33オ-6・33オ-7・33オ-8・33オ-8・33オ-9・33オ-9・33オ-9・33オ-10・33オ-10・33オ-10・33オ-11・33オ-11・33ウ-3・33ウ-3・33ウ-10・33ウ-10・33ウ-11・34オ-1・34オ-1・34オ-4・34オ-4・34オ-4・34オ-6・34オ-9・34オ-9・34オ-12・34ウ-5・34ウ-5・34ウ-6・34ウ-6・34ウ-7・35オ-1・35オ-2・35オ-2・35オ-3・35オ-4・35オ-4・35オ-12・35ウ-1・35ウ-1・35ウ-2・35ウ-3・35ウ-3・35ウ-4・35ウ-4・35ウ-5・35ウ-5・35ウ-6・35ウ-7・35ウ-7・35ウ-8・35ウ-11・35ウ-11・36オ-1・36オ-2・36オ-3・36オ-3・36オ-4・36オ-6・36オ-7・36オ-8・36オ-8・36オ-9・36オ-10・36オ-11・36オ-11・36オ-11・36オ-11・36オ-11・36オ-12・36オ-12・36オ-12・36ウ-6・36ウ-7・36ウ-7・36ウ-7・36ウ-9・36ウ-10・36ウ-11・36ウ-11・36ウ-11・37オ-3・37オ-6・37オ-6・37オ-7・37オ-12・37ウ-1・37ウ-2・37ウ-3・37ウ-4・37ウ-7・37ウ-7・37ウ-7・37ウ-8・37ウ-10・37ウ-10・38オ-3・38オ-4・38オ-4・38オ-5・38オ-6・38オ-6・38オ-6・38オ-7・38オ-7・38オ-8・38オ-9・38オ-9・38オ-10・38オ-10・38オ-11・38ウ-1・38ウ-1・38ウ-2・38ウ-3・38ウ-4・3

8ウ-4・38ウ-4・38ウ-4・38ウ-4・38ウ-4・38ウ-5・38ウ-6・38ウ-7・38ウ-7・38ウ-8・38ウ-9・38ウ-10・38ウ-11・38ウ-11・38ウ-12・38ウ-12・39オ-1・39オ-1・39オ-3・39オ-4・39オ-5・39オ-5・39オ-6・39オ-6・39オ-7・39オ-7・39オ-8・39オ-8・39オ-10・39オ-10・39オ-10・39オ-11・39オ-11・39オ-12・39オ-12・39ウ-1・39ウ-1・39ウ-3・39ウ-3・39ウ-4・39ウ-5・39ウ-5・39ウ-6・39ウ-6・39ウ-11・39ウ-12・39ウ-12・39ウ-12・40オ-1・40オ-2・40オ-3・40オ-3・40オ-4・40オ-5・40オ-5・40オ-6・40オ-7・40オ-8・40オ-8・40オ-11・40オ-11・40オ-12・40ウ-6・40ウ-6・40ウ-6・40ウ-6・40ウ-9・40ウ-9・40ウ-10・40ウ-10・41オ-4・41オ-4・41オ-6・41オ-6・41オ-7・41オ-7・41オ-8・41オ-10・41ウ-1・41ウ-2・41ウ-2・41ウ-4・41ウ-5・41ウ-5・41ウ-7・41ウ-8・41ウ-8・41ウ-9・41ウ-10・41ウ-12・41ウ-12・42オ-1・42オ-1・42オ-4・42オ-4・42オ-6・42オ-7・42オ-8・42オ-8・42オ-9・42オ-9・42オ-10・42オ-11・42オ-11・42オ-13・42ウ-2・42ウ-2・42ウ-3・42ウ-5・42ウ-7・42ウ-7・42ウ-7・42ウ-7・42ウ-8・42ウ-8・42ウ-8・42ウ-9・42ウ-10・42ウ-10・43オ-1・43オ-2・43オ-3・43オ-3・43オ-3・43オ-4・43オ-5・43オ-6・43オ-7・43オ-7・43オ-8・43オ-9・43オ-9・43オ-10・43オ-11・43オ-11・43オ-11・43オ-12・43ウ-3・43ウ-3・43ウ-3・43ウ-3・43ウ-5・43ウ-5・43ウ-7・43ウ-8・43ウ-8・43ウ-9・43ウ-11・43ウ-12・43ウ-12・43ウ-12・43ウ-12・44オ-1・44オ-2・44オ-2・44オ-3・44オ-3・44オ-4・44オ-5・44オ-6・44オ-8・44オ-9・44オ-10・44オ-10・44ウ-5・44ウ-6・44ウ-6・44ウ-7・44ウ-7・44ウ-7・44ウ-7・44ウ-8・44ウ-8・44ウ-8・44ウ-9・44ウ-11・44ウ-11・44ウ-12・45オ-1・45オ-7・45オ-8・46オ-1・46オ-3・46オ-4・46ウ-2・46ウ-2・46ウ-2

の(補読)　8オ-8・10ウ-7・11オ-6・11ウ-7・18ウ-4・18ウ-7・18ウ-8・30ウ-11・33オ-13・33ウ-3・35オ-6・35オ-11・35オ-12・35オ-12・38ウ-8

之　10オ-4・10オ-10・10オ-11・17オ-1・17オ-1・17ウ-3・17ウ-4・17ウ-5・18ウ-5・18ウ-6・18ウ-7・18ウ-7・18ウ-7・18ウ-8・18ウ-8・30ウ-7・30ウ-8・30ウ-10・30ウ-10・33オ-12・33オ-13・33オ-13・46ウ-4

→あきときのきやう・あぐゐのほふいんせいかく・あぐゐのほふいん・あの・あはたのくわんばく・いせのくに・いづもぢのしやうにんかくゆ・うちのくうあみだぶつ・かいしんのたに・かくのごとし・かたのやう・かの・きのえさる・きのとひつじ・くぐわつここぬかのひ・くだんの・くでうのぜんぢやうでんか・げぼんのしつち・ことのほかなり・この・このかた・このごろ・ごひやくのじぢよ・ごんのりつしりゆうくわん・さだいべんふぢはらのゆきたかのあそん・さるのとき・さゑもんのかみふぢはらのみちすゑのきやう・さゑもんのにふだうさいくわう・さんぎふぢはらのしげよりきやう・さんぐわつのいつか・しなののかみこれのり・しもつけのかみふぢはらのあそん・しやうたのしんし・じやうどのもん・じやうぼんのしつち・しゆつりしやうじのみち・しゆりのすけこれむねのただよし・せうなごんふぢはらのみちのりのあそん・その・そのうへ・だいごのざすしようけん・だいじふのだん・だいじふはちのぐわん・だいなごんたひらのよりもりきやう・たくまのほふいんしようが・たひらのうぢうまのすけさだふさ・ちゆうなごんのあきときのきやう・ちゆうぼんのしつち・つちのえね・とくしやうさいはうのぎ・との・とりのとき・ながとのかみたかしなのつねとし・ながとのほふいん・なんの・にでうのゐん・ひのとのゐ・ふぢやうのさう・へいだいしやうこくのぜんもん・べんのとの・まのあたり・みだのほんぐわん・みづのえとら・みづのとみ・みゐのだいあじやり・むくわんのしよう・むくわんのしようみやう・むさうのぎ・むさうのくわん・むちのくうあみだぶつ・もつてのほか・もんじやうのしやう・やまたへのこほり・やまのぜんじどの・ゆきたかのあそん・ろつかくのちゆうじやうにふだうあつみち・わうじやうごくらくのしやうぎやうのへん

のがる【逃】(下二段)
遁(用)　33オ-12

のこりなし【残無】(形容)
のこりなく(用)　24オ-3

のこる【残】(四段)
のこる(体)　8ウ-2
残る(体)　32ウ-12

のす【載】(下二段)
のせ(未)　20オ-11・21ウ-14・35ウ-4
のせ(用)　20ウ-1・23ウ-10
のす(止)　21ウ-14・32ウ-12
のする(体)　9ウ-1・33オ-7・44オ-5

のぞく【除】(四段)
除(未)　18ウ-13
のそひ(用)　37ウ-1
除(用)　18ウ-12・18ウ-13
除く(止)　42ウ-3
→きえのぞく・はらひのぞく

のぞみ【望】
のそみ　10ウ-8
望　1オ-4
のぞみがたし【望難】(形容)
のそみかたし(止)　31オ-12
のぞむ【臨】(四段)
のそみ(用)　27オ-2
のそむ(用)　14オ-9
のぞむ【望】(四段)　→のぞみがたし
のぞむ【望】(下二段)
のそむれ(已)　11ウ-5
のたまはく【宣】(連語)
のたまはく　3ウ-9・4オ-1・12ウ-11・16オ-4・27ウ-8・30オ-3・42オ-8・44オ-6・44オ-11
の給まはく　22ウ-5
のたまふ【宣】(四段)
のたまは(未)　44ウ-3
のたまひ(用)　3オ-13・4オ-11・7オ-12・8ウ-5・9オ-6・10オ-1・18オ-8・27ウ-2
の給ひ(用)　15ウ-9・16オ-7・20オ-1
のたまへ(已)　9ウ-10・32オ-1
のち【後】
のち　8オ-7・17オ-10
後　1オ-8・1ウ-10・7オ-3・7オ-6・8オ-11・8ウ-8・9オ-1・15オ-7・17オ-11・17ウ-11・18オ-3・18オ-4・19オ-6・19ウ-5・26オ-7・26オ-8・26オ-11・27ウ-2・37オ-6・38ウ-11・40ウ-6・43オ-3・43オ-6・43ウ-10
のちざま【後様】
のちさま　26ウ-3
のちのち【後々】
後々　8オ-12
のちのよ【後世】　→ごせ
のぶ【述】(下二段)
のへ(用)　4オ-6・14ウ-12・32ウ-9・36オ-9
のぶ【延】(下二段)
のふる(体)　44ウ-10
のふる(体)　13ウ-13・14ウ-3
述(体)　33ウ-1
のぼる【登】(四段)
のほら(未)　11ウ-13・12オ-5
登ら(未)　43ウ-10
登(用)　28オ-5
のみ(助)
のみ　12オ-13・15ウ-11・40オ-12・42ウ-8
→しかのみならず・のみに・をのみ
のみに(助)
のみに　23ウ-5
のる【告】(四段)　→なのる・のたまはく・のたまふ

―は―

は【葉】　→ことば
は(助)
は　1オ-7・1オ-8・1ウ-5・2オ-1・2オ-3・2オ-4・2オ-7・2オ-10・2ウ-1・2ウ-6・2ウ-11・3オ-7・3オ-9・3ウ-9・3ウ-11・4オ-11・4オ-11・4オ-13・4ウ-1・4ウ-2・4ウ-5・4ウ-7・4ウ-9・4ウ-10・4ウ-10・4ウ-11・4ウ-11・4ウ-12・4ウ-13・5オ-1・5オ-5・5オ-6・5オ-8・5ウ-2・5ウ-3・5ウ-9・5ウ-10・5ウ-11・5ウ-11・5ウ-12・6オ-4・6ウ-3・6ウ-4・6ウ-6・6ウ-6・6ウ-7・6ウ-7・7オ-3・7オ-7・7オ-9・7オ-12・7オ-12・7オ-13・7ウ-8・7ウ-9・7ウ-9・8オ-7・8オ-9・8オ-11・8ウ-5・8ウ-10・8ウ-10・8ウ-11・8ウ-12・9オ-2・9オ-6・9オ-6・9オ-7・9オ-8・9オ-8・9ウ-1・9ウ-3・9ウ-4・9ウ-9・9ウ-9・9ウ-12・10オ-1・10オ-3・10オ-7・10オ-9・10オ-12・10ウ-1・10ウ-2・11オ-4・11オ-5・11オ-9・11オ-10・11オ-12・11オ-12・11ウ-1・11ウ-6・11ウ-8・11ウ-13・12オ-6・12オ-6・12オ-7・12オ-7・12オ-10・12オ-11・12オ-12・12オ-13・12ウ-1・12ウ-1・12ウ-1・12ウ-2・12ウ-7・12ウ-7・12ウ-9・13オ-6・13オ-7・13オ-13・13ウ-1・13ウ-3・13ウ-10・13ウ-12・13ウ-13・14オ-2・14オ-3・14オ-6・14オ-7・14ウ-2・14ウ-3・14ウ-3・14ウ-4・14ウ-8・14ウ-13・15オ-1・15オ-5・15オ-7・15オ-8・15ウ-2・15ウ-3・15ウ-5・15ウ-8・15ウ-8・16オ-11・16ウ-3・16ウ-4・17オ-6・17ウ-9・18オ-2・18オ-4・18オ-7・18オ-8・18オ-8・18オ-8・18オ-9・18オ-10・18オ-12・18オ-12・18オ-12・18オ-13・18オ-13・18ウ-1・18ウ-3・18ウ-4・18ウ-5・18ウ-6・18ウ-13・19オ-2・19オ-4・19オ-4・19オ-7・19オ-8・19ウ-1・19ウ-4・19ウ-4・19ウ-5・19ウ-11・20オ-1・20オ-1・20オ-2・20オ-3・20オ-3・20オ-7・20オ-9・20オ-12・20オ-12・20ウ-3・20ウ-14・21オ-4・21オ-5・21オ-5・21オ-6・21ウ-14・22オ-1・22オ-3・22オ-4・22オ-4・22オ-6・22オ-11・22オ-13・22ウ-3・22ウ-4・22ウ-7・22ウ-12・22ウ-13・23オ-1・23オ-4・23オ-4・23オ-6・23オ-7・23オ-13・23ウ-1・23ウ-2・23ウ-5・23ウ-8・23ウ-11・23ウ-12・23ウ-12・23ウ-12・24オ-6・24オ-11・24オ-12・24ウ-2・24ウ-4・24ウ-10・24ウ-11・25オ-7・25オ-8・25オ-11・25ウ-1・25ウ-1・25ウ-2・25ウ-5・26オ-4・26オ-4・26オ-7・26オ-11・26ウ-1・26ウ-4・26ウ-5・26ウ-6・26ウ-6・26ウ-11・27オ-1・27オ-2・27ウ-2・27ウ-2・28オ-1・28オ-3・28オ-10・28ウ-5・28ウ-12・30オ-6・30オ-7・30オ-9・30ウ-12・31オ-5・31オ-7・31オ-10・31オ-11・31ウ-1・31ウ-2・32オ-2・32オ-11・32ウ-8・32ウ-9・32ウ-11・32ウ

-12・33オ-3・33オ-4・33ウ-10・34オ-5・34ウ-5・34ウ-6・35オ-4・35ウ-1・35ウ-9・35ウ-9・36オ-2・36オ-3・36オ-4・36オ-5・36オ-5・36オ-6・36オ-7・36オ-11・36オ-12・36ウ-9・37オ-1・37オ-11・37ウ-3・37ウ-4・37ウ-7・37ウ-8・38オ-1・38オ-2・38オ-7・38オ-11・38オ-12・38ウ-5・38ウ-6・38ウ-10・38ウ-12・39オ-1・39オ-4・39オ-5・39オ-7・39オ-8・39オ-9・39オ-12・39ウ-5・40オ-1・40オ-3・40オ-7・41オ-7・41ウ-2・41ウ-3・41ウ-3・42オ-2・42オ-2・42オ-10・42ウ-8・42ウ-8・42ウ-12・43オ-2・43オ-4・43オ-5・43オ-12・44オ-3・44ウ-3・44ウ-3・44ウ-4・44ウ-5
は(衍)　18オ-7
者　17オ-2・30ウ-7・33ウ-3・34ウ-5・40ウ-2・40ウ-10・41ウ-7・43オ-6・45オ-10
→あるいは・おそらくは・かつは・さは・さるは・しからずは・ずは・そうじては・ては・では・とては・とは・においては・にては・には・ばかりは・もしは・やは・よりは・をば
ば(助・未然接続)
は　Mオ-5・1オ-4・4ウ-8・5オ-4・6ウ-10・9ウ-3・11ウ-6・13ウ-13・14オ-11・14ウ-13・16オ-2・16オ-12・17オ-9・20ウ-1・25ウ-5・26ウ-5・30オ-2・30オ-4・32オ-12・35ウ-2・36オ-1・37ウ-9・39ウ-9・41ウ-4・42オ-9・42ウ-7・46オ-5
→さらば・しからば
ば(助・已然接続)
は　3オ-10・3オ-13・4オ-2・6オ-8・6ウ-11・6ウ-12・7ウ-3・8ウ-6・8ウ-7・8ウ-12・9オ-3・9ウ-7・10オ-12・10ウ-1・10ウ-2・11オ-13・11ウ-5・13オ-8・13オ-9・14オ-13・14ウ-7・16オ-10・16オ-11・16ウ-8・16ウ-9・17ウ-13・18ウ-13・19オ-12・19オ-13・19オ-13・19ウ-2・20オ-11・21オ-2・21オ-7・21オ-8・21ウ-2・21ウ-3・22オ-2・22オ-7・22オ-8・22ウ-10・23ウ-2・23ウ-4・23ウ-9・23ウ-13・23ウ-13・24オ-5・24ウ-1・24ウ-2・24ウ-5・25オ-3・25ウ-3・29ウ-6・30オ-3・30オ-12・31オ-10・31オ-11・31オ-12・31ウ-2・32オ-2・33ウ-12・34オ-6・34ウ-7・35オ-12・35ウ-10・36ウ-1・37オ-6・38ウ-3・38ウ-6・39オ-4・39オ-6・39ウ-5・42オ-5・43オ-12・44ウ-4
→されば・さればとて・しかれば・たとへば・ばこそ
はいす【廃】(サ変)
廃し(用)　38オ-5
廃す(止)　39オ-1
はいびやう【背病】
背病　29ウ-5
はいりふしんし【廃立参差】
廃立参差　38オ-3
はう【方】
方　38ウ-2・42オ-1
→さいはう・さいはうじやうど・じつぱう・じつぱうじやうど・じつぱうしゆじやう・たはうかい・とうばう・とくしやうさいはうのぎ・なんばうじやうど・ほつばう
ばう【坊】
坊　3オ-6
→ちけんばう・ぢゆうばう・にかいばう・ばうう・ばうじや・へいばう・りんせんばう
ばう【房】　→いうれんばう・げだつばう・こいうれんばう・ごばう・しんゑんばう・ちくりんばう・ほふれんばう・りつしごばう
ばうう【坊宇】
坊宇　3オ-2
ばうじや【坊舎】
坊舎　18オ-5
はうじやう【彭城】
彭城　43ウ-5
ばうじやくぶじん【傍若無人】
傍若無人　18ウ-10
はうべん【方便】
方便　38オ-4
はかい【破戒】
破戒　39ウ-3
→けんどんはかい
はからふ【計】(四段)
計(用)　18ウ-3・18ウ-7
ばかり(助)
はかり　Mオ-2・6オ-9・6オ-12・6ウ-7・7オ-3・10ウ-2・19ウ-9・24ウ-2・28オ-2
許　33ウ-1・34オ-6
→かくばかり・ちりばかり・とばかり・ばかりこそ・ばかりぞ・ばかりだにも・ばかりに・ばかりにて・ばかりは・ばかりや・ばかりを
はかりおほす【計仰】(下二段)
計仰(未)　10ウ-3
ばかりこそ(助)
はかりこそ　3ウ-8・18オ-7・19オ-4
ばかりぞ(助)
はかりそ　6オ-3
ばかりだにも(助)
はかりたにも　25オ-3
ばかりに(助)
はかりに　21オ-12・28オ-3・40オ-7

ばかりにて(助)
はかりにて　21ｵ-10
計にて　31ｵ-7
ばかりは(助)
計は　19ｵ-1
ばかりや(助)
はかりや　6ｳ-2
ばかりを(助)
はかりを　21ｳ-14・25ｵ-9
許を　5ｵ-8
はかる【計】(四段)　→はかりおほす
はくうん【白雲(人名)】
白雲　Mｵ-3
はくつうす【博通】(サ変)
博通し(用)　18ｳ-9
はくば【白馬】
白馬　43ｵ-8
はくばじ【白馬寺】
白馬寺　43ｵ-9
はくらくてん【白楽天】
白楽天　44ｳ-6
はぐ【矧】(四段)
はく(止)　24ｳ-10
はげむ【励】(四段)
はけみ(用)　14ｳ-6
はけむ(止)　4ｳ-10・5ｳ-13
はけむ(体)　11ｳ-1・12ｵ-3・13ｳ-7
ばこそ(助・已然接続)
はこそ　4ｳ-1
はし【橋】　→おほちくはし
はじむ【初】(下二段)　→はじめて
はじめ【始】
はしめ 7ｵ-5・8ｳ-5・8ｳ-9・18ｵ-4・28ｵ-5・43ｵ-11
始　1ｵ-7・39ｳ-10
はじめつかた【始方】
はしめつかた　9ｵ-1
はじめて【初】(副)
はしめて　17ｳ-11・24ｳ-10
始めて　43ｵ-7・43ｵ-9
はす【破】(サ変)
破せ(未)　1ｳ-6・12ｳ-5
破し(用)　1ｳ-2・36ｳ-7
はた【将】(副)
はた　15ｳ-12
為当　40ｵ-8
はちぐわつ【八月】　→ぎえんじふにねんはちぐわつむいか・げんきうにねんはちぐわつ
はちぐわつとをか【八月十日】
八月十日　10ｳ-4
はちじふ【八十歳】
八十　8ｵ-6
はちじふおくごふ【八十億劫】
八十億劫　11ｳ-9・24ｵ-4・39ｵ-6
はちじふさん【八十三歳】
八十三　2ｵ-9・17ｵ-5・43ｳ-11
はちす【蓮】
蓮　12ｵ-5
蓮す　16ｵ-10
はちだい【八代】
八代　44ｳ-9
はちぶ【八部】
八部　27ｵ-8
はちまん【八万遍】
八万　12ｳ-1
はちまんしせん【八万四千】
八万四千　9ｳ-12
はちまんしせんべん【八万四千遍】
八万四千返　9ｳ-11・9ｳ-12
はちまんほふざう【八万法蔵】
八万法蔵　37ｵ-12
はつ【果】(下二段)
はて(用)　24ｵ-12
→もえはつ
はつか【僅】
はつか　24ｳ-11
ばつがく【末学】
末学　15ｳ-12・35ｳ-5
はつかなり【僅】(形動)
はつかに(用)　18ｵ-10・24ｳ-7・32ｵ-2
はつく【八句】　→しちごんはつく
はつくどくち【八功徳池】
八功徳池　16ｳ-7
はつぶす【撥無】(サ変)
撥無し(用)　37ｳ-11
はて【果】
はて　30ｵ-7
はな【花】
はな　16ｵ-11
はな【鼻】　→めはな
はなつ【放】(四段)
放(止)　36ｳ-7
はなはだ【甚】(副)
はなはた　14ｵ-7
甚　32ｵ-2
甚た　13ｵ-7
はなはだし【甚】(形容)

はなはたし(止)　10オ-9・15オ-12
甚し(止)　33オ-7
はなる【離】(下二段)
はなれ(未)　20オ-9
はなれ(用)　3ウ-7・22オ-8・24オ-7・38オ-1
はなる(止)　23オ-11・28ウ-1
はなれがたし【離難】(形容)
はなれかたき(体)　20オ-8
はは【母】
はは　17オ-11
母　37ウ-7
→ぶも
はばかり【憚】
ははかり　7ウ-7
憚　18ウ-6・33ウ-1
はばかる【憚】(四段)
ははから(未)　35ウ-1
憚(未)　31オ-4
憚(用)　30ウ-11
ははかる(止)　30ウ-6
はぶん【破文】
破文　1ウ-3
はべり【侍】(ラ変)
はへり(用)　4オ-10・19ウ-10
ばむ(接尾)　→さかしばむ
はや【早】(副)
はや　1ウ-5
はやし【早】(形容)
はやく(用)　3オ-4・8ウ-3・9ウ-2・15ウ-4・26オ-6・33オ-5・37オ-8
はらひのぞく【払除】(四段)
はらひのそい(用)　12オ-1
はる【春】
春　44ウ-11
はん【判】　→ざいごはん
はん【半】　→いつぷくはん
ばんき【万機】
万機　39ウ-5
はんげんほふいん【範源法印】
範源法印　8ウ-1
ばんじ【万事】
万事　19ウ-8
ばんじやう【番匠】
番匠　20オ-7
はんす【判】(サ変)
判せ(未)　9オ-9
判する(体)　5ウ-4
はんどく【槃特】
槃特　32オ-3
はんにや【般若】
般若　16ウ-11・37ウ-7
ばんにん【万人】
万人　18オ-6
ばんべつなり【万別】(形動)　→せんさばんべつなり
ばんり【万里】　→うんでいばんり

―ひ―

ひ【日】
ひ　17ウ-8・28オ-6
日　33オ-12
→おこりび・くぐわつここぬかのひ・ひごろ・ひび・をととひ
びいん【美音】
美音　17オ-1
ひえいざん【比叡山】　→えいざん・えいざんとうたふ
ひがごと【僻事】
ひかこと　15ウ-10
僻事　30ウ-12
ひがし【東】
ひかし　3オ-1
東　20ウ-13
ひかり【光】
光　36ウ-7・39ウ-12
ひかりだう【光堂】
ひかり堂　2ウ-9
ひかりほとけ【光仏】
光ほとけ　2ウ-8
ひき【悲喜】
悲喜　15オ-12
ひき【疋】　→ひやつぴき
ひきあく【引開】(下二段)
ひきあけ(用)　3ウ-5
ひきふす【悲泣】(サ変)
悲泣し(用)　37オ-8
ひきみる【引見】(上一段)
ひきみる(体)　1ウ-4
ひきわく【引分】(下二段)
ひきはけ(用)　9ウ-6
ひく【引】(四段)
ひか(未)　22オ-12・24オ-1
ひき(用)　12ウ-11
引(用)　35オ-11・40ウ-1

→ひきあく・ひきみる・ひきわく・みちびく
びく【比丘】
比丘　23オ-10・36ウ-11・37オ-1・37オ-3・37オ-5・37オ-6・37オ-7
→びくに・ほふざうびく
びくに【比丘尼】
比丘尼　23オ-10
びけん【美絹】
美絹　2ウ-5
びげん【微言】
微言　35ウ-5
ひごろ【日頃】
日来　1ウ-4・1ウ-6
ひごんひじつ【非権非実】
非権非実　32オ-11
ひさし【久】(形容)
ひさしく(用)　7ウ-6
久(用)　33オ-12
久く(用)　9ウ-11・19オ-9
久し(止)　17ウ-2
ひじつ【非実】　→ひごんひじつ
びしやもん【毘沙門】
毘沙門　26オ-11
びしやもんだうほふいんみやうぜん【毘沙門堂法印明禅】
毘沙門堂法印明禅　33オ-1
ひじり【聖】
ひしり　17ウ-1・20オ-13
聖り　20オ-12
→ぜんじひじり・ひじりご・ひじりこつ・ひじりたち
ひじりご【聖児】
ひしりこ　17ウ-9
ひじりこつ【聖骨】
ひしり骨　6ウ-1
ひじりたち【聖達】
聖りたち　4オ-10
ひす【非】(サ変)
非し(用)　37ウ-2・37ウ-3・37ウ-4
非す(止)　36オ-11
ひそかなり【密】(形動)
ひそかに(用)　9オ-13
ひたたく(下二段)
ひたたくる(体)　13ウ-12
ひだり【左】
左　33ウ-3
→さう
ひたん【悲嘆】
悲嘆　37ウ-5
ひぢゆうだい【非重代】
非重代　20オ-6・20オ-13
ひつえいし【畢穎之】
畢穎之　43ウ-6
ひつじ【未時】　→きのとひつじ
ひつぜん【必然】　→ぶんりひつぜん
ひつぢやうなり【必定】(形動)
必定なり(ママ)(体)　11ウ-6
ひと【人】
ひと　1オ-4・3オ-8・3ウ-2・4オ-11・4ウ-5・5ウ-9・5ウ-13・6オ-12・6ウ-5・7ウ-9・11ウ-5・11ウ-12・12オ-5・12オ-10・12オ-13・14ウ-9・15オ-5・15オ-8・15ウ-2・16オ-1・16オ-7・17ウ-13・20オ-6・21ウ-2・22オ-10・22ウ-11・23ウ-5・25ウ-1・27ウ-5・32オ-10・36ウ-2
人　3オ-13・4オ-7・4ウ-8・4ウ-13・5オ-10・5オ-13・5ウ-7・6オ-10・6ウ-7・6ウ-10・6ウ-11・6ウ-13・7オ-2・7オ-11・7ウ-10・11オ-10・11オ-12・11オ-12・11ウ-3・12ウ-5・13オ-3・14オ-6・15オ-12・15ウ-6・15ウ-7・15ウ-7・15ウ-8・16オ-5・16ウ-5・16ウ-9・18オ-7・19オ-5・19ウ-11・21オ-4・22ウ-5・23オ-6・23オ-7・23ウ-5・23ウ-11・25ウ-5・26ウ-4・27オ-5・27ウ-2・27ウ-7・30オ-1・30オ-11・30ウ-1・30ウ-4・32オ-5・32ウ-1・35オ-11・38ウ-7・39オ-3・39オ-5・39ウ-3・39ウ-11・41オ-8・41オ-9・41オ-10・41オ-11・41ウ-1・41ウ-1・42オ-8・43ウ-1・46オ-5・46ウ-2
→なにびと・ひとども・ひとびと
ひとこと【一言】
一言　19オ-3
ひとし【等】(形容)
ひとしく(用)　31ウ-3
ひとたび【一度】
一度　24オ-2
ひとつ【一】
ひとつ　5オ-6
一　Mオ-1・Mオ-3・16ウ-4・22オ-4・24ウ-4・40ウ-2
一つ　37ウ-2
ひとつさま【一様】
一つさま　14ウ-10
ひとども【人共】
ひととも　24オ-11
人とも　23ウ-10
ひとびと【人々】
人々　5ウ-12・19ウ-9
ひとへに【偏】(副)
ひとへに　9オ-8・11ウ-4・11ウ-11・25オ-11・37ウ-10・41オ-4
ひとり【一人】

ひとり　15ウ-2・15ウ-3
→いちにん
ひのとのゐ【丁亥】
ひのとのゐ　8オ-6
ひばうす【誹謗】(サ変)
誹謗し(用)　37オ-9
ひび【日々】
日々　10ウ-10・11ウ-11・12ウ-1・30ウ-5・31オ-4・31オ-7・41オ-5・41ウ-11
ひびき【響】
ひひき　16ウ-6
ひま【隙・暇】
ひま　13オ-9・41オ-4
ひまひま【隙々】
ひまひま　23ウ-9
びやうげん【病患】
病患　30オ-4
びやうしやう【病床】
病床　30オ-7
びやうちゆう【病中】
病中　5ウ-12・6オ-3・6オ-7・6ウ-1
びやうどうがくきやう【平等覚経】
平等覚経　43ウ-1
びやうなう【病悩】
病悩　12オ-10・28ウ-2・28ウ-7・28ウ-9
びやうにん【病人】
病人　35オ-12
ひやく【百】
百　13ウ-2・38オ-12・38オ-12
びやくごう【白毫】
白毫　6オ-7
ひやくごじふにん【百五十人】
百五十人　41ウ-1
ひやくたん【百端】　→かんさひやくたん
ひやくはちじふにん【百八十人】
百八十人　41ウ-2
ひやくまんべん【百万遍】
百万反　41オ-7
ひやつぴき【百疋】
百疋　2ウ-5
ひらく【開】(四段)
ひらか(未)　14ウ-13
ひらき(用)　9ウ-8
披(用)　33オ-7
ひらけ(命)　32ウ-12
ひらん【披覧】
披覧　9ウ-2
ひらんす【披覧】(サ変)
披覧し(用)　1ウ-1・16オ-2・26オ-8・44オ-6
披覧する(体)　9ウ-7
ひろう【披露】
披露　9ウ-3
ひろうす【披露】(サ変)
披露(未)　31オ-7
披露せ(未)　12ウ-3
ひろさ【広】
ひろさ　45オ-1
ひろさは【広沢】
広さわ　1オ-9
ひろし【広】(形容)
ひろく(用)　41ウ-3
ひろし(止)　42オ-2
ひろき(体)　21ウ-13
ひろたに【広谷】
ひろたに　7オ-6
ひろむ【広】(下二段)
ひろめ(用)　28オ-12・36オ-8・44ウ-6
びんかく【敏覚】
敏覚　2ウ-1・2ウ-6・2ウ-6・3オ-6
びんかくほふいん【敏覚法印】
敏覚法印　2オ-11
→ながとのほふいん

―ふ―

ふ【経】(下二段)
暦(未)　17ウ-4
へ(用)　42オ-13・43オ-7
ふ(止)　9ウ-2
ぶ【部】　→しぶ・すうじふよぶ・はちぶ
ふうき【風気】
風気　16ウ-4
ふうぎん【風吟】
風吟　16ウ-2・16ウ-4
ふうひ【風痺】
風痺　44ウ-11
ふかし【深】(形容)
ふかから(未)　5ウ-11
ふかく(用)　5ウ-10・5ウ-11・9オ-5・11ウ-11・14オ-3・16オ-6・23ウ-4・31ウ-7・39ウ-9
深(用)　32ウ-9
深く(用)　5ウ-7・14ウ-4・19ウ-7・31ウ-5・32ウ-4・32ウ-5・36ウ-3・38オ-11・41ウ-12・42オ-2
深し(止)　37ウ-6
ふかき(体)　10オ-5・23ウ-3・25オ-3

深き(体)　18オ-12・22オ-4
深けれ(已)　24ウ-5
ふき【不起】　→じじやうごいまうねんふき
ふく【幅】　→いつぷくはん
ふく【吹】(四段)
吹く(体)　Mオ-2
ふく【葺】(四段)　→いたぶき
ふぐ【不共】
不共　38オ-10
ふくち【福智】
福智　39オ-8
ふくはら【福原】
福原　17ウ-11
ふくようす【服膺】(サ変)
服膺し(用)　33オ-6
ふくわい【不快】
不快　17ウ-10
ふけう【不孝】
不孝　31オ-10
ふさぐ【塞】(四段)
ふさか(未)　1ウ-2
ふさけ(已)　6オ-8
ふしぎ【不思議】
不思議　24オ-1・24オ-5
ふしぎなり【不思議】(形動)
不思議なる(体)　24オ-3
ふしや【不捨】
不捨　14オ-4
→ねんねんふしや・ねんねんふしやぜみやうしやうぢやうしごふ
ふしやう【不生】　→ほんりふしやう
ふじやう【不浄】
不浄　12オ-9・18ウ-2・18ウ-4・18ウ-6・18ウ-12・19オ-1・23ウ-2・30ウ-5・30ウ-11・31オ-4・35オ-3・35オ-4・35オ-4・35オ-12・35ウ-1
ふじやうわうじやう【不浄往生】
不浄往生　35ウ-1
ふしよ【補処】
補処　18オ-5
ふしん【不審】
不審　9ウ-3・9ウ-7・21ウ-6・26ウ-7
ぶじん【無人】　→ばうじやくぶじん
ふしんす【不審】(サ変)
不審せ(未)　4ウ-3
不審し(用)　7オ-9
ふしんなり【不審】(形動)
不審に(用)　23オ-6
ふす【臥】(四段)
ふし(用)　30オ-3
臥(体)　35オ-3・35オ-3
ふす【臥】(下二段)　→みふす
ふせ【布施】
布施　28オ-4・38オ-9
ふぜい【風情】
風情　21オ-3・22ウ-2・27オ-1
ふせぢかい【布施持戒】
布施持戒　31オ-12
ふぜん【不善】
不善　37オ-9
→しよふぜん
ぶそう【武宗】
武宗　44ウ-8
ふぞくしよぶつ【付属諸仏】
付属諸仏　38ウ-1
ふぞくす【付属】(サ変)
付属せ(未)　9ウ-9
付属す(止)　3オ-2
ふたごころ【二心】
ふたこころ　11ウ-8
ふたつ【二】
ふたつ　23ウ-13
二　16ウ-6・22オ-3・22オ-7・34ウ-5・40ウ-10
二つ　22オ-4
ふだんなり【不断】(形動)　→さうぞくふだんなり
ふち【不知】
ふち　18ウ-1
ふち【淵】
ふち　18オ-12
ふちあんない【不知案内】
不知案内　11オ-9
ふちしさい【不知子細】
不知子細　18オ-12
ふぢはらのあそん【藤原朝臣】　→しもつけのかみふぢはらのあそん
ふぢはらのあつみち【藤原敦通】　→ろつかくのちゆうじやうにふだうあつみち
ふぢはらのこれのり【藤原是憲】　→いうれんばう
ふぢはらのしげよりきやう【藤原成頼卿】
→さんぎふぢはらのしげよりきやう
ふぢはらのみちかね【藤原道兼】　→あはたのくわんぱく
ふぢはらのみちすゑのきやう【藤原通季卿】
→さゑもんのかみふぢはらのみちすゑのきやう

ふぢはらのみちのり【藤原通憲】 →せうなごんにふだう
ふぢはらのみちのりのあそん【藤原通憲朝臣】
→せうなごんふぢはらのみちのりのあそん
ふぢはらのゆきたかのあそん【藤原行隆朝臣】
→さだいべんふぢはらのゆきたかのあそん
ふぢやうのさう【不定之想】
不定之想 30ウ-12
ぶつ【仏】
仏 4オ-2・6オ-7・8オ-3・10ウ-8・12ウ-8・12ウ-8・18オ-2・19オ-13・19ウ-2・19ウ-7・20ウ-12・20ウ-12・22オ-11・23オ-9・23オ-10・24オ-12・26オ-11・28ウ-9・28ウ-10・28ウ-11・29ウ-4・29ウ-5・31ウ-9・32ウ-6・33ウ-10・33ウ-12・34オ-4・34ウ-6・37オ-11・37ウ-1・37ウ-8・39オ-11・40ウ-5・40ウ-5・42オ-1・42オ-13
→あみだぶつ・いちぶつ・いちぶつしよせつ・うちのくうあみだぶつ・おうしようむりやうじゆぶつ・くうあみだぶつ・くわんぶつ・しよぶつ・しよぶつぼさつ・そくしんじやうぶつ・たぶつ・たりきしんじつじようぶつぐわんりき・なにぶつ・なむあみだぶつ・ねんぶつ・ふぞくしよぶつ・ぶついぶつしん・ぶつだう・ぶつでし・ほとけ・みだぶつ・むちのくうあみだぶつ・ろくじらいさんねんぶつ
ぶつい【仏意】
仏意 28ウ-4・30ウ-12
ふつう【不通】 →いちもんふつう
ふつか【二日】 →ごぐわつふつか
ぶつか【仏家】
仏家 33オ-5
ぶつかく【仏閣】
仏閣 42ウ-8
ぶつげ【仏偈】
仏偈 37オ-3
ふつげう【払暁】
払暁 27ウ-12
ぶつご【仏語】
仏語 37オ-1
ぶつざう【仏像】
仏像 12オ-11
ぶつじ【仏事】
仏事 19オ-6
ぶつしん【仏身】
仏身 37ウ-8
ぶつせ【仏世】
仏世 40ウ-5
ぶつせい【仏誓】
仏誓 41ウ-9
ぶつせつこうきぎやうきやう【仏説興起行経】
→こうききやう
ぶつぜん【仏前】
仏前 19オ-8・19オ-12
ぶつだう【仏堂】
仏堂 7ウ-2
ぶつだう【仏道】
仏道 23オ-7・23オ-9・24オ-11
ぶつだうしゆぎやう【仏道修行】
仏道修行 9ウ-10
ぶつでし【仏弟子】
仏弟子 23オ-11
ふつに(副)
ふつに 15オ-12
ぶつぽふ【仏法】
仏法 5オ-7・5オ-12・16オ-2・28ウ-6・37ウ-11・37ウ-12・43オ-1
ぶつぽふこうりゆう【仏法興隆】
仏法興隆 46ウ-4
ぶつぽふしゆご【仏法守護】
仏法守護 28ウ-5
ぶつみやう【仏名】
仏名 23ウ-3
ふで【筆】
ふて 9ウ-5
ふどうなり【不同】(形動)
不同に(用) 11オ-5
不同なり(止) 41オ-6・41オ-7
ふとくしん【不得心】
不得心 11オ-12
ふところ【懐】
ふところ 9オ-13
ふね【船】
船 41ウ-9
ふみ【文】 →おんふみ・うけぶみ
ぶも【父母】
父母 15オ-5・16オ-3
→けうやうぶも
ふらん【不乱】
不乱 10オ-12・10ウ-9・10ウ-12
→いつしんふらん
ふらんなり【不乱】(形動)
不乱なる(体) 10ウ-11
ふる【触】(下二段)
ふれ(用) 23オ-7
→あひふる

ぶるい【部類】
部類　35ウ-4
ふるまひ【振舞】
ふるまひ　16オ-6
ふるまふ【振舞】(四段)
ふるまへ(已)　20オ-5
ぶれい【無礼】
無礼　18オ-3
ふろんじしよ【不論時処】
不論時処　35オ-4
ぶんさん【文讃】
文讃　16ウ-1
ふんべつす【分別】(サ変)
分別し(用)　36ウ-9
ふんぼ【墳墓】
憤墓　1ウ-8
ぶんみやうなり【分明】(形動)
分明に(用)　19オ-1
ぶんりひつぜん【文理必然】
文理必然　38ウ-2

―へ―

へ(助)
え　21オ-5
へ　3オ-10・6オ-2・6ウ-8・9ウ-8・17ウ-3・18ウ-2・21オ-2・21オ-4・21オ-8・21ウ-3・22オ-12・23オ-1・26ウ-7・27ウ-4・27ウ-6・30オ-5・42オ-12
へいしよく【秉燭】
秉燭　19オ-7
へいだいしやうこくぜんもん【平大相国禅門】
平大相国禅門　17ウ-10
へいだいしやうこくのぜんもん【平大相国禅門】
平大相国の禅門　2ウ-4
へいばう【弊坊】
弊坊　19オ-10
へうす【表】(サ変)
表する(体)　9ウ-12
へうり【表裏】
表裏　38ウ-9
べけむ(助動)
へけん(止)　37オ-10
べし(助動)
へから(未)　4ウ-9・4ウ-10・4ウ-13・6オ-7・9ウ-4・12オ-4・12オ-8・20ウ-5・21ウ-1・24オ-12・24ウ-5・24ウ-7・25ウ-4・30ウ-4・31オ-11・31ウ-10・35ウ-2・38オ-4・38ウ-9・44オ-5
可(未)　10ウ-2・11オ-9・11ウ-13・12オ-9・18ウ-6・30ウ-10・31オ-4
へく(用)　6ウ-10・6ウ-13・10ウ-1・12ウ-3・28ウ-5
可(用)　10オ-12・10ウ-3・18ウ-5・18ウ-10・33オ-11
へし(止)　1ウ-9・4オ-2・4オ-9・5オ-4・5オ-11・5オ-12・5オ-13・8ウ-1・9ウ-2・10オ-5・11ウ-8・12オ-9・12オ-10・12オ-11・12オ-12・12オ-14・13オ-11・14オ-8・14オ-8・14ウ-1・14ウ-10・14ウ-10・14ウ-13・16オ-1・16オ-12・20オ-2・22ウ-13・26ウ-5・30ウ-3・30ウ-6・31ウ-2・31ウ-7・32ウ-6・35オ-3・36オ-2・36ウ-3・36ウ-4・36ウ-5・37オ-3・37ウ-6・37ウ-10・39ウ-2・40ウ-7・42オ-10・42ウ-3・43オ-1・44ウ-4・45オ-9
べし(止)　30ウ-9
可(止)　18ウ-10・31オ-7・32ウ-9・39オ-7
へき(体)　1ウ-3・2ウ-6・3ウ-7・3ウ-8・3ウ-9・4ウ-2・5オ-2・5オ-5・5ウ-13・6オ-2・6オ-12・6ウ-2・10ウ-11・11オ-11・11ウ-3・13オ-10・13ウ-3・16ウ-8・18ウ-2・19ウ-2・20ウ-3・21ウ-7・22オ-12・22ウ-5・22ウ-8・24オ-3・25オ-6・25ウ-4・27ウ-11・28ウ-1・30ウ-6・34オ-10
可(体)　30ウ-10・30ウ-12・31オ-6・31オ-7
へけれ(已)　6オ-11・21オ-1・24ウ-11
→しかるべし・べけむ
へだつ【隔】(下二段)　→あひへだつ
べつ【別】
別　10ウ-2・12オ-11・22オ-1・23オ-2
べついん【別因】
別因　31オ-9・31ウ-5
べつし【別紙】
別紙　20オ-11
べつじ【別時】
別時　18ウ-5
べつして【別】(副)
別して　36オ-7・38オ-7
べつたう【別当】
別当　2ウ-3
べつだん【別段】
別段　21オ-13
べつなり【別】(形動)
別に(用)　21オ-11
べつもん【別門】
別門　21オ-12
へん【辺】
辺　3オ-1
へん【篇】　→しちへん・わうじやうごくらくのしやうぎやうのへん
へん【遍】　→いちまんべん・さんまんごせん

べん・しちまんべん・じつぺん・じふごへん・すうへん・はちまんしせんべん・ひやくまんべん・ろくまんべん
へんじ【返事】
返事 3ウ-1・20ウ-3
へんじやうす【返上】(サ変)
返上し(用) 9ウ-7
へんず【変】(サ変)
変する(体) 40オ-2
べんのとの【弁殿】
弁の殿 17ウ-12
べんり【便利】
便利 35オ-11・35オ-12
へんゑす【変懐】(サ変)
変懐し(用) 42ウ-10・42ウ-12

ーほー

ほうげ【宝花】
宝花 42オ-7
ほうごう【宝号】
宝号 11オ-8
ほうさつ【宝刹】
宝刹 10ウ-8
ほうしやくきやう【宝積経】
宝積経 40ウ-4
ほうじゆ【宝樹】 →しちぢゆうほうじゆ
ぼうせん【俸銭】
俸銭 44ウ-11
ほうど【報土】
報土 39オ-10
ほか【他】
ほか 5オ-4・21オ-3・21オ-9・23オ-2・40オ-11
外 4ウ-9・8ウ-10・11オ-7・31オ-6・38ウ-3・39オ-1・40ウ-8・44オ-4
外か 15ウ-13
→ことのほかなり・た・もつてのほか
ぼくす【卜】(サ変)
卜(用) 43ウ-10
ほけきやう【法花経】
法花経 7オ-3・19オ-6
ぼさつ【菩薩】
菩薩 23オ-8・23オ-8・23オ-9・23オ-9・39オ-9・39ウ-1
→しよぶつぼさつ・てんじんぼさつ・にぼさつ
ぼし【戊子】 →つちのえね
ほそぼそと【細々】(副)
ほそほそと 7ウ-9
ぼだい【菩提】
菩提 23オ-12・24ウ-1・25オ-4・33オ-5
ほつく【法句】
法句 36ウ-11
ほつぐわんしん【発願心】 →ゑかうほつぐわんしん
ほつぐわんゑかう【発願廻向】
発願廻向 34ウ-6
ほつけいちねんずいき【法花一念随喜】
法花一念随喜 32オ-10
ほつしやう【法性】
法性 39オ-11
ほつしやうしん【法性身】
法性身 25オ-4
ほつしようじ【法勝寺】
法勝寺 2ウ-3
ほつしん【発心】
発心 8ウ-5・26ウ-2
ほつしん【法身】
法身 28ウ-12
→いちほつしん・ゆいしきほつしん
ほつしんす【発心】(サ変)
発心し(用) 8ウ-3
ぼつす【没】(サ変)
没し(用) 42ウ-10・46オ-1
ほつせ【法施】
法施 11オ-9
ほつとく【法得】 →だいほつとく
ほつとくす【発得】(サ変)
発得し(用) 24ウ-13
ほつぱう【北方】
北方 10ウ-8
ほど【程】
ほと 1ウ-4・3ウ-5・7オ-1・7オ-9・7ウ-10・14オ-12・16オ-12・22ウ-10・27ウ-6・30オ-10
→これほど・さるほどに・ほどなし
ほとけ【仏】
ほとけ 6オ-5
→ひかりほとけ・ぶつ
ほどなし【程無】(形容)
ほとなく(用) 17オ-10
ほどに【程】 →さるほどに
ほどの(助)
ほとの 19ウ-11
ほとほと【殆】(副)
ほとほと 5オ-11
ほね【骨】
ほね 22オ-3

→ひじりこつ
ぼねん【暮年】
暮年　12ウ-5・27オ-2
ほふ【法】
法　4オ-5・5オ-3・5オ-8・14ウ-12・15オ-1・18オ-4・22オ-9・36オ-1・42オ-1・42オ-8
→いつぽふ・えうぼふ・ぎやうぼふ・けうぼふ・ごせつぽふ・ざうほふ・しやうぼふ・せつぽふ・でんぼふ・どうほふ・ぶつぽふ・ぶつぽふこうりゆう・ぶつぽふしゆご・まつぽふ・もんぼふ・ゆいほふこうめつ
ほふいん【法印】
法印　2ウ-5・7オ-2・27オ-8・33オ-3
→あぐゐのほふいん・あぐゐのほふいんせいかく・けいはんほふいん・しやうごんほふいん・せんうんほふいん・せんしほふいん・たくまのほふいんしようが・ちかいほふいん・ちようけんほふいん・ながとのほふいん・はんげんほふいん・びしやもんだうほふいんみやうぜん・びんかくほふいん・ほふいんせいかく・ほふいんにんりゆう・ほふいんみやうぜん・みやうぜんほふいん
ほふいんせいかく【法印聖覚】
法印聖覚　31オ-2
ほふいんにんりゆう【法印仁隆】
法印仁隆　1オ-9
ほふいんみやうぜん【法印明禅】
法印明禅　33ウ-2
ほふえ【法衣】
法衣　17ウ-4
ほふえつ【法悦】
法悦　44オ-2
ほふくん【法訓】
法訓　41ウ-11
ほふげん【法眼】　→りやうけいほふげん
ほふざう【法蔵】　→はちまんほふざう・ほふざうびく
ほふざうびく【法蔵比丘】
法蔵ひく　20ウ-7
法蔵比丘　38オ-6
ほふし【法師】
法師　17オ-9・42オ-3・42オ-5・42オ-8・43ウ-7・43ウ-8・43ウ-10
→こほふし・しよげうほふし・ぜんくうほふし・どんらんほふし・ほふしご・ゑにちほふし
ほふしご【法師子】
法師子　17オ-8
ほふせうぜんじ【法照禅師】
法照禅師　2オ-5・24ウ-13・39ウ-6
ほふぢゆうじ【法住寺】
法住寺　3オ-6
ほふねんしやうにん【法然上人】
法然上人　7オ-4・8オ-9・8ウ-8・18ウ-8・21ウ-1
→げんくうしやうにん・くうしやうにん
ほふみやう【法名】
法名　7オ-7
ほふもん【法文】
法文　18オ-9・18オ-11
ほふもん【法門】
法門　3ウ-2・4オ-8・5オ-3・9オ-5・9ウ-13・15ウ-8・15ウ-9・18オ-8・18オ-11・18オ-13・19ウ-4・26ウ-3・26ウ-7・27ウ-1・30ウ-1・33オ-6・42オ-10
→じやうどほふもん
ほふりん【法琳】
法琳　44オ-1
ほふれんしやうにん【法蓮上人】
法蓮上人　16ウ-12
→しらかはしやうにんしんくう・しんくうしやうにん・ぜんじひじり・やまのぜんじどの
ほふれんばう【法蓮房】
法蓮房　18オ-7・18ウ-7・19オ-4・20オ-12
ほぼ(副)
ほほ　12ウ-2・17ウ-5
粗　14ウ-13
ほむ【讃・誉】(下二段)
ほめ(未)　31ウ-8・31ウ-10
ほめ(用)　42オ-2・44ウ-4
ほれぼれと【惚々】(副)
ほれほれと　5オ-5
ほん【本】(接頭)　→ほんし・ほんじ・ほんしゆう
ほん【品】　→くほん・げぼん・げぼんげしやう・げぼんのしつち・じやうぼん・じやうぼんのしつち・せんぼん・ちゆうぼん・ちゆうぼんのしつち
ほんい【本意】
本意　31オ-5
ぼんぎやう【梵行】　→ちやうさいぼんぎやう
ほんくわい【本懐】
本懐　42オ-11
ほんぐわん【本願】
本願　4ウ-1・5オ-7・11ウ-11・12ウ-9・12ウ-9・12ウ-10・20オ-1・21オ-2・23ウ-3・23ウ-8・32オ-9・32ウ-8・32ウ-9・38ウ-11・39ウ-10
→たりきほんぐわん・ほんぐわんごくち・ほ

んぐわんしよじやう・みだのほんぐわん
ほんぐわんごくち【本願極致】
本願極致　35ウ-6
ほんぐわんしよじやう【本願所成】
本願所成　12ウ-7・12ウ-7
ぼんけう【梵夾】　→しんようぼんけう
ほんし【本師】
本師　28ウ-7
ほんじ【本寺】
本寺　3オ-4・26オ-6・26ウ-6
ほんしやうす【稟承】(サ変)
稟承し(用)　27オ-9
ほんしゆう【本宗】
本宗　1オ-3・15オ-6・33オ-9・40オ-5
ほんぜい【本誓】
本誓　14ウ-6・39ウ-5
ほんぞん【本尊】
本尊　12オ-9・18オ-5
ぼんてんぢく【凡天竺】
凡天竺　41ウ-2
ぼんなう【煩悩】
煩悩　11ウ-13・14ウ-6・23オ-11
ぼんなうぐそく【煩悩具足】
煩悩具足　10ウ-10
ぼんなうぐそくす【煩悩具足】(サ変)
煩悩具足し(用)　14ウ-2
ぼんなうまうねん【煩悩妄念】
煩悩妄念　14オ-3
ぼんぶ【凡夫】
凡夫　1ウ-4・3ウ-7・9オ-7・10オ-11・10ウ-10・14ウ-2・20ウ-6・22オ-5・24オ-12・25オ-4・28ウ-2・31ウ-3・39オ-8・39オ-10・39ウ-1
ぼんぽん【梵本】
梵本　43オ-9
ほんもん【本文】
本文　33ウ-1
ほんやくす【翻訳】(サ変)
翻訳し(用)　43オ-10
ほんりふしやう【本理不生】
本理不生　13ウ-5

―ま―

まいじ【毎事】
毎事　10ウ-3
まいつき【毎月】
毎月　31オ-6・41オ-10
まいにち【毎日】
毎日　7ウ-5・8ウ-6・8ウ-10・9ウ-10・33オ-9・41オ-11
まうく【設】(下二段)
まうけ(未)　31オ-9
まうけ(用)　17オ-9
→ゐまうく
まうざう【妄想】
妄想　13ウ-6
まうしあふ【申合】(四段)
申しあひ(用)　3オ-10
まうしいる【申入】(下二段)
申し入よ(命)　27オ-3
まうしじやう【申状】
申状　18ウ-10
まうしなす【申成】(四段)
申しなさ(未)　15ウ-10
申なさ(未)　22ウ-3
まうしふ【妄執】
妄執　30ウ-2
まうしやう【申様】
申し様　11オ-10
まうしゐる【申居】(上一段)
申しゐ(用)　5オ-5
まうす【申】(四段)
まうさ(未)　2オ-7・6ウ-3・6ウ-6・6ウ-12
申(未)　17ウ-3・19オ-11・19オ-11・19オ-13
申さ(未)　8オ-2・18ウ-3・20オ-2・24ウ-8・24ウ-10
まうし(用)　27ウ-12
申(用)　6ウ-12・10ウ-9・11オ-8・19オ-11・20ウ-5・33オ-11
申し(用)　3ウ-8・3ウ-10・3ウ-11・6ウ-10・8ウ-12・9オ-1・9オ-3・11オ-4・19オ-13・19ウ-2・20ウ-2・21オ-11・24ウ-7・26ウ-2・27ウ-5
申(止)　11オ-9
申す(止)　6ウ-13・20ウ-9・20ウ-14
申す(衍)(止)　21オ-1
白す(止)　36ウ-6
申(体)　21オ-7
申す(体)　4オ-3・4ウ-1・5オ-8・6オ-10・6ウ-7・21オ-9・21オ-10
申せ(已)　4ウ-2・21オ-2・21オ-8・21ウ-2・21ウ-3
まうせ(命)　6ウ-10
申せ(命)　8ウ-11・21ウ-5
まうす【申】(補動)
申(未)　18ウ-3・18ウ-8
申さ(未)　7オ-1・7オ-8・7オ-9・7オ-12・7ウ-7・17ウ-12
申(用)　6ウ-11・20ウ-3・21ウ-7
申し(用)　7オ-4・20オ-1・30オ-12

申(体)　18ウ-7
申す(体)　8ウ-9
まうづ【詣】(下二段)
まうて(用)　1ウ-8
詣る(体)　21ウ-3
→ぜんくわうじまうで
まうねん【妄念】
妄念　10ウ-10・11オ-3・14ウ-5・30ウ-11
→じじやうごいまうねんふき・ぼんなうまうねん
まうねんたり【惘然】(形動)
惘然と(用)　39オ-2
まかしくわん【摩訶止観】
麻訶止観　44オ-9
まかす【任】(下二段)
まかせ(用)　16ウ-5・32ウ-4
まかす(止)　5オ-13
まかる【罷】(四段)
まから(未)　21オ-4
まかり(用)　30オ-9
まきだいさん【巻第三】
巻第三　Hオ-1・26オ-1・46オ-7
まきだいに【巻第二】
巻第二　Hオ-1・1オ-1・25ウ-6
まく【負】(下二段)　→しまく
まぐ【枉】(下二段)
狂(ママ)(用)　19オ-11
まご【孫】
まこ　17ウ-3・26オ-4
まこと【真・誠・実】
実　23オ-13・23ウ-4
まことし【真・誠・実】(形容)
まことしく(用)　22オ-3・22ウ-12
実き(体)　36オ-4
まことなり【真・誠・実】(形動)
まことに(用)　8オ-11・15ウ-1・32オ-1・37ウ-6
まさし【正】(形容)
まさしく(用)　9オ-7・9ウ-8・10オ-4
まさしき(体)　25オ-11
まさなりしんわう【雅成親王】
雅成親王　10オ-10・18ウ-1・30ウ-5・33オ-10
まさに(副)
まさに　42オ-10
方　35ウ-5
まじ(助動)
ましから(未)　6オ-13
まし(止)　35オ-5
ましき(体)　12オ-6・19オ-12・21オ-5
ましけれ(已)　21オ-7
まして【況】(副)
まして　4ウ-10・6オ-13・11ウ-11
まじふ【交】(下二段)
ましへ(用)　8オ-12
→あひまじふ
まします【坐】(四段)
坐し(用)　42オ-7
ましはす(止)　24オ-1
まします(体)　21オ-6
ます【坐】(四段)　→おはします・まします
また【又】(副)
また　19ウ-13・28オ-3
又　3オ-5・3ウ-10・3ウ-12・5オ-7・5オ-10・5ウ-3・9ウ-9・11オ-8・18オ-13・19ウ-13・21オ-3・21ウ-6・23オ-9・24ウ-2・25ウ-3・27オ-1・27オ-10・27ウ-6・29ウ-5・29ウ-12・31オ-9・31ウ-3・35オ-2・35ウ-2・35ウ-11・36オ-8・36ウ-8・37オ-6・37ウ-4・38ウ-6・39オ-5・39ウ-11・40オ-9・40オ-12・40ウ-7・40ウ-8・41オ-3・41ウ-5・42オ-9・43ウ-12・44オ-6・44オ-9・44ウ-6
亦　7ウ-3・2オ-5・4ウ-13・5ウ-7・5ウ-12・6オ-3・6オ-7・6ウ-1・9ウ-13・10オ-4・10オ-7・10オ-12・10ウ-2・12オ-8・12ウ-1・12ウ-5・13ウ-4・13ウ-4・13ウ-6・13ウ-7・13ウ-8・13ウ-8・13ウ-9・14オ-4・14オ-10・15オ-11・15ウ-9・16ウ-2・17ウ-10
また【又】(接)
また　13ウ-6
又　2オ-5・4ウ-13・5ウ-7・5ウ-12・6オ-3・6オ-7・6ウ-1・9ウ-13・10オ-4・10オ-7・10オ-12・10ウ-2・12オ-8・12ウ-1・12ウ-5・13ウ-4・13ウ-4・13ウ-6・13ウ-7・13ウ-8・13ウ-8・13ウ-9・14オ-4・14オ-10・15オ-11・15ウ-9・16ウ-2・17ウ-10
亦　7ウ-3
まだう【魔道】
魔道　30ウ-1
まちまちなり【区々】(形動)
まちまちなり(止)　36オ-1
まつ【松】　→まつかぜ
まつ【待】(四段)
また(未)　26ウ-1
まち(用)　3ウ-4
まづ【先】(副)
先つ　4オ-6
まつがく【末学】　→ばつがく
まつかぜ【松風】
松風　Mオ-2
まつだいあくせ【末代悪世】
末代悪世　1ウ-4・3ウ-6・28オ-12・40オ-7・40オ-11

まつたく【全】(副)
全　5ウ-6・13ウ-3・30ウ-9
全く　5ウ-8・11オ-9・21ウ-2・22ウ-2・25ウ-2・39オ-1・39ウ-4
まつぽふ【末法】
末法　42ウ-5・42ウ-5
まつる【奉】(補動)　→たてまつる・つかうまつる
まで(助)
まて　1ウ-3・7ウ-5・20オ-7・30オ-10・41ウ-3
までに(助)
まてに　17ウ-7・42オ-12・46オ-3
までを(助)
まてを　7ウ-3・22ウ-1
まどふ【惑】(四段)
まとは(未)　37ウ-6
まぬかる【免】(下二段)
まぬかれ(未)　29ウ-6
まぬかれがたし【免難】(形容)
難免(用)　18ウ-7
まのあたり(副)
まのあたり　16オ-7・19ウ-10
まふ【舞】(四段)　→ふるまひ・ふるまふ
まへ【前】
まへ　27ウ-9・43ウ-9
まま【儘】
まま　22オ-1・22オ-6
まよふ【迷】(四段)
迷(用)　33オ-13
まゐらす【参】(下二段)
上(用)　33オ-11
→かきまゐらす
まゐらす【参】(補動)
まいらせ(用)　21オ-6
まひらする(体)　21オ-2
まゐる【参】(四段)
まいら(未)　21オ-5
まひら(未)　22オ-12・23オ-1
まいり(用)　4オ-4・6オ-2・30オ-9・39オ-10
まひり(用)　19ウ-8
まいる(止)　21オ-7
まいる(体)　21オ-8・21ウ-3
まひる(体)　21オ-2
まいれ(已)　27ウ-7
まん【満】
満　42オ-6
まんぎやう【万行】
万行　37ウ-7
→ろくどまんぎやう
まんだら【曼陀羅】
曼陀羅　7ウ-11・45オ-1
まんねん【万年】
万年　43オ-3・43オ-4

―み―

み【身】
み　5オ-7・7オ-2・20オ-10・22オ-7・23ウ-3・24オ-6・24ウ-6
身　4ウ-4・5オ-1・7ウ-9・12オ-9・12オ-11・18ウ-4・22オ-3・23ウ-8・24ウ-3・25オ-3・28ウ-2・30ウ-11・36ウ-9・39オ-11・42オ-5・44オ-10・46オ-1
→おんみ・みづから・わがみ
み【巳時】
み　28オ-5
→みづのとみ
み【御】(接頭)　→みこころ・みだう・みな
み【深】(接頭)　→みやま
みあはす【見合】(下二段)
みあはせ(用)　3ウ-5
みかど【帝】
御門　44ウ-9
帝　42ウ-1・43オ-8
みぎ【右】
右　19オ-4・42オ-8
→さう
みぎり【砌】　→せつ
みこころ【御心】
御心　31ウ-9
みだ【弥陀】
みた　24ウ-2
弥陀　12オ-1・12オ-3・12オ-13・12ウ-7・13オ-10・13オ-11・13ウ-8・14ウ-8・14ウ-9・15ウ-12・22オ-7・25オ-8・35ウ-5・37ウ-10・38ウ-4・39オ-4・39ウ-5・41オ-4・41ウ-2・44ウ-4・44ウ-4
→あみだ・あみだによらい・あみだぶつ・いつしんせんねんみだみやうがう・うちのくうあみだぶつ・くうあみだ・くうあみだぶつ・なむあみだぶつ・みだせつしゆ・みだねんぶつ・みだのほんぐわん・むちのくうあみだぶつ
みだう【御堂】
御堂　9オ-12
みだせつしゆ【弥陀接取】
弥陀接取　13オ-2

みたつ【見立】(下二段)
みたて(用)　26ウ-4
みだねんぶつ【弥陀念仏】
弥陀念仏　23ウ-1
みだのほんぐわん【弥陀本願】
弥陀の本願　11ウ-8・43ウ-1
みだぶつ【弥陀仏】
弥陀仏　42オ-9
みだりがはし【濫】(形容)
みたりかはしく(用)　12オ-9・13ウ-11
みだる【乱】(下二段)
みたれ(未)　4ウ-4
みだれやすし【乱易】(形容)
易乱(用)　10オ-11
みち【道】
みち　1ウ-2・24ウ-3
→しゆつりしやうじのみち
みちかね【道兼】　→あはたのくわんぱく
みちすゑのきやう【通季卿】→さゑもんのかみふぢはらのみちすゑのきやう
みちのり【通憲】　→せうなごんにふだう・せうなごんふぢはらのみちのりのあそん
みちびく【導】(四段)
導引か(未)　32オ-1
みちひき(用)　36オ-8
みつ【三】
三　22オ-13・41ウ-7
三つ　9ウ-6・22ウ-7
みつ【満】(四段)
みち(用)　13ウ-1・13ウ-1
みつ(止)　14ウ-13
みづ【水】
みつ　18オ-11
水　39ウ-12
→ごてうづ
みつい【密意】
密意　12ウ-10・40オ-4
みづから【自】(副)
みつから　1オ-10・7ウ-12・8ウ-4・9ウ-5・16ウ-2
自　33オ-13
自ら　32ウ-12
みつしゆう【密宗】
密宗　33オ-4・36オ-9
みづのえとら【壬寅】
みつのへとら　33オ-2
みづのとみ【癸巳】
癸巳　26オ-3
みつむ【見詰】(下二段)
みつめ(用)　38ウ-12
みつより【光頼】　→だいなごんにふだうみつより
みとき【三時】
三時　7ウ-5
みな【皆】
みな　3オ-2・3オ-8・4オ-11・6オ-2・18オ-9・24オ-12・24ウ-4・25オ-12・31オ-10・33オ-7・37オ-12・41オ-9
皆　22ウ-9・23オ-11・41ウ-4・42オ-2・42ウ-2・42ウ-12・43ウ-1・43ウ-5・44オ-4
皆な　20オ-3
みな【御名】
みな　21オ-12
みなもと【源】
みなもと　8オ-13
みね【峰】
みね　3オ-1
みふす【見臥】(下二段)
見ふせ(用)　1ウ-5
みみ【耳】
みみ　13ウ-1・16ウ-10・27オ-3
耳　22ウ-5
みやう【名】
名　36ウ-7
みやうがう【名号】
名号　5ウ-9・11ウ-8・11ウ-8・12オ-2・12ウ-9・25オ-9・25ウ-1・31ウ-4・31ウ-7・31ウ-8・32オ-2・32オ-12・32ウ-3・32ウ-4・33ウ-11・33ウ-12・34オ-4・34オ-5・34オ-12・38オ-11・38ウ-1・39オ-5・39ウ-3・39ウ-5・40オ-3・40オ-3・41オ-5・41オ-10
→いつしんせんねんみだみやうがう・しふじみやうがう
みやうぎしんぎやうしふ【明義進行集】
明義進行集　Hオ-1・1オ-1・25ウ-6・26オ-1・46オ-7
みやうぐわん【名願】
名願　14オ-2
みやうくん【明訓】
明訓　14ウ-11
みやうけん【冥顕】
冥顕　18ウ-7
みやうじ【名字】
名字　14オ-9・22ウ-9
みやうじゆ【命終】
命終　40ウ-6
みやうぜん【明禅】
明禅　18ウ-3・19オ-2・19オ-7・19オ-8・19ウ-11・33オ-11
→びしやもんだうほふいんみやうぜん・ほふ

いんみやうぜん・みやうぜんほふいん
みやうせんじしやう【名詮自性】
名詮自性　35ウ-3
みやうぜんほふいん【明禅法印】
明禅法印　18ウ-1
みやうへん【明遍】
明遍　3オ-9・15ウ-2
→うちのくうあみだぶつ・くうあみだ・くうあみだぶつ・そうづみやうへん
みやうもん【名聞】
名聞　11オ-11・23オ-6
みやうり【名利】
名利　11オ-13・11ウ-2・17ウ-4
みやま【深山】
み山　Mオ-1
みゆ【見】(下二段)
みへ(未) 20オ-2
みえ(用) 16ウ-12・20ウ-12・23ウ-7・26ウ-3・35オ-1
みへ(用) 5ウ-5
見(用)　33オ-8
みゆる(体)　22オ-1
見ゆる(体)　42オ-11
みらいむきゆう【未来無窮】
未来無窮　22オ-6
みる【見】(上一段)
み(未)　37オ-10
見(未)　46オ-5
み(用)　24ウ-10
みたて(たて・衍)(用)　12ウ-8
見(用)　7ウ-1・17オ-1・19オ-5・42オ-1
見(止)　7ウ-2
みる(体)　13オ-13・16オ-6・18オ-2
見(体)　35ウ-4
→おもひみる・かへりみる・たづねみる・ひきみる・みあはす・みたつ・みつむ・みふす
みゐのだいあじやり【三井大阿闍梨】
三井の大阿闍梨　30オ-2

―む―

む【無】
無　30オ-6
む(助動)
む(止)　1ウ-2・1ウ-6・3オ-5・4オ-13・5オ-9・5ウ-12・6オ-8・6オ-11・6オ-13・7オ-1・7オ-8・12ウ-8・12ウ-9・16オ-12・17ウ-1・17ウ-6・19オ-13・20ウ-14・22オ-12・22ウ-1・22ウ-12・23オ-1・26ウ-1・26ウ-2・27ウ-5・27ウ-9・30オ-9・31オ-9・31オ-10・31オ-11・31オ-12・31ウ-1・31ウ-2・31ウ-5・31ウ-6・31ウ-8・31ウ-9・32オ-1・32ウ-11・36オ-6・36ウ-10・38ウ-4・39オ-11・40オ-5・40ウ-1・41オ-3・42オ-2・42オ-8・42オ-9・43ウ-10・46オ-4
ん(止)　13オ-10
む(体)　4オ-13・5オ-5・6オ-11・6ウ-3・8オ-12・8オ-13・9ウ-4・9ウ-5・11オ-9・11オ-10・11ウ-12・11ウ-13・11ウ-13・12オ-1・12オ-5・12オ-7・12オ-10・12オ-12・12ウ-8・12ウ-9・13オ-12・14オ-9・14オ-11・15ウ-7・15ウ-13・16オ-2・16ウ-7・17オ-9・19オ-5・20オ-2・20オ-9・20ウ-12・20ウ-12・20ウ-13・20ウ-13・21オ-1・21オ-4・21オ-5・21オ-6・21ウ-5・22オ-5・22オ-10・22ウ-3・22ウ-4・22ウ-5・23ウ-5・23ウ-5・24オ-6・24オ-6・24ウ-10・25オ-4・25ウ-5・28ウ-3・28ウ-4・28ウ-6・28ウ-6・30ウ-2・30ウ-4・31ウ-4・31ウ-4・31ウ-10・32オ-5・32オ-12・35ウ-5・36ウ-2・36ウ-2・36ウ-4・36ウ-5・36ウ-8・36ウ-9・37オ-10・37ウ-6・37ウ-6・37ウ-9・38オ-8・38オ-8・39ウ-1・39ウ-3・39ウ-10・40オ-9・41ウ-8・42オ-10・43オ-3・44ウ-11・45オ-8・46オ-5
ん(体)　12ウ-5・24オ-5
め(已)　13オ-13・19ウ-1
→いかにいはむや・いはむや・むず・やらむ
むいか【六日】　→ぎえんじふにねんはちぐわつむいか
むおこり【六起】
六をこり　28オ-6
むかし【昔】
むかし　5オ-2
昔　8ウ-4・21オ-2・27オ-3・30オ-12・37ウ-3・37ウ-5
昔し　19ウ-13・20ウ-6・38オ-6
むかふ【向】(四段)
向(止)　12オ-9
むかう(体)　15ウ-5・18オ-2
むかふ【迎】(下二段)
むかへ(用)　5オ-4
迎(用)　39ウ-6
迎(止)　16オ-11
むかへ【迎】
迎　11ウ-12
むきゆう【無窮】　→みらいむきゆう
むくわん【無観】
無観　35ウ-3・36オ-11・38オ-5・38ウ-2
むくわんしようみやう【無観称名】
無観称名　14ウ-11・15オ-6・21オ-10・26ウ-8・28オ-11・35ウ-4・36オ-7・40オ-6

むくわんのしよう【無観称】
無観称　36ウ-7
むくわんのしようみやう【無観称名】
無観の称名　1オ-3・15ウ-13・25オ-9・37ウ-11・38ウ-3
むげによらい【無碍如来】
無碍如来　11オ-1
むごく【無極】　→きやくむごく
むさう【無相】
無相　5ウ-4・5ウ-4・6オ-9
むさうのぎ【無相義】
無相の義　5ウ-6
むさうのくわん【無相観】
無相の観　5ウ-2
むさうりねん【無相離念】
無相離念　13ウ-4
むしくわうごふ【無始曠劫】
無始曠劫　20オ-8
むしや【武者】
武者　20オ-5・20オ-6
むじやう【無上】
無上　11ウ-9
むじやうくどく【無上功徳】
無上功徳　39オ-6・40オ-2
むじやうゐん【無常院】
無常院　35オ-12
むしろ【寧】(副)
むしろ　13オ-10
むしん【無心】
無心　33オ-9
むじんなり【無尽】(形動)
無尽に(用)　2オ-3
むず(連語)
むす(止)　3ウ-3・6ウ-11・30オ-5
むする(体)　3ウ-11・4オ-1・6ウ-9・12オ-2・21オ-4・27ウ-2
むすう【無数】
無数　41オ-2
むすぶ【結】(四段)
結すは(未)　2オ-1
むすめ【娘】
むすめ　17オ-11
むち【無智】
無智　5オ-3・15ウ-7・15ウ-13・16オ-4・16オ-5
むちのくうあみだぶつ【無智空阿弥陀仏】
無智の空阿弥陀仏　15ウ-3
むなし【空】(形容)
むなしく(用)　41ウ-11
むね【旨】
むね　5ウ-5
旨　12ウ-3・14ウ-10・16ウ-12・18ウ-8・31オ-7・32ウ-5・32ウ-9・33オ-7・37ウ-2・38ウ-5・39ウ-9
むね【胸】
胸　42ウ-10
むねゆききやう【宗行卿】
宗行卿　18ウ-7
むひ【無非】　→いつしきいつかうむひちゆうだう
むら【村】　→たぢめむら
むりやう【無量】
無量　24オ-4
むりやうじゆ【無量寿】
無量寿　43ウ-8・44ウ-12
むりやうじゆきやう【無量寿経】
無量寿経　43オ-12
むりやうじゆきやうげ【無量寿経下】
無量寿経下　45オ-10
むりやうじゆくわんきやう【無量寿観経】
無量寿観経　44オ-8
→むりやうじゆくわんきやう
むりやうじゆぶつ【無量寿仏】　→おうしようむりやうじゆぶつ
むろ【室】　→いはむろ
むゐ【無為】
無為　39オ-10

―め―

め【女・妻】
め　20ウ-2
め【目】
め　13オ-13・16ウ-9
目　6オ-8・17オ-2
→まのあたり・めはな
めい【銘】
銘　27ウ-10
めいし【名士】　→かうそうめいし
めいしやう【明匠】
明匠　27オ-10・36オ-8・44オ-3
めいしよう【明証】
明証　41ウ-6
めいず【命】(サ変)
命し(用)　43オ-10・44ウ-12
めいてい【明帝】
明帝　43オ-7
めいとくかうそう【明徳高僧】

明徳高僧　44ｵ-5
めいばう【名望】
名望　15ｳ-4
めいよ【名誉】
名誉　31ｳ-9
めうかい【妙戒】
妙戒　27ｳ-1
めうらく【妙楽】
妙楽　44ｵ-11・44ｳ-3
めぐり【廻・巡】
巡　3ｵ-10
めぐる【廻・巡】(四段)
めくり(用)　22ｵ-5
めす【召】(四段)　→おぼしめす・きこしめしさわぐ
めつご【滅後】
滅後　40ｵ-8・40ｵ-11・41ｵ-1・41ｵ-3・41ｳ-7
めつざい【滅罪】
滅罪　13ｳ-10
めつじん【滅尽】
滅尽　43ｵ-1
めつす【滅】(サ変)
滅(未)　24ｵ-5
滅せ(未)　23ｳ-12
滅(未)　37ｵ-8
滅し(用)　11ｳ-9・37ｵ-8・39ｵ-6
滅す(止)　23ｳ-12・43ｵ-4
滅する(体)　24ｵ-3
めつぼつす【滅没】(サ変)
滅没し(用)　42ｳ-12
めでたし【愛・目出】(形容)
目出たき(体)　4ｳ-1
めのと【乳母】
乳母　17ｵ-12
めはな【目鼻】
目鼻　4ｵ-12
めんえつ【面謁】
面謁　17ｳ-3
めんじゆくけつ【面授口決】
面授口決　2ｳ-2
めんねす【面絵】(サ変)
面絵し(用)　27ｳ-8

―も―

も(助)
も　Mｵ-1・3ｵ-4・3ｳ-1・3ｳ-12・5ｳ-13・5ｳ-13・6ｵ-11・6ｳ-2・6ｳ-13・7ｵ-2・7ｵ-2・7ｳ-12・7ｳ-13・8ｵ-4・8ｵ-11・8ｳ-7・8ｳ-9・8ｳ-12・10ｳ-11・10ｳ-11・11ｵ-11・11ｵ-11・11ｵ-12・11ｵ-12・11ｳ-3・11ｳ-13・12ｵ-2・12ｵ-11・12ｵ-11・13ｵ-3・13ｵ-3・13ｵ-4・13ｵ-5・13ｵ-8・13ｵ-9・13ｵ-9・13ｳ-2・13ｳ-2・14ｵ-1・14ｵ-2・14ｵ-3・15ｵ-7・15ｵ-7・15ｳ-6・15ｳ-6・18ｵ-13・19ｵ-2・19ｵ-3・19ｵ-12・19ｳ-7・19ｳ-13・20ｵ-2・20ｵ-4・20ｳ-4・20ｳ-13・20ｳ-13・21ｵ-3・21ｵ-14・21ｵ-14・21ｳ-4・21ｳ-5・22ｵ-9・22ｵ-12・22ｳ-2・22ｳ-4・23ｵ-10・24ｳ-3・24ｳ-4・24ｳ-11・26ｳ-8・27ｳ-5・27ｳ-7・28ｵ-1・28ｳ-1・30ｵ-4・30ｵ-10・32ｵ-11・34ｵ-6・34ｵ-6・35ｵ-2・35ｵ-4・35ｵ-4・35ｳ-1・37ｳ-6・37ｳ-6・39ｳ-2・40ｵ-4・42ｳ-12・42ｳ-12・44ｳ-10・44ｳ-11
→いかにもいかにもして・いささかも・いへども・されども・しかも・しかりといへども・しかれども・すこしも・だにも・てだにも・ても・とても・とてもかうても・とも・ども・ながらも・なども・にしても・にても・にも・ばかりだにも・もぞ・もや・よりも・をだにも・をも
もえはつ【燃果】(下二段)
もへはつる(体)　7ｳ-5
もくざう【木像】
木像　2ｳ-9
もくそく【目足】
目足　2ｵ-7
もくよくす【沐浴】(サ変)
沐浴す(止)　12ｵ-8
もし【若】(副)
もし　5ｵ-6・6ｳ-3・6ｳ-13・7ｵ-8・9ｳ-3・14ｵ-8・14ｵ-10・16ｵ-1
若　5ｵ-11・17ｵ-9・28ｳ-4・36ｳ-6・39ｵ-5・39ｵ-9・43ｵ-1
若し　27ｳ-6・37ｵ-1・37ｳ-9
もじ【文字】
文字　10ｵ-4
もしは【若】(接)
若しは　19ｵ-2
若は　19ｵ-2・36ｳ-6
もぞ(助)
もぞ　Mｵ-5
もちかへる【持帰】(四段)
もちかへり(用)　9ｳ-5
もちて【以】(連語)
もちて　43ｳ-5
もちろん【勿論】
勿論　5ｳ-3

もちゐる【用】(上一段)
もちゐ(未) 37オ-9
もちゐ(用) 28ウ-2・28ウ-9・40オ-11
もつ【持】(四段)
もた(未) 7ウ-12・17オ-8
もち(用) 17ウ-9・19オ-10
もつ(体) 39ウ-11
→ここをもて・つつみもつ・なほもて・もちかへる・もちて・もつてのほか・もて
もつて【以】(連語) →もちて
もつてのほか【以外】
もてのほか 11オ-9
もつとも【尤】(副)
もとも 8ウ-2
尤 18ウ-10
尤も 33オ-7
もつぱら【専】(副)
専 1オ-3・33オ-12
もつぱらに【専】(副)
専 42オ-5
もて【以】(連語)
もて 2ウ-6・3オ-2・3オ-11・8ウ-3・12ウ-3・12ウ-9・12ウ-10・13オ-1・13オ-2・13オ-12・13ウ-11・14オ-5・18オ-6・18オ-10・19オ-9・23オ-1・29ウ-6・30ウ-3・31ウ-7・33オ-6・33オ-9・35ウ-8・35ウ-9・37オ-4・38ウ-6・39ウ-4・42オ-8・42ウ-6・44オ-4・46オ-4
以 7ウ-3・9ウ-9・18ウ-6・31オ-7・35オ-11・37ウ-7
以て 38オ-4・43ウ-4
→ここをもて・なほもて・もちて・もつてのほか
もと【許】
もと 6ウ-8・18ウ-2・26ウ-7・30ウ-2
許 9ウ-8・17ウ-3・21オ-4
もと【元】
もと 1オ-8・26オ-11・38ウ-10
本 9ウ-7
→みなもと・もとより
もとどり【髻】
もととり 41ウ-2
もとむ【求】(下二段)
もとめ(未) 37ウ-9
求め(未) 41ウ-4・33オ-5
もとむ(止) 11オ-11
もとむれ(已) 24ウ-4
もとより【元】(副)
もとより 38ウ-3
もの【者】
もの 4オ-12・4ウ-1・5オ-3・5オ-8・6ウ-2・8オ-13・9ウ-9・11ウ-10・12ウ-8・12ウ-9・13オ-3・13ウ-1・14オ-7・14ウ-11・15オ-1・18オ-12・18オ-13・18ウ-1・20オ-2・20オ-3・20オ-4・20ウ-13・20ウ-13・21オ-14・22ウ-10・23ウ-12・23ウ-12・24ウ-5・24ウ-9・28ウ-4・32オ-1・37ウ-4・37ウ-5・37ウ-6・40オ-10・40ウ-8・41オ-6・42オ-2・45オ-8
者 1ウ-1・31オ-10・32ウ-2
物 21オ-4・21オ-5・21ウ-4・31オ-11・36ウ-9・39オ-12
→ものども
もの【物】
もの 6オ-10・6ウ-6・10オ-5・21ウ-4・22オ-10・23オ-3・23ウ-11・27ウ-6・36オ-3・36オ-3
物 3オ-6・39オ-2・40オ-1
→うつはもの・ものうがる
ものうがる【物憂】(四段)
ものうかり(用) 25ウ-2
ものども【者共】
ものとも 20ウ-4
物のとも 22ウ-9
もはら【専】(副)
もはら 44ウ-5
もや(助)
もや 3オ-5
もゆ【燃】(下二段) →もえはつ
もよほす【催】(四段)
もよおす(体) 10オ-5
もる【盛】(四段)
もり(用) 7ウ-5
もる【漏】(下二段)
もれ(未) 32オ-5・43オ-3
もれ(用) 12オ-5・31ウ-1
もる(止) 20オ-2
もろもろ【諸々】
もろもろ 14オ-13・14ウ-7・26オ-8・39ウ-3
諸 44オ-4
もん【文】
文 2オ-6・5ウ-8・6オ-4・10オ-3・10オ-7・10オ-9・12ウ-10・15オ-10・20ウ-10・20ウ-11・21ウ-13・24オ-10・25オ-2・27オ-1・27オ-1・29ウ-4・29ウ-12・32オ-9・32ウ-8・32ウ-9・33オ-10・33オ-11・33ウ-3・33ウ-10・34オ-3・34オ-4・34オ-8・34オ-12・34オ-12・34ウ-4・34ウ-12・35オ-1・35ウ-8・36ウ-3・39ウ-10・44ウ-9
→いちもんふつう・えうもん・けうもん・じやうどもん・しやうもん・しよもん・ほふもん
もん【門】 →けうもん・さうもん・じもん・しやうだうもん・じやうどのもん・じやうどもん・しやくもん・ぜんもん・たもん・

にもん・べつもん・ほふもん
もんく【文句】
文句　31オ-11
もんじやうのしやう【文章生】
文章の生　26オ-4
もんじゆ【文殊】
文殊　44ウ-6
もんじゆもんぎやう【文殊問経】
文殊問経　33ウ-10
もんじん【門人】
門人　1オ-7
もんだふ【問答】
問答　3ウ-2・5ウ-2・33オ-7
もんてい【門弟】
門弟　8オ-12・26オ-10・27ウ-4
もんぽふ【聞法】
聞法　29ウ-12

―や―

や【矢】
や　24ウ-10
→きゆうせん
や(助)
や　6オ-11・10ウ-11・13オ-10・13ウ-3・14オ-7・14オ-11・16オ-2・28ウ-3・28ウ-10・30オ-9・30ウ-6・36オ-6・37オ-11・37ウ-6・37ウ-11・39オ-11・39ウ-4・40オ-5・40オ-10・41オ-3
耶　38オ-6
→いかにいはむや・いはむや・たれぞや・とや・においてをや・ばかりや・もや・やは・やらむ・をや
やう【様】
やう　2オ-1・35オ-1・35オ-2
様　3ウ-6・5オ-6・9オ-2・9オ-3・10オ-11・15ウ-9・20ウ-4・21オ-5・21オ-9・21ウ-2・26ウ-2・34オ-5
→いかやうなり・かたのやう・かやうなり・さやう・まうしやう
やうやう【様々】
やうやう　20ウ-2
やうやく【漸】(副)
やうやく　9オ-11・30オ-8
やがて【軈】(副)
やかて　1ウ-5・3オ-10・4オ-5・7オ-1・7オ-5・8ウ-13・23オ-1
やから【輩】
族　38オ-8
やく【益】
益　5ウ-2・14オ-3・14ウ-4
やくし【薬師】
薬師　11オ-8
やくす【訳】(サ変)
訳せ(未)　43ウ-1
訳し(用)　43ウ-1
やしなひぎみ【養君】
やしないきみ　2ウ-6
やすし【易】(形容)
やすく(用)　25ウ-3
やすし(止)　22オ-7
やすき(体)　13オ-6・20ウ-4・23ウ-1・24ウ-3
→しゆしやすし・しんじやすし・たもちやすし・たやすし・みだれやすし
やすふさ【康房】
康房　26オ-5
やすむ【休】(四段)
やすみ(用)　7ウ-12
やど【宿】
宿　39ウ-12
やは(助)
やは　24オ-5・44ウ-6
やぶる【破】(四段)
やふる(止)　19ウ-2
やぶる【破】(下二段)
やふれ(用)　39オ-9
やま【山】
やま　43ウ-10
山　42オ-4・46ウ-2
→みやま・やまざくら・やまのぜんじどの
やまざくら【山桜】
山さくら　Mオ-4
やまたへのこほり【山直郷】
山直郷　46ウ-4
やまのぜんじどの【山禅師殿】
やまの禅師殿　17ウ-12
→しらかはしやうにんしんくう・しんくうしやうにん・ぜんじひじり・ほふれんしやうにん
やまひ【病】
やまひ　44ウ-11
やむ【止】(四段)
やま(未)　13オ-8・14オ-2・17ウ-7
やむ【止】(下二段)
やめ(未)　11オ-3
やめ(用)　28ウ-7

やむごとなし(形容)
やむことなき(体)　17ウ-13
やらむ(連語)
やらむ　7オ-1・7オ-8・28オ-2
や覧　10ウ-3

―ゆ―

ゆ(助動)　→いはゆる
ゆいごんす【遺言】(サ変)
遺言し(用)　2ウ-5
ゆいしきほつしん【唯識法身】
唯識法身　13ウ-4
ゆいしんせう【唯信抄】
唯信抄　31オ-9
ゆいせき【遺跡】
遺跡　41ウ-8
ゆいてい【遺弟】
遺弟　19オ-6
ゆいぶつよぶつ【唯仏与仏】
唯仏与仏　40オ-4
ゆいほふこうめつ【遺法興滅】
遺法興滅　42ウ-7
ゆうみやうしやうじんなり【勇猛精進】(形動)
勇猛精進に(用)　8オ-4
ゆきたか【行隆】
ゆきたか　17オ-7
行隆　17オ-10・17ウ-8・17ウ-9
ゆきたかのあそん【行隆朝臣】
行隆の朝臣　17ウ-10
→さだいべんふぢはらのゆきたかのあそん
ゆづる【譲】(四段)
ゆつれ(已)　3オ-6
ゆふ【夕】　→あさゆふ
ゆみ【弓】　→きゆうせん
ゆめゆめ【努々】(副)
ゆめゆめ　12オ-6・12オ-6・16オ-12
努力努力　30ウ-10
ゆゆしげなり【由々】(形動)
ゆゝしけに(用)　20オ-5
ゆらい【由来】
由来　5オ-12
ゆるす【許】(四段)
ゆるさ(未)　8ウ-8・20オ-6・35オ-3
ゆるし(用)　1ウ-9・19ウ-7
ゆるす(止)　Mオ-4・35オ-3・35ウ-2
ゆゑ【故】
ゆえ　20オ-3
ゆへ　2ウ-6・6ウ-5・8オ-4・8オ-10・8オ-11・11ウ-6・13オ-1・14オ-7・16オ-6・16ウ-6・19ウ-4・19ウ-7・21オ-2・21オ-8・23オ-4・31ウ-8・33ウ-12・34オ-5・35ウ-11・36ウ-10・38オ-5・39ウ-11
故　11オ-12・15ウ-8・16ウ-8・17ウ-4・18オ-5・22オ-9・23ウ-11・34オ-9・34ウ-6・34ウ-7・35ウ-8・38オ-12・38ウ-6・38ウ-7・38ウ-8・39オ-7・39ウ-6・41ウ-3・42オ-11
→かるがゆゑに・なにゆゑ・ゆゑに
ゆゑに【故】(接)
故に　14オ-1

―よ―

よ【世・代】
よ　16オ-1・23ウ-7・27オ-5
世　1オ-10・2オ-3・12ウ-5・14ウ-13・15ウ-4・15ウ-6・15ウ-7・16オ-5・37オ-9・43オ-12・43ウ-2・43ウ-7・46ウ-2
代　44ウ-5
→うきよ
よ【余】
よ　33オ-5
余　31ウ-2
預　30ウ-10
よ【夜】
夜　42オ-6
よ【予】
予　7ウ-4
よ(助)
よ　2オ-7・9オ-5・20オ-12・37オ-3
よういす【用意】(サ変)
用意す(止)　18ウ-2
ようじん【用心】
用心　11ウ-7・20オ-1・30ウ-5・33オ-13
→ごようじん・だいいちようじん
よかは【横川】
よかは　8オ-8
よぎやう【余行】
余行　10ウ-12・23ウ-1・25オ-12・41オ-6
よく【能】(副)
よく　14オ-13・14オ-13・18オ-13
→よくよく
よくかい【欲界】
欲界　4オ-11
よくじつ【翌日】

翌日　17ウ-5・27ウ-12
よくよく【能々】(副)
よくよく　12オ-12
よけう【余教】
余教　9オ-10・43オ-4
よこく【余国】　→しちじふよこく
よさい【余歳】　→いつせんろつぴやくごじふよさい・さんびやくよさい・ろつぴやくよさい
よし【由】
よし　3オ-13・7オ-11・9オ-3・17ウ-13・19オ-11・19オ-12・27ウ-11
由　18ウ-6・30ウ-9
よし【良】(形容)
よから(未)　12オ-11
よき(体)　15ウ-9・23ウ-12・46オ-5
よじ【余事】
余事　39ウ-6
よしみね【良峯】
よしみね　7オ-6
よしやう【予章】
予章　43ウ-6
よつ【四】
四　43オ-6
よつて【仍】(接)
よて　17ウ-2
仍　18ウ-8・33ウ-1
→よりて
よねん【余年】　→ごじふよねん・さんじふよねん・じふよねん
よねんなし【余念無】(形容)
余念なく(用)　25オ-9
よぶ【余部】　→すうじふよぶ
よぶつ【与仏】　→ゆいぶつよぶつ
よむ【読】(四段)
よま(未)　12オ-6・15オ-7
よみ(用)　8ウ-6・8ウ-12・11オ-8・11ウ-3
読(用)　8ウ-10
よむ(体)　8ウ-8
より(助)
より　9オ-13・10オ-10・16ウ-2・20ウ-13・24ウ-6・26ウ-6・28オ-4・42オ-12・42ウ-11・43ウ-1・43ウ-8・46オ-1
→もとより・よりは・よりも
よりて【仍】(接)
よりて　7オ-13
依(て)　36ウ-11
依て　10オ-5・43オ-9
→よつて
よりなり【頼業】　→らいごふ
よりは(助)
よりは　1ウ-8
よりも(助)
よりも　40オ-10・40ウ-1・45オ-10
よりもりきやう【頼盛卿】　→だいなごんたひらのよりもりきやう
よる【依】(四段)
よら(未)　22オ-11・26ウ-5・28オ-11
より(用)　1オ-4・3オ-10・11ウ-10・21ウ-13・23オ-4・26ウ-8・27ウ-11・28オ-10・31ウ-3・32ウ-2・33オ-10・39ウ-4・39ウ-12・40オ-5・44ウ-12
依(用)　37オ-7
よる(体)　13オ-1
→よつて・よりて
よる【寄】(四段)　→おもひよる
よろこびあふ【喜合】(四段)
よろこひあへ(已)　3ウ-3
よろこぶ【喜】(四段)
悦(ば)(未)　17オ-2
よろづ【万】
よろつ　24オ-11・24ウ-3
よわし【弱】(形容)
よはし(止)　12オ-7

―ら―

ら【等】(接尾)　→かれら・これら・われら
らいがう【来迎】
来迎　9オ-8・12オ-5・14オ-3・14ウ-7・15オ-11
らいごふ【頼業】
頼業　6ウ-2
らいさん【礼讃】
礼讃　15オ-7
→ろくじらいさん・ろくじらいさんねんぶつ
らいじそう【雷次宗】
雷次宗　43ウ-6
らいじゆくわんざつ【礼頌観察】
礼頌観察　25オ-12
らいねんす【礼念】(サ変)
礼念す(止)　43ウ-5
らいばん【礼盤】
礼盤　28オ-5
らいりん【来臨】
来臨　19オ-7

らいりんす【来臨】(サ変)
来臨し(用) 3ウ-4
らうせう【老少】
老少 32オ-5
らく【楽】
楽 42オ-1
らくやう【洛陽】
洛陽 41ウ-8
らくるい【落涙】
落涙 10オ-9
らむ(助動)
らむ(止) 6ウ-11・43オ-1・43オ-5
らむ(体) 3ウ-3
らる(助動)
られ(未) 31ウ-6・31ウ-8
られ(用) 3オ-6・6オ-4・7オ-1・7オ-3・7オ-4・7オ-9・7オ-11・9ウ-9・10オ-10・18オ-7・19オ-4・20オ-13・21ウ-2・22オ-2・22オ-4・24ウ-9・26ウ-7・27オ-4・30ウ-7・31ウ-2・31ウ-10・35オ-4
被(用) 19ウ-2
らる(止) 3オ-11・27ウ-11
被(止) 10ウ-3
らるる(体) 33オ-10・33ウ-3・37オ-10
らんさう【乱想】
乱想 11オ-3
らんしやう【濫觴】
濫觴 1オ-10
らんだい【蘭台】
蘭台 43オ-10
らんだけだい【嬾堕懈怠】
嬾堕懈怠 14オ-2

―り―

り【理】 →ことわり
り(接尾) →ひとり・ふたり
り(助動)
り(止) 10オ-4・12ウ-5・13オ-10・16オ-3・16ウ-2・18オ-6・18オ-10・19オ-2・20ウ-11・21オ-13・21オ-14・22ウ-9・23オ-2・27オ-10・29ウ-5・31ウ-7・32オ-1・32ウ-3・32ウ-5・32ウ-6・32ウ 8・32ウ-11・33オ-5・37ウ-12・38オ-10・41オ-8・42オ-10・42ウ-2・42ウ-9
る(体) 1オ-2・1オ-9・3オ-6・3ウ-3・4オ-7・4ウ-7・9ウ-2・9ウ-10・14ウ-9・14ウ-10・15ウ-7・20オ-7・20ウ-8・20ウ-9・21ウ-8・24オ-3・24オ-4・24ウ-9・24ウ-13・25オ-5・25オ-6・27ウ-7・31ウ-9・32オ-11・32ウ-2・32ウ-8・32ウ-11・37ウ-9・38ウ-11・39オ-4・39ウ-11・39ウ-12・41オ-5・41オ-6・41オ-10・41オ-11・41オ-12・41ウ-2・44オ-11・44ウ-4・44ウ-5・46オ-2
れ(已) 16オ-5
→おもへらく・させる
りうかう【流行】
流行 9ウ-4
りうゐみん【劉遺民】
劉遺民 43ウ-5
→ゐみん
りかうす【利口】(サ変)
利口せ(未) 20オ-13
りくわん【理観】
理観 5ウ-8・5ウ-9・6オ-7・6オ-9・6オ-11
りくわんす【理観】(サ変)
理観せ(未) 6オ-10
りけんす【利見】(サ変)
利見し(用) 36オ-7
りしやう【利生】
利生 38オ-11
→ぜんかうりしやう
りす【利】(サ変)
利せ(未) 42オ-8
りだうり【履道里】
履道里 44ウ-8
りつ【律】
律 26ウ-7
→りつでん
りつし【律師】
律師 3オ-3・3オ-8・8オ-7・8オ-9・15オ-1
→ごんのりつしりゆうくわん・りつしごばう・りつしりゆうくわん
りつしごばう【律師御房】
律師御房 10ウ-5
りつしりゆうくわん【律師隆寛】
律師隆寛 8オ-5
りつでん【律伝】
律伝 36ウ-11
りねん【離念】 →むさうりねん
りやう【利養】
利養 11オ-11
りやう【梁】
梁 44オ-2
りやうけいほふげん【良慶法眼】
良慶法眼 26オ-5
りやうさんじ【両三時】
両三時 30オ-8
りやうさんど【両三度】
両三度 26ウ-6

りやうじ【両事】
両事 16ウ-8
りやうしう【領袖】
領袖 33オ-5
りやうじゆせん【霊鷲山】
霊鷲山 42ウ-7
りやうま【霊魔】
霊魔 29ウ-12
りやうりう【両流】
両流 1オ-9
りやうをんじ【霊遠寺】
霊遠寺 44オ-1
りやく【利益】
利益 11ウ-9・14ウ-5・43オ-3
→しゆじやうりやく
りやくき【略記】
略記 34オ-1
りやくす【略】(サ変)
略し(用) 4ウ-8
りゆうくわん【隆寛】
隆寛 8ウ-5・8ウ-13・9ウ-5・9ウ-9・27ウ-3
→ごんのりつしりゆうくわん・りつしりゆうくわん
りゆうじゆ【龍樹】
龍樹 40ウ-12
りゆうじよ【龍舒】
龍舒 7ウ-4
りよくちく【緑竹】
緑竹 17オ-1
りんじ【臨時】
臨時 19オ-6
りんじゆう【臨終】
臨終 7オ-4・11ウ-10・13ウ-9・24ウ-9・32ウ-2・35オ-1・35ウ-1・35ウ-2
りんじゆうしやうねん【臨終正念】
臨終正念 2ウ-10・11ウ-6・13ウ-1
りんせんばう【林泉坊】
林泉坊 33オ-4

―る―

る(助動)
れ(未) 4ウ-3・7オ-10・24ウ-4
被(未) 18ウ-3
れ(用) 2オ-1・2オ-7・2ウ-5・3オ-10・6ウ-3・6ウ-7・6ウ-12・7オ-2・7オ-9・7オ-12・8オ-2・8ウ-8・8ウ-12・15ウ-10・17ウ-12・20ウ-7・22オ-12・23ウ-6・24オ-1・44ウ-11
被(用) 18ウ-8・19オ-10・19オ-11・19オ-13
被(止) 31オ-4
るる(体) 6ウ-6・15ウ-11・18ウ-4
被(体) 18ウ-12
→いはれ・うけたまはる
るい【類】 →いちるい・にるい・ぶるい
るてん【流転】 →しやうじるてん
るてんす【流転】(サ変)
流転し(用) 46オ-1
るふす【流布】(サ変)
流布す(止) 20ウ-1
るゐこふ【累劫】
累劫 8オ-11

―れ―

れい【例】
例 24オ-7
れいぎ【礼儀】
礼儀 4オ-5・4オ-6・4オ-8
れいしよう【霊証】
霊証 7ウ-6
れいす【例】(サ変)
例せ(未) 13ウ-13・16オ-2
れう【了】
了 16ウ-11
れう【料】
料 3ウ-10・11オ-11
れうし【料紙】
料紙 1ウ-3
れうぢ【療治】
療治 28ウ-2・28ウ-9
れつ【劣】
劣 36オ-5
れつゑせうぶん【劣恵少分】
劣恵少分 36オ-12
れんぎやう【練行】 →くしゆれんぎやう
れんだい【蓮台】
蓮台 11ウ-12・13オ-3

―ろ―

ろうきよ【籠居】
籠居 3オ-4・3オ-8・3オ-9・33オ-6
ろくきやう【六経】
六経 43ウ-3

ろくぐわつ【六月】
六月　44ウ-8
ろくぐわつじふろくにち【六月十六日】
六月十六日　2オ-9
ろくじふく【六十九歳】
六十九　27オ-7・44ウ-11
ろくじらいさん【六時礼讃】
六時礼讃　33ウ-3
ろくじらいさんねんぶつ【六時礼讃念仏】
六時礼讃念仏　9ウ-11
ろくす【録】(サ変)
録(用)　33ウ-1
ろくだう【六道】
六道　22オ-5
ろくど【六度】
六度　37ウ-7
ろくどまんぎやう【六度万行】
六度万行　39オ-9
ろくねん【六年】　→くわいしやうろくねん・だいれきろくねん
ろくまんべん【六万遍】
六万反　9オ-11・12ウ-2
ろざん【廬山】
慮山　43ウ-2
廬山　43ウ-10
ろつかくのちゆうじやうにふだうあつみち【六角中将入道敦通】
六角の中将入道敦通　19オ-9
ろつぴやくよさい【六百余歳】
六百余歳　42ウ-11
ろん【論】　→いつさいきやうろん・きしんろん・きやうろん・ざうろん・さんきやういちろん・さんろん・だいろん・ふろんじしよ・ざうろん・しよきやうろん・わうじやうろん
ろんず【論】(サ変)
論(未)　18ウ-13・37ウ-13・38オ-12
論せ(未) 14オ-11・23ウ-2・36オ-3・39ウ-6・39ウ-12
論す(止) 36オ-3
論する(体)　9オ-10・10ウ-10・38ウ-5

－わ－

わう【王】　→こくわう
わうし【王氏】
王氏　41オ-5
わうじ【往事】
往事　19ウ-12
わうじやう【往生】
往生　1オ-3・2ウ-11・4ウ-7・4ウ-9・5オ-2・5オ-6・5ウ-4・6オ-4・7オ-5・9オ-2・9オ-4・10ウ-1・11オ-13・11ウ-1・12オ-12・14ウ-11・19ウ-5・22オ-2・22ウ-6・23オ-2・23オ-12・23ウ-1・23ウ-4・23ウ-5・23ウ-9・24オ-1・24ウ-2・24ウ-4・26ウ-4・28ウ-4・34オ-6・34ウ-8・35オ-1・37ウ-8・38ウ-12・40ウ-6・40ウ-6
→いちぢやうわうじやう・ぐわうじやうしや・けつぢやうわうじやう・げんしんわうじやう・じゆんじわうじやう・ねんぶつわうじやう・ふじやうわうじやう・わうじやうごくらく・わうじやうごくらくのしやうぎやうのへん・わうじやうでん・わうじやうろん
わうじやうえうしふげ【往生要集下】
往生要集下　34オ-7・34ウ-9
わうじやうかう【往生講】
往生講　2ウ-10
わうじやうごくらく【往生極楽】
往生極楽 11オ-7・11オ-10・30ウ-12・31オ-9・31ウ-4
わうじやうごくらくのしやうぎやうのへん【往生極楽正行篇】
往生極楽の正行の篇　12ウ-6
わうじやうしがたし【往生難】(形容)
往生しかたく(用)　23オ-4
わうじやうす【往生】(サ変)
往生(未)　30ウ-9
往生せ(未)　4オ-13・5オ-9・22ウ-1・22ウ-9・22ウ-12・24オ-6・26ウ-2・41オ-5・41オ-6・41オ-10・41オ-11・41オ-12
往生す(止)　4オ-2・5オ-8・11ウ-11・22オ-8・22ウ-7・22ウ-13・23ウ-7・24ウ-5・24ウ-8・40ウ-1
往生する(体)　13ウ-1・14オ-7・14ウ-1・14ウ-8・20オ-2・22ウ-10・40オ-10・45オ-10
往生すれ(已)　4ウ-1・35オ-12
→けつぢやうわうじやうす・わうじやうしがたし
わうじやうでん【往生伝】
往生生(衍)伝　44オ-4
往生伝　22ウ-8・23ウ-10
わうじやうにん【往生人】
往生人　41オ-4
わうじやうろん【往生論】
往生論　44オ-8
わが【我】
はか　46オ-5
わか　11オ-2・28ウ-6

我　14オ-9・37オ-7
我か　17オ-9・22オ-9
我が　31ウ-6
吾か　1ウ-7・27ウ-2
→わがみ
わかつ【分】(四段)
はかつ(体)　37ウ-13
わがみ【我身】(連語)
はかみ　22オ-11
我身　13ウ-8・22オ-4・22ウ-12
わきまふ【弁】(下二段)
はきまえ(未)　40オ-5
はきまへ(未)　36ウ-2
わきまえ(用)　37ウ-6
わきまへよ(命)　36ウ-10
わく【分】(四段)
はか(未)　32オ-5
わく【分】(下二段)
はけ(用)　16オ-8
はくる(体)　10ウ-9
→こころえわく・たてわく・ひきわく
わじやう【和尚】　→じちんわじやう・ぜんだうわじやう
わする【忘】(下二段)
はすれ(未)　2オ-4・14ウ-6・14ウ-7・37オ-12
はすれ(用)　15オ-12・43ウ-7
わすれ(用)　19ウ-8
はする(止)　39オ-2
はするる(体)　17ウ-8
わたくし【私】
はたくし　23ウ-7
私　21ウ-13・24オ-10・25オ-2・39ウ-11
わたる【渡】(四段)
はたり(用)　30オ-3
はたる(止)　43オ-7・41ウ-11
わづかなり【僅】(形動)
わつかに(用)　13オ-11・32ウ-2・41ウ-3
→はつかなり
わづらはし【煩】(形容)
はつらはしき(体)　36ウ-7・38オ-9
わらは【童】　→こわらは
われ【我】
はれ　5ウ-13・16オ-5
われ　2オ-4・26オ-10
我　17オ-8・22オ-13・37オ-5
我れ　37オ-9
吾れ　27ウ-8
われと【我】(副)
われと　18ウ-3
吾と　1ウ-1
われら【我等】
はれら　3ウ-6
われら　27ウ-6
我等　6オ-13・13オ-8・20オ-12
わろし【悪】(形容)
はろき(体)　23ウ-12
わろき(体)　22オ-11・22ウ-6

―ゐ―

ゐ【位】　→かうゐ・ございゐ・じんゐ
ゐ【亥時】　→ひのとのゐ
ゐあふ【居合】(四段)
いあい(用)　4オ-10
ゐげん【威験】
威験　28ウ-6
ゐこん【遺恨】
遺恨　17オ-8
ゐどころ【居処】　→きよしよ
ゐなほる【居直】(四段)
いなをら(未)　3ウ-5
ゐまうく【居設】(下二段)
居まうけ(用)　3ウ-4
ゐみん【遺民(人名)】
遺民　43ウ-8
→りうゐみん
ゐりう【遺流】
遺流　15オ-2
ゐりき【威力】
威力　24オ-1・24オ-2
ゐる【居】(上一段)　→おきゐる・まうしゐる・ゐあふ・ゐなほる・ゐまうく
ゐん【院】　→あぐゐのほふいん・あぐゐのほふいんせいかく・さいしようくわうゐん・じやうじようゐん・しゆぜんゐん・にでうのゐん

―ゑ―

ゑえい【恵永】
恵永　43ウ-12
ゑかう【廻向】
廻向　41オ-8
→ほつぐわんゑかう

ゑかうす【廻向】(サ変)
廻向し(用)　22ウ-1
ゑかうほつぐわんしん【廻向発願心】
廻向発願心　22オ-13・22ウ-2・23オ-1
ゑげ【恵解】
恵解　38ウ-3
ゑけん【恵虔】
恵虔　43ウ-12
ゑこく【穢国】
穢国　39オ-10
ゑしやく【会釈】
会釈　30オ-8
ゑしやくす【会釈】(サ変)
会釈せ(未)　19オ-5
ゑしん【恵進】
恵進　44オ-2
ゑしん【恵心】
恵心　6オ-10・6オ-12・30オ-5・30オ-6・30オ-12・34オ-1・34オ-7・45ウ-11
ゑしんそうづ【恵心僧都】
恵心僧都　30オ-3
ゑちぜん【越前】
越前　2ウ-2
ゑてう【恵超】
恵超　44オ-2
ゑど【穢土】
穢土　8ウ-3
ゑにちほふし【恵日法師】
恵日法師　41ウ-8
ゑばん【恵鑁】
恵鑁　Hオ-2・46ウ-9
ゑをんぜんじ【恵遠禅師】
恵遠禅師　43ウ-3
ゑんしゆう【円宗】
円宗　27オ-9
ゑんどん【円頓】
円頓　27ウ-1

―を―

を【峰】
尾　27オ-8
を(助)
を　1オ-3・1オ-3・1オ-4・1オ-4・1オ-8・1オ-9・1オ-9・1オ-9・1オ-10・1ウ-1・1ウ-1・1ウ-2・1ウ-2・1ウ-2・1ウ-3・1ウ-6・1ウ-6・1ウ-7・1ウ-8・1ウ-8・1ウ-9・1ウ-9・1ウ-9・1ウ-10・1ウ-10・1ウ-11・2オ-1・2オ-3・2オ-3・2オ-6・2ウ-1・2ウ-2・2ウ-3・2ウ-6・2ウ-8・2ウ-8・2ウ-9・2ウ-10・2ウ-10・2ウ-11・3オ-4・3オ-4・3オ-8・3オ-9・3オ-13・3ウ-2・3ウ-4・3ウ-5・3ウ-6・3ウ-8・4オ-3・4オ-6・4オ-6・4オ-6・4オ-8・4オ-12・4オ-12・4ウ-5・4ウ-6・4ウ-7・4ウ-8・5オ-6・5オ-6・5オ-7・5オ-10・5オ-10・5オ-11・5オ-12・5ウ-4・5ウ-4・5ウ-7・5ウ-7・5ウ-9・5ウ-10・5ウ-13・6オ-7・6オ-8・6ウ-6・6ウ-8・6ウ-10・7オ-8・7オ-10・7オ-10・7オ-11・7オ-11・7オ-13・7ウ-1・7ウ-2・7ウ-4・7ウ-4・7ウ-5・7ウ-6・7ウ-7・7ウ-8・7ウ-11・7ウ-13・8オ-1・8オ-1・8オ-1・8オ-2・8オ-8・8オ-9・8オ-12・8オ-12・8オ-13・8オ-13・8ウ-2・8ウ-2・8ウ-3・8ウ-4・8ウ-6・8ウ-6・8ウ-8・8ウ-10・8ウ-11・8ウ-12・8ウ-13・9オ-1・9オ-6・9オ-7・9オ-7・9オ-9・9オ-9・9オ-9・9オ-10・9オ-10・9オ-13・9ウ-2・9ウ-2・9ウ-4・9ウ-5・9ウ-5・9ウ-8・9ウ-9・9ウ-11・10オ-3・10オ-5・10オ-7・10オ-9・10ウ-8・10ウ-8・10ウ-9・10ウ-12・10ウ-12・11オ-1・11オ-2・11オ-3・11オ-3・11オ-3・11オ-7・11オ-7・11オ-10・11オ-13・11オ-13・11ウ-1・11ウ-8・11ウ-8・11ウ-9・11ウ-9・11ウ-9・11ウ-11・11ウ-11・11ウ-11・12オ-1・12オ-3・12オ-4・12オ-4・12オ-9・12オ-12・12オ-13・12オ-13・12オ-14・12オ-14・12ウ-2・12ウ-2・12ウ-3・12ウ-5・12ウ-5・12ウ-6・12ウ-8・12ウ-9・12ウ-9・12ウ-10・12ウ-10・13オ-1・13オ-2・13オ-3・13オ-5・13オ-11・13オ-12・13オ-13・13ウ-5・13ウ-5・13ウ-6・13ウ-7・13ウ-7・13ウ-8・13ウ-8・13ウ-9・13ウ-9・13ウ-10・13ウ-10・13ウ-11・13ウ-13・14オ-2・14オ-3・14オ-4・14オ-5・14オ-5・14オ-6・14オ-8・14オ-9・14オ-10・14オ-10・14オ-10・14オ-10・14オ-12・14オ-13・14ウ-1・14ウ-2・14ウ-3・14ウ-4・14ウ-5・14ウ-5・14ウ-6・14ウ-6・14ウ-6・14ウ-7・14ウ-7・14ウ-7・14ウ-8・14ウ-8・14ウ-9・14ウ-9・14ウ-11・14ウ-11・14ウ-11・14ウ-12・14ウ-12・14ウ-13・15オ-1・15オ-1・15オ-5・15オ-5・15オ-6・15オ-7・15オ-8・15オ-8・15オ-10・15オ-12・15ウ-1・15ウ-5・15ウ-8・15ウ-12・15ウ-13・15ウ-13・16オ-2・16オ-3・16オ-3・16オ-3・16オ-4・16オ-4・16オ-7・16オ-8・16オ-10・16オ-12・16ウ-1・16ウ-2・16ウ-3・16ウ-4・16ウ-5・16ウ-5・16ウ-7・16ウ-7・16ウ-10・16ウ-11・17オ-1・17オ-1・17オ-1・17オ-2・17オ-3・17オ-8・17オ-9・17オ-11・17オ-12・17ウ-3・17ウ-4・17ウ-4・17ウ-5・17ウ-8・17ウ-12・18オ-1・18オ-2・18オ-2・18オ-3・18オ-3・18オ-4・18オ-8・18オ-11・18ウ-4・18ウ-4・18ウ-4・18ウ-5・18ウ-6・18ウ-13・19オ-1・19オ-3・19オ-5・19オ-6・19オ-7・19オ-8・19オ-9・19オ-9・19オ-11・19オ-11・19オ-11・19オ-12・19オ-13・19ウ-3・19ウ-4・19ウ-5・19ウ-5・19ウ-8・19ウ-9・19ウ-11・19ウ-12・20オ-1・20オ-3・20オ-4・20オ-5・20オ-6・20オ-7・20オ-7・20オ-9・20オ-10・20オ-11・

20オ-12・20ウ-1・20ウ-2・20ウ-5・20ウ-7・20ウ-7・20ウ-7・20ウ-8・20ウ-12・21オ-7・21オ-8・21オ-12・21オ-14・21ウ-3・21ウ-4・21ウ-5・21ウ-7・21ウ-8・21ウ-12・21ウ-14・21ウ-14・22オ-2・22オ-5・22オ-8・22オ-8・22ウ-1・22ウ-2・22ウ-3・22ウ-10・22ウ-11・22ウ-13・23オ-6・23オ-7・23オ-9・23オ-11・23オ-11・23ウ-2・23ウ-2・23ウ-3・23ウ-3・23ウ-4・23ウ-4・23ウ-4・23ウ-8・23ウ-8・23ウ-9・23ウ-12・23ウ-12・24オ-1・24オ-7・24オ-7・24オ-11・24ウ-1・24ウ-5・24ウ-7・24ウ-10・25オ-4・25オ-4・25オ-6・25オ-7・25オ-7・25オ-8・25オ-9・25ウ-1・25ウ-1・25ウ-3・25ウ-4・26オ-5・26オ-6・26オ-6・26オ-8・26オ-8・26オ-8・26オ-10・26オ-11・26ウ-1・26ウ-4・27オ-1・27オ-1・27オ-3・27オ-9・27ウ-1・27ウ-1・27ウ-4・27ウ-5・27ウ-7・27ウ-8・27ウ-10・28オ-11・28オ-11・28オ-12・28ウ-1・28ウ-2・28ウ-2・28ウ-3・28ウ-4・28ウ-4・28ウ-6・28ウ-6・28ウ-7・28ウ-9・28ウ-9・28ウ-10・28ウ-11・29オ-7・29オ-7・29オ-7・29オ-8・29オ-10・29オ-10・29ウ-5・29ウ-5・29ウ-6・29ウ-6・29ウ-6・29ウ-7・30オ-2・30オ-6・30オ-7・30オ-11・30ウ-1・30ウ-2・30ウ-3・30ウ-3・30ウ-4・30ウ-5・30ウ-9・30ウ-11・30ウ-11・30ウ-11・30ウ-12・31オ-4・31オ-4・31オ-5・31オ-5・31オ-7・31オ-9・31オ-10・31オ-11・31オ-11・31オ-12・31ウ-1・31ウ-4・31ウ-4・31ウ-5・31ウ-6・31ウ-6・31ウ-7・31ウ-7・31ウ-8・31ウ-8・31ウ-9・32オ-1・32オ-1・32オ-2・32オ-3・32オ-4・32オ-4・32オ-8・32オ-10・32オ-12・32ウ-1・32ウ-1・32ウ-1・32ウ-3・32ウ-4・32ウ-5・32ウ-6・32ウ-9・32ウ-9・32ウ-11・32ウ-12・32ウ-12・33オ-5・33オ-6・33オ-7・33オ-9・33オ-9・33オ-9・33オ-12・33オ-12・33オ-13・33オ-13・33ウ-1・33ウ-10・33ウ-11・33ウ-11・33ウ-12・34オ-4・34オ-4・34オ-4・34オ-5・34オ-5・34オ-6・34オ-9・34オ-10・34ウ-6・34ウ-7・34ウ-8・35オ-1・35オ-2・35ウ-2・35ウ-4・35ウ-5・35ウ-5・35ウ-7・35ウ-8・35ウ-9・36オ-2・36オ-6・36オ-7・36オ-8・36オ-8・36オ-9・36オ-9・36オ-11・36オ-11・36ウ-1・36ウ-7・36ウ-7・36ウ-8・36ウ-8・36ウ-10・36ウ-10・36ウ-11・37オ-4・37オ-5・37オ-6・37オ-6・37オ-9・37オ-9・37オ-10・37オ-10・37ウ-1・37ウ-2・37ウ-2・37ウ-3・37ウ-3・37ウ-4・37ウ-4・37ウ-5・37ウ-5・37ウ-5・37ウ-5・37ウ-7・37ウ-8・37ウ-8・37ウ-9・37ウ-9・37ウ-10・37ウ-11・37ウ-12・37ウ-13・38オ-1・38オ-1・38オ-4・38オ-5・38オ-5・38オ-6・38オ-7・38オ-8・38オ-8・38オ-9・38オ-10・38オ-10・38オ-10・38オ-11・38オ-11・38オ-11・38オ-12・38ウ-2・38ウ-2・38ウ-2・38ウ-3・38ウ-5・38ウ-5・38ウ-6・38ウ-6・38ウ-7・38ウ-8・38ウ-10・38ウ-11・39オ-2・39オ-6・39オ-6・39オ-7・39オ-8・39オ-9・39オ-10・39オ-10・39オ-11・39オ-11・39オ-12・39オ-12・39ウ-1・39ウ-3・39ウ-4・39ウ-5・39ウ-5・39ウ-5・39ウ-6・39ウ-9・39ウ-10・39ウ-10・39ウ-10・39ウ-12・40オ-5・40オ-6・40オ-9・40オ-11・40オ-12・40ウ-1・40ウ-1・40ウ-2・40ウ-6・40ウ-7・40ウ-7・40ウ-8・40ウ-8・40ウ-8・40ウ-10・41オ-3・41オ-4・41オ-5・41オ-6・41オ-7・41オ-7・41オ-9・41オ-9・41オ-10・41オ-11・41オ-11・41オ-12・41ウ-2・41ウ-4・41ウ-5・41ウ-5・41ウ-7・41ウ-8・41ウ-9・41ウ-10・41ウ-10・41ウ-11・41ウ-12・42オ-1・42オ-2・42オ-3・42オ-5・42オ-5・42オ-5・42オ-6・42オ-6・42オ-7・42オ-8・42オ-8・42オ-8・42オ-8・42オ-9・42オ-13・42ウ-1・42ウ-1・42ウ-3・42ウ-4・42ウ-7・43オ-6・43オ-7・43オ-8・43オ-9・43オ-9・43オ-10・43オ-10・43オ-12・43オ-12・43ウ-1・43ウ-1・43ウ-2・43ウ-4・43ウ-4・43ウ-7・43ウ-7・43ウ-9・43ウ-9・43ウ-9・43ウ-10・43ウ-10・44オ-4・44オ-11・44ウ-3・44ウ-4・44ウ-6・44ウ-9・44ウ-9・44ウ-12・45オ-1・45オ-1・45オ-8・46オ-3・46オ-4・46オ-5

を(補読)　16ウ-11・17ウ-4・17ウ-4・17ウ-5・18ウ-4・18ウ-6・18ウ-13・33オ-13・33ウ-1

を(ママ)　38ウ-6

→ここをもて・しかるを・とを・などを・において をや・ばかりを・までを・をか・をだにも・をのみ・をば・をも・をや

をか(助)

をか　6ウ-9

をかす【侵】(四段)

をかさ(未)　44ウ-11

をがむ【拝】(四段)

おかま(未)　41ウ-8

をかま(未)　17ウ-6

をかみ(用)　8オ-1

おかむ(止)　12オ-11

をこ【烏滸】

嗚呼　24ウ-11

をさむ【納】(下二段)

おさめ(用)　39ウ-5

おさむ(止)　43オ-11

をしふ【教】(下二段)

をしへ(未)　21ウ-2・33ウ-11

教へ(用)　37オ-5・42ウ-2

教ふる(体)　37オ-3

をしへ【教】

おしへ　25オ-10

をしへ　22オ-10

訓　8オ-12

をしむ【惜】(四段)

おしみ(用)　4ウ-5

をだにも(助)
をたにも　22ウ-9
をぢ【叔父・伯父】
おち　2オ-11・6ウ-4
伯父　8オ-8
をとこ【男】
男　23オ-10
→じやくなん
をととひ【一昨日】
一昨日　19オ-9
をの【小野】
小野　1オ-8
をのみ(助)
をのみ　6オ-4・24ウ-9・37ウ-11
をば(助)
をは　3オ-5・3オ-6・3ウ-7・3ウ-11・3ウ-12・4オ-1・4ウ-2・7ウ-7・8ウ-8・9ウ-7・13ウ-2・15ウ-2・15ウ-3・16オ-5・19ウ-1・19ウ-2・19ウ-6・20オ-5・20オ-6・20ウ-2・20ウ-5・20ウ-9・20ウ-13・21オ-10・21オ-11・21オ-12・21ウ-7・22ウ-7・22ウ-13・24ウ-6・24ウ-6・25オ-12・33ウ-11・35オ-3・36ウ-4・36ウ-5・36ウ-8・38ウ-5
をはり【終】
をはり　28オ-6
終り　16オ-9
をはる【終】(四段)
おはる(止)　44ウ-8
終はる(体)　14オ-9
→ききをはる・しよしやしをはる・しゐしをはる・ときをはる・とげをはんぬ・をはんぬ
をはんぬ【畢】(連語)
畢　46ウ-5
訖　35ウ-4
→とげをはんぬ
をふ【終】(下二段)
おえ(未)　9ウ-5
おふる(体)　46オ-3
をも(助)
をも　10ウ-1・10ウ-1・11オ-8・11オ-8・11オ-9・11ウ-1・11ウ-1・11ウ-2・11ウ-2・11ウ-2・11ウ-3・11ウ-3・11ウ-4・12オ-3・12オ-4・12オ-6・12オ-7・12オ-7・12オ-11・25オ-2・25オ-3・25オ-8・32オ-5・35オ-3・35オ-3・36オ-10・36オ-10
をや(助)
をや　6オ-14・24ウ-6・24ウ-9・39オ-1
→においてをや
をり【折】　→さんぎやうをり
をり【居】(ラ変)　→すまひをり
をりう【折得】(下二段)
折りえ(用)　Mオ-4
をんごん【遠近】
遠近　26オ-9
をんじやうじ【園城寺】
薗城寺　26オ-5
をんな【女】
女　23オ-10
→じやくによ

ー判読不能ー

な□　Mオ-1
□□　Mオ-2
おほたて　1ウ-7
□れ　4ウ-3
□実に　5オ-13
証□　6ウ-13
□かい　20ウ-14
□　21ウ-14
成□　34オ-6
まとは□さ　36ウ-8
□ふ　37ウ-13
□　38ウ-4
□たかひ　40オ-1
製□　45オ-1
已□　45ウ-12
□　46オ-1

漢字索引

【凡例】

本索引は、『明義進行集』本文篇の漢文表記の箇所の漢字の、現代仮名遣い・五十音順による検索に資するものである。見出しとしては、本文で踊り字表記されている箇所は、実字で表記した。

漢字の読みは、現行の日本漢字音を優先した。ただ、「廻向」「功徳」などの仏教語については、「かいこう」「くうとく」以外に、「えこう」「くどく」に該当する個所にも掲げた。

語の所在の示し方は、まず、本文篇の丁数・表裏を示し、その後に行数を示した。

―あ―

愛憎　35オ-10
愛着　29ウ-7
哀愍　43オ-2
悪　14ウ-2・24オ-9・35オ-10
阿耨多羅三藐三菩提心　40ウ-3
阿難　29オ-4・29オ-5・29オ-7・29オ-7・29オ-8・29オ-9・29オ-11
阿弥陀　2オ-2・45オ-5・45オ-8
阿弥陀仏　33ウ-5・34オ-1・34ウ-3・44オ-7・45オ-4
安　29オ-10・29ウ-2
安穏　29ウ-4
安楽国　40ウ-4・40ウ-12
安置　35オ-7

―い―

以　21ウ-12・29オ-3・29オ-7・29オ-12・29オ-12・29ウ-3・29ウ-3・29ウ-10・33ウ-8・34ウ-3・35オ-10・43オ-2・44オ-9・44ウ-2・45オ-5・45オ-8・46ウ-6
依　35オ-6
惟　35オ-9
意　29オ-11・33ウ-7・35オ-8
為　10オ-9・21ウ-9・29オ-9・29オ-12・35オ-7・35オ-8・35オ-9・40ウ-11・44ウ-2・45オ-5・45オ-8・45ウ-10
已　29オ-9・29ウ-11・40ウ-4
矣　37オ-5・45オ-7・45オ-7
一　21ウ-9・28ウ-11・29ウ-9・44オ-10・44オ-11
一願　34オ-7
一期　2オ-2
一居士　29オ-6
一向　24オ-9
一劫　45ウ-10
一行三昧　33ウ-4
一日　36ウ-12・37オ-2
一心　10オ-6・22ウ-5
一人　16オ-9
一生　16オ-9
一声　34ウ-1
一切　29オ-1・29オ-9・29オ-12・33ウ-6・34ウ-9
一仏　33ウ-5・44ウ-2
一門　34ウ-10
一唯　44ウ-2
一蓮　16オ-9
印　45オ-5
婬　24オ-8
因縁　29ウ-11
因中　2オ-5

―う―

有　10オ-9・15オ-9・16オ-9・21ウ-8・29オ-3・29オ-9・29ウ-1・29ウ-2・29ウ-7・29ウ-8・29ウ-9・29ウ-11・31ウ-11・34ウ-1・34ウ-9・35オ-7・35オ-7・35オ-8・35オ-8・35オ-10・35オ-10・40ウ-11・45オ-3・45オ-3・45オ-6・45オ-7・45オ-12・45ウ-11
有無　40ウ-11
云　33ウ-4・34オ-7・35オ-6・35オ-8
云何　29ウ-9・34ウ-2

―え―

依　35オ-6
永　2オ-2・24オ-10
衛護　35オ-10
易　33ウ-8
亦　28ウ-13・29ウ-8・34ウ-2・35オ-8・45ウ-11
亦復　45ウ-8
廻向　21ウ-12
廻向発願心　21ウ-10・21ウ-12・21ウ-13
廻心　25オ-1
曰　29オ-8・29ウ-7・29ウ-9・33ウ-6・33ウ-7

遠照仏国　45ｳ-1

―お―

悪　14ｳ-2・24ｵ-9・35ｵ-10
於　32ｳ-7・33ｳ-5・34ｵ-7・37ｵ-2・37ｵ-2・40ｳ-11・45ｵ-6・45ｵ-7・45ｵ-11・45ｵ-12
往　31ｳ-11
往生　10ｵ-3・12ｳ-13・15ｵ-9・21ｳ-9・26ｳ-11・34ｳ-4・34ｳ-9・34ｳ-12・35ｳ-6・40ｳ-3・40ｳ-12・45ｵ-13・45ｳ-1・45ｳ-7・45ｳ-8・45ｳ-8
遠照仏国　45ｳ-1
音声　28ｳ-13

―か―

下　10ｵ-1・12ｳ-11・32ｳ-10
何　29ｵ-7・29ｵ-9・33ｳ-7・45ｵ-8
可　37ｵ-5・45ｵ-13・45ｳ-6・45ｳ-7
花　16ｵ-10
過　29ｵ-9
我　2ｵ-6・10ｵ-1・10ｵ-1・12ｳ-11・12ｳ-11・20ｳ-10・20ｳ-10・26ｳ-9・26ｳ-9・29ｵ-5・29ｵ-8・29ｵ-11・32ｵ-6・32ｳ-10・32ｳ-10・39ｳ-7・40ｳ-12・43ｵ-2・45ｵ-13・45ｳ-9・45ｳ-10
廻　32ｵ-8・39ｳ-9
皆　15ｵ-9・21ｳ-11・29ｳ-8・31ｳ-11・40ｳ-3・45ｵ-13・45ｳ-7
廻向　21ｳ-12
開口　45ｵ-4
廻向発願心　21ｳ-10・21ｳ-12・21ｳ-13
廻心　25ｵ-1
外道　29ｵ-10
何況　35ｵ-10
各　34ｳ-9・34ｳ-9
角　35ｵ-6
過現来　45ｵ-7
何故　33ｳ-6・34ｳ-9
下至　26ｳ-10
我身　29ｵ-4
下智　25ｵ-1・32ｵ-7・39ｳ-8
合掌　45ｵ-3
何等　21ｳ-9
我等　29ｳ-2・29ｳ-2・46ｳ-6
果名　34ｵ-11
瓦礫　25ｵ-2・32ｵ-8・39ｳ-9
勧　33ｳ-4・33ｳ-8・34ｵ-2・34ｳ-10・34ｳ-10・44ｵ-7・44ｵ-9
簡　25ｵ-1・25ｵ-1・32ｵ-6・32ｵ-6・32ｵ-7・32ｵ-7・34ｳ-11・39ｳ-8・39ｳ-8・39ｳ-8
観　33ｳ-5・33ｳ-6・33ｳ-7・33ｳ-10・34ｵ-1・35ｳ-6・45ｵ-6
間　16ｵ-10
願　10ｵ-3・12ｳ-13・21ｳ-8・26ｳ-11・34ｳ-12・35ｳ-6・40ｳ-3・46ｳ-6
観音　15ｵ-10・31ｳ-11
歓喜　40ｳ-12
観経　34ｳ-1
願行　34ｵ-11
願生　21ｳ-12
眼痛　29ｳ-8
還到　16ｵ-10
寒熱　29ｳ-11
甘露味仏国　45ｳ-2・45ｳ-2

―き―

器　36ｳ-3
既　44ｳ-2
記　40ｳ-3
貴　36ｳ-3・36ｳ-3
起　14ｳ-2・44ｳ-1・44ｳ-2
其　34ｳ-3・34ｳ-12・45ｵ-6・45ｳ-8
戯　45ｵ-5
義　34ｵ-2・34ｳ-3・34ｳ-3
祇洹　35ｵ-6
飢渇　29ｳ-11
幾所　45ｵ-12
貴賤　34ｳ-11・45ｵ-2
乞　29ｵ-5・29ｵ-6
帰投　35ｵ-11
帰命　34ｳ-2
及　33ｳ-6・45ｳ-7・45ｳ-9・46ｳ-6
救　29ｵ-10・29ｵ-11・29ｳ-2・29ｳ-2
求　34ｳ-12・35ｳ-6・44ｵ-7
給　29ｳ-4
旧　36ｳ-3
咎　29ｵ-3
久近　10ｵ-7
九十億　45ｳ-2・45ｳ-2
求諸　29ｳ-1
牛乳　29ｵ-5・29ｵ-5・29ｵ-8・29ｵ-11
居　44ｳ-1
虚　10ｵ-3・12ｳ-13・26ｳ-11

供　29ウ-3
共　46ウ-8
境　33ウ-7
強　10オ-9
況　29ウ-2
髑　45オ-3
経　43オ-2・44ウ-1
竟　45ウ-10
業　29ウ-11
行住坐臥　10オ-6・34ウ-11
経道　43オ-1
行道　29ウ-4
局　44ウ-1
極　2オ-2
虚空　28ウ-12・28ウ-13
極楽界　46ウ-8
極楽世　44オ-7
極成　10オ-4
挙手　45オ-3
金　25オ-2・32オ-8・39ウ-9・45オ-4
金山　10オ-8

―く―

苦　29ウ-7・29ウ-7・29ウ-8・29ウ-9・29ウ-9・29ウ-9・29ウ-9
救　29オ-10・29オ-11・29ウ-2・29ウ-2
求　34ウ-12・35ウ-6・44オ-7
供　29ウ-3
具　21ウ-10・34オ-11
空閑　33ウ-4
久近　10オ-7
求諸　29ウ-1
弘誓　2オ-5・32オ-6・39ウ-7
具足　32ウ-6・34ウ-2・34ウ-2
功徳　46ウ-6
苦悩　45オ-3
群生　35オ-8・46ウ-8

―け―

下　10オ-1・12ウ-11・32ウ-10
係　33ウ-5
経　43オ-2・44ウ-1
軽　29オ-10
竟　45ウ-10
迎　16オ-10
経道　43オ-1
外道　29オ-10
見　29オ-7・33ウ-5・35オ-9・35オ-9・36ウ-12・36ウ-12・40ウ-11・45ウ-11・45ウ-12
遣　33ウ-6
原　35オ-8
現　10オ-3・12ウ-12
言　29オ-9・29オ-10・29オ-11・29オ-11・29ウ-1・29ウ-9・34オ-1・34ウ-2・34ウ-3・35オ-10・35ウ-8・45オ-11
幻丈　45オ-2
賢愚　45オ-2
現在世　26ウ-10

―こ―

虚　10オ-3・12ウ-13・26ウ-11
故　10オ-7・21ウ-11・21ウ-11・21ウ-13・29オ-3・29オ-8・29オ-12・29ウ-3・29ウ-10・32ウ-7・33ウ-9・34オ-2・34オ-12・34ウ-4・44ウ-1・44ウ-2
後　40ウ-10
語　29オ-4
五悪　29オ-12
向　44オ-11・44ウ-1
恒　35オ-10
行　29オ-7・34ウ-3
業　29ウ-11
号　34オ-11
合　45オ-4
恒沙　45ウ-12
高才　25オ-1・32オ-7・39ウ-8
行住坐臥　10オ-6・34ウ-11
合掌　45オ-3
弘誓　2オ-5・32オ-6・39ウ-7
光接（ママ）　10オ-9
行道　29ウ-4
功徳　46ウ-6
光明　10オ-9・16オ-13・28ウ-13
刻　45オ-4
告　45オ-12
国　20ウ-10
極　2オ-2
虚空　28ウ-12・28ウ-13
極成　10オ-4
国土　45オ-7
極楽界　46ウ-8
極楽世　44オ-7
五百億　45ウ-4

五百侍女　40ウ-2
後仏　45オ-3
語黙　2オ-2
金　25オ-2・32オ-8・39ウ-9・45オ-4
今　10オ-3・12ウ-12・26ウ-10・34オ-2・34ウ-1・34ウ-10・45ウ-10
金山　10オ-8

―さ―

砂　45オ-5
最　10オ-9
哉　45オ-8
細　33ウ-7
西　44ウ-1
在　29オ-4・29オ-7・35オ-7・35オ-8・44ウ-2
罪　14ウ-2・29オ-2・32ウ-8・35オ-8
罪根　25オ-1・32オ-7・39ウ-8
在世　10オ-3・12ウ-12
西方　44オ-7・44オ-9・44ウ-1・44ウ-2・46ウ-8
西北　35オ-6
作　24オ-10・33ウ-6
錯謬　37オ-5
坐禅　29ウ-4
刹　45ウ-1
娑婆世界　45オ-2
三　21ウ-9・21ウ-10・21ウ-12
讃　44ウ-2
三種　21ウ-9
三心　21ウ-10

―し―

此　16オ-10・16オ-10・21ウ-12・29オ-8・29オ-8・29オ-10・29オ-11・29オ-12・34オ-11・34ウ-1・43オ-2・45オ-2・45オ-6・45オ-6・45オ-11・45オ-12・45ウ-7
使　16オ-9・25オ-1・29オ-10・29ウ-4・32オ-8・39ウ-9
指　44オ-9
斯　34ウ-3
至　10オ-1・12ウ-11・20ウ-10・29オ-6・32ウ-10
只　34ウ-10
之　21ウ-11・29オ-12・32ウ-8・34ウ-3・34ウ-11・35オ-8・35オ-9・44オ-11・45ウ-10
事　29ウ-3
持　29オ-5・29オ-6・29オ-7・29オ-7・32オ-7
時　29オ-1・29オ-4・29オ-6・44ウ-1
而　24オ-8・29オ-7・35オ-10・44ウ-2・45オ-6・45オ-6
耳　34オ-2・45ウ-10
自　15オ-10・29オ-10・29ウ-1・31ウ-12
駛雨　45ウ-11
此界　16オ-9
識　33ウ-7
止止　29オ-9
師子仏国　45ウ-4
止住　43オ-2
四十八願　34オ-7
時処　34ウ-11
至誠心　21ウ-9・21ウ-11
時節　10オ-6
自他　21ウ-12
四大　29ウ-11
次第　29オ-3
七百九十億　45ウ-6
七万諸尺種　40ウ-4
悉　40ウ-3
疾　29オ-10
日光　35オ-7
執持　34オ-1
嫉妬　29ウ-10
屎尿　35オ-7
持念　2オ-2
慈悲　43オ-2
痔病　29ウ-9
捨　2オ-2・13オ-7・33ウ-4
者　10オ-2・10オ-7・12ウ-11・20ウ-11・21ウ-8・21ウ-9・21ウ-9・21ウ-10・21ウ-10・21ウ-11・21ウ-11・21ウ-12・21ウ-12・24オ-10・26ウ-10・28ウ-11・28ウ-11・29オ-2・29ウ-9・29ウ-10・32オ-9・32ウ-4・32ウ-10・33ウ-7・34オ-1・34オ-8・34ウ-2・34ウ-3・35オ-11・35ウ-6・44オ-11・45オ-3・45オ-3・45オ-5・45ウ-8・45ウ-9・45ウ-11
遮　34ウ-10
釈　10オ-4
石　45オ-4
若　10オ-1・10オ-2・12ウ-11・12ウ-11・14ウ-2・20ウ-11・21ウ-8・22ウ-5・23ウ-6・24オ-9・26ウ-9・26ウ-10・29ウ-1・32オ-9・32ウ-4・32ウ-10・32ウ-10・34オ-8・35オ-6・35オ-7・35オ-7・36ウ-12
邪見　24オ-9
娑婆世界　45オ-2
舎利弗　29ウ-8
取　10オ-3・12ウ-12・20ウ-11・26ウ-10・32オ-9・32ウ-11・34オ-8・45オ-5
須　21ウ-11・29オ-11・44ウ-1
受　29オ-2・29オ-3・29ウ-11

寿　36ウ-12
授　44オ-9
修　34ウ-11
従　29ウ-1・35ウ-8・45ウ-12・45ウ-12
重　10オ-3・12ウ-13・26ウ-11・33ウ-7
十億　45ウ-5
十願　34ウ-2
臭気　35オ-10
十行　34ウ-2
十四　45ウ-7
十四億　45ウ-3
衆生　10オ-1・10オ-3・12ウ-11・12ウ-13・16ウ-1・20ウ-10・21ウ-8・26ウ-9・26ウ-11・29オ-1・32ウ-10・33ウ-7・44オ-7・45オ-2・45オ-6・45オ-6・45ウ-11
十声　10オ-1・12ウ-11・26ウ-10・32ウ-10
修道　24オ-10
衆徳　34オ-11
十念　20ウ-11・32オ-9・32ウ-7・34オ-7
十方　10オ-1・10オ-9・12ウ-11・20ウ-10・26ウ-9・28ウ-12・31ウ-11・32ウ-10・45ウ-8・45ウ-9・45ウ-11・45ウ-12
十方衆生　29オ-2
十方世　16オ-13
十方世界　15オ-9
臭穢　35オ-9
種種　28ウ-13・29オ-1・29オ-1・34ウ-10
出　28ウ-13
須臾　29オ-1
順　10オ-7
処　29オ-1・35オ-7
所　29ウ-7・29ウ-8・44ウ-2
諸　29ウ-1・29ウ-3・29ウ-3・29ウ-10・33ウ-4・45オ-13・45ウ-6・45ウ-7
除　32ウ-7・35オ-8・35オ-9
如　10オ-8・29オ-3・29オ-4・29ウ-3・29ウ-8・33ウ-4・34ウ-12・35オ-9・36ウ-12・37オ-2・45オ-8・45ウ-8・45ウ-11・45ウ-12
汝　29オ-5・29オ-7・29ウ-1・32ウ-4・45ウ-10
諸悪中　24オ-9
所安　2オ-2
将　32オ-6・39ウ-8
少　22ウ-5
尚　35オ-10・45ウ-10
照　10オ-9
称　10オ-1・12ウ-11・26ウ-9・32ウ-7・32ウ-10・33ウ-5・33ウ-6・33ウ-8・33ウ-10・34ウ-1・44ウ-2
証　40ウ-12・46ウ-8
障　33ウ-7・44ウ-1・44ウ-1
成　25オ-2・34オ-11・34オ-12・39ウ-9
正　24オ-9・33ウ-8・44ウ-1
生　10オ-2・12ウ-11・16オ-9・20ウ-10・20ウ-11・21ウ-8・21ウ-10・22ウ-5・26ウ-10・29オ-1・29ウ-7・32オ-9・32ウ-10・33ウ-9・36ウ-12・37オ-2・40ウ-3・40ウ-4・44オ-9・45オ-12・45ウ-9・45ウ-11・45ウ-12・46ウ-8
乗　40ウ-12
常　2オ-2・16オ-9・28ウ-13・29オ-1
接　35オ-8
勝因　34オ-2
浄戒　32オ-7
正覚　10オ-3・12ウ-12・20ウ-11・26ウ-10・32オ-9・32ウ-11・34オ-8
称計　45オ-13・45ウ-6・45ウ-7
小行　45オ-13
正向　44オ-10
生死　32ウ-7
小疾　29オ-8
上首　45オ-5・45オ-8
聖衆　45ウ-12
成就　33ウ-8
正定之業　10オ-7・13オ-7
生身　28ウ-11
聖人　29ウ-7・29ウ-10
生身仏　29オ-2・29オ-3
称念　10オ-3・12ウ-13・26ウ-11・34オ-3
成仏　10オ-1・10オ-3・12ウ-11・12ウ-12・26ウ-9・26ウ-10・32ウ-10
小菩薩　45ウ-7
称名　15オ-9・31ウ-11・32ウ-7・33ウ-8・34オ-2
生滅　37オ-2・37オ-2
勝力仏国　45ウ-3
諸縁　34ウ-11
諸教　44ウ-2
織　45オ-4
色像　28ウ-12
諸罪　29オ-3
如此　24オ-10
書写　46ウ-6
所修　21ウ-12
諸人　24オ-10
如是　34オ-2
諸天　35オ-9
諸不善　29オ-9
諸仏　34オ-11・45ウ-9
諸法　29ウ-7
諸菩薩　45ウ-1

如来　15オ-9・29オ-9・31ウ-10・40ウ-10・45オ-6
信　34オ-3・37オ-5
心　20ウ-10・21ウ-9・21ウ-11・21ウ-11・32オ-8・33ウ-5・33ウ-7・39ウ-9
新　36ウ-3
深　25オ-1・32オ-7・39ウ-8
神　33ウ-7
身　29ウ-2・29ウ-11
人　29オ-3・29オ-11・35オ-9・36ウ-3・36ウ-12・40ウ-4・40ウ-11
甚　15オ-9・31ウ-11・45ウ-9
尽　45ウ-11
瞋恚　29ウ-10
人王仏国　45ウ-5
信楽　20ウ-10
人間　35オ-9
心苦　29ウ-10・29ウ-11
身苦　29ウ-10・29ウ-11
真実　21ウ-11
人寿　37オ-2
真色　10オ-8
信心　21ウ-12
深信　21ウ-11
深心　21ウ-9・21ウ-11
晨朝　29オ-6・29オ-7
心念　34オ-2

―す―

須　21ウ-11・29オ-11・44ウ-1
水　45オ-5
雖　29オ-12・29ウ-7・29ウ-8・44ウ-1
随　35オ-7・44オ-10・44オ-11・44オ-11
垂忍　35オ-8
水白鶴　36ウ-12・36ウ-12
須臾　29オ-1

―せ―

是　10オ-7・13オ-7・21ウ-11・24オ-9・29オ-2・29オ-2・29オ-4・29オ-7・29オ-12・29オ-12・29ウ-3・29ウ-10・33ウ-8・34ウ-2・34ウ-3・34ウ-3・34ウ-10・34ウ-10・44オ-9・45オ-6・45オ-6・45オ-8・45ウ-8
世　2オ-2・29オ-12
成　25オ-2・34オ-11・34オ-12・39ウ-9
正　24オ-9・33ウ-8・44ウ-1
生　10オ-2・12ウ-11・16オ-9・20ウ-10・20ウ-11・21ウ-8・21ウ-10・22ウ-5・26ウ-10・29オ-1・29ウ-7・32オ-9・32ウ-10・33ウ-9・36ウ-12・37オ-2・40ウ-3・40ウ-4・44オ-9・45オ-12・45ウ-9・45ウ-11・45ウ-12・46ウ-8
西　44ウ-1
世界　31ウ-11・45オ-11・45オ-12・45ウ-8・45ウ-12
正覚　10オ-3・12ウ-12・20ウ-11・26ウ-10・32オ-9・32ウ-11・34オ-8
正向　44オ-10
勢至　15オ-10・31ウ-12
生死　32ウ-7
成就　33ウ-8
聖衆　45ウ-12
生身　28ウ-11
聖人　29ウ-7・29ウ-10
生身仏　29オ-2・29オ-3
世尊　29オ-9・40ウ-3・45オ-11
正定之業　10オ-7
成仏　10オ-1・10オ-3・12ウ-11・12ウ-12・26ウ-9・26ウ-10・32ウ-10
西方　44オ-7・44オ-9・44ウ-1・44ウ-2・46ウ-8
西北　35オ-6
生滅　37オ-2・37オ-2
石　45オ-4
接　35オ-8
設　20ウ-10
説　29オ-4・34オ-2・40ウ-11・45ウ-9
刹　45ウ-1
接取　16ウ-1
説法　29オ-3
先　45オ-3・45オ-4
占　35ウ-8
専　33ウ-5・33ウ-6・33ウ-8・33ウ-10・44ウ-2
然　45オ-6・45オ-7
善業　34ウ-9
善根　21ウ-12
全遮　34オ-2
善女人　23ウ-6
先世　29ウ-11
善男子　23ウ-6
専念　10オ-6

―そ―

麁　33ウ-7
惣　2オ-6・32オ-6・39ウ-7
像　29オ-12

造　14ウ-2・29ウ-11
草芥　29ウ-3
相顔　33ウ-5・33ウ-10
荘厳　28ウ-12・45ウ-11
相好　10オ-9・28ウ-12
相続　33ウ-9
即　21ウ-11・22ウ-5・24オ-9・33ウ-5・33ウ-9・34ウ-1・34ウ-2・34ウ-3
息　29オ-1
即便　21ウ-9
麁語　29オ-10
尊号　15オ-9・31ウ-10

―た―

多　25オ-1・32オ-8・37オ-5・39ウ-9・44ウ-2・45オ-7・45ウ-9
退　16オ-10・45オ-12
大因縁　45オ-7
諦観　45オ-2
大師　29ウ-2
大乗　40ウ-12
大聖　33ウ-8
大誓願　45オ-6
大善　34オ-12
大徳　40ウ-11
提婆達多　24オ-9
大菩薩衆　45ウ-6
脱　29オ-12
多聞　32オ-7
他方仏土　45ウ-1
但　15オ-9・16オ-9・25オ-1・31ウ-11・32オ-7・34オ-3・34オ-11・35オ-10・39ウ-9・45オ-13・45ウ-7・45ウ-9
端坐　44オ-10
男女　34ウ-11
端正　28ウ-12

―ち―

知　10オ-3・10オ-9・12ウ-13・26ウ-11・45オ-5
地　40ウ-12
智恵力　29ウ-10
着　29ウ-7・29ウ-8
中　29オ-4・29オ-5・29オ-7・32オ-5・32ウ-7・34オ-7・34ウ-1・35オ-7・39ウ-7・40ウ-4・40ウ-11・45オ-12・45オ-12・45ウ-7
中国　35オ-6
昼夜　45ウ-10
聴　28ウ-13
直　33ウ-6・33ウ-8

―て―

諦観　45オ-2
提婆達多　24オ-9
伝　35オ-8

―と―

度　29オ-1・29オ-1・29オ-2・29オ-12
土　35オ-8・45オ-4
当　10オ-3・10オ-9・12ウ-13・26ウ-11・29オ-5・29オ-9・29オ-10・29オ-11・29ウ-1・35ウ-6・40ウ-3・45オ-13・45ウ-8
等　29ウ-3・29ウ-11・29ウ-11・33ウ-6・34オ-2・44オ-11・45ウ-1・45ウ-7・45ウ-8
答　29オ-8・29ウ-9・33ウ-7・34ウ-10
到　29オ-8
童子　45オ-5
湯薬　29ウ-1・29ウ-3
当用　29オ-8
当来之世　43オ-1
道理　2オ-2・10オ-4
得　10オ-3・12ウ-13・15オ-9・20ウ-10・22ウ-5・24オ-10・26ウ-11・29ウ-4・31ウ-11・33ウ-5・34ウ-4・34ウ-9・34ウ-12・36ウ-12・37オ-2・40ウ-4・40ウ-12
特　43オ-2
独　45オ-8
徳首仏国　45ウ-4
独処　33ウ-4
頓　46ウ-8

―な―

乃　33ウ-7
乃至　20ウ-11・29オ-3・32オ-9・34オ-7・34ウ-11・45オ-4
難　33ウ-8・34ウ-11・35オ-10
南天国　40ウ-11
南東北方　45オ-7
男女　34ウ-11
南無　32ウ-7・34ウ-2

—に—

二　21ウ-9・21ウ-11・28ウ-11・29ウ-10
二種　29オ-3・29ウ-9
二親　46ウ-6
二人　35ウ-8
日光　35オ-7
二百五十億　45ウ-3
二百二十億　45ウ-2・45ウ-2
入　29オ-6
汝　29オ-5・29オ-7・29ウ-1・32ウ-4・45ウ-10
如　10オ-8・29オ-3・29オ-4・29ウ-3・29ウ-8・33ウ-4・34ウ-12・35オ-9・36ウ-12・37オ-2・45オ-8・45ウ-8・45ウ-11・45ウ-12
如此　24オ-10
如是　34オ-2
人　29オ-3・29オ-11・35オ-9・36ウ-3・36ウ-12・40ウ-4・40ウ-11
人王仏国　45ウ-5
人間　35オ-9
人寿　37オ-2

—ね—

熱病　29オ-5
念　2オ-6・16オ-9・32オ-6・32ウ-4・34オ-3・34オ-11・39ウ-7・44オ-9・44ウ-1・45オ-4
念中　33ウ-5
念念　10オ-7・13オ-7・32ウ-7
念仏　10オ-9・16ウ-1・25オ-1・32オ-8・34ウ-10・34ウ-10・34ウ-12・39ウ-9
念仏門　34オ-7

—の—

能　25オ-2・29オ-2・29オ-10・29オ-10・29ウ-2・29ウ-2・29ウ-3・32オ-8・34オ-11・39ウ-9・40ウ-11・45ウ-10

—は—

破　40ウ-11
破戒　25オ-1・32オ-7・39ウ-8
白　45オ-11
莫　45オ-5・45オ-8
白衣　29ウ-1・29ウ-1・29ウ-3
鉢　29オ-5・29オ-7
八十億　45ウ-4
八十億劫　32ウ-7
発　21ウ-9・29オ-5・34オ-7・40ウ-2
発願廻向　34ウ-3
抜済　35オ-11
抜除　35オ-8
発声　45オ-4
反　25オ-2
範　45オ-4
梵行　24オ-8
煩悩　35オ-9

—ひ—

彼　2オ-5・10オ-3・10オ-7・12ウ-12・26ウ-10・29オ-10・32オ-5・33ウ-5・34オ-1・34オ-3・39ウ-7・45オ-6・45オ-7
非　29オ-11・34オ-2・34ウ-10
飛　33ウ-7
比丘　29ウ-1・29ウ-2・29ウ-4・40ウ-11・45ウ-7・45ウ-9
彼国　21ウ-8・21ウ-10・21ウ-12・40ウ-3・45オ-12・45ウ-9
悲心　45オ-3
微塵　45オ-2
弥陀　10オ-6・10オ-8・44ウ-2
必　10オ-3・12ウ-13・21ウ-10・26ウ-11・44ウ-1・45オ-3・45オ-4
畢陵伽婆嗟　29ウ-8
毘摩羅詰　29オ-6・29オ-8・29オ-11
毘摩羅詰経　29オ-4
百歳　36ウ-12・37オ-2・43オ-2
百八十億　45ウ-1
毘耶離　29オ-6
毘耶離国　29オ-4
病　29オ-9・29ウ-2・29ウ-2・29ウ-3・29ウ-11
病苦　29ウ-8
屏廁　35オ-9
病者　35オ-7
悲憐　33ウ-8
弥勒　45オ-12・45ウ-7
弥勒菩薩　45オ-11
便　16オ-9・29オ-10・44ウ-1
便宜　34ウ-12
貧窮　32オ-6・39ウ-8

―ふ―

不　10オ-2・10オ-3・10オ-3・10オ-6・12ウ-11・12ウ-12・12ウ-13・13オ-7・16オ-10・20ウ-11・20ウ-11・22ウ-5・24オ-10・25オ-1・25オ-1・26ウ-10・26ウ-10・26ウ-11・29オ-10・29ウ-2・29ウ-3・32オ-6・32オ-6・32オ-7・32オ-7・32オ-9・32オ-9・32ウ-10・32ウ-11・33ウ-5・33ウ-6・33ウ-10・34オ-8・34ウ-11・34ウ-11・34ウ-11・34ウ-12・35オ-9・35オ-10・35オ-11・36ウ-12・36ウ-12・37オ-2・37オ-2・37オ-5・39ウ-8・39ウ-8・39ウ-8・44ウ-1・45オ-5・45オ-5・45オ-7・45オ-8・45オ-12・45オ-13・45オ-13・45ウ-6・45ウ-7・45ウ-7
怖　45オ-3
普　15オ-9
風気　29オ-5
風熱　29ウ-8
富貴　32オ-6・39ウ-8
復　29ウ-10
不捨　10オ-7・16ウ-1
不生　34オ-8
不退　45オ-13
仏　2オ-5・10オ-3・12ウ-12・20ウ-10・26ウ-10・29オ-2・29オ-3・29オ-4・29オ-4・29オ-9・29オ-10・33ウ-6・34ウ-1・35オ-8・44オ-10・44オ-11・44ウ-1・45オ-7・45オ-11・45オ-12
仏因　32オ-5・39ウ-7
仏願　10オ-7
仏国　45ウ-7・45ウ-8
仏身　29オ-8
仏勅　29オ-11・29オ-12
仏土　45ウ-12
仏徳　35オ-10
仏鉢　29オ-6・29オ-7
仏名　16オ-9
不能　32ウ-4
父母　28ウ-11
布流行　31ウ-11
糞　35オ-9
文　45オ-4
聞　2オ-6・29オ-10・32オ-6・34オ-1・39ウ-7
文殊般若　33ウ-4
分明　15オ-9・31ウ-11

―へ―

屏廁　35オ-9
別　34オ-7
偏　44オ-7・44オ-9
変　39ウ-9
便　16オ-9・29オ-10・44ウ-1
便宜　34ウ-12
遍照　16オ-13
変成　32オ-8

―ほ―

包　34オ-11
報　29オ-2
奉　40ウ-4
方　44オ-10・44オ-11・44ウ-1
法　29オ-3・29オ-9・40ウ-12
謗　29オ-9
法界　46ウ-6
法衆　28ウ-13
法性身　28ウ-11・29オ-2
宝蔵仏国　45ウ-1
方便　29オ-1・29オ-12
菩薩　40ウ-11・45オ-12・45オ-13・45オ-13・45ウ-1・45ウ-2・45ウ-2・45ウ-2・45ウ-2・45ウ-3・45ウ-3・45ウ-3・45ウ-4・45ウ-4・45ウ-5・45ウ-5・45ウ-5・45ウ-6・45ウ-8・45ウ-9
菩提　46ウ-8
没　35オ-7
本願　10オ-9
梵行　24オ-8
本誓　10オ-3・12ウ-13・26ウ-11
本伝　35オ-6
煩悩　35オ-9
凡夫　24オ-10

―ま―

満　28ウ-12・28ウ-13
万四千　45ウ-3

―み―

未　45ウ-10
微塵　45オ-2
弥陀　10オ-6・10オ-8・44ウ-2
名　2オ-6・10オ-7・13オ-7・21ウ-11・21ウ-13・32オ-6・39ウ-7・40ウ-11

明　33ｳ-4・45ｵ-7
妙行　34ｳ-10
名号　10ｵ-1・10ｵ-6・12ｳ-11・26ｳ-9・28ｳ-13・32ｳ-10・33ｳ-10・34ｵ-1・45ｳ-9
名字　33ｳ-5・33ｳ-6・33ｳ-8
命終　40ｳ-4
妙徳山仏国　45ｳ-5
未来世　29ｳ-1
弥勒　45ｵ-12・45ｳ-7
弥勒菩薩　45ｵ-11

―む―

無　29ｵ-3・29ｳ-7・29ｳ-7・29ｳ-9・29ｳ-10・35ｵ-8・35ｵ-11・45ｵ-2・45ｵ-2・45ｵ-2・45ｳ-11
無畏仏国　45ｳ-6
無窮　45ｳ-11
無上　40ｳ-12
無常　29ｳ-7
無常院　35ｵ-7
無上花仏国　45ｳ-5
無数　45ｳ-6・45ｳ-9・45ｳ-12
無遍　28ｳ-12
無量　28ｳ-12・28ｳ-13・28ｳ-13・45ｳ-8
無量音仏国　45ｳ-2・45ｳ-2
無量光明　34ｵ-2
無量寿　40ｳ-4
無量寿仏　32ｳ-7

―め―

名　2ｵ-6・10ｵ-7・13ｵ-7・21ｳ-11・21ｳ-13・32ｵ-6・39ｳ-7・40ｳ-11
明　33ｳ-4・45ｵ-7
名号　10ｵ-1・10ｵ-6・12ｳ-11・26ｳ-9・28ｳ-13・32ｳ-10・33ｳ-10・34ｵ-1・45ｳ-9
名字　33ｳ-5・33ｳ-6・33ｳ-8
命終　40ｳ-4
滅尽　43ｵ-2
滅度　40ｳ-10
面　40ｳ-4・44ｵ-10・44ｵ-11
面受　29ｵ-11
面方　45ｵ-3

―も―

蒙　10ｵ-9
勿　29ｵ-9・29ｵ-10
没　35ｵ-7
文　45ｵ-4
聞　2ｵ-6・29ｵ-10・32ｵ-6・34ｵ-1・39ｳ-7
問　10ｵ-6・29ｵ-7・29ｳ-7・33ｳ-6・34ｳ-9
門下　29ｵ-6
文殊般若　33ｳ-4

―や―

也　33ｳ-7・33ｳ-8・44ｵ-9
耶　29ｳ-3
亦　28ｳ-13・29ｳ-8・34ｳ-2・35ｵ-8・45ｳ-11
厄　45ｵ-3
亦復　45ｳ-8

―ゆ―

唯　10ｵ-9・33ｳ-4・34ｳ-10・44ｵ-7
唯称　2ｵ-2
又　45ｵ-4
有　10ｵ-9・15ｵ-9・16ｵ-9・21ｳ-8・29ｵ-3・29ｵ-9・29ｳ-1・29ｳ-2・29ｳ-7・29ｳ-8・29ｳ-9・29ｳ-11・31ｳ-11・34ｳ-1・34ｳ-9・35ｵ-7・35ｵ-7・35ｵ-8・35ｵ-8・35ｵ-10・35ｵ-10・40ｳ-11・45ｵ-3・45ｵ-3・45ｵ-6・45ｵ-7・45ｵ-12・45ｳ-11
猶　29ｳ-2・35ｵ-9
由　33ｳ-7・33ｳ-8・45ｵ-6
憂愁　29ｳ-10
有無　40ｳ-11

―よ―

余　34ｳ-10
与　25ｵ-1・32ｵ-7・39ｳ-8
颺　33ｳ-7
用　29ｵ-5
要　35ｵ-9
欲　20ｳ-10
余人　29ｳ-2

―ら―

来　29オ-5・35オ-10・45ウ-12
来迎　2オ-6・15オ-10・31ウ-12・32オ-6・39ウ-7
羅婆那跋提　29ウ-9
乱意　33ウ-4

―り―

利　46ウ-8
利益　34ウ-9
離垢光仏国　45ウ-4
率　45オ-5・45オ-8
立　2オ-5・29オ-6・29オ-7・29オ-8・32オ-6・39ウ-7
略説　45ウ-10
留　43オ-2
流行　15オ-9
龍樹　40ウ-11
龍勝仏国　45ウ-3
了　37オ-2・37オ-2
令　25オ-2・29オ-12・32オ-8・33ウ-6・39ウ-9・44オ-7・44ウ-1・44ウ-2
力　46ウ-6
臨終　34ウ-12

―る―

留　43オ-2

―れ―

令　25オ-2・29オ-12・32オ-8・33ウ-6・39ウ-9・44オ-7・44ウ-1・44ウ-2

―ろ―

六十億　45ウ-4・45ウ-5
六十七億　45オ-12
論　14ウ-2・34ウ-11

―わ―

或　45ウ-11・45ウ-12
和須密多　24オ-8

安田　進（昭和六十二年度〜六十三年度）

大谷大学文学史研究会は、去る平成七年春、高橋正隆教授の御退休記念に、仮名草子の貴重資料である『魚太平記』を校本として公刊した。其後、懸案となっていた『明義進行集』の校訂を完成させようと、全員の意見の一致を見、作業を進めるうち、今春文学部教授片岡了博士の御退休を迎えることとなった。

前記輪読会は言うに及ばず、会員一同御懇篤な御指導を賜った片岡了教授の御退休の記念に、このささやかな一書を贈呈できることは、会員一同のこの上ない喜びである。

また、この小さな仕事が、仏教史・国文学史の解明にいささかなりとも資するところがあれば、これ望外の幸せと言うべきである。

本書の刊行については、法藏館社長西村七兵衛氏の格段の御配慮と、編集担当戸城三千代氏の格別の御尽力があった。記して篤く御礼申し上げる。

平成十三年二月二十八日

沙加戸　弘